全国重点马克思主义学院项目（南京师范大学）
江苏省高校优势学科建设项目（马克思主义理论）

道德资本论

The Theory of Moral Capital

王小锡 著

译林出版社

图书在版编目（CIP）数据

道德资本论 / 王小锡著. -- 南京 : 译林出版社，
2025. 3. -- ISBN 978-7-5753-0440-5

Ⅰ. B82-053

中国国家版本馆CIP数据核字第2025FU5822号

道德资本论　王小锡 / 著

责任编辑　张海波
装帧设计　侯海屏
校　　对　戴小娥
责任印制　董　虎

出版发行　译林出版社
地　　址　南京市湖南路1号A楼
邮　　箱　yilin@yilin.com
网　　址　www.yilin.com
市场热线　025-86633278
排　　版　南京展望文化发展有限公司
印　　刷　江苏凤凰通达印刷有限公司
开　　本　652毫米 ×960 毫米 1/16
印　　张　33.75
插　　页　2
版　　次　2025年3月第1版
印　　次　2025年3月第1次印刷
书　　号　ISBN 978-7-5753-0440-5
定　　价　88.00元

目　录

第三版前言

《道德资本论（第二版）》于2021年由译林出版社出版以后，道德资本理论受到学界更进一步的关注和更深入的探讨。2023年，该书被翻译成俄文在俄罗斯尚斯出版社出版，并于3月初在俄罗斯莫斯科专门召开了《道德资本论（第二版）》俄文版新书发布会，我在会上做了视频讲话，在感谢俄罗斯方出版该著作的同时还介绍了该书的创作初衷和书中的主要内容，俄罗斯卫星通讯社对之做了专门报道，这引起了更多人的关注和研究兴趣。

资本是社会主义市场经济的重要生产要素，资本运动需要理性和科学，而理性和科学的资本运动离不开资本精神要素尤其是作为科学或趋善意义上的道德要素的独特作用的发挥。而在现时代，作为资本精神要素的道德资本之理论需要进一步深入研究和系统阐释，同时，道德资本的操作手段和运作模式需要进一步探讨和优化。唯有如此，才能真正认识和把握理性和科学的资本内涵和资本运动，也才能使得资本运动产生更好、更多的效益。进而言之，也将导致现时代我国的经济学、伦理经济学、经济伦理学以及经济发展理论获得更进一步的充实和完善。

在当今世界经济全球化或经济一体化趋势下，道德资本理论和实践问题其实也是理性资本运动或资本理性运动中的需要全球共同关注的重大课题。道德资本理论和实践研究的学术观点，在一定条件下可以成为不同国度或不同地区经济建设或企业发展的参考乃至参照的理论依据和实践方案。

有鉴于此，我决定在进一步调查研究和深入探讨的基础上，修订出版《道德资本论（第三版）》。此次修订，将进一步坚持“顶天立地”学术研究原则和在研究中坚持全局或国际视野，在理论上进一步合乎逻辑地阐释道德的经济作用和道德资本存在和发挥作用的合理性，在实践上进一步总结企业积累道德资本存量的案例、经验和规律，并进一步有针对性地设计了道德资本发挥作用的行动方案。

我深知，时代在进步，经济在发展，企业也在不断改革或转型，尤其是数字经济的出现及其呈现的猛发势头，经济伦理出现了新的必须关注和深入探讨的问题，故道德资本理论研究仍然在路上，不断深入探讨现时代道德资本理论是不可忽视的重大理论和实践主题。希冀学界同人继续关注和深入交流，以促进道德资本理论的不断完善和道德资本作用的更好发挥。

王小锡

2024 年 2 月 18 日

于南京江宁大学城商苑

第二版前言

《道德资本论》是在我的《道德资本研究》（全书由发表过的论文按系列专题、遵照理论逻辑结构编排而成，译林出版社 2016 年出版，已经被翻译成英文、日文、塞尔维亚文在海外出版）基础上写成的关于道德资本的系统理论体系的著作。《道德资本论》第一版出版后，中文版已经三次印刷，同时，已经被翻译成英文、德文、泰文在海外出版。俄文版也即将依《道德资本论（第二版）》书稿翻译出版。

《道德资本论》出版后，我一直在更深入地探究道德资本的相关理论和实践问题，以期在进一步完善道德资本的理论体系的同时，回答学界对相关学术观点的疑虑。我的核心观点是，理性资本需要道德，资本理性离不开道德，尤其是在资本无序扩张的情况下，道德是重要的遏制力量。因此，道德是资本增值不可或缺的精神要素，故道德也是资本。

在本书修订过程中，我以新的视角深入阐释了道德与资本相辅相成的关系，即资本的本性与道德力量不仅不相抵触，而且互为支撑，资本的科学运动需要道德；道德目的与资本目的在经济活动中相向而行，取向趋同，都是为了实现更多效益和利润，同时还在不同路径上提升人的素质；道德价值与资本理性目标一致，且有着不可分割的逻辑关联，因此，道德价值和资本理性在资本运动中可以实现统一。同时，为了使得道德资本之学术观点对实践，尤其是企业经营和企业道德建设更具指导性、应用性和操作性，本书在修订过程中，围绕企业发展现状及其经营规律，进一步展开了调查研究，增强了道德资本实践与评估的客观性，提升了道德资本评估的可信度。需要说明的是，考虑到道德资本理论体系进一步建构和完善的需要，本书有删节地承用了我以往已经出版的相关著作或已经发表的相关文章的内容，并均做了必要的注解。

我在《道德资本论》第一版的后记中说："道德资本理论既是经济伦理学基本理念，也是伦理经济学的核心原理，它所涉及的理论和实践问题纷繁复杂，且研究意义非凡。因此，道德资本理论和实践问题我还要继续研究下去，期盼学界和企业界同人继续对道德资本观的研究和完善给予关注和帮助。"事实上，《道德资本论（第二版）》出版，仍然是"学术研究在路上"，恳请读者继续关注和支持我的道德资本观研究。

衷心感谢长期以来支持和质疑我的道德资本观研究的学界同人和广大读者，是他们的认真关注促进了我对道德资本观的不断深入思考，从而不断完善了我的道德资本理论体系。衷心感谢译林出版社领导和编辑的支持和倾心付出，本著作的顺利出版有他们的辛劳。我的妻子郭建新教授与我的日常的学术交流促使我经常形成对道德资本研究的新视角和新理念，我向她表示由衷致意。我的弟子范渊凯博士、陈金香博士和在读博士郭方天、张晓磊、尹娟、江勇等，在本书再版过程中协助做了诸如相关资料查阅、注释核对等学术辅助工作，我也向他们表示由衷致意。

期盼学界同人和广大读者对本著作的学术观点提出质疑甚至批评，这将是道德资本论进一步研究与完善的难得的条件。

王小锡

2020 年 11 月 20 日

于南京秦淮河畔龙凤花园

第一版前言

道德资本理论是经济伦理学的基本理念和伦理经济学的核心原理，它不仅是伦理学需要关注的重要论域，更是经济学不可忽视的关键视阈。

自从1999年我首次提出道德资本概念并于2000年开始系统研究和阐释道德资本理论以来，围绕“道德资本理论与实践”这一研究方向，我发表了系列理论与实践相结合的研究成果①，已经引起

① 主要作品有：“论道德资本”、“再论道德资本——道德资本及其功能和作用”（与杨文兵合著）、“三论道德资本——道德资本的依附性和独立性”（与朱辉宇合著）、“四论道德资本——道德资本的经济学解读”（与华桂宏合著）、“五论道德资本——道德资本概念与功能的历史界说与当代理念”（与李志祥合著；上述五论分别载于《江苏社会科学》2000年第3期、2002年第1期、2002年第6期、2004年第6期、2006年第5期），“六论道德资本——兼评西松《领导者的道德资本》一书”、“七论道德资本——道德资本的基本形态研究”、“八论道德资本——道德在何种意义上成为资本”、“九论道德资本——企业道德资本类型及其评估指标体系”（第六至九论，分别载于《道德与文明》2006年第5期、2009年第4期、2011年第6期、2014年第6期），“论道德的经济价值”（载《中国社会科学》2011年第4期；《新华文摘》2011年第23期全文转载），“‘道德资本’何以可能——对有关质疑的回应”（载《哲学动态》2013年第3期）。《走出“丛林”——当代经济伦理学漫话》（陆晓禾著，武汉：湖北教育出版社，1999年版）、《道德资本论》（王小锡、华桂宏、郭建新等著，北京：人民出版社，2005年版）、《道德资本与经济伦理》（北京：人民出版社，2009年版）、《道德资本研究》（南京：译林出版社，2014年版）、《经济伦理学：经济与道德关系之哲学分析》（北京：人民出版社，2015年版）等。在道德资本理论提出以前，（**转下页**）

了国际国内学界较为广泛的关注和讨论。为了引起更多读者的关注和深入探究，同时满足具有不同知识背景和不同生活、生产领域的读者群体的需要；为了让人们充分认知道德在经济建设和企业发展中的独特力量，并在经济及企业活动中自觉承担道德责任，切实抵制缺德的唯利是图经营行为，我在以往有关道德资本理论的系列研究成果基础上，进一步深入探究关于道德资本的系统理论问题，在已经出版《道德资本研究》一书的基础上，又撰写出版《道德资本论》，力图在理论和实践的结合上，进一步以严密的逻辑理路和完整的理论体系向读者介绍我的道德资本观。

“道德资本”是经济伦理学或伦理经济学的核心范畴。关于道德资本问题的系列追问，是要回答道德是什么、道德与经济是何种关系、道德能否帮助经济活动获得更多更好的效益、道德如何使得价

（接上页）我从20世纪80年代末就开始关注和研究经济伦理与伦理经济问题，发表了“道德是商品经济新秩序的深层要素”（载《群众》1989年第5期）、“经济伦理学论纲”（载《江苏社会科学》1994年第1期）、“社会主义道德的经济意义”（载《光明日报》1996年12月5日）、“再谈‘道德是动力生产力’”（载《江苏社会科学》1998年第3期）、《中国经济伦理学》（北京：中国商业出版社，1994年版）、《经济伦理与企业发展》（南京：南京师范大学出版社，1998年版）等作品，以及后来发表的“道德与精神生产力”（载《江苏社会科学》2001年第2期）、“应对经济全球化进程中的道德挑战”（载《道德与文明》2002年第1期）、“经济与伦理关系的不同视角”（载《经济经纬》2002年第3期）、“企业诚信及其实现机制——以‘海尔’为例”（载《伦理学研究》2003年第6期）、“《资本论》的经济伦理学解读”（载《清华哲学年鉴2004》，河北大学出版社，2006年版）、“论经济与道德关系的思维模式”（载《道德与文明》2007年第3期）、“论经济与伦理的内在结合”（载《哲学研究》2007年第6期）、“简论经济德性”（载《道德与文明》2008年第6期）、“诚信是经济发展的核心竞争力”（载《光明日报》2011年11月22日）、“‘真正的经济’是内含道德的经济”（载《伦理学研究》2011年第5期）等论文，为我的道德资本观提供了理论依据。

值增值、如何才能使得道德在经济活动中发挥独特的不可替代的作用、如何培育道德资本，等等。弄清楚这些问题，我们就能真正认识到：理解和把握经济，道德视角不可或缺；经济的正常和快速发展，需要道德支撑；道德能够为资本的投资提供方向性引导和理性调正，并帮助企业获取更多的效益和利润。也就是说，道德是资本的精神要素，理性资本需要道德，资本理性离不开道德，所以，道德也是资本。这是经济伦理学、伦理经济学乃至经济学所应该确立的经济道德和道德经济理念。而探讨、阐释系统的道德资本理论，最能够解析以上问题，也最能集中说明经济道德、道德经济理念之要旨，并展示经济伦理学、伦理经济学的深刻意蕴。所以，由此而展开的道德资本理论的研究，是从不同角度研究和阐释道德在经济行为中的角色及其发挥价值增值作用的规律，也是理解或建构经济伦理学或伦理经济学的重要理论依据。

本书的内容涵盖六大部分：

第一章“道德是什么”。主要论述道德的本体、本态和本真之含义，说明道德之完善人、和谐人际关系的两大本质指向及其行动要旨，并在阐释道德内涵过程中明白符合时代要求的或科学意义上的或趋善意义上的道德在经济社会发展中的功能、作用和目标。

第二章“道德与经济之逻辑关系”。主要从历史和现实的关键问题切入研究并说明经济是人和人际关系的经济，经济必然内含道德，离开了道德视角，社会经济现象不可能被正确地认识、理解和把握，同时也说明道德在经济发展和企业建设中能够而且必须发挥不可替代的独特的作用，这为理解道德资本提供了理论前提和论证依据。

第三章“何为道德资本”，主要在资本一般视角下阐释道德资本概念及道德资本视阈下的道德与资本的逻辑关系，探讨并阐释道德资本的基本特点、基本形态、经济价值和实现经济高质量发展的不可替代的作用。在此基础上，作为资本要素的道德是资本理性的重要内容，也是遏制资本无序扩张并确保理性资本存在的重要依据，更是资本发挥价值增值的重要条件。所以，道德就是精神资本，道德可以是资本。同时说明，道德资本之资本不同于马克思政治经济学中作为反映或批判资本主义社会制度和经济关系的本质的资本概念。所以道德资本是社会主义市场经济条件下作为重要生产要素的资本的不可或缺的重要精神资本。

第四章“作为资本精神要素的道德在价值增值中的作用”，主要探讨道德作为生产性要素如何促使企业获得更多效益和利润，多角度说明道德何以成为资本，即道德资本何以成立。同时说明，道德作为资本帮助企业获得更多利润和更好效益的同时，也将促进人的道德素质和企业综合实力的进一步提升。

第五章“企业道德资本实践与评估指标”，主要研究道德资本的实践内容和评估指标体系，同时，提供企业道德资本评估的案例，为道德作为生产性资源进入生产过程提供操作性理念、手段和样本。

第六章“企业道德资本的培育与管理”，主要探讨企业如何通过加强道德建设，培育和管理好道德资本，从而不断增强和增加企业“道德资本存量”。

道德资本理论之基本宗旨是要说明，符合时代要求的或科学意义上的或趋善意义上的道德是资本的灵魂，是促进价值增值不可替代的重要精神力量；同时，作为精神资本的道德在促进企业获得更多利润、更好效益的同时，也能在更深刻层面上增强资本的道德性，进一步提升人的道德素质和企业核心竞争力。进而言之，道德是经济活动的精神支柱，需要将道德理念尤其是道德责任意识贯穿、渗透到经济活动的每一个环节，以期全方位增强包括人在内的经济的活力，实现经济效益和精神效益的双丰收。事实上，道德资本理论的系统阐释，也为经济伦理学或伦理经济学提供了重要的基础性原理或核心原理。

第一章　道德是什么[①]

道德是人类生活的重要内容，也是人类社会生存和发展的重要精神依托；不讲道德，甚或道德堕落，人将不人，社会也将会是畸形样态。因此，人类需要道德，经济社会的发展不能没有道德。尤其是在企业经营过程中，道德也是资本，道德资本的投入不可或缺。而要想弄懂“道德资本”是什么，首先需要弄懂什么是“道德”。

那什么是道德呢？我们先从全国道德模范赵亚夫的事迹说起。“我是农民的儿子，我深爱农村这片土地，这辈子一定要为农民实实在在做些事。”“我 40 岁学日语，50 岁学营销，60 岁学电脑，70 岁学种有机蔬菜，都是为了更好地为农民服务，我要为农民服务一辈子。”“有生之年，我还将继续在破解‘三农’问题的道路上探索前

① 曾以“论道德之应该的逻辑回归”为题载于《道德与文明》2016 年第 3 期；中国人民大学复印报刊资料《伦理学》2016 年第 8 期、《新华文摘》2016 年第 21 期全文转载；本章内容有修订。

行，帮助戴庄村大力培养现代新农民，尽快实现基本现代化，实现共同的‘乡土中国梦’！”这是曾经获得全国道德模范、全国时代楷模、全国农村科普工作先进个人、全国扶贫先进人物、新中国最美奋斗者等荣誉称号的赵亚夫的道德境界和人生价值目标。他是这样说，也是这样实践的。1961 年才 20 岁的赵亚夫从宜兴农林学院毕业后分配到镇江农科所工作，50 年如一日，心系“三农”，不断探索和推广强农富民的新技术和新方法，把致富百姓作为毕生的追求和人生目标。赵亚夫每年总有 200 天以上的时间忙碌在田间地头，其余的 100 多天也是为农民的事情在操劳，培养科技骨干、培育新型农民等。为增强对农民的培训效果，他先后编写多达百万字的农民科技读物，每年免费为农民上辅导课 100 多场，累计培训农民达 30 万人次。尤其值得称颂的是，2002 年退休后，他还来到江苏句容戴庄搞综合型有机农业合作社试点，利用数年时间，带领农民发展有机农业，用有机农产品打入高端市场，获得了巨大成功，把戴庄从最穷的贫困村变成了美丽的“小康村”，村集体经济收入从负债 80 万元提升到年收入 200 多万元，积累的集体固定资产已达 1 000 多万元。戴庄经验还被成功推广到周边的丹阳市杏虎村、丹徒区五塘村等地，获得了农民交口称赞的效益。他在茅山老区先后引进推广种植了 180 万亩的应时果品，给农民带来 25.5 亿元的收入。在他的帮助下，农民脱贫致富，且收益年年增加，而他却从不拿任何报酬。他把带领农民发展致富奔小康作为自己毕生的追求和崇高的责任。村民王柏生的一段回忆，足以说明赵亚夫的高尚道德境界和尽心尽责的品质，他说："一次我种植的青花菜苗出现虫害，打电话给赵主任，没想到他连夜从北京赶回来，跪在地里用手扒开泥土，仔细分析虫害，解决了我的难题。"赵亚夫的农民求助随叫随到的行为应验了农民给他的"为农服务的110"称号。

不难看出，赵亚夫的所言所行所体现的"亚夫精神"已经给我们生动地说明了"道德是什么"的问题，即道德是人立身处世之应该，是崇高的人生境界、善良的处世原则、完美的道德行动的有机统一。当然，人离不开社会，人和社会是辩证的统一体，因此，更深入地认识，道德也是集体生存发展之应该。

关于"道德是什么"的问题，在学理上是有关道德的本体论、本态论、本真论之哲学追问，是人立身处世、集体生存发展之"应该之应该"的逻辑盘问。我国学界一直在上下求索，不断探究[①]，我以前也已做过相关的研究[②]，这里我将就此做进一步探讨和阐述。事

① 参见周原冰：《共产主义道德通论》，上海：上海人民出版社，1986年版；罗国杰主编：《伦理学》，北京：人民出版社，1989年版；李奇主编：《道德学说》，北京：中国社会科学出版社，1989年版；夏伟东：《道德本质论》，北京：中国人民大学出版社，1991年版；唐凯麟、龙兴海：《个体道德论》，北京：中国青年出版社，1993年版；章海山：《善的发现：人性和道德》，沈阳：辽宁人民出版社、辽海出版社，2000年版；杨国荣：《伦理与存在——道德哲学研究》，上海：上海人民出版社，2002年版；高国希：《道德哲学》，上海：复旦大学出版社，2005年版；徐向东：《道德哲学与实践理性》，北京：商务印书馆，2006年版；万俊人：《寻求普世伦理》，北京：北京大学出版社，2009年版；宋希仁：《马克思恩格斯道德哲学研究》，北京：中国社会科学出版社，2012年版；樊和平：《伦理道德的精神哲学形态》，北京：中国社会科学出版社，2019年版。

② 参见王小锡："道德、伦理、应该及其相互关系"，载《江海学刊》2004年第2期；"社会主义道德和共产主义道德的基本特征及其当代启示"，载《伦理学研究》2009年第2期；"论道德之应该的逻辑回归"，载《道德与文明》2016年第3期；中国人民大学复印报刊资料《伦理学》2016年第8期、《新华文摘》2016年第21期全文转载。

实上，对此问题的认识，因视角不同，存在多种版本的界定。历来仁者见仁、智者见智，令人莫衷一是，有“应该说”（或“应当说”“应然说”），有“规范特性说”，有“义务意识说”，有“价值取向说”，有“善行善事说”，有“先天良心说”，有“客观精神说”和“神的意志说”，等等。尽管这些见解均有其程度不同的合理性或者真理颗粒，但道德究竟是什么的问题仍然是一个道德哲学中的基础理论研究之前提性问题，值得我们做进一步的深究。而且，该论题对于理解经济的道德内涵、道德的经济意义以及道德资本理论有着十分重要的基础性理论支撑作用。

一、道德本体：“应该的应该之应该”

人们的道德责任从何而来？依据何在？这是对道德是什么的本体论追问。

对道德本体的研究和阐释存在多种维度，在我看来，需要从道德主体寻求切入点，并由此揭示道德之应该的深层缘由。

事实上，历史上影响最大、争论最多且最接近于道德本体探究的是关于道德依据的“应该说”。而且，正如我国著名伦理学家宋希仁教授所说：“没有对‘应当’的自觉和理论认识，就没有科学的道德哲学和科学的发展观。”[①] 这就是说，建构科学的道德哲学，其最为

① 宋希仁：《马克思恩格斯道德哲学研究》，北京：中国社会科学出版社，2012 年版，第 465 页。

基础性的概念就是对“应该”（“应然”“应当”）[①] 的正确认识和把握。我始终认为，如果不对道德依据，即人立身处世、集体生存发展之“应该”进行深入的透视，我们对道德的认知就将始终难以深入，只能停留在浅显的表象层面，势必影响在社会实践中充分地体现“本体”或“本真”意义上的道德，势必影响道德的社会实践功能的发挥。

历史上许多思想家，不管是唯心主义者还是旧唯物主义者，他们对道德之应该的本体论追问，要么坚持唯心的所谓“辩证法”，要么陷入解析道德的形而上学泥坑，难以给予科学的解释。比如，近代英国伦理学家沙甫慈伯利对道德上的善恶起源提出了道德感的观点，他认为，人天生具有一种能感悟道德善恶的“内在感官”——“道德感”，人的这种内在的道德感，能够感觉出情感合意与否的样态及行为美丑善恶的性质。因此，人们对道德的价值判断是人的内在感官的直接感悟。[②] 德国哲学家康德认为，道德价值及其道德法则不能建立在感性经验的基础上，而必须建立在人的理性本身的善良意志的基础上。他认为，善良意志不是因人的感觉善而善，即不是因快乐而善、因幸福而善、因功利而善的道德善，而是因其自身善而善的道德善。只有这种善良意志的善，才是无条件的善。康德

① “应该”“应然”“应当”三词，在伦理学理论应用中，其含义基本一致，但是，“应该”一词更多地内含情理上的必然和必须之意涵，故更接近于道德的内在特质，所以，我习惯在文章和言语中用“应该”一词。

② 参见宋希仁主编：《西方伦理学思想史（第二版）》，北京：中国人民出版社，2010 年，第 217—218 页。

为了消除人们对于善良意志之道德善是否唯意志论的疑虑，着重指出，善良意志不是本能的意志，不是单纯追求感性快乐和幸福的意志，并认为，单靠本能意志指导行为，那是没有理性指导的人所具有的日常生活中的意志。而只有理性才能引导人们去追求更高的目的和价值，理性的最高使命就是产生善良意志，善良意志就是实践理性。总之，在康德那里，本体意义上的人的道德即为因其自身善而善的道德善。[①] 尽管诸如此类的似乎不同理路的道德解释都力图在寻找道德存在的依据，但是，道德缘何存在，并不是人的感觉或善良意志所能合乎逻辑地说明清楚的。以“应该”之辩证法视角探讨道德依据即做道德本体论追问则更进一步拓展了这一认识，最具代表性的是德国哲学家黑格尔。他认为，道德是作为具有普遍意义的“自己在我自身中是自由的”那种自在的“应该”，是“自然的定在”。[②] 但他又说，作为主体的人又不同于主体，“因为主体只是人格的可能性”，人其实“是被规定了的东西”，这个被规定了的“规定”，就是自在定在的“自身自由”的道德转变为“主观意志的法”，即所谓“抽象法”，它既是“自为地存在的自由的道德”自身，又是实现“自为地存在的自由的道德”的手段，“所以法的命令是：‘成为一个人，并尊敬他人为人’”。然而，道德自身或称“自在道德”

① 参见宋希仁主编：《西方伦理学思想史（第二版）》，第 326—328 页。

② 黑格尔在这里讲的“自由”是指“一般抽象意志的自由”，“仅仅对自己有关的单个人的自由”，是“自己在我自身中”的不受任何“规定”的自由。这仅是黑格尔对道德的抽象的理解，是一种抽象假设，因为，人是现实的人，这种所谓“自然的定在”其实是不可能的“自然的定在”。这在黑格尔接着谈到人和人格时就说明了这一点。

与作为主体的人的道德是有距离的，因为，由于抽象法带有主观性，它难以与自在的道德“应该”实现同一。为此，黑格尔试图让道德与抽象法在伦理阶段实现统一。他说：“伦理是自由的概念。它是活的善在自我意识中具有它的知识和意志，通过自我意识的行动而达到它的现实性；另一方面，自我意识在伦理性的存在中具有它的绝对基础和起推动作用的目的。因此，伦理就是成为现存世界和自我意识本性的那种自由的概念。”简言之，“主观的善和客观的、自在自为地存在的善的统一就是伦理”。[①] 黑格尔明显地把道德与伦理分开的同时，又试图让道德与抽象法在伦理阶段实现统一，并认为，“单纯志向的桂冠就等于从不发绿的枯叶”[②]，强调有了“主观的善”，“一个人必须做些什么，应该尽些什么义务，才能成为有德的人”，这就是“伦理性的东西”。这是黑格尔在对道德做本体论阐释中超越康德的地方，也是具有一定的思想合理性。但是，实现“伦理性的东西”即主观意志与行为的统一，这是黑格尔的一厢情愿，在私有制条件下，在唯心主义的视域中，道德的“应该”和“实该”的统一是不可能真正实现的，更何况“现存世界和自我意识本性的那种自由的概念”，其本身有一个社会依据及其逻辑理由的合理性问题。其实，黑格尔思想的问题是，由于时代局限和唯心主义的思维方式，他不可能科学地弄清道德依据及其缘由，更不可能清晰地阐

① ［德］黑格尔：《法哲学原理》，范扬、张企泰译，北京：商务印书馆，1961 年版，第 44—49、110—117、164—174 页。

② 同上书，第 128 页。

释道德自身就是“应该”和“实该”的统一体。事实上，“应该”如果不内含着未来必然出现的“实该”要素，这样的“应该”是没有意义的，尽管黑格尔认识到了“单纯志向的桂冠就等于从不发绿的枯叶”。

不管如何抽象地理解道德，道德仍然是属于现实世界，并成为社会的重要组成部分，因此，只有按照马克思历史唯物主义观点，从社会历史尤其是社会关系中来寻找道德的依据，才是唯一可走的正确道路。

道德是指人“立身”“处世”的客观的应该及其所体现的责任和规范。为此，我们有必要以人为切入点去认识人的存在理由及其责任缘由。何为人？人之为人，强调的是人的存在的合理性问题。那么，人的存在合理性是什么？古希腊哲学家苏格拉底说过，人是对于理性问题给予理性回答的理性动物，简称人是理性动物。中国古代思想家孔子和孟子认为，“仁也者，人也”①，即“己欲立而立人，己欲达而达人”②，“己所不欲，勿施于人”③，才是真正的人，也就是说，人的存在的合理性在于人讲道德、有理性。亚里士多德指出，在这世界上，没有任何东西比理性更属于人了。正因为人是讲道德、有理性的，所以，人与动物的根本区别在于人是自觉的存在，自觉性是人之为人的重要依据。

① 《孟子·尽心章句下》。

② 《论语·雍也》。

③ 《论语·颜渊》。

既然人的存在的合理性体现为讲道德、有理性的人的自觉性，那么，人的自觉性又是如何体现和展示的呢？历来有各种不同的阐释，所谓“应该说”、“先天良心说”、“客观精神说”和“神的意志说”等都有其特有的理念，但是，唯有坚持马克思主义历史唯物主义的立场和方法，才能真正揭示人的自觉性之所在。历史唯物主义告诉我们，人的自觉性体现在对人和人际关系的正确认识和把握。也就是说，人的存在的合理性和自觉性内在特质是人对人类所特有的人之关系性的认识和把握。

人之关系性本质上即人的社会性。事实上，社会为人的存在提供了基础和依据，同时为人的生存和发展提供了最基本的条件。而社会本质上具有“过程”特质，它是永恒的不断发展着的自然历史过程，决定于并受制于社会的每一个人“天生”或“注定”有责任为社会的发展做出自己的贡献，应该为社会的发展不断注入自己应该注入的“要素”和“力量”。否则，在伦理学的意义上，人就将失去做人的资格。社会上那些玩世不恭甚至不惜损伤他人和社会利益的缺德之人，不是合格意义上的人。所以，人对其自身所面对的社会负责是人自身合理存在、自觉存在的前提。这就是说，人之为人在于按社会生活中的客观之“应该”所体现的责任和规范即道德要求立身与处世。

我们所说的道德之“应该”所体现的规范要求有其自身的独特性，它不同于带有“角色意蕴”和“利益意蕴”特质的道德规范。对于一定的角色和利益群体来说，体现为规范的特定的“应该”都是以“应该”理由出现的，也就是说，体现“应该”的规范都是以合理的姿态即“应该之应该”的面目问世的。然而，经济的、政治的、法律的、宗教的“应该”及其所体现的规范只能是一定社会的群体、阶层和阶级等的“应该”及其规范。尤其是在阶级社会中，“应该”及其规范都有阶级的烙印。马克思指出：“人们按照自己的物质生产率建立相应的社会关系，正是这些人又按照自己的社会关系创造了相应的原理、观念和范畴。所以，这些观念、范畴也同它们所表现的关系一样，不是永恒的。它们是历史的暂时的产物。”[①] 而“以往的全部历史，除原始状态外，都是阶级斗争的历史”[②]，因此，在阶级社会中，“应该”都有阶级的烙印。“人们自觉地或不自觉地，归根到底总是从他们阶级地位所依据的实际关系中——从他们进行生产和交换的经济关系中，获得自己的伦理观念。”[③] 而科学的道德之“应该”及其规范，不同于政治、经济、法律、宗教之“应该”及其规范，它不代表某一个群体、阶层和阶级等的角色和利益，除非某群体、阶层和阶级等的角色或利益代表着社会历史发展的方向，故体现为科学的道德及其道德规范之“应该之应该”，其本身就是“应该”的。换句话说，这“应该之应该”的“应该”不受任何因素的制约，是一种“必然”。所以，科学意义上的道德是“应该的应该之应该”，是道德本体及其道德规范之客观依据。

---

① 《马克思恩格斯文集》第 1 卷，北京：人民出版社，2009 年版，第 603 页。

② 《马克思恩格斯文集》第 9 卷，北京：人民出版社，2009 年版，第 387 页。

③ 同上书，第 99 页。

同时，需要说明的是，道德主体是个人，也是集体。由于集体是各个人之个体组成的，各个人之个体的生存样态，也直接影响集体的生存样态和质量，因此，作为国家、民族、单位等道德主体的集体也要承担应有的对个人、对社会的客观的道德责任。我们国家治理中的“创新、协调、绿色、开放、共享”的发展理念，经济发展和社会管理中的“民生至上”和遇到灾难“救人第一”的人本理念，就是国家对国民责任尤其是道德责任的集中体现。所以，道德也是指集体生存、发展的客观的应该及其规范。同时需要说明的是，人自身是社会的一分子，道德要求人们应对社会和社会关系负责，这就意味着，每一个人也应该对自己的生存和发展负责，关爱自己，完善自己。说实话，一个不注意立身为人、对自己不负责任的人，是不可能有对他人、对社会、对国家负责的道德境界的。

这样看来，我们所说的道德就是人立身处世与集体生存发展的“应该的应该之应该”的“人格化”。

二、道德本态：“人的世界即各种关系回归于人自身”

既然我们所说的道德是人立身处世与集体生存发展之“应该的应该之应该”，并明确提出要对社会（集体、共同体）、对他人、对自身负责，那么，这样的道德不可能仅仅停留在哲学分析或哲学理念层面，唯有“应该的应该之应该”及其所体现的道德规范与人的完善和人际关系的和谐达到统一甚或有机同一，我们所说的道德应该才有真正的实际意义，道德之为道德即本体论意义上的道德才是可能的或现实的。

这也就是说，本体论意义上的道德，其实就是人立身处世与集体生存发展之“应该”实现本来样态即理性样态下的道德。

在伦理思想史上，因为本体论意义上的道德理念不一样，所以对理性样态下的道德的认识也大相径庭。客观唯心主义者认为，先在于客观世界的精神决定人和人类社会的存在，也同样决定道德。黑格尔认为，人类社会连同道德都是由绝对精神外化而来，道德作为人的自由意志的一个环节，它因人、人类而存在。在黑格尔看来，自由意志体现为抽象法、道德、伦理三个逐步递进的精神现象，其中道德是主观内心的法则，是自我生存的应当的规定，因此，道德因人的存在而存在（尽管黑格尔认为人的本质的绝对精神的真正体现在于伦理）。对此，黑格尔说：“人格是肯定的东西，他要扬弃这种限制，使自己成为实在的，换句话说，它要使自然的定在成为它自己的定在。”[①] 黑格尔接着说：“法首先是自由以直接方式给予自己的直接定在。”[②] 可见，黑格尔关于道德实现的观点深深地烙上了时代的印记，如果要寄希望于作为客观唯心主义者黑格尔来真正揭示人类道德的理性样态，那自然是会令人失望的。事实上，尽管黑格尔的哲学具有巨大的历史感，但不无遗憾的是，黑格尔对道德本体的理解和产生根据确实缺乏科学的理解，没有揭示其社会根据或深层

① ［德］黑格尔：《法哲学原理》，第 47—48 页。

② 同上书，第 48 页。

社会本质。同样作为客观唯心主义的宗教，更是无法揭示道德本体。宗教认为，人的德性来自神的德性，神的德性就是人类道德本体，人类道德的理性样态就是按照神的意志行动。这是粗糙的道德本体观，与科学意义上的道德相去甚远。

主观唯心主义者（或理性主义者）普遍认为，道德决定于人们的“善良意志”，道德天生于人的“良心”。在康德看来，人之为人在于人是有理性的，即是说人是讲道德的，而且，人天生具有“善良意志”。因此，真正的道德就是“善良意志”的发现。“人之初，性本善”是我国传统的主观道德论理念，既然这样，那么，道德就是要开发人们的善心，让人性得以真正体现出来。与客观唯心主义一样，主观唯心主义者同样忽视或脱离社会现实谈道德，也都无法真正弄清道德本体及其理性样态。曾几何时，国外有的“基因”决定道德论大概应该属于传统的天生道德论范畴，其问题和错误仍然摆脱不了唯心主义者的思维定式。

历来还有一部分思想者，他们的道德观与唯心主义道德观相左，这些人以旧唯物主义者居多。他们认为，道德目的就只是或只有利益，有利则为德，甚至认为利即道德。这样一来，就可能出现道德目的本身不道德的现象。因为，只顾及利益获得，忽视或不顾及获得利益的手段道德与否，往往出现与道德背离的行动。事实上，在旧唯物主义者那里也是不可能寻找到正确的道德本体理念及我们所理解的道德理性样态的。

马克思认为，社会解放就是要“使人的世界即各种关系回归于人自身”。[①] 他指出，虽然“任何解放都是使人的世界即各种关系回归于人自身”，但是，真正把所谓“人的世界即各种关系回归于人自身”，并不能靠资产阶级革命带来的“政治解放”来实现，而只能靠无产阶级革命所带来的“社会解放”来实现。当然，这种社会解放必然包括道德实现在内，而且，“使人的世界即各种关系回归于人自身”，其本身就是人类最根本的道德目的。尽管这是经典作家讲的社会主义高级阶段和共产主义道德目的，但也适用于现在对道德理性样态的深刻理解和把握。

所谓把“人的世界”“回归于人自身”，可以从以下几点来理解：一是指人们应该具有崇高的道德境界，真正认识到人作为人而存在着的本质在于认识到人之特性——社会关系性，人的存在与对社会、对他人、对自己的责任同时并存且相互统一。二是指在理想的社会中，“个人的独创的和自由的发展不再是一句空话”[②]，而且，这“个人的独创的和自由的发展”应该是在个人应有能力基础上的聪明才智的充分发挥及其创造。三是指“与人相称的地位”，即“每个人都能自由地发展他的人的本性”[③]，过着“能满足一切生活条件和生活需要的真正的人的生活”。[④] 这里的人的本性应该是与马克思所构想的共产主义社会的人的道德理性样态即共产主义社会的“应该的应该之应该”相一致或相统一的人之为人的理由和要求。当然，在现时

① 《马克思恩格斯文集》第 1 卷，北京：人民出版社，2009 年版，第 46 页。
② 《马克思恩格斯全集》第 3 卷，北京：人民出版社，1960 年版，第 516 页。
③ 《马克思恩格斯全集》第 2 卷，北京：人民出版社，1957 年版，第 626 页。
④ 同上。

代，至于“真正的人的生活”应该是有尊严的、条件合适的、愉快的生活。四是劳动已经不再是谋生的手段，而是变成了生活的第一需要。在现阶段，劳动尽管还不可能成为生活的第一需要，但事实上，人们已经开始把劳动当作愉快的生活之一和健康的重要条件等。换句话说，人们已经开始逐步向劳动是生活的第一需要的生存状态趋近。

从某种意义上说，回归人的世界就是回归人的关系，因为人的世界是由人、人的关系组成的。在马克思主义看来，之所以把“各种关系回归于人自身”，是由人的本质决定的，因为在马克思主义的视阈中，“人的本质不是单个人所固有的抽象物，在其现实性上，它是一切社会关系的总和”①，也就是说，人是处于“既有的历史条件和关系范围之内的自己”②，“人的本质是人的真正的社会联系”。③简言之，人是关系性的范畴，把“人的世界”“回归于人自身”就意味着必然地要求把“各种关系”回归于人自身，所以，马克思的“使人的世界即各种关系回归于人自身”语句中的“即”用得多么辩证和深刻。

当然，“各种关系回归于人自身”既是人类理想共同体的实现，又是实现“人的世界”的条件，因为“只有在共同体中，个人才能获得全面发展其才能的手段，也就是说，只有在共同体中才可能有

① 《马克思恩格斯文集》第 1 卷，北京：人民出版社，2009 年版，第 505 页。

② 同上书，第 571 页。

③ 《马克思恩格斯全集》第 42 卷，北京：人民出版社，1979 年版，第 24 页。

个人自由”。[①]在这样的共同体中，没有贫富差别，没有高低等级，没有剥削，没有压迫，没有歧视，等等，社会和谐将成为社会生活常态。因此，“人的世界”和“各种关系”在“回归于人自身”过程中是统一的，也是同一的。

其实，“使人的世界即各种关系回归于人自身”的道德及其目标，蕴含着道德主体应该承担的责任和需要履行的规范。唯有承担应该承担的道德责任，按规范行动，才能实现人的完美和建成和谐共同体；坚持和崇尚真正的自由，才能实现全社会的一切人的自由，并形成真正的自由人的联合体；坚持人格和利益平等，才能让人有尊严地劳动和生活，才能激发人们的劳动和生活积极性；坚持遏恶扬善、伸张正义，才能创建和谐的社会生活环境，实现人的世界即各种关系的回归；等等。进而言之，每一个社会成员能够理性对待生活现实，自觉履行应该履行的社会道德责任，一切言行有利于社会的和谐稳定和经济的快速发展，实现“人人为我，我为人人；我为人人，人人为我”的伦理生态文明，这样的国家、民族和集体等，无不兴旺发达、经久不衰。

由是观之，马克思的“使人的世界即各种关系回归于人自身”的命题，是我们主张的道德即“应该的应该之应该”的规范体现和目标实现。因此，“人的世界即各种关系回归于人自身”的社会就是道德化的社会。社会主义社会是不断趋向和逐步实现“使人的世界

① 《马克思恩格斯文集》第 1 卷，北京：人民出版社，2009 年版，第 571 页。

即各种关系回归于人自身”的社会，因此，社会主义社会也是动力强劲的社会。

三、道德本真：“知、行常相须”

如何才能使得人立身处世与社会生存发展之“应该”与“实该”获得真正的统一甚或有机同一，并不断地“使人的世界即各种关系回归于人自身”，逐步实现道德化的社会。答案只有一个，那就是行动。正如习近平所说：“道不可坐论，德不能空谈。”①事实上，唯有行动，道德之为道德才能真正实现，本体意义上的道德才具备真正的道德意蕴；唯有人人“知德”“敬德”“践德”，“人的世界即各种关系回归于人自身”才有可能真正实现。为此，古希腊哲学家亚里士多德说：“合乎德性的行为，本身具有某种品质还不行，只有当行为者在行动时也处于某种心灵状态，才能说明是公正的或节制的。第一，他必须是有所知的、自觉的；第二，他必须是有意识地选择行为的，而且是为了行为自身而选择的；第三，他必须在行动中，勉力地坚持到底。”②我国宋代朱熹从另一种角度指出：“知、行常相须，如目无足不行，足无目不见。论先后，知为先；论轻重，行为重。”③因此，道德行动的本身即内含着“致知”“明德”。这就是说，只有坚持知与行的统一，才能真正实现德之为德，即本真意义上的道德。

---

① 《习近平谈治国理政》第一卷，北京：外文出版社，2018 年版，第 173 页。

② ［古希腊］亚里士多德：《尼各马科伦理学》，苗力田译，北京：中国社会科学出版社，1990 年版，第 30 页。

③ 《朱子语类》卷九。

1. 要人人知德

唯有知善恶，才能树立正确的荣辱观，才能不断增强趋善避恶的自觉性。知德首先要像普及法律一样来普及道德，使所有民众不仅知道社会生活中的善和恶以及道德规范是什么，而且都能懂得人和社会为什么需要道德。当然，不能忽视的重要前提是，要让道德的宣传教育起到理想的效果，还应该重视提升人们的文化水平，让人们在知其然同时又知其所以然中提升道德觉悟。同时，但凡一个道德觉悟及道德水平高的人和集体，其不仅深知何为道德和为什么需要道德，而且熟知系统的道德规范体系，因此，现阶段需要在加强道德理论和道德规范的研究和阐释的同时，深入推进道德的宣传和教育工作。唯有理论先行，知德才能知到位。

2. 要人人敬德

道德是人立身处世与集体生存发展的要求，也是社会生活的基本方式和内容。缺少道德，人生、集体和社会将是不完整和不完美的，甚至将是被扭曲的、非理性的。要通过促进养性修德，养成全社会尊德、敬德的良好风尚。尤其要加强积德荣誉感和缺德羞耻感的教育，要在继承和弘扬传统美德、建设社会主义道德的同时，理直气壮地反对道德腐朽没落，反对道德麻木，反对缺德行为，使得全社会遏恶扬善、敬德积德蔚然成风，这也确是敬德的题中应有之义。当然，敬德更重要的是养成敬畏道德的习惯，而敬畏道德一是要在任何时候任何情况下坚守道德底线，不敢、不愿有违背道德的言行，及时纠正不适合道德要求的举动；二是要自觉履行应该履行的道德责任，并进而以“慎独”展示敬德的最高境界。

3. 要人人践德

亚当·斯密早就说过：“完美的品质，存在于指导我们的全部行动以增进最大可能的利益的过程中，存在于使所有较低级的感情服从于对人类普遍幸福的追求这种做法之中，存在于只把个人看作芸芸众生之一，认为个人的幸福只有在不违反或有助于全体的幸福时才能去追求的看法之中。”[①] 这就是说，德之为德在行动，否则，“人的世界即各种关系回归于人自身”将永远不可能实现，那个人的德、集体的德、国家的德、社会的德，也会“德将不德”。事实上，道德在本质上需要行动，离开了行动，道德就是“空中楼阁”。就我国现有道德建设的状况来看，科学、有机的社会道德实践体系尚没有完美形成，在一定意义上是我国道德建设的“短板”，因此，也在一定意义上影响着社会践德正常而有效地展开。为此，当务之急是要有践德的战略思路，要有宏观目标，要有社会道德实践的统筹规划；同时，要有切实的践德战术路径，要动员人们积极参与志愿者服务、爱心互助、绿色行动等具体的道德实践活动，促使践德成为人人生活的一部分，让不可或缺的道德要素支撑完善的人和社会的形成与发展。事实上，正如美国伦理学家麦金太尔在简评亚里士多德对诸美德的解说时说的，“诸美德的践行本身就是对人类来说善的生活的

① ［英］亚当·斯密：《道德情操论》，蒋自强等译，北京：商务印书馆，1997 年版，第 399 页。

一个至关重要的组成部分”。①

综上所述，道德“应该”，即道德之“应该的应该之应该”是道德的客观依据；“使人的世界即各种关系回归于人自身”是道德的理性样态和崇高目的；道德行动是道德之为道德的前提和根本，因此，本真意义上的道德是人立身处世与集体生存发展之“应该”和“实该”的统一体甚或有机同一体；道德之应该的逻辑回归其实就是“应该的应该之应该”意义上的道德通过行动回归于自身的道德。为此，道德是指不断地回归于应该的人立身处世与集体生存发展的价值取向及其行为规范和自觉行动。唯其如此，道德才能在人的完善与人际关系和谐以及经济社会发展中发挥不可替代的作用，并展示它的存在。

结　语

理论上能讲得通，实践中也能充分验证，体现为人的完善和人际关系和谐的道德，是人们崇高的人生境界、善良的处世原则、完美的道德行动的有机统一。换句话说，道德有着特殊的揭示人或集体性道德主体的生存意义、行动方向和追求生活目标的功能，有着敬告人们行为的原则和规范以及行动范式，有着引导人们努力实现自我完善、协调和谐乃至自觉遏恶的具体路径。由此引申到经济社会建设领域，道德在经济社会发展进程中有着不可替代的独特的功

① ［美］麦金太尔：《追寻美德》，宋继杰译，南京：译林出版社，2003 年版，第 233 页。

能和作用。因此，“道德力量的作用不可忽视。在道德力量作用之下，人的作用充分发挥了，人的积极性和创造性充分发挥了，效率将会大大提高”。[①] 当然，“要充分发挥人的积极性、创造性，必须有合理的经济运行机制，必须做到人际关系的协调”。[②] 所以，完善的人、和谐的人际关系将是最有利于经济社会发展的道德生态或伦理生态，将在人类社会各个领域发挥着巨大的道德促进力量。不可想象，在一个人性扭曲、人际关系杂乱的道德堕落的社会中，人们会有正常甚或幸福的生活，社会会有平稳甚或和谐的局面并不断发展。

① 厉以宁：《超越市场与超越政府——论道德力量在经济中的作用（修订版）》，北京：经济科学出版社，2010 年版，第 39 页。

② 同上书，第 40 页。

第二章　道德与经济之逻辑关系

要真正懂得道德资本，还需要先弄清楚道德与经济的关系，弄清楚道德在经济活动中的角色、功能和独特作用。

就道德和经济的关系来说，有经济必有道德，道德对于经济来说不可或缺。因此，理解经济不能没有道德视角，发展经济需要道德支撑。[①]

遗憾的是，当代经济学界却存在一种偏见，认为经济学可以

① 参见王小锡：《中国经济伦理学：历史与现实的理论初探》，北京：中国商业出版社，1994 年版；厉以宁：《经济学的伦理问题》，北京：三联书店，1995 年版；晏辉：《市场经济的伦理基础》，太原：山西教育出版社，1999 年版；陆晓禾：《经济伦理学研究》，上海：上海社会科学院出版社，2008 年版；万俊人：《道德之维——现代经济伦理导论》，广州：广东人民出版社，2011 年第 2 版；王小锡：《经济伦理学：经济与道德关系之哲学分析》，北京：人民出版社，2015 年版；汪荣有：《经济道德论》，北京：人民出版社，2017 年版；[印度] 阿马蒂亚·森：《伦理学与经济学》，王宇、王文玉译，北京：商务印书馆，2000 年版；[美] 理查德·T. 德·乔治：《经济伦理学》，李布译，北京：北京大学出版社，2002 年版；[美] 乔治·恩德勒：《面向行动的经济伦理学》，高国希、吴新文等译，上海：上海社会科学院出版社，2002 年版。

"道德无涉"、与伦理无关。多有经济学者持这种观点，某种程度上这种观点成为西方主流经济学的"集体无意识"，影响甚大，甚至波及我国。我国有经济学学者曾经说，经济学本身作为一门学科不是研究道德规范，其任务也不是道德说教，经济学提出的政策建议或制度设计，不依赖于道德水平的高低，而宁可假定人们在道德水平极低前提下进行工作，反倒更现实、更"保险"。所以，在此意义上，我们说，经济学作为一门特定的学科，经济学研究作为特殊的职业，它不讲道德也不该讲道德，经济学家不应该不务正业，"狗拿耗子"去做哲学家、伦理学家、文学家、政治家、牧师等在职业领域内该去管的事情。同样，有的经济学理论工作者也认为，经济发展与道德可谓风马牛不相及，更有甚者认为，为了经济发展，牺牲点道德也未尝不可，等经济发展了再去搞道德建设也不迟，等等。果真经济和道德之关系应该是这样或就是这样？其实，这些观点既不懂真正的经济学，也不懂道德哲学，更不懂经济伦理和伦理经济。不包含道德的经济学和排斥道德作用的经济建设都是不可理解的。因此，"经济学研究必须把对人的关心、尊重、培养放在突出的位置上：经济学中许多带根本性的问题，只有提到'人'这个层次来考察时，才能最终说明"。否则，经济现象不可能被真正认识和把握，经济问题也不可能切实地被解析和解决。因此，经济学研究不能回避道德的研究。[①] 这一点，1998 年诺贝尔经济学奖获得者阿马蒂

① 参见厉以宁：《超越市场与超越政府——论道德力量在经济中的作用（修订版）》，北京：经济科学出版社，2010 年版，第 253 页。

亚·森的态度十分明朗，他说："我并不认为，没有伦理考虑的方法就必定使经济学失败。但是，我想说明的是，经济学，正如它已经表现出的那样，可以通过更多、更明确地关注影响人类行为的伦理学思考而变得更有说服力。"[①] 美国经济伦理学家乔治·恩德勒对于伦理学与经济学的关系做了如下叙述，他说："我主张建立一种伦理学同经济学合作的模式。这种模式承认两种学科相互依存且同等重要。伦理学（作为学科）不应该统治经济学，而经济学也不该（以'经济学帝国主义'的形式）凌驾于伦理学之上。同时这两门学科之间又不该老死不相往来。……这种合作模式使我们可以避免经济伦理学的两种风险。一种是理想主义的风险，即相信可以忽视经济学作为一种分析手段的贡献和经济刺激对实现伦理目标的帮助。另一种风险是经济伦理'工具化'，即伦理被误用来仅仅作为达到经济目标的手段。"[②]

这里要进一步说明的是，经济不能离开道德，是说经济是人的经济、人之关系的经济，这样的经济一定内含着人和人之关系之应当与否的道德问题。同时，道德在经济领域中的存在不是被动的，道德的被动存在就失去了其存在的理由和价值，道德在经济领域中存在的理由和价值是道德能够发挥其不可替代的作用，即能够帮助经济活动获得更多的效益及利润。否则经济就不需要道德，而其实这又是不现实和不可能的。

① ［印度］阿马蒂亚·森：《伦理学与经济学》，王宇、王文玉译，北京：商务印书馆，2000 年版，第 15 页。

② ［美］乔治·恩德勒：《面向行动的经济伦理学》，高国希、吴新文等译，上海：上海社会科学院出版社，2002 年版，第 58—59 页。

道德离不开经济，经济离不开道德，道德经济与经济道德是客观存在的社会现象。

道德与经济的关系，中外思想史上都有不同视角和不同程度的叙述。至于经济有无德性、真正的经济是什么、实现“帕累托佳境”的根本条件在哪里、走出“囚徒困境”能否忽视道德、道德有无经济价值等问题的解决，是目前最能说明道德与经济互为存在、互为作用的国内国际的经典性问题。由此也进一步说明，道德有其独特的经济价值，尤其是在现时代，经济的高质量发展更离不开道德的独特的支撑作用。

一、道德与经济关系无法隔离之思想史考察[①]

道德和经济的关系问题上的众说纷纭，集中体现在中国的义和利、西方的道义论和目的论以及作为“斯密难题”的“经济人”和“道德人”之经典论争上，然而，各种思想观念不管分歧有多大，都自觉不自觉地、视角不同地将经济和道德联系在一起。这说明，经济与道德的关系是一种客观存在。

1. 中国思想史上的义与利之辨

中国历史上不同时期的思想家们在思考社会现象、探讨理论问题时对道德与经济的关系问题多有涉及，只是角度和程度不同而已，

① 参见王小锡：《道德资本与经济伦理》，北京：人民出版社，2009 年版，第七部分“中国传统经济伦理思想”；王小锡：《经济伦理学：经济与道德关系之哲学分析》，北京：人民出版社，2015 年版，第二章“经济与道德关系之辩”。

尤其是较为集中体现经济和道德关系的义利观的论争始终贯穿在伦理思想的发展进程中。可以说，中国历史上关于义利观的讨论，“实际上代表了儒家伦理乃至整个中国传统伦理辩证经济与道德、物利与道义之关系的典型论说方式”。[①] 其中，较为典型的观点是有其本质区别的德性主义、功利主义以及近代三民主义思想对义与利、经济与道德关系的不同理解。

（1）德性主义：废义则利不立[②]

德性主义关于义与利关系思想的主要特点是，义重于利，义是利的目的，利是义的手段，更有甚者认为利益可以为道义而失。

1）义为利之本。

德性主义者认为，正当之利在义，利由义生。孔子早先虽表达过“子罕言利”[③] 的思想，但他更强调“义以生利”[④]，一方面是指只有讲道义，才有正当之利可言，否则就是孔子所说的小人之利。另一方面，孔子认为讲道义才能招来民众从事生产活动，他说：“上好礼，则民莫敢不敬；上好义，则民莫敢不服；上好信，则民莫敢不用情。夫如是，则四方之民，襁负其子而至矣，焉用稼？”[⑤]《大学》中也写道：“是故君子先慎乎德。有德此有人，有人此有土，有土此有财，有财此有用。”即是说，有了道义，人们才信服管理，才有生

① 卢风、肖巍：《应用伦理学导论》，北京：当代中国出版社，2002 年版，第 122 页。
② 参见王小锡著《中国经济伦理学》，北京：中国商业出版社，1994 年版，第一章。
③ 孔子早先讲过“子罕言利”的思想，而他的不愿意言及的利是不讲仁义之“利”。
④ 《左传・成公二年》。
⑤ 《论语・子路》。

产积极性。有了道义，天下的百姓均愿归顺到有德者之国，人多了就可扩充领土和增加财富。

孟子虽然也曾经提出“何必曰利”的思想，但他在这个问题上比孔子更进一步，他除了反对不讲仁义之“利”以外，还反对见利忘义之“利”，即会导致亡国之“利”。可以看出，孟子的义利观比孔子更强调仁义的重要，而对人们的“怀利”行为给予了更多的人为干涉。《孟子》一书写道：“孟子见梁惠王，王曰：‘叟不远千里而来，亦将有以利吾国乎？’孟子对曰：‘王何必曰利！亦有仁义而已矣’。王曰：‘何以利吾国？’大夫曰：‘何以利吾家？’士庶人曰：‘何以利吾身？’上下交征利而国危矣。……王亦曰仁义而已矣，何必曰利？”[①]《孟子》还记载宋将说秦楚罢兵，孟轲问：“说之将何如？”曰：“我将言其不利也。”曰：“先生之志则大矣，先生之号则不可。先生以利说秦楚之王，秦楚之王悦于利，以罢三军之师，是三军之士乐罢而悦于利也。为人臣者怀利以事其君，为人子者怀利以事其父，为人弟者怀利以事其兄，是君臣、父子、兄弟终去仁义，怀利以相接，然而不亡者，未之有也。……何必曰利？”[②]在孟子看来，人与人之间以利相接就“国危”，因而只能讲仁义。

在德性主义者那里，义并不排斥利，只是这个利必须符合义的要求，因为，“义，利之本也”。[③]

---

① 《孟子·梁惠王上》。

② 《孟子·告子下》。

③ 《左传·昭公十年》。

2）利以义取。

孔子说："富与贵，是人之所欲也，不以其道得之，不处也；贫与贱，是人之所恶也，不以其道得之，不去也。"[①] 还说："邦无道，富且贵焉，耻也。"[②] 孔子还曾针对自己的生活，幽默乐观地说："饭蔬食，饮水，曲肱而枕之，乐亦在其中矣。不义而富且贵，于我如浮云。"[③] 孔子强调了不义之财（利）不能得,即使"见利"也应"思义"。孟子在重义讲利的问题上不同于孔子的观点，即在遇到物质利益与道德规范相矛盾并有所取舍的场合，孟子并不坚持维护道德规范而放弃物质利益，而是认为物质利益有利生存当取之。《孟子》中记载："任人有问屋庐子曰：'礼与食孰重？'曰：'礼重。''色与礼孰重？'曰：'礼重。'曰：'以礼食，则饥而死；不以礼食，则得食，必以礼乎？亲迎，则不得妻；不亲迎，则得妻，必亲迎乎？'屋庐子不能对，明日之邹以告孟子。孟子曰：'于答是也，何有？不揣其本而齐其末，方寸之木可使高于岑楼。金重于羽者，岂谓一钩金与一舆羽之谓哉！取食之重者与礼之轻者而比之，奚翅食重？取色之重者与礼之轻者而比之，奚翅色重？往应之曰：紾兄之臂而夺之食，则得食，不紾，则不得食，则将紾之乎？逾东家墙而搂其处子，则得妻，不搂则不得妻，则将搂之乎？'"[④] 从这里可以看出，孟子在义利观上的考虑比孔子更加现实。由此，孟子并不坚持维护道

① 《论语・里仁》。

② 《论语・太伯》。

③ 《论语・述而》。

④ 《孟子・告子下》。

德规范而放弃物质利益的思路，更是说明了物质利益原则和道德原则的某种内在一致性，不能以不善即恶的思想来对待物质利益和道德规范的取舍问题。

作为后来儒家德性主义的义利观思想的来源的晏婴，较早提出了“正德幅利”的思想。认为财富的获得及其多少应该有一个道德标准或称道德限度。财富超过了一定道德限度，财富实足以为害；在一定的所谓德的限度内，个人财富才可长远保持。即所谓：“利不可强，思义为愈。”[①] 对此，晏婴自己也是身体力行的。齐国君主赐给他邶殿良田六十邑，他坚持不要，并说：“不爱邶殿，非恶富也，恐失富也。且夫富，如布帛之有幅焉，为之制度，使无迁也。夫民生厚而用利，于是乎正德以幅之。使无黜嫚，谓之福利。利过则为败。吾不敢贪多，所谓幅也。”[②] 晏婴的这一思想是他之前就已提出的“义以生利，利以丰民”[③] 以及“夫义者利之足也，……废义则利不立”[④] 的具体阐释和应用。

作为后来儒家德性主义的义利观思想的前奏的管子义利观，强调要“取民有度”。管仲具体地提出了公正的征课赋税观，认为应该“相地而衰征”，即按照土地的肥沃程度以征课赋税，这样才能帮助农民积极开展农业生产。同时，他还提出了“取民有度”的道德原则。他指出：“地之生才有时，民之用力有倦，而人君之欲无

① 《左传・昭公十年》。

② 《左传・襄公二十八年》。

③ 《国语・晋语一》。

④ 《国语・晋语二》。

穷。以有时与有倦，养无穷之君，而度量不生于其间，则上下相疾也。……故取于民有度，用之有止，国虽小必安；取于民无度，用之不止，国虽大必危。”[①] 也就是说，管仲认为农业生产和收获是季节性的，农民劳动支出也是有限度的，而国君的欲望却是无穷的。以有限的生产和劳动，难以满足无穷欲望的国君，如果征课没有一定的限度，那么上下的矛盾必然加剧。因此，取于民要有限度，国君的支出要有范围，这样，国虽小但必然安定。相反，假如取于民没有限度，国君的支出没有范围，即使是大国也一定存在危险。因为，“仓廪实则知礼节，衣食足则知荣辱”[②]，礼仪荣辱，国泰民安，有赖富足。

3）贵义贱利但不斥应当之利。

有的德性主义者十分排斥利益，但从没有彻底地排除利益者。

反对“曰利”的孟子，并不是笼统地反对人的一切利益。主张有限取利。从孟子关于“恒心”与“恒产”思想的叙述，就可以看出孟子还是主张和支持获得正当之利的。他认为，要使百姓懂得并接受仁义，必须首先使他们有必要的物质生活条件，物质生活条件好了，百姓就能接受统治者的统治而无反叛之心。反之，如果基本物质生活条件得不到保障，百姓是不会讲仁义的。[③] 他说：“民非水火不生活，昏暮叩人之门户求水火，无弗与者，至足矣。圣人治天

① 《管子 · 权修》。

② 《管子 · 牧民》。

③ 参见赵靖：《中国经济思想通史》第 1 卷，北京：北京大学出版社，1991 年版，第 203—204 页。

下，使有菽粟如水火。菽粟如水火，而民焉有不仁者乎？”还说：“仰不足以事父母，俯不足以畜妻子；乐岁终身苦，凶年不免于死亡。此惟救死而恐不赡，奚暇治礼义哉？”[①]而且为了“救死”，百姓不但谈不上治礼义，就是以刑治之亦无效果。正如孟子所说：“及险于罪，然后从而刑之，是罔民也。焉有仁人在位，罔民而可为也！”[②]事实确是如此，“无恒产而有恒心者，惟士为能；若民，则无恒产，因无恒心。苟无恒心，放辟邪侈，无不为已”。[③]为此，孟子提出了可以保证“老者衣帛食肉，黎民不饥不寒”、社会可以治礼义的“恒产”说。他认为，百姓应固定地占有或使用生活所必需的财产，那么财产应该是多少呢？孟子说：“五亩之宅，树墙下以桑，匹妇蚕之，则老者足以衣帛矣。五母鸡，二母彘，无失其时，老者足以无失肉矣。百亩之田，匹夫耕之，八口之家足以无饥矣。”[④]他还说：“五亩之宅，树之以桑，五十者可以衣帛矣。鸡豚狗彘之畜，无失其时，七十者可以食肉矣。百亩之田，勿夺其时，数口之家可以无饥矣。谨庠序之教，申之以孝悌之义，颁白者不负戴于道路矣。七十者衣帛食肉，黎民不饥不寒，然而不王者，未之有也。”[⑤]

主张贵义贱利者董仲舒的天人感应学说在他的义利关系思想中得到了比较彻底的贯彻。为了推行自己叙述为天之意志的道德纲常，董

① 《孟子·尽心上》。
② 《孟子·梁惠王上》。
③ 同上。
④ 《孟子·尽心上》。
⑤ 《孟子·梁惠王上》。

仲舒在继承儒家义利观的同时，又赋予儒家义利观一层神秘色彩。他认为，义和利是天赋予人的两方面的属性。义利对人的作用不同，所以重要性也不一样："天之生人也，使之生义与利。利以养其体，义以养其心。心不得义不能乐，体不得利不能安。义者，心之养也；利者，体之养也。体莫贵于心。故养莫重于义。义之养生人大于利矣。"[①]

主张"存天理，灭人欲"者南宋哲学家、教育家朱熹全面继承了前人的理学思想，同时吸收了部分佛道思想，创造了一个庞大的客观唯心主义体系，其义利观也阐述得系统而又深刻。朱熹认为"义利之说乃儒者第一义"[②]，因此，义利之说是经济与道德关系之核心内涵。同时，他认为："利是那义里面生出来底，凡事处制得合宜，利便随之，所以云'利者，义之和'，盖是义便兼得利。"[③] 还说："'罕言利'者，盖凡做事，只循这道理做去，利自在其中矣。"[④] 因此，朱熹是将经济和利益问题作为道德要素去思考的。可以这样说，在朱熹那里，将经济与道德关系思想改为道德经济思想更为合宜。朱熹首先认为，天理和人欲就是绝对对立的，"天理人欲，不容并立"。故朱熹说："人之一心，天理存则人欲亡，人欲胜而天理灭。"[⑤] 为此，朱熹认为"圣贤千言万语，只是教人明天理，灭人欲"。[⑥] 同

① 《春秋繁露·身之养重于义》。
② 《朱文公文集》卷二十四。
③ 《朱子语类》卷六十八。
④ 同上。
⑤ 《朱子语类》卷十三。
⑥ 《朱子语类》卷十二。

时，他还提出，“学者须是革尽人欲，复尽天理，方始是学”。[①] 但是，朱熹并不是完全排斥功利的，而是要将功利纳入义的轨道，使利服从义，由义生利。他说：“正其义则利自在，明其道则功自在；专去计较利害，定未必有利，未必有功。”[②] 朱熹在主张“存天理，灭人欲”的同时仍认可正当之利的存在，这也是朱熹作为一个大学问家的理智所在。而且，朱熹将义和利在儒家道统学术范围做统一考察，试图揭示两者的本质联系，也对儒家学说之义利观的完善起到了重要的作用。

（2）功利主义：利或利人是道义的前提[③]

功利主义的义与利关系思想是对立于德性主义而形成和存在的，墨家学派则是这一思想的主体。它认为经济重于道德，利益重于或等于道义；利是社会道德的基础，道义的前提是利或利人。

1）趋利避害，德得相通。

功利主义者认为自私自利、趋利避害是德性所至。

明代思想家、文学家李贽以抨击封建礼教传统著称，他首先认为人都有私心，人的行为动力也是私心所致。他说：“夫私者，人之心也。人必有私，而后其心乃见；若无私，则无心矣。如服田者，私有秋之获，而后治田必力；居家者，私积仓之获，而后治家必力；为学者，私进取之获，而后举业之治也必力；故官人而不私以禄，

① 《朱子语类》卷十二。

② 《朱子语类》卷二十七。

③ 参见王小锡：《中国经济伦理学》，北京：中国商业出版社，1994 年版，第二章。

则虽召之必不来矣；苟无高爵，则虽劝之必不至矣。虽有孔子之圣，苟无司寇之任、相事之摄，必不能一日安其身于鲁也决矣。此自然之理，必至之符，非可以架空而臆说也。然则为无私之说者，皆画饼之谈，观场之见，但令隔壁好听，不管脚跟虚实，无益于事，只乱聪耳，不足采也。”[①] 他还进一步指出：“趋利避害，人人同心，是谓天成，是谓众巧。”[②] 既然人皆有趋利避害之私心，因此，人们追求富贵，追求物质享受都是正当的。李贽在列举了圣人欲富贵的基础上，认为“财之与势，固英雄之所必资，而大圣人之所必用也”。[③] 因此，“为好货，为好色，为勤学，为进取，为多积金宝，如多买田宅为孙谋，博求风水为儿孙福荫，凡世间一切治生、产业等事，皆其所共好而共习，共知而共言者，是其迩言也”。[④] 总之，在李贽看来，私心、欲望乃平民百姓和圣人之共同要求，确认这一现实才是“真有德之言”。[⑤] 所以，李贽进一步指出，“穿衣吃饭，即是人伦物理。除却穿衣吃饭，无伦物矣。世间种种，皆衣与饭类耳。故举衣与饭，而世间种种自然在其中。非衣食之外，更有所谓种种绝与百姓不相同者也”。[⑥] 在李贽的功利主义的利益与道德关系思想体系中，与上述思想同等重要的是，他强调人与人之间的平等，认为唯有平

① 《藏书·德业儒臣后论》。
② 《焚书·答邓明府书》。
③ 《李氏文集·明灯道古当上》。
④ 《焚书·答邓明府书》。
⑤ 《焚书·答耿司寇》。
⑥ 《焚书·答邓石阳书》。

等才能做好治生、产业等事。同时，李贽还要求在实现平等的条件下，自由发展人的个性，让天下人都能依据自己的愿望施展自己的才能。

这就是说，人的自私自利、趋利避害是德性所至。当然，这只是德、得相通的一种传统功利主义的表达理路。

2）义即利或利即义。

墨家学派正视社会经济生活，重视利益之存在，竭力主张以“利”去规定道德。其创始人墨子以“利”为其哲学指导原则，以独特的义利关系观念，提出了与儒家义与利关系的思想相对立，却具有重要理论和实践意义的独特义与利关系思想。

墨子竭力反对儒家“罕言利”的态度，大谈“兴天下之利，除天下之害”。[①] 墨子反对孔子将义和利对立起来，但他在谈利的同时并没有忽视义及其重要性。他认为，“万事莫贵于义”[②]，“天下有义则治，无义则乱”[③]，因此，义是真正的“天下之良宝”。与此同时，墨子在其功利主义思想体系的范围，将义和利统一了起来。他认为利人为义，不利人为不义，故“义，利也”。[④] 在墨子看来，有利才真正谈得上义，否则义就不可理解。也就是说，义是由利来规定的。在这里，墨子实际上是将义和利等同了起来，并在两者的等同中揭示其统一关系。从这一意义上说，这一“义，利也”的思想是一个

① 《墨子·兼爱下》。
② 《墨子·贵义》。
③ 《墨子·耕柱》。
④ 《墨子·经上》。

形而上学的理论命题，它并没有把握义与利两者本质的逻辑联系。尽管如此，墨子关于义利关系的思想较之孔子的义利观更贴近社会生活现实，更多了一层理论阐述。假如说孔子的义利观强调理性的作用，那么墨子的义利观则试图揭示理性的本质内涵和价值导向。这是儒家义与利关系思想所不能及的。

墨子“义，利也”的思想明确了功利主义的道德指向和道德目的，这一思想在我国古代道德思想发展史上是极有价值的。遗憾的是，这一思想长期被人们忽视，更未能由此启发人们重视道德指向和道德目的的理论研究。尽管历代统治阶级都把道德作为稳定其统治地位的手段和工具，但道德的正确指向和道德的逻辑目的却常常被他们弃之不问，尤其是道德的经济意义和物质目的从来没有（当然也不可能）得到真正的体现。

作为北宋的政治家、思想家和文学家的王安石，是儒者中首先公开讲求财利的人，他的经济改革思想中包含着丰富的功利主义的义与利关系思想。而且，他的义与利关系思想与墨家相似，但又不完全相同。他认为，“利者义之和，义固所为利”。其一，他指出人财、财义皆应并举。王安石在义与利关系思想上明确反对儒者服官“耻言理财”的传统，认为“政事所以理财，理财乃所谓义也”[①]，因为理财之道是要“因天下之力以生天下之财，取天下之财以供天下之费”。[②] 按照王安石的说法，理财“以供天下之费”本身就是义举，

① 《王临川集》卷七十三，“答曾公立书”。

② 《临川先生文集》卷三十九，“上仁宗皇帝言事书”。

换句话说，义是由理财体现出来的。王安石同时还认为，有财不理，经济放任，就不可避免地要发生“大农”“富工”“豪贾”等对城市平民和农民的土地兼并以及高利贷等形成的剥削。在这里，王安石提出了与墨家观点相似的功利主义的义与利关系思想。在他的思想中，义由利体现出来。当然，这里的利指的是国家之利、民众之利、“是所谓政事”。诸如兼并、巨商包卖之类行为则是不义之举。在王安石看来，理财之目的就是为了义之要求。为此他还说，如果“得而不能理”或不能“均财节用”，既不能说是利，也更不是义。墨家将利和义等同，既不加区分也没有厘清两者的辩证联系。而王安石则认为，“利者义之和，义固所为利也”[①]，“聚天下之人，不可以无财，理天下之财，不可以无义”。[②] 也就是说，王安石强调利和义、财富与道德是统一的，义、道德是手段，利、财富是目的。唯义与利并举，道德与财富并举，才能真正实现社会稳定、富国强兵。由此，我们不难看出，王安石对义与利关系的认识既吸收和发展了墨家功利主义思想，又继承并发展了儒家德性主义之义利观。其二，认为财中含义。王安石的功利主义的义与利关系思想强调义和利不能截然分开理解，在功利实现过程中内含着义。除了在其理财观和义利观的多有阐述外，在他制定的具体政策和改革措施中也能充分体现出来。王安石主张的经济改革，其直接目的是抑制兼并，均济贫乏，变通天下之财，其深层含义是平民和农民该有的财物、土地

① 《续资治通鉴长编》卷二百一十九，“熙宁四年正月”。

② 《王临川集》卷七十，“乞制置三司条例司”。

等不能被剥夺，应限制“大农”“富工”“豪贾”等的权利，保护大多数人的合法经济权利。他说：“天命陛下为神明主，驱天下士民使守封疆，卫社稷，士民以死徇陛下不敢辞者，何也？以陛下能为之主，以政令均有无，使富不得侵贫，强不得凌弱故也。含富者兼并百姓，乃至过于王公，贫者或不免转死沟壑，陛下无乃于人主职事有所阙，何以报天下士民为陛下致死？”[①]应当说，在北宋时期作为中小地主阶级代表的王安石能提出如此充满道德内涵的政治、经济主张，是一件了不起的创举，它促使了功利主义的义与利关系思想进一步完善。同时，王安石推行均输法，是为了防止富商大贾“乘公私之急，以擅轻重敛散之权”，从而“稍收轻重敛散之权，归之公上。而制其有无，以便转输，省劳费，去重敛，宽农民，庶几国用可足，民财不匮”[②]；推行市易法和青苗法，其直接效果是国家赚了利息，增加了财政收入（尽管王安石当时表面上不承认这一点），同时在客观上抑制了兼并，保护了农民的生产积极性，保证了农作效益，平定了物价，促进了市场的公平交易；推行的募役法，是提倡经济负担平均、平等或公平的典型法规。

王安石在其经济改革中制定了一系列新法，涉及诸多方面，其道德意义体现在三个方面：第一，他竭力反对经济领域的兼并、投机倒把等危害平民和农民利益的弱肉强食行为，试图使经济权力或经济利益均等化；第二，他反对经济领域中特权的存在，主张经济

① 《续资治通鉴长编》卷二百四十，“熙宁五年十一月”。

② 《王临川集》卷七十，“乞制置三司条例司”。

责任人人有份，尤其在承担徭役上不分贵贱、不分穷富，而在徭役承担的方式和数量上又主张官户、平民、农民以及穷富相区别，这不仅限制了某些封建特权，而且在一定程度上使社会经济生活更趋于公平；第三，王安石理财主张的基本目的是国富民强，为的是国家利益和大多数人的利益。因此，可以说，王安石的经济改革思想和一系列举措都是充满道德内涵的，基本的道德出发点和道德目的是其改革思想形成和见诸行动的内在依据之一。由此，我们不难看出，王安石对义与利关系的认识既吸收和发展了墨家功利主义思想，又继承并发展了儒家德性主义之义利观。

作为南宋哲学家，叶适是研究“功利之学”的永嘉学派的集大成者，其功利主义的义与利关系思想在当时具有典型意义。如果说王安石的义与利关系思想是儒生在反传统中看到了功利的价值，提出了具有明显儒学印记的功利主义的义与利关系思想，那么，叶适则是以一个地道的功利学人的身份阐释其义与利关系思想。叶适提出了著名的利德一致的思想。其一，义在于功利、富则有道义。叶适认为功利与道义是一致的。一方面，叶适在提出圣君贤臣善理财的同时，指出“理财并非聚敛”，君子理财本身就是“以天下之财与天下共理”，是合乎仁义的。同时还提出，“无仁义之意”的小人不能理财，小人理财确是聚敛行为。他说：“理财与聚敛异，今之言理财者，聚敛而已矣。非独今之言理财者也，自周衰而其义失，以为取诸民而供上用，古谓之理财。而其善者，则取之巧而民不知，上有余而下不困难，斯为理财而已矣。故君子避理财之名，而小人执理财之权。夫君子不知其义而徒有仁义之意，以为理之者必取之也，是故避之而弗为。小人无仁义之意而有聚敛之资，虽非有益于己而务以多取为悦，是故当之而不辞，执之而弗置。而其上亦以君子为不能也，故举天下之大计属之小人，虽明知其负天下之不义而莫之恤，以为是固当然而不疑也。呜呼！使君子避理财之名，小人执理财之权，而上之任用亦出于小人而无疑，民之受病，国之受谤，何时而已！”① 另一方面，叶适认为让农民有地耕种，“使天下无贫农”②，才能有信义忠厚之道德，否则将会是另一番景象。他说：“以臣计之，有民必使之辟地，辟地则增税，故其居则可以为役，出则可以为兵。而今也不然，使穷苦憔悴，无地以自业。其驽钝不才者，且为浮客，为佣力；其怀利强力者，则为商贾，为窃盗，苟得旦暮之食，而不能为家。”又说：“田无所垦而税不得增，徒相搏取攘窃以为衣食，使其俗贪诈淫靡而无信义忠厚之利，则将尽弃而鱼肉之乎！”③ 尽管叶适从根本上是为封建统治阶级着想的，但他主张让农民有地耕，生产发展了才能改变社会风尚的思想是十分有价值的见解。这是功利主义的义与利关系思想的典型表述，至今也不失其重要的实践意义。其二，何以使得义或道义不至于成为“无用之虚语”，叶适指出，不能离开义来谈利，认为董仲舒的所谓“仁人正谊不谋利，明道不计功”，“初看极好，细看全疏阔”，指出“后世儒

① 《叶适集》（下），北京：中华书局，1961 年版，第 773 页。

② 同上书，第 656 页。

③ 同上书，第 652 页。

者行仲舒之论，既无功利，则道义者乃无用之虚语尔”。[①] 因此，叶适认为，应就“事功”来剖析义理。换句话说，义应体现在利之中，否则义或道义就将成为“无用之虚语”。

我国近代资产阶级改良派的启蒙思想家康有为，年轻时就受到西方资产阶级思想文化的影响和正在滋长的中国资产阶级改良派思潮的熏陶，后来在治学道路上创立了标志着封建思想解体和资产阶级启蒙思想兴起的新思想体系，提出了以“求乐免苦”为核心的义与利关系思想。他的“义为事宜”、义为发展的思想可谓深刻而又时尚。

在义利关系上，康有为认为利可以变义，“义为事宜”。他说：“世运既变，治道斯移，始于粗粝，终于精微。”[②] “道尊于器，然器亦足以变道矣。”[③] 还说，“义为事宜”，“故礼无定而义有时，苟合于时，义则不独创世俗之所无，虽创累千万年圣王之所未有，益合事宜也。如人道之用不出饮食衣服宫室器械，事为先王皆有礼以制之，然后世废尸而用主，废席地而用几桌，废豆登而用盘碟，千年用之，称以文明，无有议其变古者而废之，后此之以楼代屋，以电代火，以机器代人力，皆可例推。变通尽利，实为义之宜也。拘者守旧，自谓得礼，岂知其阻塞进化，大悖圣人之时义哉！”[④]

3）“利可言”，需义取。

功利主义者讲利的同时并没有忽视义的重要性。北宋思想家李

---

① 《学习记言序目》（上），北京：中华书局，1977 年版，第 324 页。

② 《日本书目志》卷首，第 1 页。

③ 《孔子改制考》，序。

④ 《康南海文集》第 8 册，第 17 页。

觏是儒家学说的继承人，他自称“诵孔子、孟轲群圣人之言”[①]，但是，他反对把义和利割裂开来，强调“利可言”，需义取。李觏认为：“利可言乎？曰：人非利不生，曷为不可言？”[②]他同时批评了孟子“何必曰利”的思想，认为讲仁义就是为了利。他说：“孟子谓‘何必曰利’，激也。焉有仁义而不利者乎？其书数称汤、武将以七十里、百里而王天下，利岂小哉？”[③]李觏的这一思想与王安石的义利观基本是一致的，他们对义利关系的阐释充分汲取了墨家功利思想，发展和完善了儒家思想。

针对有人为追求利、欲，“藏奸狭诈，昼争夜夺，如盗贼之为”[④]的社会现象，李觏重复了先秦儒家利以义取的思想，强调言利言欲要以符合礼义为前提，离开礼义来言利和欲就是贪和淫，必须按照“上下有等，奢侈有制”的原则来加以限制。

在求利致富问题上，李觏支持商人的正当致富行为，其理由是，正当致富者虽富，但他是以“义取”，即通过诚实商品生产与流通而致富。为此，他认为不应该笼统打击富人，指出：“田皆可耕，桑皆可蚕，材皆可通，彼独以是而致富者，心有所知，力有所勤，夙兴夜寐，攻苦食淡，以趣天时听上令也。如此之民，反疾恶之，何哉？疾恶之，则任之重，求之多，劳必于是，费必于是，富者几何其不转而贫也！使天下皆贫，则为之君者利不利乎？故先王平其徭

① 《李觏集》，北京：中华书局，1981 年版，第 296 页。

② 同上书，第 326 页。

③ 同上。

④ 同上书，第 173 页。

役，不专取以安之。世俗不辨是非，不别淑慝，区区以击疆为事。噫！富者乃疆耶！彼推理而诛者，果何人耶！”[①] 与前人的笼统抑商观念相比，李觏看到了勤劳致富与不义之富的区别，这一思想难能可贵。这说明了一个道理，有钱人不一定都是所谓“小人”，诚实致富者历来有之。

李觏支持正当致富，但并不支持富者的奢侈生活。因为富者“食必粱肉”“言必文采”，如一点也不相济贫者，则贫者不安，这又是消费上的不当之行为。事实上，在私有制社会，由于剥削阶级占有生产资料，手中又掌握权力，剥削和奢侈的确是富有者生活之基本特点，不义致富者和致富者不义的现象也的确普遍存在。

在土地问题上，李觏认为，富人占地太多，而农民丧失土地，这势必影响农业生产。他说：“贫民无立锥之地，而富者田连阡陌。富人虽有丁强，而乘坚驱良，食有粱肉，其势不能以力耕也，专业其财役使贫民而矣。贫民之黠者则逐末矣，冗食矣。其不能者乃依人庄宅为浮客（佃农）耳。田广而耕者寡，其用功必粗。天期地泽、风雨之急又莫能相救，故地力不可得而尽也。”[②] 为了尽地力、均利益，李觏提出了限田的主张，提出应“限人占田，各有顷数，不得过剩”。[③] 这样就能做到他所说的“兼并不行”，“土价必贱”，“言井田之善者，皆以均则无贫，各自足也”，“人无遗力，地无遗利，一

① 《李觏集》，第 90 页。

② 同上书，第 135—136 页。

③ 同上书，第 136 页。

手一足无不耕，一步一亩无不稼，谷出多而民用富”。[①] 在商业法则中，李觏提出了一些改革思想和措施。在籴粜粮食问题上，他反对收购粮食“数少”，反对贫民籴粮“道远”，同时也反对贪官污吏营私舞弊、弄虚作假，要求维护贫民的利益。在食盐专卖问题上，他反对给官吏有舞弊的机会，主张以“通商”，即由官府卖盐给商人，再由商人运往各地出售的办法，这样可以“公利不减”，盐质可靠，用户价宜方便。在茶叶问题上，李觏同样反对专卖，主张通商，这不仅可多税收，还可保质量，价合宜，使得国家财政和买卖双方都能得益。在对待财政问题上，李觏把民众的利益放到重要位置上加以考虑，试图使民众利益少受损或不受损。他积极主张适量征税，减轻民众的赋税负担，认为这样不仅能促进生产的发展，而且能使民众生活留有余地。他说：“一夫之耕，食有余地；一妇之蚕，衣有余也。衣食且有余而家不以富者，内以结吉凶之用，外以奉公上之求也。”[②] 因此，他要求在征税过程中“观其丰凶，而后制税敛”[③]，如果“地所无及物未生，则不求”[④]，以此调动和保障民众的积极性。

李觏还强调，国家利益乃大利和大义。李觏继承了先秦儒家的国家利益优先思想，认为，国家利益是大利也是大义。他说：“贤圣之君，经济之士，必先富其国焉。”[⑤] 应当说，这一思想既是实践的

① 《李觏集》，第 136 页。

② 同上书，第 82 页。

③ 同上书，第 75 页。

④ 同上书，第 83 页。

⑤ 同上书，第 133 页。

体验，也是理性的概括。国不富则民贫，国不强则民弱，因此最大的功利是国家之利，最大的道义是国家之义。由此，我们也应看到，当今中国的最高道德目标也应该是发展民族经济，增强国力，并最终造福于广大人民群众。与此相关，李觏在其功利主义的义与利关系观上还提出了一个独特的反对“冗食”的观点。李觏认为，诸如释老、冗吏、巫医卜相、娼优角觝等“冗食”者，只消耗谷帛产品，同时减少了全社会从事耕织的劳动力。李觏还特别指出，释老之寺庙经济并不能促使人完善自身，反而造成人人不成其为人，更不可能以寺庙经济为民众造福。因此，李觏主张禁止度人为释老，认为不要兴修寺庙而应让其逐步消灭。他的这一思想也是功利主义的义与利关系思想的一个重要表述，具有一定的预见性和革命性，也是一般的思想家难以做到的。

4）德力乃生利之力。

功利主义者认为，讲道义是为了利益，所谓“正其谊以谋其利，明其道而计其功”。[①]

为此，梁启超作为功利主义者则进一步提出德力乃生利之力的观点。他将整个社会的人分为“生利之人与分利之人”，认为生利之人多、分利之人少为好。这是因为生利之人从事直接与资本相交接的劳动，分利之人不直接生产利润。应当说，梁启超的生利人与分利人之分肤浅而笼统，他将纨绔子弟、乞丐和盗窃等不劳而获者作

① 《四书正误》。

为分利之人加以反对是有积极意义的，但同时把教师等一些有正当职业者也作为“劳力而仍分利者”，显然是一种不恰当甚至错误的观念。不过，梁启超对“生利之力”的理解倒是一种典型的经济与道德关系观念。他认为“生利之力”有两种：“一曰体力，二曰心力。心力复细别为二，一曰智力，二曰德力。”① 在这里，梁启超明确了这样一种观点，即生产过程及其生产的效益是由人的智力素质和道德品质决定的。

综上所述，尽管在我国历史上功利主义的义与利关系思想没有像德性主义的义与利关系思想那样在思想领域占主导地位，影响也远不如德性主义的义与利关系思想那样广泛和深远，但仍有值得我们思考的价值。

(3) 三民主义：平等、权利无有贵贱之差②

我国近代伟大的革命先行者、民主主义革命家、思想家孙中山先生在领导人民推翻帝制、建立共和国的过程中提出了“三民主义”，即民生主义、民族主义和民权主义。孙中山三民主义的经济或利益（民生、民族、民权）与道德关系思想，是传统义利观在当时的发展，是资产阶级民主革命思想体系的一个部分，但是，它既不同于西方资产阶级的一般意义上的经济道德思想，也不同于我国资产阶级改良派的经济道德思想。这一思想力求跟上时代步伐，适应时代潮流，具有明显的革命性和较多的科学性。

① 《梁启超文集》卷十三，北京：中华书局，1981 年版，第 48 页。

② 参见王小锡：《中国经济伦理学》，北京：中国商业出版社，1994 年版，第四章。

1）民生与道德。

三民主义的经济与道德关系思想始终把道德理念建立在对民众生计的考察和认识上，认为民生问题是一切社会活动的中心，社会道德也是由民生问题引发而来的。同时还认为，没有经济的发展，道德文明的进步也必然变得缓慢。反之，没有道德进步，国家也难以强盛，难以长治久安。所以孙中山在竭力主张振兴实业的同时，亦主张加强道德教育，塑造顶好人格，以人格救国。

孙中山说："民生两个字，……在科学范围之内，拿这个名词来用于社会经济上，就觉得是意义无穷了。我今天就拿这个名词来下个定义，可以说：民生就是人民的生活，社会的生存，国民的生计，群众的生命。"① 他还进一步指出："人类之在社会，有疾苦幸福之不同，生计实为其主动力。[盖] 人类之生活，亦莫不为生计所限制，是故生计完备，始可以存，生计断绝，终归于淘汰。"② 在孙中山看来，民生问题或称生计问题是社会经济生活、政治生活、道德生活等的核心问题，一切问题围绕生计而展开，并围绕生计而解决。

在民生与道德的关系上，孙中山认为，民生问题解决得如何，直接影响到社会其他方面的发展。"民生畅遂"，社会才能进步，"因为民生不遂，所以社会的文明不能发达，经济的组织不能改良，和道德退步，以及发生种种不平的事情。像阶级战争和工人痛苦，那种种压迫，都是由于民生不遂的问题没有解决。所以社会中的各种

---

① 《孙中山选集》下卷，北京：人民出版社，1956 年版，第 765 页。

② 《孙中山全集》第 2 卷，北京：中华书局，1982 年版，第 510 页。

变态都是果，民生问题才是因”。[①]

孙中山的民生主义的经济道德思想，其主要内涵是“平均地权”和“节制资本”。“平均地权”的主张，实质是强调经济权益平等，反对剥夺。孙中山认为“中国的人口农民是占大多数”，“但是他们由很辛苦勤劳得来的粮食，被地主夺去大半，自己得到手的几乎不能够自养，这是很不公平的”。“我们要怎么样能够保障农民的权利，要怎么样令农民自己才可以多得收成，那便是关于平均地权的问题。”[②]为此，孙中山早先主张土地国有，说：“原夫土地公有，实为精确不磨之论，人类发生以前，土地也自然存在，人类消灭以后，土地必长此存留，可见土地实为社会所有，人于其又恶得而私立耶？或谓地主之有土地，本以资本购有，然试叩其第一占有土地之人，又何购乎？”[③]因此，孙中山提出了土地公有的主张：“故土地之一部分，根据社会主义之经济原理，不应为个人所有，当为公有，盖无疑矣。”[④]孙中山主张土地公有，其伦理实质是“把农民的地位抬高”，消除农民与官吏和商人的经济权益上的不平等。

孙中山“平均地权”的本质体现是“耕者有其田”。他认为：“民生主义真是达到目的，农民问题真是完全解决，是要‘耕者有其田’，那才算是我们对于农民问题的最终结果。”[⑤]同时，他还强调，

① 《孙中山选集》下卷，第 797 页。
② 同上书，第 810 页。
③ 《孙中山全集》第 2 卷，第 514 页。
④ 《中山丛书》第 3 卷，新民书局，1927 年版，第 10 页。
⑤ 《孙中山选集》下卷，第 810 页。

彻底的革命就是要让耕者有其田，如果耕者没有田地，农民地位就没有抬高，经济权益仍实现不了平等。

孙中山“节制资本”的主张，实际上是反对垄断，反对少数人操纵国民之生计，反对经济上的独占专横的不人道行为。他说：“吾人之所以持民生主义者，非反对资本，反对资本家耳，反对少数人占经济之势力，垄断社会之富源耳。试以铁道论之，苟全国之铁道，皆在一二资本家之手，则其力可以垄断交通，而制旅客货商铁道工人等之死命矣。”① 为此，孙中山指出，“资本家者，无良心者也”。② 例如“任由中国私人或者外国商人来经营，将来的结果也不过是私人的资本发达，也要生出大富阶级的不平均”。③ 他认为，在国内应节制私人垄断资本，“凡夫事物之可以委诸个人，或其较国家经营为适宜者，应任个人为之，由国家奖励，而以法律保护之。今欲利便个人企业之发达于中国，则从来所行之自杀的税制，应即废止，紊乱之货币，立需改良，而各种官吏的障碍，必当排去，尤须辅之以利便交通。至其不能委诸个人及有独占性质者，应由国家经营之”。④ 对待外国资本，孙中山告诫“必当留意”，他说：“1. 必选最有利之途，以吸外资。2. 必应国民之所最需要。3. 必期抵抗之至少。4. 必择地位之适宜。”⑤

---

① 《孙中山选集》上卷，北京：人民出版社，1956 年版，第 93 页。

② 同上书，第 95 页。

③ 《孙中山选集》下卷，第 801 页。

④ 《孙中山选集》上卷，第 191 页。

⑤ 同上书，第 192 页。

孙中山在强调“节制资本”的同时，还要求发达国家资本，以实现民富国强，让民众都能享受公共之利。他说：“准国家社会主义，公有即为国有，国为民国，国有何异于民有！国家以所生之利，举便民之事，我民即共享其利。……铁道以及各种生产事业，其利既大，工人之佣值，即可按照社会生活程度渐次增加，务使生计宽裕，享受平均……。”[①] 同时，孙中山竭力主张“振兴实业”，发达国家，实现“救贫”之目的。

2）民族与道德。

孙中山在革命过程中清醒地看到，帝国主义的侵略使得中国不是完全独立国而是半独立国。他认为，帝国主义不可能“实行商业的自杀，来帮助中国拥有自己的工业威力而成为独立的国家”，“他们的利益首先在于使中国永远成为工业落后的牺牲品，这也是十分明白和容易理解的”。[②]

因此，孙中山指出：“民族解放之斗争，对于多数之民众，其目标皆不外反帝国主义而已。帝国主义受民族主义运动之打击而有所削弱，则此多数之民众，即能因而发展其组织，且从而巩固之，以备继续之斗争，此则国民党能于事实上证明之者。吾人欲证实民族主义实为健全之反帝国主义，则当努力于赞助国内各种平民阶级之组织，以发扬国民之能力。”[③]

---

① 《孙中山全集》第 2 卷，第 521 页。

② 参见《孙中山全集》第 1 卷，北京：中华书局，1982 年版，第 322—323 页。

③ 《孙中山选集》下卷，第 591 页。

在民族与民族的关系问题上，孙中山的民族主义主张国内各民族之间要实行真正的民族平等和民族团结，强调“对于国内之弱小民族，政府当扶植之，使之能自决自治”。在与世界的民族关系上，孙中山主张联合“平等待我之民族”，同时，抑强扶弱，支持弱小民族，在经济上做到压富济贫。他说：“中国如果强盛起来，我们不但是要恢复民族的地位，还要对于世界负一个大责任。如果中国不能够担负这个责任，那么，中国强盛了，对于世界没有大利，便有大害。中国对于世界究竟要负什么责任呢？现在世界列强所走的路是灭人国家的，如果中国强盛起来，也要去灭人国家，也去学列强的帝国主义，走相同的路，便是蹈他们的覆辙。所以我们要先决定一种政策，要‘济弱扶倾’，才是尽我们民族的天职。我们对于弱小民族要扶持他，对于世界的列强要抵抗他。如果全国人民都立定这个志愿，中国民族才可以发达。若是不立定这个志愿，中国民族便没有希望。我们今日在没有发达之先，立定扶倾济弱的志愿，将来到了强盛时候，想到今日身受过了列强政治经济压迫的痛苦，将来弱小民族如果也受这种痛苦，我们便要把那些帝国主义来消灭，那才算是治国平天下。”①

3）民权与道德。

孙中山指出：“民权两个字，是我们革命党的第二个口号，同法国革命口号的平等是相对待的。”② 他具体解释说：“这种民权主义，

① 《孙中山选集》下卷，第 659—660 页。

② 同上书，第 691 页。

是以人民为主人的，以官吏为奴隶的。所以十三年前的革命，是一件很奇怪的事，是中国几千年来破天荒的第一件事，在那次革命以前，人民都是做皇帝的奴隶，无论什么事都要听皇帝的话；到了民国成立，便是以民为主的世界，人民便变成了主人，皇帝变成了奴仆。在这个民国时代，本来没有皇帝，最大的官是大总统和国务总理，以下就是各部总长、各省省长以及各县县长。这些官吏以前都是在人民之上，今日便在人民之下。大家知道现在民国没有皇帝，究竟是什么人做皇帝呢？从前是一人做皇帝，现在是四万万人做主，就是四万万人做皇帝。"

孙中山认为，既然人民做了社会的主人，当官者手中的权力应该用来为人民谋福利。在他看来，"天下为公"就是一切为了人民。这也是民权之最高实现。

在民权的具体实现过程中，应该是让人民获得真正的自由和平等。在孙中山看来，民权的实现必须让人民获得自由权利，丧失了权利自由，也就丧失了民权。他还认为，国民平等是民权实现的标志，只有实现"四万万人一切平等，国民之权利义务，无有贵贱之差，贫富之别，轻重厚薄，无有不均"[①]，才是国民平等的实现。

孙中山三民主义的经济道德思想的基本思维定式决定了他必然要抨击封建主义和资本主义的分配不公现象，提出自己的主张，以实现其三民主义的经济道德目标。孙中山认为："中国的人口，农

① 黄季陆主编：《总理全集》第 1 集，北京：联支出版社，1944 年版，第 319 页。

民是占大多数，至少有八九成，但是他们由很辛苦勤劳得来的粮食，被地主夺去大半，自己得到手的几乎不能够自养，这是很不公平的。”又说：“现在的农民，都不是耕自己的田，都是替地主来耕田，所生产的农品，大半是被地主夺去了。”“农民耕田所得的粮食，据最近我们在乡下的调查，十分之六是归地主，农民自己所得到的不过十分之四，这是很不公平的。”①针对资本主义的分配不公，孙中山说：“当全用人工时代，其生产之结果，按经济学旧说以分配，土地人工资本各得一分，尚不觉其弊害。机器发明之后，犹仍按其例，此最不适当之法也。”②因为，“按斯密亚丹③经济学生产之分配，地主占一部分，资本家占一部分，工人占一部分，遂谓其深合于经济学之原理。殊不知此全额之生产，皆为人工血汗所成，地主与资本家坐享其全额三分之二之利，而工人所享三分之一之利，又析与多数之工人，则每一工人所得，较资本家所得者，其相去不亦远乎？宜乎富者愈富，贫者愈贫，阶级愈趋愈远，平民生计遂尽为资本家所夺矣”。④

对于封建主义、资本主义的不公平分配，孙中山主张：第一，让“耕者有其田”，而且“假若耕田所得的粮食，完全归到农民，农民一定是更高兴去耕田的。大家都高兴去耕田，便可以多得生产”。⑤

① 《孙中山选集》下卷，第810—811页。
② 《孙中山全集》第2卷，第517页。
③ 即亚当·斯密。——编注
④ 《孙中山全集》第2卷，第512页。
⑤ 《孙中山选集》下卷，第811页。

这就是说，公正的分配，必然带来农民生产的积极性和生产的发展。第二，“一则土地归为公有，一则资本归为公有。于是经济学上分配，唯人工所得生产分配之利益，为其私人赡养之需。而土地资本所得一分之利，足供公共之用费，人民皆得享其一份子之利益，而资本不得垄断，以夺平民之利。斯即社会主义本经济分配法之原理，而从根本上以解决也”。[①]

可以说，孙中山三民主义经济道德及其经济与道德关系思想，是传统经济道德观向现代经济道德观转换的具有重要时代价值的经济道德观。

2. 西方思想史上的道德义务论与道德目的论之争

道德义务论与道德目的论之争可谓西方思想史上的经典论争，也是经济与道德关系的集中理路。义务论与目的论之争，历来观点颇多，莫衷一是，时至今日仍然是受到相关学科关注的重要议题。笔者认为，只要不存偏见，不走理论极端，道德义务论与道德目的论完全是可以统一的。

(1) 道德义务论：排斥利益考量的道义？

“义务论是一种把义务视为伦理道德的核心概念，肯定义务的崇高价值而不管人本身利益如何的价值学说”，“它反对目的论所肯定的东西亦即道德行为的价值在于它的非道德性，强调‘即使一种行为或其准则不可能是善最大限度地超过恶，它仍然可能在道德上是

① 《孙中山全集》第 2 卷，第 515 页。

正当的，或是尽义务的。正当或尽义务仅仅是因为与之相关的某些其他事实，或它自身所具有的性质'"。①

道德义务论（即道义论）者认为，体现人们完善德性的行为之目的就是只愿付出，不求回报，正如康德所说，"道德完善就是出于义务（即法则不仅是支配他行动的规则，而且是他行动的动机）而义务"。② 具体地说，"人们行为和活动的道德性质和意义，最基本的不在于其所达成的目的（或其所体现的内在价值），而首先在于它所具有的伦理正当性。而所谓行为的伦理正当性，必定是伦理的而非单个道德主体自身行动目的或价值的实现程度。正当意味着他者的评价，所以一切行为的伦理正当性，根本在于它'与某种形式（的道德）原则相符'"。③ 换句话说，义务论要求按道德原则行动，只要行为体现伦理正当性，不必过问行为的结果。而且，在康德看来，"在世界之中，一般地说，甚至在世界之外，除了善良意志之外，不可设想一个无条件的善的东西"。④ 因此，人们只能为善而善，否则，人的行为目的就滑向了目的论。

当然，道德义务论并非脱离"利"而关注行为的伦理正当性问题。事实上，只要有义务与非义务之确认，只要有善与恶的"行为"

① 王泽应：《义利并重与义利统一——社会主义义利观研究》，长沙：湖南人民出版社，2001 年版，第 126—127 页。

② 《康德文集》，北京：改革出版社，1997 年版，第 358 页。

③ 万俊人："论道德目的论与伦理道义论"，《学术月刊》，2003 年第 1 期。

④ ［德］康德：《道德形而上学原理》，苗力田译，上海：上海人民出版社，1988 年版，第 42 页。

考量问题，客观上就要关注功利行为，客观上也就认可趋利行为。只是，这里的利不是私利，而是公利，是他人之利、社会之利。“康德说，利他必须是为了利他而利他，而决不应该为了利己而利他，‘我应该努力提高他人的幸福，并不是从他人幸福的实现中得到什么好处，不论是通过直接爱好，还是间接理性得来的满足’。”[①] 一旦行为有利己成分，那就不是道德完善之行为。而且，作为“实质主义的义务论认为，行为正当性或责任性的标准在于行为本身或其背景情况的某些特点，义务本身具有真实性，也必然要求落实到行动上”。[②] 因此，纯而又纯的义务，只“关注行为的伦理学正当性问题”而不考虑任何具体行为的义务是捉摸不定的。

道德义务论存在着明显的理论缺陷。一方面，作为价值评判依据是因为它具有伦理的正当性，那么，伦理的正当性又如何确认呢？这当然只能是依据既有的被一定利益人群体认同的道德规范体系。问题在于，道德规范体系并不是凭空形成的，而是一定利益群体的利益关系及其利益要求的体现。所以，为义务而义务的义务是不存在的。假如一定要说存在着为义务而义务的义务，那就可以说明道德义务论是虚拟思想体系，这样一来，道德义务论本身的存在价值依据就该遭到质疑。另一方面，道德义务论强调利他必须是为了利他而利他，而决不应该为了利己而利他。这实际上走入了思维

① 王海明：“功利主义与义务论辩难”，《社会科学》2003 年第 12 期。

② 王泽应：《义利并重与义利统一——社会主义义利观研究》，长沙：湖南人民出版社，2001 年版，第 133 页。

的极端。以利己为行为的出发点，因为他人和社会可以当作手段或工具而利他，这的确与道德义务论格格不入。不可否认，完全以他人和社会利益为考量目标，行为者不图任何私利，这在一定的历史条件和社会环境下完全可能。因为，对于具有崇高价值取向的行为者来说，他人和社会的利益是至高无上的，他可以随时牺牲自己的一切利益。然而，假如一味以他人和社会利益为考量目标，行为者不图任何私利，甚至连正当的私利也被排斥，那么，行为者又何以可能以健康的体魄和完美的能力来为他人和社会服务？

（2）道德目的论（道德功利论）：排除道德的利益和幸福？

道德目的论[①]（即道德功利论）者认为，体现人们完善德性的行为之目的只能是增进快乐和幸福的实际效果。西方一些学者尤其是西方近代以来诸如边沁、穆勒等许多学者都是见解独到的道德目的论者。“在目的论者看来，唯一能够作为道德评价依据的，只能是行为本身所直接产生的现实效应或实质性结果，或者是由它带来的实际价值效应。”而且，这效应和结果“必须是实质性的，且首先是相对于行为主体自身而言，其次才是相对于其他相关群体或个体”。[②]

① 这里做道德功利论理解。有的学者将“道德目的论”等同于道德义务论，是认为道德本身即具有内在价值和目的善的道德理论。这一理论肯定道德自身具有至高无上的价值，主张为道德而道德，要求纯化道德动机，端正道德意向，并以道德作为评判人们行为的唯一价值标准［参见王泽应：“论道德目的论与道德工具论”，《苏州铁道师范学院学报》（社会科学版）2001 年第 18 卷第 1 期］。作为既定的思维定式，给“道德目的论”做这样的界定未尝不可，因为，在特定的话语背景中不会影响人们对特定理论问题的理解。

② 万俊人：“论道德目的论与伦理道义论”，《学术月刊》2003 年第 1 期。

这就是说，“道德目的只能是为了道德和美德之外的他物，只能是为了增进每个人的利益和幸福，这意味着：衡量一切行为之善恶和一切道德之优劣的道德终极标准，只能是利益和幸福而不可能是道德和美德”。[①] 边沁曾指出：“一个行为是善是恶，只要考虑它的结果如何而定。其所以是善，是因为它能够引起愉快或排除痛苦；其所以是恶，是因为它能够引起痛苦或排除愉快。”在他看来，动机是不确定的，同一个动机会产生或善的，或恶的，或非善非恶的行为，因此，依据动机作为评价人的行为善恶的依据只会造成混乱。[②] 这样一来，道德和美德在道德目的论者那里只能是手段或工具而已。其实这种理念和行为本身就是一种道德举动。

道德目的论同样存在着一定的理论缺陷。一方面，道德目的论的行为前提往往就已经“不道德”，道德目的论之“道德”往往会失去趋善意义上的内涵。按照道德目的论的逻辑，既然道德评价依据只能是行为本身所直接产生的现实效应或实质性结果，那么“不仅仅是行为的动机，而且包括行为的条件和背景、行为的过程和方式在内的其他非直接效果性因素，都被道德目的论作为次要的或非基本的因素而排除在道德评价之外”[③]，而彻底的目的论者在关注效果的同时，往往也就忽视了行为过程的非理性或不道德的举动。另一方面，道德目的论强调行为的目的就是为了增进每个人的利益和幸

① 王海明：“功利主义与义务论辩难”，《社会科学》2003 年第 12 期。

② 王泽应：《义利并重与义利统一——社会主义义利观研究》，长沙：湖南人民出版社，2001 年版，第 125 页。

③ 万俊人：“论道德目的论与伦理道义论”，《学术月刊》2003 年第 1 期。

福，这是唯一的价值评价标准。按照这一逻辑推理，人们的行为只有有效和无效之分，没有道德与不道德之说。那么，假如在一个不讲道德甚至没有道德的社会里，人们又怎么能获取每个人的利益和幸福呢？这是道德目的论中的严重的逻辑错误。另一方面，阿马蒂亚·森在指出“功利主义视角的局限性”时曾明确表示，“功利主义效用计算方法一般忽略幸福分配中的不平等”，还说，“功利主义观点不认为权利和自由有自身固有的重要性（它们只是间接地，而且只是就其影响效果而言有价值）。注意幸福是合理的，但我们不一定愿意做幸福的奴隶或者快乐的陪臣”，“快乐或愿望的心理测度具有太大的弹性，因此不能成为被剥夺和受损害状态的可靠反映”。[①] 显然，阿马蒂亚·森清楚地看到了功利主义存在的忽视道德的错误。

(3) 道德义务论与道德目的论：经济和道德不可分割的逻辑联系

由道德义务论与道德目的论之含义可以看出，两者区别明显。其一，在对待道德的态度上，道德义务论把道德当作终极价值目的，道德目的论则把道德当作手段或工具；其二，在主张何为完美德性的行为上，道德义务论认为应该是只为他人、为社会的为义务而义务的道德举动，道德目的论认为应该是对自身和对他人、对社会有实质性效果的举动；其三，道德义务论主张从道德理性视角去寻求道德行为的价值评判标准，道德目的论主张以功利或直接的行为效果作为道德行为的评判标准。因此，道德义务论与道德目的论是两

① 参见［印度］阿马蒂亚·森：《以自由看待发展》，任赜、于真译，北京：中国人民大学出版社，2002 年版，第 52 页。

种不同的价值理念，并由此会形成两种不同的行为准则和价值评价依据。

表面上看，道德义务论与道德目的论似乎都认为道德与经济没有关系。前者把道德当作目的，认为道德与经济没有必要的联系，也就是在为他人和为社会的行动中体现的仍然只是为义务而义务；后者仅仅把道德当作行动标准和手段，行动的实质性效果是功利性的，并不内含道德因素。其实，不管是把道德看作中性范畴还是趋善或为恶意义上的范畴，道德义务论与道德目的论客观上都在说明经济和道德有着不可分割的逻辑联系。道德义务论强调行为的伦理正当性，努力实现彻底的为他人和为社会的为义务而义务的完善德性；道德目的论则在主张增进每个人的利益和幸福，而作为工具和手段的道德发挥着独到的作用。这足以说明，不管道德义务论还是道德目的论，都在以特有的视角和方式说明经济和道德是“一体”之社会现象。其实，“从道德之为道德的根本意义上讲，道德是目的与手段、目的价值与工具价值的辩证统一。没有无目的的手段，也没有无手段的目的，将道德的目的性价值与手段性价值割裂开来本质上是割裂或肢解道德。真正尊重道德应该是将道德的目的性与手段性、目的价值与手段价值有机地结合起来，超越道德目的论与道德工具论的对立，对二者的合理因素做辩证的综合”。[①] 而且，行为中的一些不道德举动，看上去与完善德性之行为格格不入，但都会

① 唐凯麟：《伦理大思路——当代中国道德和伦理学发展的理论审视》，长沙：湖南人民出版社，2000 年版，第 287 页。

在行为的过程和结果中或在经济的发展中打下烙印。这也说明经济和道德无法被人为地分开。

虽然道德义务论强调行为的伦理正当性，主张为义务而义务的、没有私利的、为他人和为社会的德性行为，但是，这里存在着一个显见的不合乎逻辑的思维或关系：完善德性主张“彻底”地为他人和社会做出自己的奉献，这里的“彻底”可以做到，问题是，德性行为不能是“单个道德主体自身行动目的或价值的实现”，那么，在行为者自身发展不被关注甚至被遏止的情况下，这个“彻底”有多大的价值和分量显然值得怀疑。因为，从不讲私利的义务论行为出发，完全有可能出现“零能力”的行为主体，由此再谈伦理正当性或“为了利他而利他”又有何意义呢？其实，不讲私利的义务论行为，其本身就已经缺失了伦理正当性。合乎逻辑的思维指向应该是：只有认真地关注自身利益和发展，才有可能最大限度地为他人和社会做奉献；只有自觉地奉献于他人和社会，个人才能获得正常发展。作为完善的理性行为，人们的确不能为了利己而利他，但辩证地统一利己和利他、利社会的关系是应当而且可能的，道德的终极目的应该是各个行为相关者和各种利益关系的正常存在和发展。道德目的论强调体现人们完善德性的行为之目的只能是增进快乐和幸福的实际效果。正如前文述及，彻底的目的论者在关注效果的同时，往往也就忽视了行为过程的非理性或不道德的举动。这里的问题是，行为过程的非理性或不道德的举动客观上往往难以获得正当的或正常的利益和幸福；同时，在行为过程已经是非理性或不道德的举动时，行为效果中已经渗透进非理性或不道德的因素，此时所谓完善德性实际上已经是不完善德性。事实上，要想得到真正而持久的快乐和幸福的实际效果，行为者应该从主观动机到行为的全过程都具备伦理的正当性，唯此才能形成真正的“完善德性”。

由此，我以为，道德义务论与道德目的论之争可以休矣。

3. 作为虚拟命题的“斯密难题”

由于《国富论》和《道德情操论》两本书的出版而产生的所谓经济人与道德人关系的“斯密问题”，使得经济和道德关系问题的讨论高度聚焦于此。可以说，正是这一“问题”，使得理论界对于经济与道德的关系长期有一种说不清道不明的难解理论之结，更使得经济与道德的关系问题扑朔迷离，以至有的学者自觉不自觉地试图把道德赶出经济学领域，把“道德人”视作“教父”的化身。事实上，斯密本人并不认为存在“斯密问题”。[①] 可以说，“斯密问题”并不是问题，更不是难题。

(1) 假设的“经济人”与“道德人”

“经济人”是西方古典经济学提出并一直作为西方经济学理论研究的主旨范畴。最早提出“经济人”假设之理念的是亚当·斯密，在他的《国富论》一书中，他的“经济人”假设主要有以下几个方面：一是“经济人”是“自利的”，追求个人利益是其行为的根本目的；二是“经济人”为了更好地实现自身的利益，不得不考虑可能

① 参见章海山：《经济伦理论》，广州：中山大学出版社，2001 年版，第 9 页。

有助于我的“他人的利益”；三是“经济人”的自利行为将会无意识地（尽管自身是不愿意的）增进社会公共利益。[①] 由此可以看出，亚当·斯密的“经济人”是理性经济人。然而，许多人把亚当·斯密的经济人假设抽象为最大限度地追求自身私利（私利最大化）的经济人，这是失之偏颇的。作为理性经济人，“它既是一种‘自利最大化’的经济理性，也是一种可能给社会带来最大财富或福利的经济伦理理念。因之依此理性所论证的不仅是私人经济的效率，也是社会经济的效率”。[②]

“道德人”假设之理念是亚当·斯密在其《道德情操论》一书中凸现的。亚当·斯密认为，就总体情况来看，人们有一种天然情感即“同感”[③]，具有道德情操的人能够“关心他人，看轻自己，节制我们的自私情感，发扬仁爱”。[④] 事实上，在亚当·斯密那里，“道德人”只是一种抽象的假设，因为没有利人行为，何来道德人之说。更何况，亚当·斯密已经明确指出人在发扬仁爱的同时要节制自私。

笔者认为，对“经济人”和“道德人”的抽象假设有利于使对相关理论问题的研究更具对象性和针对性，但把“经济人”和“道德人”截然分开是不可能的，因为“经济人”和“道德人”本来就

① 参见陈太福：《经济哲学的沉思》，北京：中国社会科学出版社，2005 年版，第 221 页。

② 卢风、肖巍：《应用伦理学导论》，北京：当代中国出版社，2002 年版，第 139 页。

③ 亚当·斯密所用“同感”一词指的是人类天生有一种怜悯、同情等仁慈心理。

④ 转引自周辅成：《西方著名伦理学家评传》，上海：上海人民出版社，1987 年版，第 330 页。

是对人的理解的两个不同视角。

（2）“斯密难题”是伪问题？

1）“经济人”与“道德人”是人性的两面。无论是“经济人”还是“道德人”，还是“政治人”，都无法单独代表完整的人性概念。亚当·斯密虽然曾经用“经济人”和“道德人”这两个相互对立的概念，分别作为其自由主义经济学和情感主义伦理学的理论前提，但他并没有将两者完全割裂开来，当作两个各自独立的人性概念。相反，他是把两者视作人性的两面，同属于一种具有二元紧张之构成特性的人性论范畴。① 所以，把“经济人”和“道德人”视为对立的两个人，是对人的哲学抽象的片面认识与错误把握。

2）所谓只知道利益（利润）最大化的“经济人”只是一种抽象的假设，客观存在的“看不见的手”“撮合”了“经济人”和“道德人”。按照斯密的认识，每个人都力图实现自身最大的利益（利润），并没有考虑公共利益问题，也谈不上为了公共利益而放弃个人利益，人们“受着一只看不见的手的指导，去尽力达到一个并非他本意想要达到的目的。也并不因为事非出于本意，就对社会有害。他追求自己的利益，往往使他能比在真正出于本意的情况下更有效地促进社会利益”。② 在斯密看来，人的本性是利己的、求私利的，但利己的行为客观上又会增进公共利益。斯密之后的许多经济学家同样认

---

① 万俊人：《道德之维——现代经济伦理导论》，广州：广东人民出版社，2000 年版，第 184 页。

② 参见章海山：《经济伦理论》，广州：中山大学出版社，2001 年版，第 7—8 页。

为，“看不见的手”说明“经济人”和“道德人”是不可分割的一个人。他们认为，个人追求利益的动机和行为既促进了公众利益的实现，也促进了生产力的发展，这是合乎道德的，哪怕是牺牲社会一些阶级或者一些个人的利益。并且，“看不见的手”实际上是市场秩序井然的依据和动因，其作用远比政府有计划、有目的的行为更有效。[①] 因此，“看不见的手”就其作用方式和效果来说，是在市场经济条件下“经济道德”的代名词。

3）社会主义市场经济最基本的特点是“经济人”和“道德人”的有机统一。正如前文述及，市场经济是道德经济，这一特点在社会主义市场经济条件下更能凸现出来。如果说，“看不见的手”在一般市场经济条件下还只是自发地起作用的话，那么在社会主义市场经济条件下则应该变成人们的自觉行为。社会主义的经济制度决定着每一个人是真正自由的存在个体，同时，这样的个体的全面发展也是由社会经济制度所保障的。因此，每一个社会成员有责任维护和巩固这样的经济制度及其所代表的公共利益。依循这一逻辑思路，在社会主义市场经济条件下，追求利益（利润）的“经济人”的行为本身就应该是一个“道德实体”，行为主体应该是“经济范畴的人格化”。[②] 同时，社会主义市场经济条件下的“道德人”一定是“经济人”的道德人，只有通过经济行为过程和效益，才能展示和说明

① 参见章海山：《经济伦理论》，广州：中山大学出版社，2001 年出版，第 9—11 页。

② 参见焦国成：《传统伦理及其现代价值》，北京：教育科学出版社，2000 年出版，第 386 页。

经济行为主体的生存境界和行为价值；同时，“经济人”也必须是同时作为“道德人”的“经济人”，经济行为主体只有统一国家、集体、个人三者利益于一体，才不至于置经济发展于畸形状态下，也才符合社会主义经济制度的本质要求。因此，“看不见的手”是经济运作之规律，也是经济道德之规律。社会主义市场经济条件下的“看不见的手”既有引导作用，也有协调作用。一方面，它要引导经济行为主体在追求个人利益（利润）的同时，自觉自愿地追求公共利益（利润），排除斯密“看不见的手”中的不情愿因素；另一方面，它要主动地调节各种利益关系，真正实现各种关系的理性存在和各种经济行为的道德化和高效化。

二、经济德性是经济现象[①]

只要有人以及人际关系存在的地方就一定会有道德问题，就有人与人、人与社会的关系的处理和协调的应然性问题，这也就是德性问题。对经济领域来说亦是如此。说到底，经济是以人和人际关系为支撑和中介的经济，经济德性是经济现象，经济德性与真正的经济同在，经济德性一定会牵引着经济向积极健康的方向发展。

1. 中西方思想史上的基本观念

其一，经济德性即经济之适度、天理之所宜。早在中国春秋时

① 参见王小锡：“简论经济德性”，载《道德与文明》2008 年第 6 期；王小锡：《道德资本研究》，南京：译林出版社，2014 年版，第 12—24 页；王小锡：《经济伦理学：经济与道德关系之哲学分析》，北京：人民出版社，2015 年版，第 20—26 页。

期，晏婴就指出："义，利之本也。"[①]在他看来，作为经济之核心的利益，根本在于道德或道义。需要追问的是，怎么做才能称得上符合这种道德或道义呢？他的回答是："夫民厚而用利，于是乎正德以幅之，使无黜（嫚），谓之幅利。利过则为败。"[②]他还说："让，德之主也，让之谓懿德。"[③]由此看见，他认为，经济领域中的道义、道德指的就是得利要合宜适度，不能贪得无厌，要懂得必要的谦让和应有的让利。

作为宋明理学的集大成者，朱熹十分抬高义利之说，认为"义利之说，乃儒者第一义"。[④]他说，"义者，天理之所宜"，"利者，人情之所欲"。[⑤]因此，"凡事不可先有个利心，才说着利，必害于义。圣人做去，只向义边做"。[⑥]他指出："仁义皆是心，仁是天理根本处，贼仁则大伦大法亏灭了，便是杀人底人一般。义是就一节一事上言。一事上不合宜便是伤义，似手足上损伤一般，所伤者小，尚可以补。"[⑦]对朱熹这一思想稍加引申即可得出经济德性是指天理之所宜的经济之义。

我国先秦儒学创始人孔子提倡"中庸"，古希腊哲学家亚里士多德主张"中道"，引申至经济领域，就是适度和合宜。"《中庸》认

① 《左传·昭公十年》。
② 《左传·襄公二十八年》。
③ 《左传·昭公十年》。
④ 《朱子文集》卷二十四。
⑤ 《论语集注·里仁》。
⑥ 《朱子语类》卷五十一。
⑦ 同上。

为，‘择乎中庸，得一善，则拳拳服膺而弗失之矣’，就是说，掌握了‘中庸’之道，使性、情处于‘中和’境界就能坚守善道而不丧失。”① 经济要发展，“致中和”是上策。“在亚里士多德看来，选择不是择取目的，目的是概念性的自成的目的；选择是对行为方式和过程的正当、合理、恰当的考虑，而恰当合理的行为本身就是目的，也就是说，人们生活着，就是为了能行为正当、恰当、合宜，而不是为了其他的个别目的。”② “比如，向他人散财，合乎一种目的，但要追求以恰当的方式、对应该的人、用合适的数量、在恰当的时候，这才能表现为一种优良的行为。所以，散财这一行为也应该做得很好。”③ 这样的行为才能体现为一种德性。

其二，经济德性是指经济之道义和符合道义的经济。西方有思想家认为，经济德性即经济之善恶行为。近代英国经济学家、伦理学家伯纳德·曼德维尔尽管认为“道德美德皆为逢迎骄傲的政治产物”④，但他主张积德行善，促进社会的发展和繁荣。不过，正如他在《蜜蜂的寓言》中所说：“本书通篇已经充分说明：要使我们的一切贸易及手工业兴盛发展，人的种种欲望与激情绝对是不可或缺的；而谁都不会否认：那些欲望和激情不是别的，正是我们的恶劣品质，

① 朱贻庭主编：《中国传统伦理思想史》，上海：华东师范大学出版社，2009 年版，第 130 页。

② 宋希仁：《西方伦理学思想史》，长沙：湖南教育出版社，2006 年版，第 104 页。

③ 同上书，第 107—108 页。

④ [荷] 伯纳德·曼德维尔：《蜜蜂的寓言》，肖聿译，北京：中国社会科学出版社，2002 年版，第 37 页。

或者至少可以说是这些恶德的产物。”[①] 因此，在他看来，生活中促使人们逐利的根源并非什么造福公众的精神，而是众多的欲望。由此可见，伯纳德·曼德维尔虽并不主张私人从恶，但经济社会的发展又不能没有恶，这就是他的经济德性是指促进经济发展的经济之善和经济之恶的“曼德维尔悖论”。

先秦儒、墨两家在经济德性问题上，理路各异，但经济与道义关系上的思想比较趋同。孔子说：“邦有道，贫且贱焉，耻也；邦无道，富且贵焉，耻也。”[②] 在孔子看来，经济的发展和生活的富裕，要讲道义，有道义就必然有经济的发展和生活的富裕，否则就是可耻的。在这里，经济、利益与趋善的德性是相辅相成、合而为一的。墨家的功利主义与上述儒家代表人物孔子的德性主义在经济德性的理解和厘定上，“大同而小异”，殊途而同归。比如，墨家代表人物墨子在其功利主义视阈中认为，经济德性是获利之义、由义而利，义利统一。他认为：“义，利也。”[③] 不难看出，墨子认为，义与不义要看能否有利，有利则有义，否则，就谈得上什么“义”，这是因为，义是由利益来决定或者规定的。这里，对于经济德性的理解，墨子另辟蹊径，从义与利等同的视角来加以说明，简明扼要地阐述经济德性即获利之义、由义而利。

“明代王守仁被人问：‘声色货利，恐良知亦不能无。’他回答

---

① ［荷］伯纳德·曼德维尔：《蜜蜂的寓言》，肖聿译，北京：中国社会科学出版社，2002 年版，第 215 页。

② 《论语·泰伯》。

③ 《墨子·经上》。

说：‘固然。但初学用功，却须扫除荡涤，勿使留积，则适然来遇，始不为累，自然顺而应之。良知只在声色货利上用功，能致得良知，精精明明，毫发无蔽，则声色货利之交，无非天则流行矣。’在他看来，良知不排除声色货利，但声色货利不一定符合良知，关键在于是否能致得良知。”[①]这就是说，声色货利符合良知才合乎天则，否则就有悖良知。

其三，经济德性即是人的德性、社会的德性。汉代董仲舒持守的是自然主义伦理观，认为利义统一是身心统一之前提，没有义利统一，就没有身心统一。在他看来：“天之生人也，使之生义与利。利以养其体，义以养其心；心不得义不能乐，体不得利不能安。义者，心之养也；利者，体之养也。”[②]由此引申为经济、利益与道德的相互依存、有机统一就是经济的德性，同时也是人生之要领，是社会之必然要求。换言之，经济的德性说到底就是人的德性、社会的德性。既然经济的德性是人的德性、社会的德性，那么，经济一定也是人与人之间的和谐的德性经济。法国后古典经济学家弗雷德里克·巴斯夏在他的著作《和谐经济论》中说：“在我看来，上帝按其意愿创造的人既能总结过去，也能预见未来，具有日臻完善的特点。当然也不应否认，人确实钟爱自己。不过，一方面由于人们相互同情和关怀，另一方面由于在人的活动范围内人人都具有相同的情感，

① 赵靖主编：《中国经济思想通史续集：中国近代经济思想史》，北京：北京大学出版社，2004 年版，第 344 页。

② 《春秋繁露·身之养重于义》。

所以自我钟爱在一定程度上就受到了克制，变得不那么强烈。我于是就想，倘若人的这些特点可以不受阻碍地结合起来并发挥作用，其结果将会产生一种什么样的社会秩序呢？如果我们发现，结果不是别的，而是一步一步走向幸福，走向完善和平等，各阶层都朝着一致的、越来越高的物质、智力和道德水平发展，那就证明，上帝指明的道路完全正确，我们就能高兴地知道，上帝的创造物并无缺陷，社会秩序和其他自然规律一样，都能证明和谐法则的存在。”[①] 这就是说，经济社会的发展需要社会的人际间的同情、关怀与和谐。

其四，经济德性即经济自由。我国近代严复认为，中国社会之所以落后，经济之所以不发达，是因为百姓没有自主权，他认为，只有自由放任，社会经济才能发展，国家才能振兴。[②] 在西方思想史上，许多学者都认为经济德性在于经济自由，有了自由才有经济主体积极性的充分发挥，也才有经济的公平交易和最大限度的效益。这种观点的典型代表是被称为自由市场主义鼻祖的亚当·斯密的观点，其经济自由主义思想长期影响着西方主流经济学的发展。亚当·斯密经济学说的中心思想是自由放任主义。他认为，每个人都力图实现自身最大的利益（利润），并没有考虑公共利益问题，也谈不上为了公共利益而放弃个人利益，人们“受着一只看不见的手的指导，去尽力达到一个并非他本意想要达到的目的。也并不因为事

① ［法］弗雷德里克·巴斯夏：《和谐经济论》，王家宝等译，北京：中国社会科学出版社，1995 年版，第 67—68 页。

② 参见赵靖主编：《中国经济思想通史》（第 4 卷），北京：北京大学出版社，2002 年版，第 1740 页。

非出于本意，就对社会有害。他追求自己的利益，往往使他能比在真正出于本意的情况下更有效地促进社会利益”。在斯密看来，人之本性是利己的、求私利的，但利己的行为客观上又会增进公共利益。[①] 同时他认为，“一种事业若对社会有益，就应该任其自由，广其竞争”，还说，“人们之所以对追求财富感兴趣，是虚荣而不是舒适或快乐”，“正是这种荣辱之心激起了人类的勤勉心，鼓励着人们去创造物质文明和精神文明的奇迹”。[②] 不难看出，这就是斯密的“主观为自己，客观为别人”的“看不见的手”的理论。在他看来，任何束缚都不利于人们追求私人利益，也不利于社会财富的增加和使社会财富的分配达到平等的原则，因此，最好的经济政策就是给私人的经济活动以完全的自由，包括自由雇用工人、自由竞争、自由贸易、互通有无、互相交易，并任其发展，不应当人为地加以干涉。[③]

尽管中外思想家关于经济德性的表述各不相同：有的侧重于经济行为之道义，有的侧重于经济行为之功用，有的侧重于经济行为之适度，还有的侧重于经济行为之形式及其效益，等等。尽管莫衷一是，但均从独特的视角给我们以理论和实践的启迪。

2. 经济德性之含义

经济德性不是经济和德性或经济和道德的简单、机械的叠加，而应该理解为经济本身的德性或者具有德性的经济。经济和德性或

① 参见章海山：《经济伦理论》，广州：中山大学出版社，2001 年版，第 7—8 页。

② 参见张旭坤：《西方经济思想史 18 讲》，上海：上海人民出版社，2007 年版，第 112—123 页。

③ 参见顾肃：《自由主义基本理论》，北京：中央编译出版社，2005 年版，第 243 页。

经济和道德正如一枚硬币的两面一样，经济和德性是同一社会经济现象当中不可分割的两个方面。我曾撰文指出，就经济和道德的关系来看，经济不是一个纯而又纯的投入产出的物质的或数量的问题，它必然内含着伦理问题。不内含伦理的经济无法被理解，也不可能存在。[①] 因此，经济一定是道德性的经济。就市场经济与道德的关系来看，“市场经济是道德经济”这一命题有其客观的现实依据。在市场经济条件下，“自利”和“利他”的最基本的道德矛盾的存在和解决，更能说明经济与道德之关系的不可分割性。在社会主义市场经济条件下，应该通过道德教育和道德实践来实现经济运作中的客观的道德“应该”。尤其是企业更应该注重有针对性的道德教育和道德实践来实现自己的发展愿景。20 世纪末，有一家安徽企业被国内一大企业兼并了，但是没过多久，被兼并企业员工因不满工资待遇而闹事甚至罢工。对此，该兼并企业领导组织全体员工开展“向谁要工资待遇”的大讨论，通过讨论，大家统一了以下理念，即待遇的好坏、工资的多少，来自顾客和社会对产品的认同度，如果能生产出顾客喜爱、社会满意的产品，产品销售数量和速度上去了，钱赚多了，工资待遇自然就会提升。而顾客喜爱、社会满意的产品需要我们用“心”去设计和生产，要将对顾客和社会的道德责任理念渗透到产品的设计、生产、销售等各个环节，唯有如此才能在激烈的市场竞争中取胜。后来的事实证明，道德责任理念的加强，促进了

① 参见王小锡：“经济伦理学的学科依据”，载《华东师范大学学报》2001 年第 2 期。

该被兼并企业的发展及其效益的提升。这也充分说明，企业增强经济德性理念的重要性。

作为社会现象的经济德性至少可以从以下五个维度来加以把握：

（1）经济德性是经济主体的行为价值取向及其道德境界

如前所述，任何经济行为，必然会体现一定的道德观念和价值取向，差别只有善恶之别。作为趋善意义上的经济德性，其价值取向至少体现为为自己谋正当之利和为社会造最大之福。在此意义上，为自己谋利和为社会造福并不必然地发生矛盾，往往是一种统一的关系，换言之，自身获利和造福社会是互为存在和互为促进的，这是崇高的经济行为之道德境界。当然，如果经济主体的经济行为只考虑自身的利益倒是无可厚非，只是如果这种自利是建立在损人害群的基础之上，唯利是图，不择手段，则必定会丧失经济德性，这些背德的行为必将遭到人们的鄙夷和唾弃。

（2）经济德性是经济主体所应该遵守的道德规范和应该承担的道德责任

经济德性是由经济主体的精神境界和道德行为体现出来的，其基本前提是对经济道德责任的把握和对体现经济道德责任的经济道德规范体系的认同和遵循。事实上，经济德性就是系统履行道德规范要求的经济行为。任何经济活动的任何环节都有着“应该”与“不应该”的道德考量，都有着作为行动依据的道德规范体系。唯此，复杂的经济行为才能在规范、有序、理性中实现最大限度的经济效益。所以，经济道德规范就是经济的精神因素，就是经济活动的内在依据和核心内容。

经济道德规范对于经济主体而言，也是应该承担的道德责任。无论是集体、团体还是个人、个体，任何一个经济主体的存在与发展繁荣都离不开社会的支撑。具体说来，这些支撑因素主要有：一是智力支撑。没有智力支撑，经济主体就没有相应的劳动必备的科学文化知识和专业技能，就不是合格的经济主体。二是政府引导和政策支持。经济活动尽管不同于政治和法治活动，但是离不开政治和法治的引导和支撑，唯此，才能有自由经营的合法空间和条件担保。三是精神文化和思想道德支撑。经济领域存在大量的利益关系，需要利益协调与工作协作，需要团结合作、相互信任，即使是最简单的商品交易行为也是如此，否则，交易就会流产或者受阻。这就说明，作为企业的经济行为的正常展开，也需要社会方方面面的关心和支持。因此，任何经济主体从其存在的那天起就客观上内含着对他人和社会的道德责任。换句话说，对他人和社会承担道德责任体现了经济主体应有的道德本质。就此而论，经济主体与道德实体是一体两面。所以，不承担应有的社会责任即没有担当的经济主体，必然会失去自身生存的根据而遭到人们的唾弃。

（3）经济德性是经济行为主体的道德修养与人格培养

在我看来，经济活动是“人为”的活动，同时也应该是“为人”的活动。要真正地“为人”，经济主体必须承担应该承担的道德责任，履职践德于经济行为的各个环节。然而，做到这点，并非自然而然，道德是应该的，经济行为坚持道德不是自然的。对后者而言，它需要经济主体具有自觉的道德意识，具有笃真的道德情感和坚定的道德意志，从而将道德要求落实于具体的经济行为之中；换言之，只有人有德性，才能使得经济有德性，经济德性在于人的德性。但是，一个有德性的人，又不会自然获得经济德性，唯有熟悉经济领域的道德责任、恪守经济道德规范的人才是具有经济德性的人。所以，作为经济主体，除了不断修身养性，提升道德觉悟，还要科学地把握经济的道德本质，才能使得经济行为具有经济德性。

(4) 经济德性是持久的经济品质

不论是人的德性，还是经济的德性，都有个历史生成的过程，不可能是从“天上掉下来的”，也不是“人脑中固有的”。但是，一旦形成德性，就不易变化，持续久远。这就是说德性具有相对稳定的品质，不存在稍纵即逝、变幻莫测的德性。当然，这种经济德性可以体现在方方面面。比如，它可以通过经济活动及其经济成果或者劳动产品来体现。作为经济成果的劳动产品的质量很大程度上与经济主体的道德素质密不可分，没有崇高的道德觉悟，不可能做到产品设计的人性化、产品生产的尽心尽责、产品销售的真诚周到。因此，产品质量决定于道德含量，产品的质量好坏就是生产产品的道德责任履行的好坏。所以，经济主体的道德素养和责任心与产品质量有着密切的关系，道德觉悟不高，产品质量必然不好。总之，质量过硬、服务周到的产品内含着经济德性，后者可以由前者来体现。此外，经济德性还可以通过经济行为人稳定持久、已成为良好习惯的道德品质来体现和保证。只有这样，经济活动才能成为合道德性的经济品质的一部分，而且是其动态部分，这是经济德性本色的有力彰显。

(5）经济德性是经济自由

经济自由就是在经济关系和经济利益关系实现平等的基础上依据一定经济规律和法则而形成的与自由经济意志相一致的自主经济行为。因此，经济自由并不是经济任意行为，经济自由有其内在的依据和必要条件。

经济自由主要表现在以下几方面：其一，劳动者的生产劳动的自由。劳动者可以自由支配自己的劳动时间，干自己想干的事情，实现自己想实现的经济目标。不过，前提是劳动者必须能够自觉地实现自己能够实现的“生存指数”[①]，否则，劳动者将不可能实现最理想的经济行为效益。其二，交易自由。没有交易，就没有市场，没有市场经济。交易是现代经济运行的基本形式、基本手段。无论是为了得到自己想得到的东西、实现自己的最大效益，还是为了获取更好的生产条件、扩大再生产，交易的时空、对象的选择应该完全是劳动者的自主行为。其三，投资自由和消费自由。投资是经济活动的重要内容和形式，投资就是为了获取更大、更多的收益，因此，投资者有权利决定自己的资本投向。同时，投资所获得的效益，投资者有着自由消费的权利。在一定意义上，消费本身也是投资。合

① 这里的“生存指数”指的是人的诸如身体健康状况、文化水平、心理素质、道德觉悟等生存内容。每一个人生存的主客观条件不会完全一样，努力的程度也不一样，因此，人们的生存指数往往会不一样。

理的消费就是合理的投资。

综上所述，经济德性是经济行为应有的道德责任及其崇高的价值取向和持久的经济品质。

三、道德不能缺位于“真正的经济”[①]

对于经济的理解，不同的立场和视角存在很大差异，尽管如此，我们不能把经济理解为只是“物质堆积”的一个领域，进而认为它与人、与道德没有什么关系。实际上，经济是一个在社会中人与人之间的利益关系中存在的领域，是人的最常见最普遍的生活方式或存在方式，体现了人与人之间的关系或者人与人之间的利益关系。毫无疑问，经济与人相关，与人际关系和人际利益关系相关，并不意味着所有的经济的存在都是符合它的理性本质的，只有内含道德的经济才能称之为“真正的经济”。事实也正是如此。当马克思在谈论“真正的经济”之时，这种“真正的经济”不是尔虞我诈、人对人如狼一般的“经济丛林”，而是不断锻炼和提升人的能力、实现人的自我实现的“人本”的经济，他写道：“真正的经济——节约——是劳动时间的节约（生产费用的最低限度——和降到最低限度）。而这种节约就等于发展生产力。可见，绝不是禁欲，而是发展生产力，发展生产的能力，因而既是发展消费的能力，又是发展消费的资料。

① 本节曾以“‘真正的经济’是内含道德的经济”为题，载《伦理学研究》2011 年第 5 期。参见王小锡：《道德资本研究》，南京：译林出版社，2014 年版，第 1—9 页；王小锡：《经济伦理学：经济与道德关系之哲学分析》，北京：人民出版社，2015 年版，第 85—99 页。

消费的能力是消费的条件，因而是消费的首要手段，而这种能力是一种个人才能的发展，生产力的发展。”[①]因此，经济在本体论含义上是体现人的发展、内含着道德、与道德共生存的经济。换句话说，把经济理解为在本质上只是投入、产出和效益等纯粹的“物质”问题，看不到经济本质上一定是内含道德的经济，显然是错误的。由此可见，尽管经济是客观的物质活动，但是并不代表其中没有精神思想或者文化内涵，如果没有伦理学的维度，想要正确地理解经济是绝无可能的。质言之，经济本质上必然内含道德要素，不是纯粹的物质或者物质活动的概念。通过对经济现象的解析也可以清晰地看出，作为理解经济的基础或切入点的产权、作为经济活动的核心或前提的生产劳动和作为经济持续运行的分配与交换行为等，均与道德有着十分密切的关系。换句话说，在理解经济离不开道德的基础上，可进一步说明，道德是认识和理解经济的重要元素和手段。

1. 产权及其作用的道德元素

经济活动的一个重要前提是产权问题，产权是整个经济活动的逻辑起点，也是经济活动的利益之依据。但是，作为经济活动之前提的产权如果失去道德内涵，就难以发挥其特有的经济作用。因此，研究经济或产权及其基本德性首先应当研究产权道德。

从哲学伦理学意义上说，产权“即财产权利，是一定社会所确认的人们对某种财产或资产所拥有的各种权利的总和，是基于一定

① 《马克思恩格斯文集》第 8 卷，北京：人民出版社，2009 年版，第 203 页。

的物的存在和使用的人们之间的一种权利关系，是人的社会存在的肯定方式”。[①] 有人认为，作为财产权利的产权仅仅是经济活动的基础而已，至多是一种法律规定或法律关系，与道德没有必然的联系。事实上，财产权利不仅仅意味着拥有或使用财产，而且还包括使财产增值以扩展自己的产权。这也是经济活动得以延续、社会得以繁衍的最基础和最根本的经济行为和经济理念。在财产增值、产权扩展的过程中，产权道德发挥着不可或缺的作用。

其一，产权本身就是一种道德现象，存在伦理学意义上的合理性问题。应当看到，“产权是谁的”所说的实然，“产权应当是谁的”所说的应然，两者并不是一回事。随之而来的是，在财产增值和产权扩展过程中，劳动和劳动关系的表现形式和本质也并不一样。资本主义条件下资产阶级拥有的产权，由于其资本的本质决定了社会劳动是“异化劳动”，资本家和工人的劳动关系是对立而不可调和的阶级关系的具体表现形式。这就是说，资产阶级产权是资产阶级道德的最集中的经济体现。趋善意义上的道德化程度不断加强的社会，“产权应当是谁的”这一理念越来越清晰而科学。在我国社会主义经济改革过程中，明晰产权，明确经济活动角色，最大限度地遏制剥削与不平等的权利关系已经逐步凸显社会主义制度和社会主义道德的适时性和先进性。由此可见，产权不是伦理无涉的，而是具有道德基础的。

① 罗能生：《产权的伦理维度》，北京：人民出版社，2004 年版，第 43 页。

其二，产权明晰是节约资源和产生效益的前提，同时也是经济成为某种道德经济的必要前提。产权明晰是经济道德的最基本要求，当然，这种符合趋善意义上的经济道德要求十分清楚地明确了“产权应当是谁的”。产权清晰，人们便会对某一财产或资源享有排他性的占有、使用、收益和处置权，人们可以自主地来支配自己的财产的使用，完整地获得产权所产生的收益，由此，激发人们经济的积极性和创造性，从而最大限度地降低经济活动成本。相反，假如产权不明晰，人们不知道生产和交易的收益归谁所有，或者不知道经济活动的收益分成，人们自然就会降低经济活动的积极性。同时，一定的产权界定是市场交易的前提，假如交易权属不分你我，人们很容易发生争夺，这必然导致资源利用效率的降低和社会生活的混乱。尽管这种不分你我的产权使用或收益并不一定会引发争夺或外部冲突，但是，由于产权界限不清，收益结果分配也必然不清，这往往导致人们不想也不愿意尽心尽职地去通过劳动或交易最大限度地发挥产权的作用。这客观上是对资源的浪费，是不道德的经济行为。[①]

其三，产权交易需要道德，产权决定交易道德原则。产权的一部分是会用来交易的，产权交易能否成功或双赢，往往取决于交易规则是否合理，即是否符合交易活动过程中的应然要求。因此，产权交易的正常展开，必须有科学合理的交易规则，其中体现交易应

① 参见罗能生：“市场经济、道德权利与产权伦理”，载《伦理学研究》2003 年第 2 期。

然的道德准则是最基本也最能体现公平的交易规则。同时，产权决定着交易道德原则。符合理性或道德性意义上的产权，其交易原则应该是公平合理的。既然财产权属清晰且合理，那么，交易双方各自便有权决定某次交易行为的成立与否。而且，交易双方往往会在讨价还价中提高交易的合理性或公正性。反之，假如财产权属不清晰，或虽清晰但财产权属不合理，那么，就很有可能产生侵权行为，有的甚至将侵权行为贴上“合理”或“道德”的标签，加强了产权交易侵权行为的欺骗性。

总体而言，科学的产权道德“将有效地调节和规范人们的产权关系，减少产权交易中的矛盾冲突，促进人们产权合作关系的形成和合作效率的提高，从而促进产权资源的优化配置，提高产权运行效率”。[①]

2. 生产劳动的本质在于道德升华

生产劳动是维持人类生存、发展的最基本的物质资料生产活动。生产劳动不仅可以创造大量的物质财富，同时也可以创造大量的精神财富，锻造和提升人的各方面的素质，包括道德素质。而且，生产劳动是人类道德的完美体现和道德境界的升华的最基本的舞台。从这个意义上说，对生产劳动本身的本体论诠释，最能直接说明经济在本质上一定是具有道德内涵的经济。

其一，生产劳动肯定人自身的存在和人生存的价值。生产劳动

① 罗能生：“市场经济、道德权利与产权伦理”，载《伦理学研究》2003 年第 2 期。

是人的道德之根本所在，也是人的道德之逻辑起点，因为，“劳动创造了人本身”。[①] 生产劳动是在一定的生产关系条件下的人的生产劳动，是劳动者有目的有意识地利用一定的劳动工具作用于劳动对象的物质资料的生产活动。生产劳动过程及其成果不仅充分说明人之为人的本质特征，而且可以体现人存在的根据和生存的重要意义。然而，在拜金主义横行的资本主义社会中，生产劳动不是作为肯定的力量肯定人自身的存在及其存在价值，而是作为否定的异己的力量，压迫劳动者，摧残人性。正如马克思所说：“一方面，生产过程不断地把物质财富转化为资本，转化为资本家的价值增值手段和消费品。另一方面，工人不断地像进入生产过程时那样又走出这个过程：他是财富的人身源泉，但被剥夺了为自己实现这种财富的一切手段。因为在他进入过程以前，他自己的劳动就同他相异化而为资本家所占有，并入资本中了，所以在过程中这种劳动不断对象化在为他人所有的产品中。因为生产过程同时就是资本家消费劳动力的过程，所以工人的产品不仅不断地转化为商品，而且也转化为资本，转化为吮吸创造价值的力的价值，转化为购买人身的生活资料，转化为使用生产者的生产资料。可见，工人本身不断地把客观财富当作资本，当作同他相异己的、统治他和剥削他的权力来生产，而资本家同样不断地把劳动力当作主观的、同它本身对象化在其中和借以实现的资料相分离的、抽象的、只存在于工人身体中的财富源泉

① 《马克思恩格斯文集》第 9 卷，北京：人民出版社，2009 年版，第 550 页。

来生产，一句话，就是把工人当作雇佣工人来生产。”[①] 由此可见，在私有制的社会制度下，生产劳动不是人自身的自觉自愿的本质性活动，而是违背人性的异化活动。当然，从历史发展的宏观意义上说，人的生产劳动永远是社会发展和人类进步的力量源泉。生产劳动违背人类道德的现象只是私有制的或非理性的社会制度造成的，所以，改变私有制的或非理性的社会制度是升华人类劳动和劳动关系道德的重要路径和手段。

其二，劳动表明着人的基本权利和道德价值的获得。“劳动在获得其商品价值的同时，也获得了它所特有的社会价值和道德价值。从道德伦理的角度看，人类的合道德性意义也正在于此。由于劳动及其成果可以获得这种人的道德价值，所以，劳动本身也就成了人类（确切地说是合格的成年劳动者）的一种基本权利，这种权利既具有生存权的一般价值意义——作为劳动者基本的生存方式；也具有道德权利的特殊价值意义——作为劳动者自身人格、尊严或荣耀的自我表达与社会认可方式。”[②] 反之，从一般的意义上来说，有劳动能力而不劳动的就应该失去基本的生存权利，以生存意义为轴心的道德价值也就无从体现出来。事实上，人的权利和道德价值的实现无不与劳动有着密切的关联性。一是唯有劳动才能获取应有的利益，包括物质利益和精神利益。就物质利益来说，人生存的基本物质条

---

① 《马克思恩格斯文集》第 5 卷，北京：人民出版社，2009 年版，第 658—659 页。

② 万俊人：《道德之维——现代经济伦理导论》，广州：广东人民出版社，2011 年第 2 版，第 236 页。

件必定与劳动的绩效有关。就精神利益来说，人的政治权利、文化享受权利、名誉权利乃至话语权的大小都与人的劳动态度和劳动成果有着不可分割的关联性。二是唯有劳动才能显示人生境界和道德觉悟，也是说明人的生存价值的根本途径。能劳动而游手好闲、不劳而获者是有愧的，甚至醉生梦死、腐朽没落者，必然为社会所不齿和唾弃。三是生产劳动锤炼人类的品质。生产劳动是最复杂的人类活动，也是人类征服自然的最根本性的活动。在生产劳动过程中，生产劳动者的品质不断得到升华。第一，生产劳动者将会养成求真的品质。要顺利地进行生产劳动并获得理想的效益，必须求真务实，利用科学技术，不断探索规律，同时必须拒斥各种“忽悠人”的伪科学，唯有如此，生产劳动才能实现预期的目的。第二，任何生产劳动都要求人们付出智力、能力和财力等，这需要劳动者有乐于付出的理念，有吃苦耐劳甚至勇于牺牲的精神。同时，智力的积累、能力的培养和财力的积聚，都需要生产劳动者具备刻苦、奋斗之精神。第三，生产劳动可以培养劳动者的共同奋斗、团结协作的团队精神。生产劳动是改造自然、创造财富的最常见而艰难的社会实践活动，只有在艰苦奋斗、团结合作、形成合力的基础上才能推进生产劳动，提高生产劳动的效益，特别是现时代的生产劳动更需要团结协作才能进行。第四，生产劳动催生道德规范并影响各种社会关系的和谐与发展。人类的生产劳动是集体或集体性质的活动，生产劳动要顺利进行，需要协调生产劳动者之间的关系。同时，随着社会化大生产的发展，人类生产劳动的分工越来越细，人们在生产劳动中的相互依赖程度越来越高，每一个劳动者在生产劳动之关系链中的地位和作用越来越重要。再者，人类的生产劳动与整个社会都直接或间接地发生着这样或那样的关系，各种关系都会对生产劳动产生一定的影响。因此，生产劳动中必然会形成一定的协调各种生产劳动关系的道德规范。

生产劳动只有在一定的道德规范制约或指引下才能顺利进行。并且，生产劳动社会化程度的提高，生产劳动的和谐进行和发展，客观上又必然促进全社会人际关系的协调与和谐。同时，由于生产劳动道德规范是社会道德规范的基础和核心，它将会延伸或繁衍出社会生产和生活各领域的道德规范，并由此推动全社会的和谐发展。

3. 分配和交换的可持续依据——公正与平等

分配与交换作为主要经济现象，是人类生存和社会发展的不可或缺的部分，离开了这两种经济行为，社会系统就会紊乱，生产和生活的链条将会断裂、脱节，甚至社会的生产和人们的生活也难以正常进行。从经济伦理学视阈看，分配行为、交换行为的正常进行是有道德前提的，必须依靠公正、平等来作为担保。可以说，公平分配与交换是人类社会经济行为正常进行的前提条件。

其一，关于分配。一般而言，生产资料的分配和生活资料的分配是任何社会的分配的两大部类。一方面，生产资料分配主要表现为生产条件分配，直接关系到生产的速度和经济效益问题，也直接影响到生活资料的生产和分配问题。生产资料的分配如何进行，与所有制和产权密不可分，所有制和产权合理与否，直接决定分配的公正与平等存在与否。试想，如果某种所有制和产权制度逆社会历史发展的要求而行，远离社会历史发展进程，那么，生产资料的分配的公正与平等的前提是不存在的。可以说，在所有制和产权制度不公平的情况下，所谓分配公正与平等只能是片面的或虚假的公正与平等。另一方面，作为生活资料的分配也是十分复杂的经济伦理现象。就我国目前的分配现状而言，这种复杂性体现为分配依据和分配形式的多样性、分配对象的复杂性等。[①] 在这种复杂的分配格局中，分配多寡并不是分配合理与否的依据。实际上，某种分配的合理性，与对分配主体及其利益关系的正确理解与把握，以及与对分配根据和方式的正确认识和准确定位，与对以公正与平等为核心的分配原则和分配政策的正确制定是紧密相连的。换言之，充分体现当今时代经济道德之应然的公正与平等是我国生活资料分配的基本理念和原则。另一方面，道德分配是极具人性意义的现时代分配方式。有学者曾经提出先后递次的"三次分配"："一是按市场准则进行的收入分配即所谓第一次分配；二是在政府主持下的收入分配即所谓第二次分配；三是基于道德信念而进行的收入分配即所谓第三次分配。诸如个人自愿交纳、捐助和捐赠等都属于道德分配。道德分配有着调节甚至化解分配矛盾、维持社会公正与平等的特殊作用。"[②]

① 我国主张的是以按劳分配为主体、多种分配方式并存的制度。在多种分配方式中，有按劳动成果分配，有按技术、信息、资本或股份、无形资产等生产要素分配，等等。

② 参见厉以宁：《超越市场与超越政府——论道德力量在经济中的作用（修订版）》，北京：经济科学出版社，2010 年版，第 142 页。

由是观之，分配是经济现象，更是诉求公正与平等之道德实体。同时要指出的是：“社会的公正分配当然要体现社会道义的普遍要求，但这绝不意味着它可以完全超脱社会的经济现实状况，而将社会伦理道德考量擢升为社会公正分配的唯一价值根据。恰恰相反，真正的社会公正分配必须是符合权利与义务平等原则的分配，而不是或者只按照义务原则或者只按照权利原则的片面倾向性分配。也就是说，社会的公正分配必须同时体现社会的经济公正、制度公正和伦理公正，任何单方面的价值诉求都是片面的、偏向性的，因而是不公正的。”①

其二，关于交换。交换活动与分配活动一样，是环环相扣的持续经济活动的重要环节。分配离不开公正与平等，交换同样也离不开公正与平等。人们的交换行为从表面上看是以货币为媒介的交易，根本上是人与人的利益的交换，是人的“特殊的自然需要”的互易有无。因此，交换需要以公正与平等作为保证。对此，马克思曾经深刻地指出：“交换行为不仅设定并证明交换价值，而且设定并证明作为交换者的主体，至于说交换行为以外的内容，那么这个处在经济形式规定之外的内容只能是：(1) 被交换的商品的自然特性，(2) 交换者的特殊的自然需要，或者把二者合起来说，被交换的商品的不同的使用价值。因此，这种使用价值，即完全处在交换的经济规定之外的交换内容，丝毫无损于个人的社会平等，相反地却使

① 卢风、肖巍：《应用伦理学导论》，北京：当代中国出版社，2002 年版，第 151 页。

他们的自然差别成为他们的社会平等的基础。如果个人 A 和个人 B 的需要相同，而且他们都把自己的劳动实现在同一对象中，那么他们之间就不会有任何关系；从他们的生产方面来看，他们根本不是不同的个人。他们两个人都需要呼吸，空气对他们两个人来说都是作为大气而存在；这一切都不会使他们发生任何社会接触；作为呼吸着的个人，他们只是作为自然物，而不是作为人格互相发生关系。只有他们在需要上和生产上的差别，才会导致交换以及他们在交换中的社会平等化；因此，这种自然差别是他们在交换行为中的社会平等的前提，而且也是他们相互作为生产者出现的那种关系的前提。从这种自然差别来看，个人 A 是个人 B 所需要的某种使用价值的所有者，B 是 A 所需要的某种使用价值的所有者。从这方面说，自然差别又使他们互相发生平等的关系。但是，他们因此并不是彼此漠不关心的人，而是互为一体，互相需要，于是客体化在商品中的个人 B 就成为个人 A 的需要，反过来也一样；于是他们彼此不仅处在平等的关系中，而且也处在社会的关系中。”①

毫无疑问，交换在客观上需要以公正与平等为前提，这与交换可以实现公正与平等是有所不同的。也就是说，交换的正常进行并产生相应的好结果，需要内含着公正、平等的行为规范来指导和约束交换行为，使之在道德的轨道上开展。由此可以说，没有交换道德的保障，正常合理的交换行为是不可能存在的，同样可以说，没

① 《马克思恩格斯全集》第 30 卷，北京：人民出版社，1995 年版，第 196—197 页。

有交换道德的保障，正常的生产劳动和正常的经济运行过程也是不可能存在的。换句话说，交换道德是正常交换的伦理前提，同时也是经济正常运行的价值灵魂。

综上所述，经济的正常存在和良性发展离不开道德。离开道德，经济将是失去灵魂的不完整的经济，经济也将是没有精神动力的经济。

四、“帕累托佳境”即道德性经济①

“帕累托佳境”的概念是由意大利经济学家维弗雷多·帕雷托提出的，这一概念以严密的逻辑和优美的形式描述了收入分配和经济效率的最佳境况。“帕累托佳境”（也可以称之为“帕累托最优”“帕累托最优状况”“帕累托优态”“帕累托效率”），是指资源分配的一种完美理想的状态，即在可分配资源和享受资源人数既定的情况下，在不同分配状态的转换过程中，在不导致任何人境况变坏的前提之下，某些人的处境变好是不可能的。如果某些人的处境变好仍然有可能，那么就可以称之为“帕累托改进”（也称“帕累托改善”），是指一种资源分配的变化，在没有使任何人境况变坏的前提下，至少有一个人的状况可以变得更好，或者说其他人有改进的空间存在。“帕累托佳境”和“帕累托改进”是紧密相连的两

① 本节曾以“寻找‘帕累托佳境’的道德依据”为题，载《中国社会科学报·哲学版·学者个人专栏》2013 年 11 月 18 日。参见王小锡：《道德资本研究》，南京：译林出版社，2014 年版，第 24—27 页；王小锡：《经济伦理学：经济与道德关系之哲学分析》，北京：人民出版社，2015 年版，第 93—95 页。

个概念，即实现“帕累托佳境”就意味着不可能再有“帕累托改进”的余地；而“帕累托改进”又是达到“帕累托佳境”的路径和方法。因此，我认为“帕累托改进”也应当属于“帕累托佳境”范畴。

进一步说，对于“帕累托佳境”的理解存在不同的维度，经济学的维度诚然是占据主导地位的，但是，并不能由此否认或者排斥存在伦理学的维度。“帕累托佳境当然是一种经济学和效率原则。它所揭示的是当一种经济实现帕累托佳境时，各种社会资源的利用和财富的分配都达到了一个均衡的状态，没有过剩也没有不及，因而效率是最高的，社会福利得到了最大的实现。但是，帕累托佳境并非只靠经济学的原则就能够实现，其中也蕴含着一些基本的道德精神，或者说，只有在一定的社会道德原则能够得以贯彻践行的前提下，帕累托佳境才是可能达到的。”[①] 由此不难看出，“帕累托佳境”也存在着伦理学的解读视角，从这种意义上说它就是指符合道德的经济佳境，也可以理解为是一种思考经济内含着道德的经典范式。前面已经提到，“真正的经济”必然是蕴含着、体现着一定的道德且符合人性需要的经济。完整意义上的表述应该是道德佳境下的经济才是“真正的经济”。

可以说，离开了道德约束与规范，任何经济都将万劫不复，造成致命的经济“短板”，不可能达到最佳经济发展之境。历史的经验

① 唐凯麟：“建构和谐社会的基石：经济和道德的良性互动与协调发展”，载《毛泽东邓小平理论研究》2005 年第 6 期。

与教训已经充分说明，大凡经济发展乏力、陷入低迷的疲软经济，以及难以摆脱经济贫困的地方，其部分原因往往是忽视道德、唯利是图，害己、害人、害社会。此类事实，不胜枚举。尤其是一些企业，甚至是百年老字号的企业，一旦忽视道德资本，顷刻间信誉扫地，岌岌可危，有的甚至一蹶不振，彻底倒闭。由此可以说，道德是达到“帕累托佳境”的非常重要的支撑条件。具体说来，有如下四点：

1.“帕累托佳境”即经济公平的佳境

经济活动中的生产要素或资源分配，要实现“帕累托佳境”，必须具有公平的目的和手段，否则，背离人与人之间平等的基本道德原则，就谈不上最佳最优的配置。如果没有达到最优，就需要所谓“帕累托改进”，其目的就是达到让资源做最优最佳分配的理想状态。这里的最优最佳分配的理想状态指的是尊重人的劳动，兑现人的应有利益，以及资源无浪费、无偏差的配置。进而，资源的最优配置是脱离不了市场交换来实现的，这种交换，只有公平，才能实现效用的最大化，否则就会造成与生产脱节，影响人们生产的积极性，减少社会财富的创造；这样就不可能实现“帕累托佳境”，或者说，就谈不上什么“帕累托佳境”。

2.“帕累托佳境”即共创共赢的佳境

“帕累托佳境”既可以表征资源分配的最优状况，也可以表征资源实现的最好状态。而后者的实现，必须通过最优分配，促使人们达到生产积极性的最优化，也必须通过劳动过程中人们的团结协作和奉献精神。在市场经济条件下，竞争不可避免，也是各种资源配置中必然出现的现象，而且公平的竞争必将促进资源配置的最佳状态，实现最大化的效益或者最优化的效益。因此，利益相关者只有“将心比心、以心换心”，相互支持，相互促进，相互配合，携手努力，才能实现共赢。

3.“帕累托佳境”即诚信佳境

资源分配必须有基本的道德保证，因为它总是由一定的人按一定的规则分配。然而，资源分配的全部信息应该公开，这些信息包括资源存量、分配依据、分配方法和分配结果等。只有这样，才能大大降低交易费用，减少人们在经济活动中的信息费用，以及谈判和监督费用、违约成本等，提高资源利用率，发挥最佳的效益。相反，如果一个社会欺诈成风，交易中尔虞我诈，人们不得不将大量的精力、时间和金钱用于相互防范和解决各种欺诈所造成的纠纷，由此造成大量资源不能用于生产性活动，也使社会丧失大量可以创造出来的财富。

4.“帕累托佳境”即产品具人性化的佳境

劳动产品本来是为了人们的生活和再生产服务的，它们能够在多大程度上“适销对路”、契合人性化的社会需求，就能相应地在多大程度上提升人们的生活和生产质量、促进经济社会的发展。由此可见，产品具有足够的人性化境界正是“帕累托佳境”的表征。

这就是说，要实现最佳经济运行和最好经济发展状态，道德是其重要的精神要素和精神力量。

五、走出“囚徒困境”需要道德理路[①]

由囚徒困境及其引申出的博弈论及均衡理论，在一定意义上左右着人们对经济活动的理解和认知，影响着学界对经济活动本质的思考，也因此成为经济和经济活动思考的一个经典。不过，离开了必要的道德研判，囚徒困境就是一个存在一定逻辑问题的虚构故事，其理念不仅不能有效帮助摆脱经济困境，而且也无助于人们参与正常的经济活动或开展理性的经济竞争与合作。至少，没有道德的干预和引导，经济困境将难以真正地、顺利地解套。

1.“囚徒困境”与“纳什均衡点”

“囚徒困境”，其原文为 the Prisoner's Dilemma，又译为“囚犯的两难困难”“囚犯难题”等。这个情境是大约在 1950 年首先由社会心理学家梅里尔·M. 弗勒德和经济学家梅尔文·德雷希尔提出来的，后来艾伯特·W. 塔克明确地叙述了这种“困境”，并命名为“囚徒困境”。后来约翰·纳什有两篇关于非合作博弈的重要文章分别发表于 1950 年和 1951 年。塔克的这项工作同纳什的著作一起被认为是基本上奠定了现代非合作博弈论的基石。因此，囚徒困境的重要性自然不言而喻。[②]

---

① 参见王小锡：“经济道德观视阈中的‘囚徒困境’博弈论批判”，载《江苏社会科学》2009 年第 1 期；《新华文摘》2009 年第 8 期、中国人民大学复印报刊资料《伦理学》2009 年第 4 期全文转载。参见韦森：《经济学与伦理学》，上海：上海人民出版社，2002 年版，第五、六题。

② 参见李伯聪、李军：“关于囚徒困境的几个问题”，载《自然辩证法通讯》1996 年第 4 期。

囚徒困境作为博弈论中的一个经典范例，渐渐为经济学、哲学、伦理学和管理学等诸多学科的研究所重视，一些学者把囚徒困境之博弈理论视作理解和指导当代经济活动的重要理论依据，更有甚者把它作为企业竞争中必须考量和选择的博弈“圣典”。冷静地审视这一学术现象，其基本研究理路对启发人们深入研究相关经济现象具有特殊的意义。但是，经济学领域近年来热衷于囚徒困境的博弈理论的研究者们，思想偏颇，似乎唯有这一理论才能说明经济领域的竞争状况及其激烈程度。有人搞经济理论学术研究言必称“囚徒困境”，甚至认为，经济学研究者如果不涉及该理论，就无异于是徘徊在真正的学术殿堂大门之外的“门外汉”，无法进行真正的、高水平的学术对话。其实，在经济伦理的视阈下，囚徒困境的博弈理论是极具功利色彩的、信息极不对称的、非合作性的处于“生人圈”之中的经济竞争理论。因此，唯有对其局限性加以揭示，并厘清其适用范围，还囚徒困境的博弈理论以本来面目，才能使我们能够最大限度地利用囚徒困境的博弈理论来进行经济理论及其相关理论研究，开辟囚徒困境的博弈理论以往所未涉足的理论“空场”，并为走出囚徒困境的道德理路指明方向。

囚徒困境的故事讲的是两个具有犯罪嫌疑的囚犯甲、乙，被警察分别关在了两个隔离的房间中，警察对这两个囚犯分别进行审讯。在审讯中，警察向他们分别提供了三个选项，让他们做出选择：第一，若他们中的一个坦白了事实真相，那么坦白的人将无罪释放，而没坦白的人将被判刑 10 年；第二，若他们都坦白了，那么他们都将被判刑 5 年；第三，若他们都不坦白，那么他们都将被判刑 1 年。假设充分保障囚犯的决策权，让他们选择对自己最有利的行为方式，结果却发现他们都坦白了事实的真相，于是都被判刑 5 年。很显然，这对两个囚犯来说并不是最佳的选择，于是构成了所谓“囚徒困境”，即两个囚犯都试图选择对自己最有利的行为方式，结果却发现陷入了对双方不利的境遇。为什么会导致如此的结果呢？该故事假定两个囚犯本性利己，他们的选择都会把个人利益的最大化作为目标，都会通过严密的利己逻辑推理去追求一个对己的最佳点，即“纳什均衡点”。[①]

作为囚犯甲，他的推理如下：假如我选择坦白，那么乙要是不坦白，我将无罪释放，即使他坦白，我也只会被判刑 5 年；假如我选择不坦白，那么乙要是坦白，我将被判刑 10 年，即使乙不坦白，我还是要被判刑 1 年。因此，我不会冒着被判刑 10 年的风险而去选择不坦白。也就是说，选择坦白对“我”是最佳的。同理，囚犯乙也会做出同样的推理。

由此不难看出，囚犯甲、乙的推理就个人而言是合理的，且是他们各自的最佳选择，这样的选择使两个囚犯陷入了困境。

2. 囚徒困境的道德局限

尽管人们对囚徒困境的故事耳熟能详，尽管囚徒困境的故事在经济学等相关学科理论中都被引为经典性的事例，但是，仔细加以考量

① 故事中两个囚犯由于无法串供，他们都只是选择对自己最有利的坦白策略，并因此被判刑 5 年。这样的情节和结局被称为“纳什均衡”，也称作非合作博弈均衡。

的话，不难看出，囚徒困境的故事因是虚构的情节，它存在明显的道德“漏洞”，而这些“漏洞”恰恰是囚徒困境的局限性之所在。

其一，故事情节中主张纯粹功利或绝对自利，缺乏道德的正向激励行为。[①] 一切以“可能的结果”作为犯罪嫌疑人坦白与否的依据。按理，故事情节应该从法律和道德角度支持和鼓励坦白，然而，故事始终没有涉及该不该坦白的问题，虽然故事表面上是主张犯罪嫌疑人坦白，但其情节的构思是想要说明坦白与否是一场自私考量的博弈，犯罪嫌疑人在博弈中选择了坦白。

其二，故事情节中警察对嫌疑人的审讯缺乏法律依据和法律支持。该情节不管在哪个国度和地区，都会认为分开审讯嫌疑人是对的，这是审讯中技术层面的内容。但是，在没有弄清楚案情时就确定某种态度下的刑期，显然是不合法律程序的。同时，从故事情节来看，警察是掌握了嫌疑人的犯罪事实的，因为嫌疑人不管交代态度如何都得（至少有一人）判刑，然而，嫌疑人都坦白各判服刑 5 年，都抵赖各判服刑 1 年，其中一个坦白而另一个抵赖，坦白的可无罪释放，抵赖的判服刑 10 年——这一推理也没有法律依据，甚至

① 阿马蒂亚·森不承认博弈中纯粹功利或绝对自利的存在，他说：“事实上，如果不是自利在我们的选择中起了决定性的作用，正常的经济交易活动就会停止。真正的问题应该在于，是否存在着动机的多元性，或者说，自利是否能成为人类行为的唯一动机。”而且，按照阿马蒂亚·森的观点，人是自利的，但“人们清楚地理解他们的目标所在，并希望实现自己目标的最大化，但是，由于认识到了成功的相互依赖性，从而关心他人目标”，因此，“实际上，不仅在无重复的博弈中，而且在无重复的现实生活中，合作行为是经常可见的”。参见［印度］阿马蒂亚·森：《伦理学与经济学》，王宇、王文玉译，北京：商务印书馆，2000 年版，第 24、85 页。

存在着严重的逻辑错误，两者都坦白和两者都抵赖服刑年限倒错，一个坦白而另一个抵赖的服刑年限与两者都坦白或都抵赖存在严重不一致。因此，故事情节中的博弈是缺乏必要的道德理性意义上的博弈，实际上非常近似于冒险性的赌博。

其三，故事情节中缺乏信任或思想可以转变的任何意识。囚徒双方都把对方看成是同样的绝对的自私自利者，所以，谁也不愿意承担责任或冒险抵赖。在这个故事里，且不说警察行为有诱导人们趋向功利之意味，两个嫌疑人的举动没有体现博弈中有道德和博弈中应该讲道德的理念。所以，囚徒困境的故事除了主张赌博式的盲目博弈这种苍白的哲理来试图启发人们的行为主张，别无他物。基于此，我们可以得出结论，囚徒困境的假设本身存在显见的内在矛盾和问题。

3. 囚徒困境博弈论之道德启迪

囚徒困境博弈论客观上给我们理解经济活动带来了不可忽视的道德启迪。

其一，囚徒困境中的均衡理念是一种假设，但是，在激烈的经济竞争过程中，避免为争取最好但可能招致最冒险的最坏的结果，去争取尽管不是最好但可以是最妥当的结局，不失为一种有意义的均衡。不过，在现实的经济活动中，没有必要把经济竞争设置得如此信息不对称以至如此复杂；在经济竞争中，绝对的信息不对称或绝对的“老死不相往来”都是绝少的，甚至是不存在的。因此，确认经济行动方案之时，均衡理念最多只是其中的选项之一，而“帕累托佳境”、互信基础上的互利双赢或多赢等理念应该成为弥补前述均衡理念的更加具有说服力的不可或缺的常见选项。

其二，囚徒困境是在信息不对称情况下的博弈，博弈者只关注自己的利益，所谓唯利是图，“唯我独尊”。在经济领域的竞争各方不仅不相信任何利益相关者，甚至完全把竞争者当成敌人，这会使任何一方博弈者失去在愿意合作情况下的许多商业资源。同时，很可能导致没有经济信息交换的竞争摩擦，造成无谓的资源消耗和浪费。这不仅影响经济活动的良性有序的运转，损害企业的经济效益，更可能影响人们的情绪、伤害人们的感情。唯一可能的良性状态是，竞争者为了在信息不对称的情况下获得成功，会努力自身奋进，积累能量，发展自身，开拓市场。同时，应该具备“经济人”和“道德人”相统一的理念，一味地闭锁信息会使自己也得不到应该得到的信息，唯有尽可能地信息共享，才可能实现更好的竞争效益。

其三，囚徒困境实际上是建立在非合作性基础上的恶性竞争，即只要对我有利，不管别人的利益甚或死活，这是对经济领域某些极端行为的一种抽象。其实，无合作的绝对的竞争在现代社会是不存在的，囚徒困境所设置的非合作的竞争也不是普遍现象。因此，这种非合作的竞争绝不能够代表一种积极健康、理性社会的主流。不过，它提醒人们，在经济领域，绝对的不合作将是自我封闭、自我孤立，吃亏的是自己。做一些虽于己无利但也于己无害的合作行为，总比绝对的不合作要好。几百年前，甚至连亚当·斯密的“看不见的手”的理念也告诉我们，彻底的功利主义者尽管不情愿为他人提供（合作）帮助，事实上也不得不为他人或竞争对手付出本不愿意付出的付出。所以，经济竞争中的不合作行为是不道德现象。

综上所述，现代经济学中的囚徒困境博弈理论尽管有其价值，但是，由于在此语境中的囚徒困境及纳什均衡是“伦理无涉的”(non-ethical)，实际上很难与现实生活的实践场相契合和一致。换言之，置换囚徒困境的语境，把它从人为的“道德缺席”的囚徒困境中拉回到经济伦理学或伦理经济学的语境中来，不仅是走出囚徒困境的必要途径，而且是合理诊断和把握现实经济世界的正确理路。

事实上，我们把道德视角引入博弈论后，不仅重视道德的外在工具价值而且更注重其内在理性价值。因此，我们理解和主张的博弈应该是道德博弈，经济博弈应该是道德引领下的经济博弈。所以，博弈论的均衡理论应该与伦理学理论实现应有的联姻，实现道德与博弈之间的必要的平衡，达到道德博弈与利益均衡之理性境界，即实现道德博弈和利益均衡的一致。

六、道德之独特经济价值①

从前面的论述中可以看到，经济内含着道德，道德对经济的发展有其独到的不可替代的作用。然而，20 世纪下半叶以来，道德的经济价值问题颇受争议。20 世纪 60 年代开始，美国等发达国家就

① 本节曾以“论道德的经济价值”为题，载《中国社会科学》2011 年第 4 期；《新华文摘》2011 年第 23 期、中国人民大学复印报刊资料《伦理学》2011 年第 10 期全文转载；部分内容有修订。

已有学者讨论企业的社会责任问题。尽管有一些经济学家认为，企业的各种活动只是为了增加利润，并以此抵制学术界和社会各界关于企业应当承担其社会责任的呼吁，但这无法阻止人们对企业社会责任问题的进一步研究。从20世纪70年代起，一批哲学家突破学科界限，把道德理论引入商业领域，并最终发展出经济伦理学。[①] 2002年的“安然事件”和2008年席卷全球的金融危机，促使西方学术界进一步重新思考：道德究竟能对经济生活起到多大的作用？道德的经济价值如何体现？

20世纪90年代初，社会主义市场经济在中国确立伊始，学界就围绕道德的经济价值问题展开了激烈的论辩。论辩各方的主要观点可以归纳为两类：“道德无用论”，认为市场经济可以自发地趋向完善，道德对市场经济而言并没有价值；“道德万能论”，强调社会道德的作用无处不在，道德不仅可以促进市场经济建设，甚至能够主导市场经济发展。“道德无用论”和“道德万能论”尽管都涉及道德的经济作用和社会功能，但严格来讲都不是在经济伦理学意义上讨论道德的经济价值问题。不过，这场讨论对我国经济伦理学学科的形成和发展起到了推动作用。[②] 20世纪90年代中期，有学者提出

① Richard T. De George, *The Status of Business Ethics: Past and Future*, in *Journal of Business Ethics*, vol. 6, 1987.

② 在我国，学科意义上的经济伦理学研究始于20世纪90年代初，当时发表了一批以研究经济伦理学的对象、经济的伦理内涵、伦理的经济意义、商品经济与道德进步是否一致、赚钱与讲道德能否融通、传统的经济伦理观念是什么等为主要内容的文章，同时，专门研究经济伦理学原理的著作也有问世。经过多年的发展，中国经济伦理学学科体系建设基本完成。

了“市场经济是道德经济”的观点，认为市场经济是“规则经济”，道德就是规则和规范。“所谓规范市场经济，实际就是规范市场经济的行为主体（个人、群体和社会）的行为。”① 不久，经济学界发生了一场关于经济学该不该讲道德的争论。②“道德无用论”“不道德的经济学”之类的观点遭到许多经济学家和伦理学家的批评，在某种程度上，学界形成了一种共识：市场经济有不可或缺的道德维度，经济学应该讲道德。③ 经济学学者韦森的观点具有一定的代表性：“市场制序有着伦理之维；道德支撑着市场的运行。看不到这一点，将是一个理论的‘道德色盲’。”④ 为此，他提出“当代经济学与当代伦理学应当恢复对话与沟通”。⑤ 回溯西方经济思想史，经济学应该讲道德并不是今天才有的理念，凯恩斯就已提出：“经济学在本质上是一门道德科学，而不是自然科学。”⑥ 诺贝尔经济学奖获得者阿马蒂

① 夏伟东：“市场经济是道德经济”，《新视野》1995 年第 3 期。

② 参与争论的代表作，参见樊纲：“经济学家谈道德”，《经济学消息报》1994 年 12 月 8 日；刘福寿：“经济学家不讲道德吗？”，《探索与争鸣》1995 年第 7 期；贾春新：“经济学能远离道德吗？”，《财经科学》1995 年第 6 期；樊纲：“‘不道德’的经济学”，《读书》1998 年第 6 期；盛洪：“道德·功利及其他”，《读书》1998 年第 7 期；姚新勇：“‘不道德’的经济学的道德误区”，《读书》1998 年第 11 期；罗卫东：“经济学与道德——对经济学某些倾向的反思”，《浙江学刊》2001 年第 5 期；等等。

③ 20 世纪 90 年代中期至 21 世纪初，阐释经济或经济学要讲道德的主要代表作，参见厉以宁：《经济学的伦理问题》（生活·读书·新知三联书店，1995 年版）；张军：“道德：经济活动与经济学研究的一个重要变量”（《中国社会科学》1999 年第 2 期）；万俊人：“论市场经济的道德维度”（《中国社会科学》2000 年第 2 期）；徐大建：“经济学家如何讲道德”（《道德与文明》2002 年第 5 期），等等。

④ 韦森：《经济学与伦理学》，上海：上海人民出版社，2002 年版，第 69 页。

⑤ 韦森：“伦理道德与市场搏弈中的理性选择”，《毛泽东邓小平理论研究》2003 年第 1 期。

⑥ 转引自韦森：“经济学的性质与哲学视角审视下的经济学”，《经济学》第 6 卷第 3 期。

亚·森则明确指出，“经济学与伦理学的分离已经导致了福利经济学的贫困化，也大大削弱了描述经济学和预测经济学的基础”，“随着现代经济学与伦理学之间隔阂的不断加深，现代经济学已经出现了严重的贫困化现象”。[①] 可见，经济学不能无视道德，经济学研究离不开道德之维。

无论在国内，还是在国外，学界对道德的经济价值问题的认识都经历了一个逐步发展的过程，并且都还有待于进一步丰富和深入。其原因，一方面是既有的经济学话语体系对这类问题的排斥效应，另一方面是传统的伦理学研究尚不能达到有效分析现代经济行为的水平。如果我们把道德的经济价值问题进一步分解为道德有无经济价值和道德如何转化为经济价值这两个子问题，那么学界主流对前者的回答无疑会是肯定的，而对后者却仍没有给出满意的解答。本文拟从道德与现代市场经济的正向价值关联出发，通过考察道德作为一种特殊的生产性资源所具有的经济价值，阐释道德在经济价值转化过程中的积极作用及其合理性限度，以推动我国社会主义市场经济的进一步发展和完善。

1. 道德：可以带来经济价值的“生产性”精神资源

一切使用价值的创造归根结底都来源于生产，因此，对道德在经济活动中所起作用的考察须从生产出发，具体分析道德在生产过程中以何种方式参与使用价值的创造，这也是学界所谓“道德生产

① [印度] 阿马蒂亚·森：《伦理学与经济学》，王宇、王文玉译，北京：商务印书馆，2000 年版，第 79、13 页。

力”[①] 概念提出的背景。

生产理论始终是学者们关注的热点问题。尽管观点存在差异，但学者们大都肯定生产过程中精神要素所起的作用。亚当·斯密在《国富论》中把单纯的体力劳动认定为“唯一的生产力”，但在《道德情操论》中又强调了道德在生产中的作用。李斯特和施托尔希强调，生产的发展必须要有人的体力、智力和道德力的培养，否则不会生产财富。[②] 马克思以广义生产理论，强调了精神生产是生产中不可或缺的环节，包括道德在内的精神生产直接影响和制约着“狭义生产”的方向。[③] 事实上，生产过程中物质生产力的形成，有赖于包括道德在内的精神力量的参与。“人本身单纯作为劳动力的存

① 道德作为一种意识借影响劳动者这一生产力要素以何种态度投入生产过程，调节生产力要素间的联结方式，节约活劳动和生产资料，并最终提高劳动生产率。正如经济学学者陈彩虹所言，“道德等意识形态对于人类社会的进步具有根本上不可或缺的重大价值”，“道德意识形态作为‘有用’的意识存在，历史和现实都告诉我们，它实实在在地帮助人类社会节约了各类成本，实现了较大的效益”(参见陈彩虹：“道德与功利——现代经济学的一种理解和现代经济学面临的选择”，《东南学术》2001年第6期)。德国学者米歇尔·鲍曼在《道德的市场》一书中提到“道德生产力”一词，但没有专门阐释“道德生产力”概念。不过，米歇尔·鲍曼的“道德生产力”也是指道德在经济活动中的作用（参见米歇尔·鲍曼：《道德的市场》，肖君、黄承业译，北京：中国社会科学出版社，2003年版)。笔者较早提出“道德生产力”概念，借以表明道德在创造使用价值过程中的作用。需要指出的是，这里所说的“道德生产力”概念意指渗透于物质生产力之中，并发挥着特殊作用的精神因素，而非某种独立的实体存在。

② 参见景中强：“论马克思精神生产理论的经济学来源”，《理论与改革》2003年第2期。

③ 马克思的生产理论有“狭义生产理论”和“广义生产理论”之分。“狭义生产”是指物质资料的生产；“广义生产”是指包括物质资料的生产、人的生产、精神生产、社会关系的生产在内的整个人类社会的生产和再生产。参见俞吾金：“作为全面生产理论的马克思哲学”，《哲学研究》2003年第8期。

在来看，也是自然对象，是物，不过是活的有意识的物，而劳动本身则是这种力在物质上的表现。”[①] 所以，“没有人的作为‘主观生产力’及其观念导向，生产力将是‘死的生产力’，不能成为‘劳动的社会生产力’”。[②] 道德作为一种特殊的生产力，是活劳动的“主观生产力”，是物质生产力的精神支撑和价值灵魂。在创造使用价值的生产过程中，道德不是以直接、显性的方式发挥作用的，而是以间接、隐性的方式，渗透在生产过程中并物化在活劳动的对象化产物上。对于这一问题，我们可从宏观与微观、静态与动态等维度加以分析。

首先，从宏观与微观维度来看。

从宏观上亦即对社会总体而言，道德可以为生产的发展营造良好的劳动生产环境和必要的社会条件，减少生产发展的“社会成本”。现代的社会化大生产不是单一的物质生产，而是一种全面的社会生产。道德作为生产内在构成的精神要素，在其中发挥着特有的作用，但长期以来却一直被忽视。[③] 在创造使用价值的生产过程中，一方面，道德作为生产者，影响了使产品“好用”“耐用”“高效”等人为的设计理念，参与了产品功能的规定，并最终通过生产符合人的合理需求的优质产品这一物化形式体现出来；另一方面，道德

---

① 《马克思恩格斯文集》第 5 卷，北京：人民出版社，2009 年版，第 235 页。

② 王小锡：“再谈‘道德是动力生产力’”，《江苏社会科学》1998 年第 3 期。

③ 尽管物质生产是基础并主导其他生产，但是其他生产也会以各种方式不同程度地影响、制约物质生产的发展水平，道德正是通过各种方式渗透到其他生产之中，并通过间接的方式来影响物质生产的。

作为规范的尺度，在活劳动的物化过程中参与了生产活动条件和劳动组成方式的规定。在这里，道德作为生产的“非制度约束”[①]，是提高产品质量和减少社会生产成本的必要条件。当然，参与创造使用价值的道德必须是一种共识道德，唯此，道德参与创造使用价值才是可能的。

从微观上看，道德作为劳动者个体的精神动力和价值支撑而参与使用价值的创造。首先，道德是社会生活中人与人之间应然关系的反映，是伦理关系在价值观念中的凝结；道德上的“应该”引导人们通过认知和实践达成理性的生存方式。其次，道德上的“应当”揭示人的理性发展方向和社会的理性发展趋势。作为生产力第一要素的劳动者，须确立其人生价值，遵循合理的道德规范，才能够适应社会的发展。再次，作为劳动者品质和素养的道德，是决定其劳动态度的稳定器。没有基本的道德素养，劳动者的“活劳动”就会成为纯粹工具性的、“死的生产力”。当然，劳动者个体的道德“偏好”只有在生产过程中成为直接的社会道德形式时，才能够创造使用价值。因此，能够参与创造使用价值的道德，总是那些已经内化为劳动者的价值观念并成为其固定的行为方式的道德规范，偶然的

① 这里的“非制度”因素是指人们在长期的社会生活中逐步形成的习俗、伦理道德、文化传统、价值观念、意识形态等对人们行为产生非硬性约束的规则规范。诺斯认为，在人类行为的约束体系中，非正式制度具有十分重要的地位，即使在最发达的经济体系中，正式规则也只是决定行为选择的总体约束中的一小部分，人们行为选择的大部分行为空间是由非正式制度来约束的。参见［美］道格拉斯 · C. 诺斯：《制度、制度变迁与经济绩效》，刘守英译，上海：三联书店，1994 年版，第 140 页。

道德觉悟或一时的道德冲动难以转换为劳动者的固定行为方式并参与使用价值的创造。

其次，从静态与动态维度来看。

静态地看，道德参与创造使用价值的方式有两种。一是道德以社会生产力的形式参与其中。“任何生产力都是一种既得的力量，是以往的活动的产物。可见，生产力是人们应用能力的结果，但是这种能力本身决定于人们所处的条件，决定于先前已经获得的生产力，决定于在他们以前已经存在、不是由他们创立而是由前一代人创立的社会形式。”① 这些“社会形式”作为人们在社会生产中的共同活动方式，无疑包括作为社会意识形式的道德。二是道德以劳动产品的形式体现在使用价值中。“在劳动过程中，人的活动借助劳动资料使劳动对象发生预定的变化。过程消失在产品中。它的产品是使用价值，是经过形式变化而适合人的需要的自然物质。劳动与劳动对象结合在一起。劳动对象化了，而对象被加工了。在劳动者方面曾以动的形式表现出来的东西，现在在产品方面作为静的属性，以存在的形式表现出来。”② 恩格斯指出，劳动“还包括经济学家没有想到的第三要素，我指的是简单劳动这一肉体要素以外的发明和思想这一精神要素”。③ 在生产过程中，伴随着活劳动的物化，“发明和思想这一精神要素”也物化在劳动产品中。显然，恩格斯这里所说的“精

① 《马克思恩格斯文集》第 10 卷，北京：人民出版社，2009 年版，第 43 页。

② 《马克思恩格斯文集》第 5 卷，北京：人民出版社，2009 年版，第 211 页。

③ 《马克思恩格斯文集》第 1 卷，北京：人民出版社，2009 年版，第 67 页。

神要素”中包含着道德的成分。不过，在创造使用价值的过程中，道德在劳动产品中的凝结有其特殊的方式。道德不能直接改变劳动对象的自然属性，也无法直接塑造劳动产品的属性，因而不能直接创造产品的使用价值。但是，道德能够通过劳动者的行为方式作用于其他生产要素而塑造劳动产品的属性和实现其功能的优化，从而使产品更好地满足人们的需要，并由此实现其参与创造使用价值的功能。简言之，所谓道德参与创造使用价值即劳动者在生产过程中将一定的道德价值凝结在劳动产品中从而使其更好地满足人的需要。从这一意义上说，人的需要的合理性限度，是道德实现其参与创造使用价值的合理性限度的依据之一。

动态地看，道德参与使用价值的创造是一个过程。一般认为，生产工具是生产力发展水平的标志，而劳动者的道德状况与生产力的发展水平则具有正相关性。首先，生产力水平不能仅从生产力要素的静态构成加以衡量，还应根据生产力要素的整合效应进行衡量。生产力要素的整合效应是指合理有效地配置劳动者、劳动工具和劳动对象之间的组织方式，使其最大限度地发挥生产系统的合力。然而，生产力要素的合理配置离不开道德的考量，如前所述，道德通过影响劳动者的行为进而影响生产效率，较高的道德境界可以增强劳动者的责任心，决定着劳动者与劳动工具、劳动对象的结合方式及合理性水平，进而较大限度地发挥劳动工具和劳动对象的作用。其次，道德是协调人际关系的重要手段，是优化劳动关系的精神纽带。劳动共同体内部的和谐关系，能够有效地减少人际间的

“摩擦消耗”，起到关系“润滑剂”的作用。现代化的社会化大生产过程是以复杂的社会分工和价值交换为基础的，即使是最简单的产品生产也有赖多方合作才能完成。合理的道德观念有助于劳动者树立合作性竞争的理念，有利于提高生产效率，创造出更多的社会财富，并由此推动社会生产和社会交往朝着更加合理的方向发展。最后，生产力水平并不等同于一时的生产效益。只顾眼前，不顾长远，无视环境伦理，不讲生态道德，这种使用价值的创造过程根本上是对生产力的破坏。这也表明，只有同社会发展的理性价值目标保持正向关联，道德才可以真正创造使用价值。

综上所述，道德是现代化大生产不可或缺的精神要素。作为伦理关系的价值凝结和规则体系，道德普遍地存在于社会生产过程中，生产的有效性和经济的高效益都与社会道德密切相关。正是在这一意义上，我们说道德在创造使用价值中的作用能够转化为可以带来经济价值的“生产性资源”，道德能够成为一种可以带来经济价值的精神生产力。

2. 资本形态的道德对价值增值与约束资本的独特作用

道德作为一种精神资源，在创造价值的过程中同样发挥着独特的作用。在经济活动中，有助于创造利润的一切道德因素都可归入精神资源的范畴。道德作为一种精神资源，具体包括道德规范、价值观念、社会习俗等。正是基于对道德作为一种精神资源在价值创造和增值过程中的独特作用，一些学者甚至将其提升到道德资本的高度。[①]

需要指出的是，这里所说的道德资本概念中的“资本”并非马克思使用和论述的体现资本主义本质的经典资本概念。道德资本则是把道德视为一种有价值的生产性资源，以此来分析道德在经济价值增值过程中特殊的功能和作用，这是道德资本概念与马克思资本概念的区别，也是理解道德资本的理论空间和逻辑边界的起点。经济学学者罗卫东明确地将道德的经济功能及其作用称为道德资本：“道德的经济功能与资本相类似，它介入经济活动，会带来较大的利益。我们可以借用布尔迪厄的宽泛的资本概念称其为‘道德资本’。”[②] 从社会效用来看，道德资本不单纯是促进价值物保值和增值

① 在中国，罗卫东、王小锡和王泽应等分别于 1998 年、1999 年提到道德资本概念，参见罗卫东：“论道德的经济功能”（载《中共浙江省委党校学报》1998 年第 1 期）；王小锡：“21 世纪经济全球化趋势下的伦理学使命”（载《道德与文明》1999 年第 3 期；中国人民大学复印报刊资料《伦理学》1999 年第 9 期全文转载）；王泽应、刘湘波：“论道德资本要素对市场经济低效困境的化解”（载《湖南师范大学社会科学学报》1999 年第 5 期）。2000 年，王小锡在“论道德资本”（载《江苏社会科学》2000 年第 3 期；中国人民大学复印报刊资料《伦理学》2000 年第 8 期全文转载）一文中对“道德资本”概念做了系统阐释，道德资本问题受到学界的关注；参见 2000—2009 年间的各卷《中国经济伦理学》年鉴。此后，王小锡以系列论文论证了道德资本的作用方式和存在理由等，参见《道德资本与经济伦理——王小锡自选集》（人民出版社，2009 年版）。2003 年，西班牙学者西松出版了《领导者的道德资本——为什么美德如此重要》（中央编译出版社于 2005 年翻译出版了该书的中文版），对道德资本的作用方式、培育与管理做出了系统的论述。尽管在论述角度上有所区别，但王小锡等赞同西松的观点，即道德资本能够引导、规范、制约和协调经济行为，确保生产和经营活动的合理性，最大限度地实现经济效益。王小锡认为，道德资本是在广义资本观下对道德经济价值的一种概括，强调道德以其独特的功能促进经济效益的提高。

② 罗卫东：“论道德的经济功能”，《中共浙江省委党校学报》1998 年第 1 期。

的精神要素，更是一种蕴含社会理性精神的价值目的，以实现经济效益与社会效益的双赢。

作为精神资源的道德具有规范性和目的性这双重价值。就前者而言，道德作为一种工具理性，对人发挥着规范和约束的作用，以与社会发展保持正向价值关联的价值为目标。但道德绝非一种纯粹的工具理性，以资本形态出现的道德在为价值增值服务的同时也在一定程度上对资本产生约束作用。因此，作为精神资源的道德是“作为资本形态的道德”和“有道德的资本”的统一，这是其特有的社会价值属性。

道德在价值增值过程中的作用主要体现在三个方面：

第一，道德通过激活有形资本来提高其增值能力。资本的本性在于运动，只有不断地运动，才能实现价值的创造与增值。道德对有形资本的激活，首先体现在能够加快有形资本的运行速度。道德通过组织制度的道德化设计以及对人的潜能的激发，实现资源的优化配置，盘活有形资产，而且能够使生产者更为积极主动地投入到生产活动中，提高生产效率。其次，道德还可以不断地物化并蓄积在有形资本当中，通过企业信誉和品牌竞争力等形式，形成资本存量，提高有形资产的附加值。最后，道德能够推动科技进步，促进成果转化。

第二，道德通过优化“毗邻效应”来减少交易费用。如果企业不讲道德，社会诚信缺失，市场秩序混乱，则极易滋生种种投机甚至违法行为。因此，“道德是重要的！……道德能降低市场交易的成本，促进经济的增长”。[①] 尤其是道德资本能够优化经济活动，把某些无效率的“毗邻效应”转化为有效率的“毗邻效应”。艾伦·布坎南在《伦理学、效率与市场》中曾提到：“市场的批评者们一直认为，毗邻效应（或外差因素）的普遍性和严重性是市场不能取得有效结果的关键所在。”道德对无效率的“毗邻效应”的消解体现在企业决策过程中通过对“有害的第三方效应”的考虑，使消极的外差因素内部化。他还指出：“积极的外差因素（有益的第三者效应）也是无效率的。”如接种疫苗不仅对本人有益，其他没有接种疫苗的人也能从中“获益”，因为接触和感染传染病的概率降低了。[②] 道德可以通过强化责任意识，促使市场经济条件下的个人自主地控制行为，形成相对一致的行为方式，从而杜绝“搭便车”的可能。例如，道格拉斯·C. 诺斯就认为：“这些观念导致人们限制他们的行为，以至于他们不会做出像搭便车那样的行为。”[③] 因此，道德不仅能够降低甚至免去“正式制度”设计的成本，而且能够将不必要的“交易费用”降至最低，最终建立起一种和谐的交易环境。

第三，道德通过规范和引导实现金融资本的增值。在资本市场的运作中，道德的功能表现为对资本市场的规范，使其更加理性化。

---

① 张军：“道德：经济活动与经济学研究的一个重要变量”，《中国社会科学》1999 年第 2 期。

② 参见［美］艾伦·布坎南：《伦理学、效率与市场》，廖申白等译，北京：中国社会科学出版社，1991 年版。

③ ［美］道格拉斯·C. 诺思：《经济史中的结构与变迁》，陈郁等译，上海：三联书店，1991 年版，第 50 页（本书是《经济史上的结构和变革》的另一翻译版本，诺思即诺斯的另一翻译版本。——编注）。

目前，无论是国际金融市场，还是国内金融市场都有待进一步规范，金融领域的道德缺失和信用体系的不完善在很大程度上影响了现代金融体系的高效运行。① 给金融资本“注入”道德资源或加强道德约束，能够提高金融机构从业人员的道德水平，确保第三方评级机构公正地出具审计报告，保证信息的真实可靠性；不仅能够规范上市公司治理，杜绝内幕交易，还能够引导金融资本的合理流向，在兼顾社会效益的前提下带来金融资本的增值。2001 年 7 月 31 日，英国《金融时报》股票交易所国际公司推出了 8 种名为“FTSE4GOOD”的“道德指数”。在解释推出“道德指数”的原因时，该公司行政总裁梅克皮斯表示，“投资方在选择投资对象时，越来越多地希望挑选那些有社会责任感的公司。近期，投向这方面的资金是以往的 4 倍”。② “道德指数”的推出，便是道德规范和引导资本市场最好的例证。

3. 企业经营：道德经济价值的实践考量

在市场经济运行过程中，道德的经济价值主要通过企业的道德经营 ③ 体现出来。因此，企业的经营活动是对道德经济价值的实践考量。在社会主义市场经济条件下，作为经济活动的主体，企业不仅要追求经济效益，还要追求企业发展的“合道德性”，实现企业的道

---

① 2008 年爆发的全球金融危机，其主要原因之一就是金融领域内道德资本的缺失。参见王小锡、张志丹：“金融海啸中的中国伦理责任”，《中国教育报》2008 年 12 月 4 日理论版。

② 刘桂山：“英国推出‘道德’股指”，《北京青年报》2001 年 7 月 12 日。

③ “道德经营”不是指“经营”道德，而是指具有道德理性的企业经营活动。

德经营。正如经济学学者张军所说："一个企业虽生产'私人产品'，但企业的生产力却是个'公共产品'。单有自利动机并不能保证企业的效率，企业也需要自利以外的道德价值，如团队精神和企业文化等。在这里，道德起着十分重要的作用。"[①] 因此，企业的经营管理者应当认识到道德是企业的核心竞争力，道德经营是企业实现可持续发展的必由之路。

企业道德经营内容丰富，主要包括道德管理、道德营销和道德领导三个方面。只有通过多维度的道德经营模式，企业才能最大限度地开发和利用人力资源，充分调动员工的潜能，提高产品的市场占有率，最终铸就企业的核心竞争力。

（一）道德管理与人力资源开发

在中外管理思想史上，把人力资源看作一种重要的价值资产是现代以来才有的。现代管理学家雷恩认为，人力资源价值的凸显源于两方面：一方面，在企业管理实践中，工业心理学试图建立起人员管理的科学基础，"人尽其才"的职业设计取代了选配"头等工人"的方案。另一方面，现代人力资源管理相对于以往的人员管理而言，更强调战略设计。[②] 通过雷恩对管理思想史的梳理，不难发现，多维度地开发人的智力潜能和各类素质是现代企业管理实践的核心，以人力资源管理为中心的企业管理活动越来越多地蕴含

① 张军："道德：经济活动与经济学研究的一个重要变量"，《中国社会科学》1999 年第 2 期。

② [美] 丹尼尔 · A. 雷恩：《管理思想的演变》，赵睿等译，北京：中国社会科学出版社，2000 年版，第 556—557 页。

着规范性和目的性的道德考量，笔者称之为“道德管理”。这种道德管理本质上是一种合道德的人本管理，能够最大限度地开发和利用人力资源，铸就企业的核心竞争力。其作用表现在以下几个方面：

首先，就组织结构而言，道德管理可以拓展员工的自由工作空间，道德的柔性管理有助于在企业建立起弹性的组织结构。传统管理学认为，尽可能小的管理跨度可以保证管理者对下属的严密控制。与之相应，组织结构的设计往往追求高度的专业化，其最大缺陷是导致组织的僵化，管理的人性化程度不高，且缺乏活力。现代管理学则认为，较大的管理跨度有利于组织效率的提高，组织设计应追求“扁平化”，在部门设计上应避免过度的专业化，应以灵活的团队组织代替僵化的部门划分。① 管理跨度的扩大与部门设计的多样化拓展了员工的自由工作空间。道德管理有利于企业不断地适应外部环境，及时发现并处理各种偶然的突发性事件，改善企业内部的人际关系。

其次，就管理活动的主体而言，道德管理从人的多层次需要出发，激发人的创造性潜能，进而提高企业的综合创新能力。在传统的企业管理中，管理活动往往只看重作为管理对象的人的低层次需要，缺乏对人的高层次需要的足够重视。现代企业管理实践多以人的全面发展为前提，更多地把较高层次的需要作为人的自我实现的

① ［美］斯蒂芬·P. 罗宾斯：《管理学》，黄卫伟等译，北京：中国人民大学出版社，1997 年版，第 236—240 页。

优化选择，从而在更高层次上激发了人的创造潜能。

最后，就管理与效率和业绩的关系而言，道德管理可以通过团队合作的方式不断形塑企业的人际合力，有助于企业提高效率和业绩。德鲁克认为，在新型组织中，“传统部门的职责将发生巨大的变化，主要负责标准维护、人员培训和工作分配，而不是具体处理业务”，这种转变要求团队“需要更高程度的自律，并更多地强调个人在人际关系和沟通交流中的责任”。这种团队合作关系的建立，一是依靠组织目标或组织职能的导向力，二是依靠合作道德的聚合力。① 从某种意义上说，合作道德在发挥团队功能上起着更为关键的作用，它有助于在团队中形成良好的人际环境，大大降低团队内部的“人际摩擦成本”，提高效率和业绩，这一点在市场经济条件下显得尤为重要。实践也证明，由合作道德维系的团队组织，往往更加稳固和高效。

（二）道德营销与市场占有率

营销是企业与消费者之间价值交换关系的体现。科特勒认为，现代市场营销由一个庞杂的营销网络体系组成，其过程序列包括五个环节——境内后勤、操作、境外后勤、上市销售和服务；其支撑系统由四个部分构成——采购、技术发展、人力资源管理和公司基础设施。② 总体上看，现代企业营销活动主要涉及三大类关系——企

① ［美］彼得·德鲁克：“新型组织的出现”，载《知识管理》，北京：中国人民大学出版社，1999 年版，第 6—7 页。

② ［美］菲利普·科特勒：《营销管理——分析、计划、执行与控制（第九版）》，北京：清华大学出版社，1997 年版，第 44 页。

业间关系、企业内的部门间关系，以及企业与消费者之间的关系。

在营销过程中，一个成功的企业必须协调好与各种利益相关者的关系。企业的营销活动不仅要让消费者满意，更要在讲求诚信的基础上，建立起企业与利益相关者之间的信任关系。这种信任关系不仅是维系互利关系的纽带，更有助于企业提高竞争力。正是在这个意义上，我们可以说基于市场信任的企业营销实际上是一种合道德的营销战略，它可以通过如下途径提高企业的市场占有率：

其一，道德营销能够塑造品牌竞争力。科斯洛夫斯基在《伦理经济学原理》一书中提出："当今经济中的非物质性活动比物质性活动增长得快，（服务型）经济的文化方面的东西比工业经济的物质生产增长得快。评价商品中象征性的和非物质性的价值成分随着经济物质的饱和在向物质性商品价值方面增长。"[①] 因而，在市场经济条件下，产品销售实际上是一种文化销售，其功能在于促使消费者认同商品输出的文化价值观念。价值认同一旦形成，消费者就会接受作为文化价值的符号的产品，产生习惯性甚至依赖性的购买行为。因此，成功的企业往往能够通过对产品文化及其价值观念的输出，与消费群体建立稳固的信任关系，从而塑造企业自身的品牌竞争力。

其二，道德营销能够树立企业信誉。企业信誉是一种无形资产，它是企业在长期的信用关系中不断累积起来的市场信任度。道德营

① ［德］彼得·科斯洛夫斯基：《伦理经济学原理》，孙瑜译，北京：中国社会科学出版社，1997 年版，第 123 页。

销至少可以通过以下三个方面提升企业的信誉：一是企业和供应商之间通过长期合作建立起来的信任关系，它可以降低交易成本，使商品流通过程保持高效低耗；二是企业与消费者之间的信任关系，它主要体现在消费者对产品功能、质量和销售服务的满意度上；三是企业树立诚实守信的社会形象，通过提高美誉度来开发潜在的消费需求。

其三，道德营销能够提高组织绩效。现代市场营销是由营销网络构成的一组价值链，包括采购供应、技术研发、人力资源管理和支撑保障体系等一系列环节。这一营销网络以营销活动为核心统筹各类资源，确保企业在最短的时间内，以最好的服务为消费者提供最满意的产品。在营销活动中，只有各部门通力合作以保障信息交流的通畅，保障利益相关者的利益实现，最终才能实现组织绩效的整体提升。例如，技术研发就离不开销售服务部门反馈的市场信息。实际上，真诚的合作关系是产品信息与市场信息在组织内部畅通无阻的前提条件。没有充分的信息交流，就没有相互的信任，就不能保证相关者利益的充分实现，更不会有真正的合作。因此，一件客户满意的商品，表面上看是功能、价格、售后服务的体现，实质上却是道德理念的“物化”形式。

（三）道德领导与企业发展

领导者和管理者是两个不同的概念。罗宾斯在《管理学》中将二者区分为“管理者是被任命的，他们拥有合法的权力进行奖励和处罚，其影响力来自他们所在的职位所赋予的正式权力。相反，领导者则可以是任命的，也可以是从一个群体中产生出来的，领导者可以不运用正式权力来影响他人的活动”，“领导者是那些能够影响他人并拥有管理权力的人”。[①] 真正的领导者不仅要有职业角色特征，更重要的是富有人格魅力，“服从具有魅力素质的领袖本人，在相信他的这种魅力的适用范围内，由于个人信赖默示、英雄主义和楷模榜样而服从他”，具有韦伯所说的“魅力型”统治类型的特征。[②] 这种人格魅力并不是职位赋予的，而是源于某种道德领导力。恩德勒通过对领导行为的特征分析，提供了一个典型的道德内化图式，即关系结构—角色人格—责任。他认为，真正的领导行为应当包含道德属性，领导行为应该是道德领导。领导者之所以要讲求道德，主要原因有二：从外部讲，“世界上现代市场经济发展趋势，是作为非经济因素的人文因素（包括道德因素）越来越渗透到经济活动的各个领域中，而且影响越来越大，甚至在企业家之中以无意识或潜意识形态起作用”[③]；从内部讲，“领导因被赋予决策权而在组织中享有自由活动空间。领导所享有的行为空间越大，他对于调动资源（调动潜能）就越重要，责任也就越大，从而领导伦理学在企业职能关系中的意义也就越大”。[④] 对企业而言，企业家的

① ［美］斯蒂芬·P. 罗宾斯：《管理学》，黄卫伟等译，北京：中国人民大学出版社，1997 年版，第 412 页。

② ［德］马克斯·韦伯：《经济与社会》上卷，林荣远译，北京：商务印书馆，1997 年版，第 241 页。

③ 章海山：《经济伦理及其范畴研究》，广州中山大学出版社，2005 年版，第 265 页。

④ ［德］霍尔斯特·施泰因曼、阿尔伯特·勒尔：《企业伦理学基础》，李兆雄译，上海：上海社会科学院出版社，2001 年版，第 151 页。

道德领导力具有直接或间接的经济价值。合道德的领导行为是实现企业价值增值的来源之一，是推动企业可持续发展的一种企业伦理精神。

企业家的道德领导力与企业发展的内在关联主要表现在三个方面：

第一，道德领导可以激发企业家和员工的创业精神，为企业发展注入不竭的精神动力。在市场经济条件下，领导者一般有指挥、协调和激励三个方面的作用，领导伦理学称之为带头、团结和“核心队员”三种作用。① 道德领导能激发管理者和员工的创业精神，为企业发展注入不竭的精神动力。② 道德领导在激励下属朝着既定的组织目标前进的同时，还能与下属共同思考企业的发展战略，极大地调动下属的创造性。

第二，道德领导有助于企业家领导力的发挥，促进团队精神的形成。企业的发展离不开合作的团队，这在很大程度上要依赖于企业家的道德领导力。西松在《领导者的道德资本》一书中提出，“领导力是一种存在于领导者与其被领导者之间的双向作用的、内在的

---

① ［德］霍尔斯特·施泰因曼、阿尔伯特·勒尔：《企业伦理学基础》，李兆雄译，上海：上海社会科学院出版社，2001 年版，第 152 页。

② 伦敦经济学院的森岛通夫在《日本为什么“成功”：西方的技术和日本的民族精神》（胡国成译，四川人民出版社，1986 年版）中，把日本的民族精神放在该国以规则为基础的行为模式下加以考察。美国学者罗伯特·韦德在《驾驭市场》（吕行建译，企业管理出版社，1994 年版）中强调了“儒家伦理”在日本商业精神中的作用。另一位日本经济学家青木昌彦在《日本经济中的信息、激励和谈判》（朱泱、汪同三译，商务印书馆，1994 年版）中用博弈论的逻辑解释了日本人的合作敬业精神和行为规范。这些文献提供了经济学家研究道德领导问题的丰富成果（参见张军：“道德：经济活动与经济学研究的一个重要变量”，《中国社会科学》1999 年第 2 期）。

道德关系。在领导关系中所涉及的双方——领导者和被领导者——通过相互作用，在道德上相互改变和提升。由此，在道德上的领导就成为主要的领导途径，基于此，个人及其所服务的组织都具有伦理道德性。领导力丰富了个人道德，使个人道德不断成长，并有助于形成良好的组织文化”，可见，“领导力的核心是伦理道德”。① 缺乏道德力的领导，难有真正的领导力，难以带领一流的团队。实践证明，那些创造了辉煌业绩并以人格魅力影响公众的企业家，不但是企业文化的象征，更是企业团队的精神领袖。

第三，道德领导可以促进企业承担社会责任，为企业的发展营造良好的社会环境。普拉利认为，“市场需求迫使企业降低成本、调整战略、减少投入和减少员工。但是企业家在面临市场巨大压力的同时，也必须重视道德考虑。企业经理只有将道德要求整合于企业政策之中，才能取得更好的绩效”。② 道德领导要求企业家勇于承担社会责任，不仅要对自己的企业负责，还要对社会负责。《2007 年中国企业经营者成长与发展专题调查报告》调查了 4 586 名企业经营者，结果显示，九成以上的企业家认为，“优秀企业家一定具有强烈的社会责任感”。③ 可见，越来越多的企业家开始认可企业的社会

---

① ［西班牙］阿莱霍·何塞·G. 西松：《领导者的道德资本》，于文轩、丁敏译，北京：中央编译出版社，2005 年版，第 49—50 页。

② ［美］P. 普拉利：《商业伦理》，洪成文、洪亮、仵冠译，北京：中信出版社，1999 年版，第 107 页。

③ 《2007 年中国企业经营者成长与发展专题调查报告》（2007 年 4 月 15 日），http：//business.sohu.com/20070415/n249440719.shtml。

责任，而社会责任感也越来越成为优秀企业家的评价标准之一。具有社会责任感、身体里“流淌着道德血液的”[①]企业家，会带动企业担负起更多的社会责任。这势必为企业提升存量资本的层次，为企业进一步的发展营造良好的社会环境和舆论氛围。

由是观之，强调社会道德与经济行为之间的正向价值关联，一方面意在破除学界在理解道德之经济价值问题上的外在化和表象化缺陷，力图探明二者之间复杂的正向互动关系及其内在规律；另一方面也试图通过对道德价值二重性的分析和对企业经营过程的考量，找到一种经济伦理现象的认识模式和分析框架，从而矫正各类源于知识结构和学科立场的理论偏见，最终消除在理解经济与道德关系问题上的解释分歧。笔者认为，用上述架构去分析和论证道德的经济价值，虽不能完全涵盖对经济伦理之正向理解的所有方面，却能够阐明道德之经济价值的主要方面，这有助于祛除经济伦理学研究中“外在论”的消极片面性。

需要强调的是，尽管本文有意从上述三个方面凸显道德的正向经济价值，但这并不意味着笔者忽视或否认道德之经济价值的有限性即其合理性限度问题。相反，我们始终清醒地认识到，对“道德的经济价值”的正确理解必须以对“何种道德在何种情况下具备经济价值”这一问题的清晰界定作为基本的理论前提。否则，对道德的经济价值的认识势必会因界限和条件的模糊而陷入泛道德主义的

① 温家宝：“用发展的眼光看中国——在剑桥大学的演讲”，《人民日报》2009 年 2 月 4 日。

困境之中。也就是说，道德只有内化为经济主体的自觉意识并进入生产过程之中，才能发挥精神生产力和价值增值的作用；并且，只有符合社会发展规律的道德方能对经济行为产生正向的推动作用，否则，不仅不能促进经济的发展，反而还会阻碍经济的发展；但是，日常生活道德规范并不一定直接产生经济价值。可见，满足一定的前提和条件，道德的经济价值才能得以实现。

首先，只有当社会的基本经济制度安排获得充分的道德资源的支撑和持续供应，道德才有可能创造使用价值和实现价值增值。能够创造使用价值和实现价值增值的道德首先指的是社会道德。这意味着，只有当道德成为一种充裕的社会资源时，只有当道德资源的供应持续而稳定时，社会道德创造使用价值和实现价值增值才是可能的。道德并不会直接向经济价值转化，而必须以社会的基本经济制度安排为条件。一般而言，社会的基本经济制度安排不仅是社会利益流的导向标，其中也蕴含着一定的伦理原则和道德目的，只有蕴含道德考量的经济制度或者经济政策，才能产生最佳经济效益。

其次，规范的市场运作需要公正和诚信的道德环境，只有在这一条件下，道德经营才有可能。市场经济是规则经济，是按照一定规则进行交易的经济。而市场经济要实现正常运营，其规则的设计和安排势必要蕴含一定的伦理原则和价值标准，而市场公正就是首要的原则和标准。通常，以市场公正为基本框架的交易体系是市场信任的前提。但是，市场公正并不一定导致市场信任。只有当宏观的市场公正和微观的主体诚信同时趋向活动主体时，建立以公正原则为基础的信任关系体系才是可能的。而且，也只有达到这一点，才可以说市场环境的“道德指标”是合格的，市场运作是顺畅的。反之，市场就会蜕变成纯粹的利益角逐地。在这种情况下，所有作为资本投资的道德都会沦为投机的道德。同时，不道德的市场环境又会向企业内部渗透，瓦解企业的凝聚力和向心力，使道德经营无从谈起。这样，那些追求“道德经营”的企业反而会成为道德的牺牲品。因此，没有良好秩序的市场道德环境，也就没有真正的“道德经营”。在米歇尔·鲍曼看来，经济市场要以“道德市场”为保证，“一个社会如果在现代生活关系的条件下对追求个人利益原则上采取放任自流的态度，无疑将造成一种发展趋势，这种发展趋势势必将摧毁任何一个社会的基础，从而也将摧毁其自身的基础”。①

再次，只有当企业或其他经济行为主体自觉承担基本的社会责任并充分履行“利益相关者”的行为角色时，道德才有可能带来较高的工作绩效和生产效率。一般说来，企业在经营管理过程中，存在着利益相关者的网络关系建构。要实现利益相关者各自利益的最大化，社会责任意识就应该成为指导利益相关者网络关系建构的基本原则。尤其是在企业内部，社会责任意识可以激活并整合所有管理要素，并把各项“工作要求”转变为责任心和义务感，从而带来工作绩效和生产效率的提高。相反，若企业缺乏社会责任意识，经营管理就会因为道德的缺失而蜕变成纯粹的“工作治理”，进而导致

---

① ［德］米歇尔·鲍曼：《道德的市场》，肖君、黄承业译，北京：中国社会科学出版社，2003 年版，第 28 页。

利益相关者网络关系的畸形。美国次贷危机引发的全球性经济危机，其深层次原因正是金融机构的基本社会责任感的缺失。

可见，在现代经济生活条件下，道德不会自然地或自发地带来经济价值。超出上述界限或失去上述前提条件的支撑，道德的经济价值及其价值转换便无从实现或难以维系。更有甚者，假如社会运行机制不健全，道德发挥经济作用的条件不具备，那么，讲道德者吃亏，不讲道德者反而赚大钱的畸形社会现象也会不时地出现。这正好说明，在复杂的社会进程中，道德及其经济价值问题应该引起人们足够的重视。

综上所述，道德的经济价值问题既是一个复杂的理论问题，也是一个重大的现实问题。从经济伦理学的观点看，任何经济行为都是包含道德的人类行为，即使是“不道德”的经济学，也是以利己主义为伦理基础和道德前提的。探讨道德的经济价值是要针对经济学中的伦理利己主义问题，为人类经济行为提供一个超越伦理利己主义的理论分析框架，以合理的道德理性去引导和矫正含有不合理价值观念的经济理性，探索一条更加健全合理的社会发展道路。

七、经济的高质量发展需要道德力量的支撑

党的二十大报告中指出，“高质量发展是全面建设社会主义现代化国家的首要任务”，报告阐述未来五年主要任务的首要点是“经济高质量发展取得新突破”。然而，我曾经多次强调，经济是人的经济，是人际关系之经济，经济活动一定内含着作为经济人的应该和

人际利益交往活动的应该，离开了人、人际关系之应该的认识和把握，就难以真正认识经济。换句话说，没有道德视角，经济是不可能被正确地认识和把握的。进而言之，认识和把握经济的高质量发展，离不开道德视角。没有科学的道德理念和道德手段，那经济的高质量发展也将是不可能实现的。

数字经济（也称智能经济、信息经济），作为“继农业经济、工业经济之后的主要经济形态，是以数据资源为关键要素，以现代信息网络为主要载体，以信息通信技术融合应用、全要素数字化转型为重要推动力，促进公平与效率更加统一的新经济形态”。尤其是“数字经济在很大程度上能有效杜绝传统工业生产对有形资源、能源的过度消耗，造成的环境污染、生态恶化等危害，从而实现社会经济的可持续发展”，这是现时代的道德性经济。然而，数字经济的通俗说法是“数字产业化 + 产业数字化”，数字平台崛起所带来的市场垄断、税收侵蚀、安全、隐私等问题，十分需要用进步的道德理念和手段来解决。说到底，数字经济时代的人、机、物的关系，具有丰富的道德内涵，也确实需要进步的道德理念和手段处理其存在的问题。[①]

因此，在现时代，经济高质量发展需要道德力量的支撑。

经济高质量发展应该是快速度、高效益、高品质的发展；地区经济、经济结构等协调的发展；与生态文明同步的发展；公平竞争、

① 相关信息来源：https：//baike.baidu.com/item/%E6%95%B0%E5%AD%97%E7%BB%8F%E6%B5%8E/10227477。

合作共赢的发展；资本理性化的发展；促进人们生活高质量的发展，而这些经济高质量发展的内涵都离不开道德要素和道德手段。

1. 经济高质量发展一定是道德起决定性作用的快速度、高效益、高品质的发展

经济快速度发展，依赖于生产力水平的快速提高，而生产力是由“物质生产力和精神生产力”构成的，而且物质的生产力依靠精神的生产力才得以成立或形成。我曾经撰文说过，没有人及其观念导向作为精神生产力或“主观生产力”，生产力将是“死的生产力”，不能成为社会生产力。马克思说过，机器是死的生产力，只有通过作为主观生产力的人去激活作为死的生产力的机器，社会生产力才可以形成。而道德是精神生产力或主观生产力的基础和核心内容。这是因为，生产力的核心要素是劳动者，而劳动者的道德觉悟直接影响他们的劳动价值观和劳动态度，并最终直接决定劳动成果和生产力水平。至于生产力中的劳动工具要素和劳动对象要素，在其体现生产力水平过程中同样离不开道德。劳动工具的认识、改造、利用和发展，离不开人们对事物发展规律的认识和适时的对劳动工具的改造和更新，抱残守缺、不愿创新的境界是无法主动更新劳动工具并不断提升劳动工具水平的。同样，就劳动对象来说，并不是作为劳动对象的资源越丰富就意味着生产力水平就越高，其实，是否在创新发展、协调发展、绿色发展、开放发展、共享发展的理念下对劳动对象做生态性开发和利用，即是否在开发和利用劳动对象时既考虑到当代人的利益又考虑到后代人的利益，不仅直接影响当下

的生产力水平，而且还间接影响生产力水平未来能否持续提高的问题。一味的考虑当前或当代人的利益，忽视甚至破坏了后代人的利益，这在一定意义上是在破坏生产力水平、影响生产力的发展。所以说，道德也是生产力，它直接影响经济的高质量发展。

经济发展高效益，既包括物质效益，更包括人的素质尤其是道德境界的同步提升。

经济发展高品质，内含艰苦创新创业、惠及社会长远利益的绿色发展、服务民众美好生活追求，等等。

2. 经济高质量发展是全面协调（地区协调，城乡协调，符合供给侧要求的产业、分配、交换、消费等经济结构协调等）的发展

协调就内在地包含着伦理问题，没有伦理理念作为指导，就没有理性意义上的协调。协调就是要坚持统筹兼顾、综合平衡、缩小差距，推动区域协调发展，推动城乡协调发展，推动经济社会协调发展，推动物质文明和精神文明协调发展，推动经济建设和国防建设融合发展等，促进我国社会主义建设之“五位一体”全面推进、整体发展。

实现协调发展是一项庞大而艰巨的系统工程，展开这项系统的协调发展工程，其本身就有许多路径、手段乃至思想观念等需要协调和完善，不能也不应该有“短板”出现，尤其不能忽视实现协调发展中的深刻的伦理意蕴和道德诉求。

首先，协调发展必须坚持国家利益、整体利益和人民利益至上。协调发展首要的是国家利益的保护和实现，一个富强的国家，才有

人民的幸福和有希望的未来。“历史告诉我们，每个人的前途命运都与国家和民族的前途命运紧密相连。国家好，民族好，大家才会好。”① 历史的经验还告诉我们，国家不强盛，国家利益就不能得到保护和发展，其他所谓民族的利益、人民的利益等都将是空谈，甚至将遭致邪恶势力的侵犯和危害，吃亏、受罪的是广大人民群众。因此，国家利益的保护和实现是协调发展、人民幸福的根本性目的，不可动摇。

同时，协调发展就是为了我国各地区、各民族、各群体的利益的整体发展，协调发展的意味和目标就在这里。就我国目前发展状况来说，东西部等区域发展不平衡、城乡发展不平衡、物质文明和精神文明发展不平衡等导致了在整体发展存在“短板”且协调发展滞后的情况下，贫富差距将会逐步拉大，“中等收入陷阱”将会不期而至，因此，平衡发展、同步发展是协调发展的基本路径和手段。所以，协调发展即为整体的、全面的发展。

协调发展说到底就是以人民为中心、为了人民的发展。“全心全意为人民服务，是我们党一切行动的根本出发点和落脚点，是我们党区别于其他一切政党的根本标志。党的一切工作，必须以最广大人民根本利益为最高标准。检验我们一切工作的成效，最终都要看人民是否真正得到了实惠，人民生活是否真正得到了改善，人民权益是否真正得到了保障。……坚持社会主义基本经济制度和分配制

---

① 《习近平谈治国理政》第一卷，北京：外文出版社，2018 年出版，第 36 页。

度，调整收入分配格局，完善以税收、社会保障、转移支付等为主要手段的再分配调节机制，维护社会公平正义，解决好收入差距问题，使发展成果更多更公平惠及全体人民。”[①] 唯此，协调发展的意义和价值才能充分体现。

其实，国家利益、整体利益和人民利益至上原则作为协调发展的价值取向和重要依据，三者是本质一致、缺一不可的统一整体。国家利益要建立在整体利益和人民利益的发展与获得的基础上，同时又引导和保证整体利益和人民利益的实现；整体利益在一定意义上就是国家利益和人民利益，强调的是国家利益和人民利益是全面、均衡、协调发展的利益；人民利益是国家利益和整体利益的体现和基石。所以，国家利益、整体利益和人民利益是协调发展的价值目标和原则。

3. 经济高质量发展是与生态文明建设同步的发展

生态文明最根本的特性就是道德性。经济高质量发展一定意味着自然生态、社会生态、自然社会生态实现最佳状态，这是经济高质量发展的条件，一旦生态遭到破坏，那经济高质量发展就是不可能实现的。事实上，经济高质量一定是经济建设全面高质量，有短板的经济发展，甚至影响到了生态文明的经济发展，即使在某个方面或某个领域经济发展了，但就整体经济来说，谈不上高质量。

同时，经济高质量发展一定意味着全过程的高质量，假如无节

---

① 中共中央宣传部：《习近平总书记系列重要讲话读本》，北京：人民出版社，2016 年出版，第 130 页。

制地利用难以再生甚至不可再生的资源，假如现代人无节制地滥用后代人才应开发利用的资源等，那么，一时的或阶段性的所谓高质量发展其实在一定意义上是对高质量发展的破坏。

事实上，生态文明在一定意义上就是道德文明，因此，经济高质量发展，意味着道德高水平发展。换句话说，道德高水平发展一定促进经济高质量发展。

4. 经济高质量发展是公平竞争、合作共赢的发展

经济高质量发展要引入竞争机制，“躺平”将失去发展动力，这是永远谈不上高质量发展的。当然，竞争一定是公平竞争，离开了公平竞争，那即使经济有发展也会是畸形的。

同时，社会主义条件下的竞争并不是你死我活的争斗，它是理性竞争，它主张有利于双方或多方利益的获得和发展，因此真诚合作与竞争是同在的，是相辅相成的。在一定意义上说，理性竞争是经济高质量发展的重要推动力。

5. 经济高质量发展是资本理性化的发展

经济高质量发展一定是资本运动的高度理性化。资本的本性是获取利润、获取更多利润。但是资本运动要实现最好效益，道德作为精神资源、作为理性手段，应该介入到资本运动中来，唯此才能实现资本投向、资本运动过程和资本目的的理性化，也才能获得最佳效益。同时，资本因其本性问题，如果没有正确的引导甚至制约，那就很容易走向无序扩张，这就更需要作为资本的道德加以引导甚至遏制。所以道德资本在经济高质量发展过程中，在起到引导、督

促作用的同时，也起着独特的内在批判和调节作用。

尤其是在人、机、物一体的数字经济时代，发挥道德资本作用的意义更加重大。因为高科技、高智能经济更容易出现垄断、不公、欺诈等不道德的经济行为，只有充分利用进步的道德理念和道德手段才能实现资本的理性化发展，也才能实现经济的可持续发展。

6. 经济高质量发展是提高人们生活质量的发展

经济高质量发展意味着民生的高质量。所以，经济发展的同时一定要密切关注民生，全方位确保人们对美好生活向往的实现。同时，物质生活和精神生活是同步发展的，物质生活的高质量一定伴随着精神生活的高质量，缺乏理性精神生活的经济高质量发展只能是畸形的所谓经济高质量发展。事实上，经济高质量发展一定意味着经济主体随着投入、产出、效益的最佳成果，其本身素质也在全面提升，生活的目标也一定是物质和精神追求的最佳实现。

7. 经济高质量发展仰仗决策者、企业家道德精神的不断张扬

决策者、企业家的道德精神直接影响经济建设的内涵和手段。决策者的道德境界和品性直接影响经济决策导向和相关政策，换句话说，决策者的心中有无国家和民族利益、人民利益至上观念，直接决定他的经济目的和经济手段，从而最终影响经济效益，影响经济高质量发展。企业家道德是企业发展的精神引领。经济发展在很大程度上要依靠企业的发展，而企业的发展又在很大程度上依赖于企业家的综合素质，尤其是企业家的道德素质。大凡发展顺利甚至

发展迅速的成功企业，都有一位有头脑有境界的企业家身上“流淌着道德的血液”。

结　语

经济和道德分开理解是为了更深入地认识经济和道德，进而更深入地认识经济和道德的一体性。理论和实践都能充分说明，“真正的经济”是内含道德的经济，“帕累托佳境”是道德性经济，“囚徒困境”式博弈经济的理性发展离不开道德的参与，道德是实现经济价值和经济高质量发展的不可或缺的支撑力量。故经济和道德在社会经济活动中是逻辑地联系在一起的，有经济必有道德，有道德才是真正意义上的完整的经济。由此，经济的发展一定伴随着道德及其功能的发挥，唯有主动认知道德的经济作用及其操作手段，才能快速、高效、高质量、可持续地发展经济并取得更好的效益。

第三章　何为道德资本

道德的经济作用（或功能），或者道德的经济价值的最突出、最深刻的解释就是道德资本概念。[①] 道德资本是企业经营中的物质资本的“价值灵魂”和精神资本的“价值核心”。不内含道德资本的所谓资本，不是理性资本，更称不上优质资本。事实上，离开了精神资本，所谓物质资本与货币资本也只能是生产性资源而已。而且，离开了道德，资本很容易成为“伪资本”“恶资本”[②]，这样的资本是与资本一般或理性意义上的资本相悖的，这样的非理性扩张的资本往往会丧失既获得利润又提升人的精神境界和综合素质的真正资本的

① 2000 年，我在《论道德资本》一文中对“道德资本”概念做了较为完整和系统的阐释，而后道德资本理论问题受到学界的关注，并展开了热烈的讨论。其间，笔者以研究道德资本问题的系列论文论证了道德资本的存在理由和作用方式，同时，回应了学界同人的相关质疑。参见《王小锡伦理学文集》第三卷，北京：中国社会科学出版社，2022 年版。

② 所谓“伪资本”“恶资本”，指的是资本的非理性获取或投入以及利润的非理性配置。真正的或理性的资本，指的是资本的理性获取或投入以及利润的理性配置，尤其是在资本增值的过程中，与之相关的人将会实现综合素质的提升，以及获得感、幸福感的增强。

价值。因此，资本是作为生产性资源投入生产过程并使价值增值的物质要素和精神要素的统一体。

所以，企业经营的成败在很大程度上取决于道德资本，取决于企业对道德资本积累的多寡与优劣。

一、“道德资本”的含义

探究道德资本的内涵，需要厘清资本、道德资本以及道德与资本的逻辑关系。

1. 资本、道德资本

“资本”是经济学的一个核心范畴，撇开不同社会制度的本质的特殊规定性，资本的一般属性是指能带来利润的、体现为实物和思想观念的价值。从另一角度讲，“资本是一种力，是一种能够投入生产并增进社会财富的能力”。[①] 为此，资本不只是传统理论所认为的物化的或货币化的物质资本与货币资本，也可以是非物化的思想观念的精神资本，或称无形资本。资本运动的历史也可以充分说明，离开了精神资本，所谓物质资本与货币资本就不能成立，也毫无意义。因为，资本之为资本，需要由具有主观意识的人去激活才能体现或实现，否则，物质、货币就只能是生产性资源而已。进而言之，资本的理性运动需要有科学或趋善意义上的道德的参与才能实现。因此，资本是作为生产性资源投入生产过程并使价值增值的物质和

① 王小锡：“21 世纪经济全球化趋势下的伦理学使命”，载《道德与文明》1999 年第 3 期。

精神的统一体。

作为精神资本，它包括思想、知识、文化、价值、道德等，这其中，科学或趋善意义上的道德是精神资本的基础的、核心的要素，离开了作为精神资本的道德，其他精神资本要素必不能发挥正常的促使企业增值的作用，也就必然会影响物质资本与货币资本投入生产过程的效益。这在中外思想史上产生了诸多视角不同的与之相关的思想。①

科学或趋善意义上的道德作为一种精神资本要素，具体包括道德理念、道德规范、价值取向及其善行习俗、崇德行为等，它们在价值创造和增值过程中具有不可替代的独特作用。“科学的伦理道德就其功能来说，它不仅要求人们不断地完善自身，而且要求人们珍惜和完善相互之间的生存关系，以理性生存样式不断创造和完善人类的生存条件和环境，推动社会的不断进步。这种功能应用到生产领域，必然会因人的素质尤其是道德水平的提高，而形成一种不断进取精神和人际间和谐协作的合力，并因此促使有形资产最大限度地发挥作用和产生效益，促进劳动生产率的提高。”② 企业也因道德的介入获得更多的效益和利润。③ 因此，道德资本是指作为生产性资源

① 参见王小锡、华桂宏、郭建新等：《道德资本论》，北京：人民出版社，2005 年版，第二、三、四章。

② 王小锡：“21 世纪经济全球化趋势下的伦理学使命”，载《道德与文明》1999 年第 3 期。

③ 有人质疑，说道德可以促进获利，是否在主张道德物化。其实，道德物化即道德物质化是个伪概念。就现今自然科学的基本理念来说，“物质”一词没有明确定义，而且，不同的学科，尤其是自然科学和社会科学可以有不同的指称和表述，但一般是指具有一定空间、质量不为零的东西。自然科学视角下的物质是指由分子、原子、（转下页）

的道德理念、道德规范、价值取向及其善行习俗、崇德行为等投入生产并促进价值增值的能力与价值。①

其实，道德资本还不单纯是在企业经营活动中促进价值增值，它也能在企业经营活动中促进人的素质的全面提升和物质、货币资

（接上页）电子、离子等最基本的微粒构成；历史唯物主义认为，物质是标志客观实在的哲学范畴，它不依赖于人而存在，但它可以被人们的头脑所反映，客观实在性是其本质特性。这样一来。道德物化即作为精神现象的道德可以转变为物质是在科学上不可能的事情。事实上，所谓道德物质化之物质是由化学物质所组成的混合物，那道德作为精神现象永远不可能具有化学作用的功能。再说，物质总是以一定的物态存在着，而且客观世界物质千姿百态，大到星球宇宙，小到分子、原子、电子等微粒子，存在形态各异，即便归结为日常所知的它们的固态、液态和气态三种“物态”，也不可能由道德直接转变而来。作为物质存在的可入性的“场”，与道德更是风马牛不相及。因此，道德物化不可能，道德作为物之物不存在。至于我们日常所说的包括道德精神在内的精神变物质，只是指精神“外化”（影响物质的形态和特征等）于物质之中，或指通过道德精神的指导或约束，使其“外化”为具有一定道德性的物质等。例如，紫砂茶杯（壶）由紫砂（泥）土做成，从紫砂（泥）土制成紫砂茶杯（壶）的全过程，其原料和成品之质料不可能有道德转变而来的成分，而紫砂茶杯（壶）的形状、特征和质量等在多大程度上符合人性需求和社会要求，以及它的实用性和耐用性如何，这往往在很大程度上取决于制造者关注用户需求和对用户负责的道德理念。同时，某一种紫砂茶杯（壶）在市场上获得多高的市场占有率，也往往取决于内含的道德精神或道德精神的外化程度。因此，道德的促进获利作用是指通过道德的引导或约束，能够帮助企业获得更多的利益或利润，绝不是指道德物质化。还有人认为，主张道德可以帮助获得更多利润会使道德陷入工具化的危险境地。其实，“道德工具化”是一个伪命题。道德工具化的说法是不能成立的。因为，如果把道德仅仅作为赚钱的工具，这时候的道德不是我们所指的符合时代要求的科学的趋善意义上的道德，而是趋恶意义上的道德，甚或是伪道德，是缺德。如果缺德而赚钱，那是特殊社会背景下的暂时的畸形经济现象。同时，如果把道德作为市场上的交易条件或手段，这说明道德或良心可以用来交换或买卖，这样的所谓道德或良心还是我们所理解的道德吗？稍有点常识的人应该不会这样去考虑问题。其实，研究和阐释道德的经济价值与陷入道德工具化的危险境地没有必然的逻辑联系。

① 关于“道德资本”概念，我和我的合作同人曾经做过以下不同角度的概括：(1) 道德资本是指道德能够投入生产并增进社会财富的能力；(2) 道德资本是指投入经济运行过程，以传统习俗、内心信念、社会舆论为主要手段，能够有助于带来剩余（转下页）

本的理性运作，进而促进社会理性精神的增强，最终实现经济效益与社会效益的双赢。有一个 200 人规模、生产品牌棉质内衣的民营企业，因其产品设计、生产和销售等一切都服从顾客需求，尤其是实行无条件退换货经营准则，而受到顾客的欢迎，市场占有率逐年提升，以至于经营业务不断扩大，生产、经营的品种也不断增加。这期间，培养了一批懂经营、讲道德的管理人才，因此，该企业在扩大至四个分厂的过程中，管理人员全部内部调配，适应和满足了企业扩展的需求，在不断赢得社会声誉的同时，也为社会提供了更多的利税和更多的就业岗位。

2. 道德与资本之逻辑关系[①]

道德资本之道德与资本有着不同的内涵和特质，它们是相辅相成的关系。资本的本性与道德力量不仅不相抵触，而且互为支撑，资本的科学运动需要道德，道德在经济建设中的存在理由和作用需要效益和利润验证；道德目的与资本目的在经济活动中相向而行，取向趋同，都是为了实现更多效益和利润，同时在不同路径上提升人的素质；道德价值与资本理性目标一致，且有着不可分割的逻辑

（接上页）价值或创造新价值，从而实现经济物品保值、增值的一切伦理价值符号；(3) 道德资本是指道德能提供一种有经济价值即利润的生产性服务的能力；(4) 道德资本是指道德具有对于获取利润和经济发展的工具性功能。这些对“道德资本”概念的不同表述，大多是不同语境下的话语，其共同的理念是强调能促进并体现为人的完善和人际关系的和谐的道德，能够帮助企业实现理性生产并获得更多的利润和效益。参见《王小锡伦理学文集》第三卷，北京：中国社会科学出版社，2022 年版。

① 本节曾以“论道德与资本的逻辑关系”为题发表于《道德与文明》2019 年第 3 期，部分内容有少许文字修订。

关联，道德价值和资本理性在资本运动中实现统一。因此，道德是经济活动中的重要精神资本，道德也是资本。

（1）资本的本性与道德力量互为支撑

资本的本性是为了获取更多的利润，这并非就意味着与科学意义上的道德相悖。就资本一般意义上来说，它是指投入生产过程并能带来更多利润的物质和精神条件，是一种能使价值增值的能力。事实上，资本投入生产过程要获得最佳利润，在资本一定的情况下要依靠劳动者的作用的发挥，即靠活劳动创造新的价值。而活劳动者不只是作为劳动主体的躯体而已，它必然包括劳动者的文化水平、技术能力、道德觉悟等，其中作为资本精神要素的人的道德觉悟决定着资本的理性度、运行特质及其运行效果。所以说，道德与资本共存，资本需要道德，且道德价值因资本的顺畅运动而凸显。

事实上，在资本投入生产并发挥作用的过程中，道德起着引导、协调、监督的作用，离开了道德的特殊的作用力，“资本一般”意义上的资本就无法充分展示。这就是说，资本要成为资本或者说资本要是资本，一定离不开人的价值取向尤其是道德的作用，唯此才能明确资本的理性投资目的和投资方向。假如资本投资没有明确的理性投资目的和投资方向，甚至投资违背理性、失去理性，这样的资本是“资本特殊”或“特殊资本”，很可能是“伪资本”“恶资本”，与我们所主张的道德是相悖的，它迟早要失去“资本一般”的价值和意义。为什么在资本主义社会，资本从头到脚每个毛孔都滴着血和肮脏的东西？不是因为资本的本性是为了获取更多的利润，而是因为资本的本性恶性扩张，在获利过程中不仅采取了残酷的剥削手段，而且资本家无偿占有的剩余价值又作为资本投入生产过程去更进一步压榨工人。所以，离开道德引导、协调、监督，资本的本性将很可能被非理性地利用，在这种情况下，资本就是不道德的代名词。

其实，资本的本性与道德力量不仅不相抵触，而且是互为支撑的。资本投入生产过程就是为了获取更多的利润，而要实现利润增加，资本要紧随生产过程不断地运动，即要有生产产品过程，要有销售行为过程，要有与利益相关者的利益分配和协调过程，等等。然而，这些获利的必经过程顺畅与否，与讲不讲道德之关系十分密切。例如，道德是产品设计和制造的灵魂，道德对产品设计和产品质量起着决定性作用。忽视德性甚或缺德的产品最终是没有人会购买的。人们对产品的认同，往往不取决于产品科技含量的多少，而是产品在多大程度上渗透进了对用户的责任心，即实用性、耐用性程度等。又如，对于企业来说，用户信任度的提高和信任感的持续往往取决于产品售后服务承诺的兑现程度。也因此可以说，产品的质量在一定意义上是一个“过程性”品质评价。尽管产品就其固定状态来说质量可以是上乘的，但是，如果售后服务承诺不到位，企业经营者（包括企业委托销售者）就丧失了信誉，这就会影响企业的社会信任度，影响产品的市场占有率，最终影响企业效益。这样，在产品销售速度减慢、资金流转速度趋缓的情况下，客观上减少了企业的收入，事实上也相对地降低了企业产品质量。再如，企业内外部的利益相关者的利益是否公平合理，这将会直接影响资本运动的流畅和效益，只要利益相关者的关系链条或利益链条脱落，资本运动的目的就会打折扣。所以，资本和资本运动中需要道德。而且，资本的力量和资本的效益往往不取决于企业产品的科技含量，而是取决于对用户的责任心渗透到经济行为及其产品中的程度，也即取决于作为企业核心竞争力重要要素的产品的道德含量。[①]有人认为，在物欲横流，毒奶粉、地沟油等常常登堂入室，不法商人常以非法手段获得不义巨财的社会，一切绝对、终极、超越性的东西几乎已在贪婪下化为乌有，人已沦为物的工具，此时，再鼓吹将道德变为资本与手段，只会使社会愈益沉沦于迷惘之中。然而，这里的问题是，这种赚钱不义的丑恶行为，难道是所谓“鼓吹”道德造成的？这不正说明缺德经营会给社会带来严重的恶果吗？这不正说明要用道德来引导、调整、制约人们的赚钱行为吗？难道将道德引入企业经营领域并获取更多利润或效益，就是将道德变为“工具”？其实，“道德沦为赚钱的工具”是不符合逻辑的提法，因为，已经沦为赚钱的工具的所谓“道德”还是我们所理解的道德吗？这种所谓“道德”是不法、缺德之徒的恶行的“遮羞布”，是缺德行为。这正是需要我们用适应时代要求的道德去谴责、制约和引导的，也是我们提出道德资本理论的真正的目的之一。

---

① 参见［荷］丹尼尔·安德里森、勒内·蒂森：《没有重量的财富——无形资产的评估与运营》，王成、宋炳颖、沈妙颖译，南京：江苏人民出版社，2002年版，第52—67页。

(2) 道德目标与资本目的相向而行

资本的目的与资本的本性相一致，也就是说，资本投入生产过程就是为了获得更多利润和效益，这是毋庸置疑也是无须回避的。实事上，资本存在的价值就是赚钱甚至赚更多的钱，其本身没有问题。问题倒是资本是在什么经济制度下的资本、资本的目的是什么、资本运动中的手段又是什么等。马克思揭露的资本主义条件下的资本，从头到脚每个毛孔都滴着血和肮脏的东西，它是不道德的代名词。社会主义条件下的资本，是在公有制经济制度下坚持理性投资的资本，它可以在制度引导和约束下为正当获利而投资，为没有剥削和压迫的扩大再生产而投资。换句话说，在社会主义制度下，赚钱是既为了自身利益，也是为了社会利益，更是为了经济社会未来发展的利益。而且，资本在实现更多利润和效益过程中，内含着人的素质随着资本的科学运动也在不断地提高和发展，这是不争的客观事实。这样的资本目的是理性的、道德的。因此，在科学理性制度的引导和约束下，资本是社会主义的经济道德实体，也就是说，这样的资本是道德的，或者说社会主义条件下的资本象征着道德。

当然，资本的本性决定了它最终要赚钱的目的，然而，在经济社会制度尚在改革完善的过程中，在人们的思想道德觉悟还处在需要提升过程中，换句话说，在运动过程中，资本还可能有脱轨的危险，这就需要道德觉悟的提升和必要道德手段的约束。这说明，良性资本运动的资本不仅需要道德引导，更需要道德的约束。所以理性资本与道德同在。这就是说，在社会主义条件下，不存在与道德无关的资本，也不存在与资本不融的道德。

其实，道德目的与资本目的是一致的。只是存在的形态和特点有区别而已。曾经有人批评我谈道德资本和道德与赚钱的逻辑关系，是亵渎了神圣的道德，并振振有词地认为，说道德也可以是资本，也可以帮助赚钱，是荒谬的理论观点。[①] 我始终认为，不要空谈道德觉悟或道德境界之类的道德词汇，因为，道德觉悟或道德境界不是空中楼阁，当你说某人或某个集体性主体有崇高道德觉悟或道德境界的时候，依据是什么呢？总不能听凭某个人或某个集体性主体的代言人的口头表达，最终应该是在精神和物质效益上来说明某个人或某个集体性主体的道德觉悟或道德境界的高低。换句话说，没有良好的行为结果（成果），便无法说明某个人或某个集体性主体的道德觉悟或道德境界的高低，即使由于某个人或某个集体性主体的精神境界的宣传或影响而产生了社会精神效益，即人们的思想道德觉悟和社会道德水平提高了，但最终还是要在行动和成效中展示某个人或某个集体性主体的道德觉悟或道德境界。总之，道德觉悟和道德境界与物质效益和最终要展示物质效益的精神效益是一致的，离开这一理念谈道德的神圣、道德的觉悟和境界都只能是空谈甚至是扯谈。

---

① 对于一些针对我观点的批评，我已经在"'道德资本'何以可能——对有关质疑的回应"（《哲学动态》2013 年第 3 期）、《道德资本论（第二版）》（南京：译林出版社，2021 年版）等文章和著作中做了回应和反驳。

可以说，在经济领域，资本的目的和道德的目的不仅一致，而且是互为存在的。至于有人说，谈道德应用于生活、道德应用于经济，即道德成了“工具”是可怕的、危险的。其实，主张道德的现实作用的发挥并不是质疑者所理解的所谓“工具”，说到底，这危言耸听的论调其实是不懂道德、不懂生活、不懂经济和经济学的不懂装懂的似乎正确的废话。不要说道德应用于生活、道德应用于经济是价值理性和工具理性的统一，是客观现实，就是纯理论层面也不可能谈经济而忽视道德，谈道德而脱离经济，要是这样，那就是典型的科盲。诺贝尔经济学奖获得者阿马蒂亚·森指出，“就经济学的本质而言，我们不难看出，经济学的伦理学根源和工程学根源都有其自身的合理成分。但是，在这里，我们想要说明的是，由‘伦理相关的动机观’和‘伦理相关的社会成就动机观’所提出的深层问题，应该在现代经济学中占有一席重要地位”[①]，进而他又强调说，“经济学问题本身就可能是极为重要的伦理学问题”。[②]既然伦理学和经济学关系这么密切（客观上也就是如此），那么，这两种学科一定是建立在现实的道德与经济的密切关系基础上的，故在理论和现实的研究上，提出并论证道德的经济作用、道德可以帮助获得更多利润是题中应有之义。如果经济学中只研究抽象的、虚幻的道德，那缺乏道德行动和道德评判的经济学还有说服力吗？其实经济学只有

① ［印度］阿马蒂亚·森：《伦理学与经济学》，王宇、王文玉译，北京：商务印书馆，2000年版，第12页。

② 同上书，第16页。

更多、更明确地关注影响人类行为的伦理学思考，关注道德的实际影响和作用，才能变得更有说服力。[①]

至于有人质疑说，如果道德能帮助获得更多利润，那封建道德、资本主义道德或腐朽没落道德也能帮助赚钱？这里的问题是，所有不顺应时代潮流甚或逆社会进程的道德是我们习惯性理论思维中的道德吗？[②]不知道持这种观点的人谈的是何种伦理学，那种把各种本质不同的道德观念混为一谈，并且以封建道德、资本主义道德或腐朽没落道德在现时代的负面作用，来否定符合社会发展进程的道德对经济社会发展进步的具体促进，那是违背常识的理论纠缠。说实话，在现时代，资本的理性投资在本质上是排斥封建道德、资本主义道德或腐朽没落道德的，它需要适应时代的道德即科学道德的支撑，更需要科学道德作为精神资本去激活和引导资本的高效运动并获取更多利润和效益。

（3）道德价值与资本理性目标一致

资本的投资是自由的，然而，在哪里、向何项目投资，投资的目的是什么，实现资本目的的手段是什么等，这是投资者不得不考虑的问题，至少，赚钱是资本投资者的资本投向引导及基本目的。所以，资本投资是有“限制”的，随心所欲、没有章法并不顾效益的投资不属于资本投资的基本理念。

---

① 参见［印度］阿马蒂亚·森：《伦理学与经济学》，王宇、王文玉译，北京：商务印书馆，2000 年版，第 15 页。

② 当然，严格意义上来说，“道德”是中性词，它可以是腐朽没落道德之道德，也可以指进步道德之道德，也就是说，可以进行善恶评价的行为都是“道德性”行为。然而，我们的思维习惯或基本的思维定式，道德指的就是善德即科学的道德、进步的道德。

当然，资本投向及其目的明确并不意味着资本是理性意义上的资本，诸如在“资本特殊”意义上的资本主义条件下的资本，尤其是作为可变资本的劳动者在受压迫、受剥削状态下创造不属于自己的新的价值，被资本家无偿占有，并成为新的更大的异己力量，这样的资本正如马克思所说，从头到脚每个毛孔都滴着血和肮脏的东西。这样的资本在非理性状态下运动，在赚钱的同时也伤害了资本尤其是可变资本本身，最终必然影响资本的生存理由和生存价值；即使会带来一定时段和一定程度的扩大再生产，但到头来一定是此起彼伏的经济危机或经济动荡，甚至是经济衰落。这当然是我们今天社会主义制度下不可能出现，也不愿意看到的现象。

社会主义条件下尽管可以多种经济成分并存，但公有制是主体。这就决定了资本投资一定要符合社会主义制度理念和经济要求并不断趋于理性，这就一定内含道德的引导和协调，必要的时候需要道德来制约或纠正资本的非理性行为及其发展趋势。这就是说，资本需要道德，实事上，资本不能没有道德。就这一理念来看，道德是资本的不可或缺的精神要素，或者说道德是精神资本。资本唯有通过作为精神资本的道德的作用，才能实现资本运动的基本目的。

作为精神资本的道德，不是为道德而道德，它其实也是为帮助获取更多利润而存在于生产过程中。而且，在生产过程中，道德本身也是直接影响产品质量及其后来销售速度和市场占有率的重要因素。所以，在经济领域，道德的价值始终体现在资本目的的实现过程中，否则道德就没有在经济活动中存在的理由。不过，经济活动如果忽视甚至排斥道德，那经济一定是非理性经济或畸形经济。进而言之，研究经济活动的经济学，如果不研究经济活动中客观存在的道德内涵，那经济学一定是不完善的经济学；换句话说，道德一定在经济活动中发挥着不可或缺的重要作用，经济学必须正视之。正如罗卫东所说："作为对经济现象进行研究的经济学，它的最高境界无非是在理论上再现具体。它的逻辑体系只是现实世界的运行逻辑的影像，道德内生于经济活动这种客观的事实决定了关于某种道德观或基于某种道德的行为假定内生于经济学的事实。如果新古典经济学中的所有经济主体的选择不是基于个人利益'最大化''最优''完全竞争'等'道德'规则，而且经济学的演绎又是时刻在强化着这种选择标准的话，这个经济学体系如何可能存在。因此说经济学把道德作为外生变量和既定前提的说法是难以成立的。"① 因此，道德价值一定体现在理性资本中，道德价值和理性资本或资本理性是一致的。说到底，道德也是资本。

有人认为，道德可以成为资本，就是让道德"待价而沽"。然而，道德可以成为资本与道德"待价而沽"是一回事吗？这是很不严肃的偷换概念的做法。正如我在以往发表的著作和文章中表明的，也是本文所坚持的观点，即道德可以成为资本是强调道德在资本运动中具有不可或缺、不可替代的作用，而与所谓道德"待价而沽"，完全是两种不同的含义。难道强调资本中的精神要素之精神，都是

---

① 罗卫东："经济学归根结底是一门道德科学"，载《浙江社会科学》2001 年第 5 期。

“待价而沽”吗？资本没有了精神尤其是缺乏精神的引导、协调、约束，那资本还能是科学运动、理性运作的资本吗？不要妄断道德可以是资本就是“荒谬”，就是对道德的“亵渎”。

二、道德资本的特点[①]

作为生产性资源投入生产过程并使价值增值的道德，即道德资本，有以下特点：

1. 道德资本是无形的，它是人力资本的精神层面和实物资本的精神内涵

道德资本不能独立存在，它只有依附于人和实物资本才能发挥其精神资本作用，并由此促进道德性物质资本的形成。而实物资本可以独立存在，不过，实物资本的价值在很大程度上有赖于道德资本作

① 关于道德资本的特点，在本人以下相关文章和著作中都有不同角度的论及：“论道德资本”、“再论道德资本——道德资本及其功能和作用”（与杨文兵合著）、“三论道德资本——道德资本的依附性和独立性”（与朱辉宇合著）、“四论道德资本——道德资本的经济学解读”（与华桂宏合著）、“五论道德资本——道德资本概念与功能的历史界说与当代理念”（与李志祥合著；上述五论分别载于《江苏社会科学》2000 年第 3 期、2002 年第 1 期、2002 年第 6 期、2004 年第 6 期、2006 年第 5 期），“六论道德资本——兼评西松《领导者的道德资本》一书”、“七论道德资本——道德资本的基本形态研究”、“八论道德资本——道德在何种意义上成为资本”、“九论道德资本——企业道德资本类型及其评估指标体系”（第六至九论，分别载于《道德与文明》2006 年第 5 期、2009 年第 4 期、2011 年第 6 期、2014 年第 6 期），“论道德的经济价值”（载《中国社会科学》2011 年第 4 期），“‘道德资本’何以可能——对有关质疑的回应”（载《哲学动态》2013 年第 3 期），“论道德与资本的逻辑关系”（《道德与文明》2019 年第 3 期；《高等学校文科学术文摘》2019 年第 5 期全文转载），“再论道德资本的合理性”（《马克思主义与伦理学》，吴付来主编，中国人民大学出版社，2021 年版），《道德资本论》（王小锡、华桂宏、郭建新等著，北京：人民出版社，2005 年版），《道德资本研究》（南京：译林出版社，2014 年版）。

用的发挥。一方面，生产过程的主体是人，人是在生产过程中发挥作用并获得利润的核心资本。假如劳动主体仅仅作为“自然力”，仅仅作为生产过程中的实物资本[①]，那么，整个生产过程就无法运作，效益和利润也就无从谈起。事实上，任何东西只要不与人结合起来投入生产，那就无所谓“资本”，至多是作为资产或资源而存在。而以劳动者身份投入生产的人，并不只是一个“经济人”。“传统经济学理论将经济活动的主体抽象为‘经济人’，并以此作为经济分析的前提。由自利动机驱使追求自身利益最大化，是所谓‘经济人’概念的基本内涵。然而，实际活动中的经济活动主体是负有经济、社会和环境责任的‘道德人’，有着远比‘经济人’丰富的内涵。”[②]因此，人在生产过程中一定是受到一定的意识支配和价值导引的，人的道德觉悟直接影响和制约着人的劳动积极性和人的劳动能量的释放。另一方面，实物资本在生产过程中发挥多大效益，获得多少利润，往往取决于劳动者的价值取向以及对自身和社会的负责精神。我国老字号北京同仁堂药业，数百年经营，经久不衰，且越发展示现代生机，秉承的是“炮制虽繁必不敢省人工，品位虽贵必不敢减物力”之古训和“同修仁德，济世养生”的企业精神。由此可见，道德资本比起实物资本来说意义更加重大。因此，道德在使实物资本成为资本的同时能最大限度地激活实物资本，它是获取利润的基础。

① 这是不可能的，人只要投入生产过程就是“活劳动”体。这里仅仅是为说明问题而进行的假设。

② 此段话是陆晓禾对美国经济伦理学家观点综述，参见陆晓禾：《走出“丛林”——当代经济伦理学漫话》，武汉：湖北教育出版社，1999 年版，第 46 页。

2. 道德资本随生产启动即成，并始终随实物和货币资本发挥作用

货币和实物等资本在其投入生产过程并获得利润或收益时才能使得资本成其为资本，而道德作为企业及其员工道德觉悟和德行、道德性制度等，只要生产活动启动，其资本作用及其特性就已生成。当然，前面已经提到，道德资本不能独立存在，它只有依附于人和实物资本才能发挥其精神资本作用，并由此促进道德性物质资本的形成。反之，尽管实物资本可以独立存在，但其价值在很大程度上有赖于道德资本作用的发挥。也就是说，物质资本和精神资本在生产过程中要获得新的效益和利润，需要两者的协调配合。

不过，虽然道德资本将始终以积极姿态促进全部生产性资源的创新价值的发挥，但是，诸如产品的供求关系均衡与否、生产环境和条件合理与否、资源匮乏与否、市场运行机制完善与否等问题，往往会使得道德资本作用减弱，甚至发挥不了道德资本的作用。在这样的情况下，货币和实物资本投入生产过程完全可能无法获得新的价值，甚至还会有血本无归的惨剧。

道德资本与货币和实物资本的不同之处还有，货币和实物等资本在生产过程中如遇到经营不景气或经济行为调整时可以撤出某一经济活动过程或领域，而道德资本不存在撤出的问题。道德作为人的道德觉悟和德行、道德性制度等，在企业经营过程中能对货币和实物等资本的投入起到指导、引导和约束的作用，即使在货币和实

物等资本撤出时，道德资本也还能起到督促理性撤资和理性再投资的作用。这就是说，道德资本逻辑地内含着“内在批判性”和“内在协调性”。所以，道德资本一旦形成，往往能够在企业经营过程中始终发挥着积极的经济功能。

3. 道德资本需要在经济主体的经济行为之中来体现

如前所述，并非凡是道德都能够成为资本，道德资本除了需要依附生产过程中的人力资本和物质资本，还需要在经济主体的具体的行为中实现出来。正如西班牙学者西松所说：“开发道德资本的关键，在于充分利用人类自身在行动、习惯以及性格这三个操作层面上所具有的动力。在这些层面中，行动是最基本的构成要素，可以被视为道德资本的基础货币。这就意味着，除非付诸行动或者产生结果，否则人类的活动将不具有道德上的意义。”他还说：“道德资本主要依赖于行动，这意味着，首先，无论思想或者观念多么不可或缺，它们本身都是不够的。领导力，或者个人或其所在组织的道德资本的增长，其本身并不是一种理论，而是一种艺术，一种实践。”他还特别强调：“道德资本由行动构成，这意味着，仅具有行动能力——或者仅能够依理智行事——是不够的。除此之外还需要真正地运用此种能力。”①这就是说，发挥经济功能并产生效益的道德才有资本的意义，正如人力资本理论之父西奥多·W. 舒尔茨所说，广义资本观是一种客观存在，“假如它能够提供一种有经济价值的生

① ［西班牙］阿莱霍·何塞·G. 西松：《领导者的道德资本》，于文轩、丁敏译，北京：中央编译出版社，2005 年版，第 62—85 页。

产性服务，它就成了一种资本”。[①] 毫无疑问，这里的广义资本显然包括道德资本，它需要通过经济行为来加以体现。

4. 道德资本或作为资本的道德具有自身的逻辑边界

提出和认同道德资本概念，既不是一种泛道德主义，也不是一种道德万能论，而是指投入生产过程之中作为一种生产要素而客观存在的道德形态，生产活动的场域就是道德资本发挥作用的实际边界。从历史上看，资本概念从一开始就同生产活动紧密联系。随着人类生产活动的发展，现代资本逐步涵盖了人力资本、社会资本、文化资本和道德资本等新内容，因此，道德资本是生产活动发展的产物。所以，从社会发展的宏观意义来看，说道德是一种资本，并不是要从道德上来粉饰资本、美化资本，甚或使道德沦为资本增值的伪善工具，而是强调道德可以而且应该为获得更多效益和利润发挥其独特的作用。而且，事实上，道德一方面充当资本的营利手段，另一方面也在对资本做“内在批判”。前者是强调在正当意义上获取更多的利润，后者是指资本在追逐利润的同时，也在客观上塑造着人本身，而这些由于人而被提升了的人类物质方面和精神方面反过来又会内在地成为约束资本负面效应的力量，也即对资本的“内在批判”。在这方面，道德资本的价值目的性较他类资本形态更为突出。这是因为，道德具有服务资本的工具理性，也具有约束资本的价值理性，从而可以促使资本运作趋于理性和正

① ［美］西奥多・W. 舒尔茨：《论人力资本投资》，吴珠华等译，北京：北京经济学院出版社，1990 年版，第 71 页。

当，避免“资本逻辑”的无度扩张或者资本本性的非理性膨胀。但是，要发挥道德资本的两重性功能，就必须在经济活动中运作道德资本，使得道德渗透在资本运行的各个环节。具体而言，就是要在市场经济条件下把企业的经营管理活动和道德实践有机地结合起来，形成企业特有的伦理文化与核心竞争力。[①] 有人认为，道德也成为资本，这会使得资本不受约束地肆无忌惮地赚钱，进而败坏社会风气。其实，正如前面所说，道德资本逻辑地内含着资本要讲道德。不仅不存在败坏社会风气的问题，而且道德能够在调控资本的同时，以其特有的功能推动社会道德的进步和社会风气的改善。这也是另一种道德资本逻辑界限理念，即价值理性是道德资本的基本特征。

5. 道德资本形成是一个长期的艰难的过程

积累道德资本，并不像我们想象的那样易如反掌，而是要付出艰辛的努力。道德资本形成有一个独特的过程，其独特性就在于，首先，道德资本的形成与经济主体的道德素养和道德觉悟的培养相一致。简言之，如果我们要在生产过程中发挥道德资本的作用，其当然的前提是，生产主体必须对道德为何“物”，道德有何功用有清晰的理解，并把道德义务作为行动指南，落实在自己的行动上。可是，众所周知，“十年树木，百年树人”，培养主体的道德自觉不

① 正如西松所言：“没有道德资本，其他形式的资本都很容易由企业的优势转变为其衰败之源。”参见［西班牙］阿莱霍·何塞·G. 西松：《领导者的道德资本》，于文轩、丁敏译，北京：中央编译出版社，2005 年版，第 56 页。

可能立竿见影、一蹴而就，道德认识的深化、道德情感的培养、道德意志的淬炼、道德信念的强化，这是一个渐进的缓慢的过程。其次，道德资本形成是一项系统工程。它需要学校、家庭、社会等各方面的精心培育，尤其需要加强社会公德、职业道德和家庭美德教育。同时，道德资本形成还有赖于经济和科技文化教育的协调发展。经济不发达或科技文化教育水平低，势必会影响人们道德认知水平和道德觉悟的提高。就一个生产企业来说，需要不断地加强“硬件”和“软件”建设，促使道德资本的形成。就硬件建设来说，应该完善工厂环境和工作条件等。就软件来说，应该完善工厂管理制度和生产运作机制，创造良好的道德和文化氛围等，尤其需要加强道德教育力度，以各种有效措施，促进全体员工道德觉悟和企业道德水准的提高。再次，道德资本的形成面临着复杂经济社会环境，也会增加道德资本形成的难度。在市场经济条件下，多种经济成分并存，不同的利益主体具有不同的利益，因而也具有不同的价值观和价值取向。由于市场经济的负面影响，各种消极腐朽的道德观念也会沉渣泛起，毒害社会环境、影响人们的社会生活。尤其是不少企业唯利是图、不讲信誉、坑蒙拐骗、坑害顾客，这又导致在一定时期一定范围之内的经营者中存在“老实人吃亏”“好人没有好报”的困境。面对这种局面，就需要我们在道德资本的形成过程中，发挥各种积极的社会力量，分清良莠、遏恶扬善，在实践中锤炼人们的品质，真正使符合时代要求的科学的道德成为生产过程的重要作用力。

三、道德资本的基本形态①

道德资本作为一种特殊的精神资本，不仅具有一般资本的特点，而且具有自身的特质。正如一般资本根据性质、作用和功能可以分为不同的资本形态一样，道德资本也同样具有不同的资本形态，它至少有道德制度形态、理性关系形态、主体觉悟形态和道德外化形态等四种主要形态。研究和阐述道德资本的四种形态，有助于我们以新的视角来认识道德资本及其具体存在形式，进而更好地把握道德资本的运作机制。

1. 道德制度形态

道德制度形态是道德资本的具有根本性意义的基本形态。社会中存在着诸多规范和约束，有些是“有形”的，有些是无形的。制度是一种“有形”的规范形态。如果没有制度的保障，正常的经济运行和企业经营就无从谈起。因此，制度是经济运行过程正常化、程序化和高效化的基本保障。但制度本身是为了人并服务人的，应该具有某种价值合理性，因而，理性的制度本身不可能游离于道德之“应该”之外，它应该是道德化（道德性）的制度，即道德制度。所谓道德的制度化或者制度的道德化，实际上是在寻求道德与制度的良性互动，即体现客观应该的道德，是合理、科学制度的依据和参照，而制度的合理性或科学性，只能是从与客观应该的契合性体

---

① 本节曾以“道德资本的基本形态研究”为题，载《道德与文明》2009 年第 4 期。

现出来，而非在绝对对立的两极之间来思考道德与制度的关系，不然，就很可能得出“道德不是制度、制度无需道德”的极端结论。

从某种意义上说，如果一项道德制度能通过规范、引导或制约人的行为，促进经济社会利益的增加，那么这项制度就可被视为具有道德资本意义。因此，道德制度也是道德资本。而且，道德制度形态的道德资本在发挥作用过程中具有决定性意义，一旦制度缺乏道德性，甚或制度成了摧残人性、扭曲人际关系的工具，那么，采取任何手段的任何经济活动将达不到预期效益，甚至正常的经济活动也会被破坏。美国学者道格拉斯·诺斯的话从一个侧面说明了制度对经济效益的重要性，他说：“决定经济绩效和知识技术增长率的是政治经济组织的结构。人类发展的各种合作和竞争的形式及实施将人类活动组织起来的规章的那些制度，正是经济史的中心。”[①] 加以引申，我们认为道德制度更有其特殊的经济作用。

历来有人认为，市场无伦理，经济无道德，制度无人性。有人认为公司是一个“非道德”的实体，并认为公司无须承担道德责任，就是这一观点的具体体现。然而，与之相反，今天的社会客观上赋予了公司应有的道德责任。管理、制度与“伦理无涉”的时代宣告终结了，“主管们开始重视公司道德，不再只是把它作为一种装饰或特殊嗜好，而是把它作为有效管理的有机组成部分，涉及公司运营

① [美] 道格拉斯·C. 诺斯：《经济史上的结构和变革》，厉以平译，北京：商务印书馆，1992 年版，第 21 页。

的方方面面”。[1] 当然，也影响着管理制度的合理和科学与否。因此，道德具有引导行动的合理性，因而它是一种重要的制度资源。作为制度资源的道德实现制度化后有何作用？一般而言，它可以对人的行为进行必要的约束，没有这种“必要的”约束，生产经营活动的自由是难以实现的。概要说来，道德化的制度对于企业经营活动[2]的功能与作用至少体现在以下两点：

其一，从企业外部来说，它是一种有效减少机会主义行为的约束机制。在交易中，双方行为具有不确定性，交易成本产生甚或增加的一个非常重要的来源就是交易双方无制度可依或不依照制度行事，造成侵犯对方利益的“道德风险”行为。道德制度可以制约钻空子、搭便车的机会主义行为的发生。所以，交易过程中坚持必要的道德制度约束，交易成本就会降低。进而言之，道德制度的“应该”特质构建了交易各方的自律机制和激励机制，减少了交易成本，增加了互利收益，正所谓道德制度也能出利润、出效益。当今世界，人们对产品和利益交易中的合理的“游戏规则”即理性制度当作“交易”的前提条件甚或“铁律”，其道理就在这里。

其二，从企业内部来说，有了必要的道德制度的引导和约束，就可以促使劳动效率提高、经济效益增加、资源利用率更加充分以及良好生态环境和社会生态的形成。因此，“经理们所确定的伦理氛

① ［美］林恩·夏普·佩因：《公司道德：高绩效企业的基石》，杨涤等译，北京：机械工业出版社，2004 年版，第 25—26 页。

② 这里的企业经营活动是广义上的理解，它包括各类企业经营活动和企业经营活动全过程，在一定意义上可以说，企业经营活动就是经济活动的代名词。

围对于其组织的成功也是关键的”。[①] 一方面，道德制度约束可以保证产品设计、生产的人性化程度和产品销售后的服务承诺兑现程度的不断提升，进而不断扩大企业产品的市场占有率，加快产品的销售速度；另一方面，道德制度的引导和约束可以保证人性的完善和人的全面自由发展的实现。正如西松所言：“研究所得的主要的最终产品，或者说研究结果，并非是一种独立的人造物品，而是一种日常道德习惯。个人从中获得的是一种美德，因此，从这个意义上可以说，自我生产的过程同时也是一种自我完善的过程。”[②] 这就是说，理性企业行为创造的不只是物品，更造就人的完善。事实上，道德制度的引导和约束促使企业员工的素质的完善，必定会促进企业管理和生产效益的提升，进而获得更多的利润和更好的效益，而理性企业行为的基本前提是不断完善道德制度。

今天，企业管理型道德资本是必备的，它影响企业在经济全球化过程中的经济拓展进程。然而，我们如何将道德的观点融入企业管理制度和经济决策过程中去呢？林恩·夏普·佩因认为，有四个问题代表着四个模式，这四个问题是：我们的目标是什么？我们应该做什么样的人？我们亏欠别人什么？我们有什么权利？与此相对应的四个模式分别是：其一是目的——这一行动是否为一个有价值的目的服务，其二是原则——这一行动是否与有关的原则一致，其

① ［美］丹尼斯·J. 莫贝利：“作为管理德性的可信性与有良心”，参见［美］金黛如编著：《信任与生意》，陆晓禾等译，上海：上海社会科学院出版社，2003 年版，第 195 页。

② ［西班牙］阿莱霍·何塞·G. 西松：《领导者的道德资本》，于文轩、丁敏译，北京：中央编译出版社，2005 年版，第 121 页。

三是人——这一行动是否尊重了可能涉及的人的合法权益，其四是权利——我们是否有权利采取这一行动。[①] 如果按照上述四个模式来决策和制定制度，其实也就是在实现道德制度化即进行制度性“道德资本”的创制了。这就是说，道德制度的终极价值追求是企业责任或企业道德。对于何为企业道德，西松指出：“在基本的道德资本货币生产过程中，主要的美德是公正：一种持续而坚定的意志，依法为公司的关系人以及公司的每位股东提供其所应得的一部分。公正使公司尊重他人的权利，与他人之间建立起一种和谐的关系，促进平等和友善的氛围。”[②] 这应该是制度化道德之本。当然，就我国当今的道德理念来说，企业道德制度化之道德就是爱国、敬业、诚信、友善、公平、人道等。

2. 理性关系形态

理性关系形态是道德资本的主体性维度的基本形态。作为道德指向的人与人之间以及人与社会之间的理性关系的形塑，它将直接决定着企业经济活动的成败与效益，这就是作为理性关系形态的道德资本。它的主要功能是通过协调人际关系，减少人际“摩擦消耗”，提高生产效率和资源的利用率，说到底，它能够产生“一加一大于二”的巨大的行动力量和经济效益。

其一，企业内部理性关系的建构助推道德资本的形成。企业内

① [美] 林恩·夏普·佩因：《公司道德：高绩效企业的基石》，杨涤等译，北京：机械工业出版社，2004 年版，第 215—221 页。

② [西班牙] 阿莱霍·何塞·G. 西松：《领导者的道德资本》，于文轩、丁敏译，北京：中央编译出版社，2005 年版，第 217 页。

部理性关系可以减少人际关系的“摩擦消耗”，走向人际的和谐，实现理性人际生态。

企业是由复杂的主体构成的，是由扮演着各种角色的主体之间相互交往和合作共同构成的实体。同时，企业内部有着复杂而严密的分工，即使是简单的产品往往也要由许多人的共同协作才能完成。因此，员工之间既存在竞争关系，又存在合作关系，没有竞争的合作和没有合作的竞争都是不可想象的。事实上，在现代化、集约化的大生产条件下，企业内部的理性关系形态会促使员工树立起现代性的竞争理念，即通过企业员工与员工之间的竞争，导致各自综合素质和创新能力提升，并促进相互学习和真诚合作程度的增强，形成员工各自强有力的竞争优势和企业内部的理性合作态势，最终实现员工和企业的多重关系中的多赢或共赢的局面。

但是，有些企业和公司，长期以来由于受到西方“泰勒制”管理模式的影响，管理手段是以“物”为本而非以“人”为本，只是把以劳动者身份投入生产过程中的人当作“物”“会说话的工具”来对待，企业异化为“一个通过提供劳动力来交换金钱的场所”[①]，损害了员工的人格，挫伤了其工作的积极性，这不仅不能形成员工和企业相互依存、相互促进的良性关系，也难以培养员工与员工之间的互信和合作关系。这样的话，企业人力资源难以发挥最佳劳动效能。实践已经说明，“见物不见人”且目光短视的企业，因其人际关系的

① 王成荣主编：《中国名牌论》，北京：人民出版社，1999 年版，第 67 页。

不和谐甚至不理性，将逐步为市场所淘汰。相反，许多企业，一方面工作场所的设计和工作条件的供给非常人性化和合理，它能融工作、教育和休闲于一体；另一方面，人际间没有无谓的争斗，没有猜疑和失信的提防等，人际间真诚、信任，共同追求合作双赢或多赢的良好局面。这说明，企业的道德性管理是构建理性关系形态的必要条件，而且，事实上，大凡管理和竞争理性化的企业，一定是“和谐生财”的企业。

其二，在企业外部，企业关系包括企业与企业之间的关系以及企业与其他社会因素（个人、集团、社会等）之间的关联。企业外部关系的和谐协调可以使企业最大程度地利用可能共享的资源，发挥资源自身的最大效益。市场经济条件下，企业之间的竞争是激烈的，但是，现代企业运行和竞争机制在宏观意义上来说，它是一种通过竞争促使企业综合实力和创新能力不断提升，以及真诚合作理念越来越强烈的“竞合”态势。也就是说，企业经营活动以及企业与企业之间的竞争是一种可以实现双赢或多赢的非零和博弈。企业的创新能力、资源的利用率、企业产品的市场占有率等，将会因企业与企业之间的理性合作关系或现代“竞合”态势而不断提升和发展，企业也会因此而获得更多的利润和更好的效益。所以，企业的理性关系也是道德资本。同时，企业和社会之间的理性关系也是道德资本形态的表现。和谐合作能够充分利用各种可以利用的资源，也能够充分协调各种力量，最大限度地创造物质和精神财富。我们在社会是理性的这一假定的基础上，认为企业首先要承担必要的社会道德责任，也只有这样，企业才能使得与社会的交往关系成为增益的依据和条件。

当然，企业内外部理性关系的成熟及其作用发挥的程度取决于关系各方，尤其是企业本身社会责任意识的强弱和社会信任度的高低。只有企业承担了必要的社会道德责任，在企业与企业之间、企业和社会之间才会构建和生成一种理性关系，进而生成企业良好的道德形象，并提升社会“信誉”度，而拥有良好道德形象和较高社会“信誉”度的企业，与没有良好道德形象且社会“信誉”度较低甚至没有信誉的企业，在竞争中的地位是具有本质性差异的。道德形象和信誉直接决定企业在竞争中的成败。良好的道德形象和信誉度会使得企业立于不败之地。换个角度说，企业道德形象和信誉是达到相互之间信任、合作的根本，是实现理性关系并促进增益的前提，正如西松所说：“信任能够降低交易成本，并且是解决协同行动问题的关键。”[①] 美国学者福山考察了“信任”这种道德资本，也认为若在某一社会网络内形成了普遍的信任感，则这一网络内任两社会成员之间的合作（交易），比他们在一个充满不信任感的社会网络内的合作（交易），将花费更少的交易费用。[②]

当然，应该看到，作为理性关系形态的道德资本的形成和建构受到诸多内外部因素的影响，因而其运作机制也就更难、更复杂，

① ［西班牙］阿莱霍·何塞·G. 西松：《领导者的道德资本》，于文轩、丁敏译，北京：中央编译出版社，2005 年版，第 28 页。

② ［美］弗朗西斯·福山：《信任：社会美德与繁荣的创造》，彭志华译，呼和浩特：远方出版社，1998 年版。

需要科学地研究和规划，尤其需要企业根据自身特点、要求和目标，建设好企业内外部理性合作关系或伦理生态性关系，促进企业理性关系意义上的道德资本的形成和发展。[①]

3. 主体觉悟形态

主体觉悟也是道德资本的主体性维度的基本形态。如果说，制度化形态和理性关系形态的道德资本着眼于主体之间的关系、环境、

① 推荐范例：中国平安保险（集团）股份有限公司于 1988 年诞生于深圳蛇口，是中国第一家股份制保险企业，至今已发展成为融保险、银行、投资三大主营业务为一体，核心金融与互联网金融业务并行发展的个人金融生活服务集团之一。公司为香港联合交易所主板及上海证券交易所两地上市公司。公司非常注意利益相关方的利益获得和合作精神，故公司十分明确利益相关方的关注与沟通渠道：(1) 股东：关注——公司业务是否持续稳健提升；公司治理能力的规范及完善；是否能有效防范风险及内控。沟通渠道——召开股东大会；年度 / 年中业绩发布会；国内外路演 / 网上路演；日常投行会议 / 券商策略会；日常公司调研；邮件 / 电话沟通。(2) 客户：关注——服务渠道和产品的创新；是否可以提供便捷、周到的服务体验；是否提供具有社会效益的金融服务；金融服务是否能让生活更美好。沟通渠道——网站、微信、APP 等电子化渠道；互联网金融生活平台搭建；财神节、车主节主题活动；95511 服务热线；引入 NPS，客户满意度调查；各系列客户服务节；VIP 客户活动；财富管理和健康管理。(3) 员工：关注——健康积极的工作氛围；便捷高效的办公渠道；合适的薪酬与福利，完善的保障计划；个人发展平台以及晋升空间；技能提升培训及简单方便的培训渠道。沟通渠道——快乐平安、天下通、财酷 APP；工会职工代表大会；员工辅导热线“622111”、辅导邮箱等 EAP 平台；员工成长互动平台；O2O 新型互动学习、“知鸟”移动培训平台及面授培训；电视晨会、电子内刊、内网、内部邮箱；绩效管理沟通机制。(4) 社会与环境：关注——运用互联网技术的革新助力减碳环保；发挥金融杠杆作用促进环境和社会的可持续发展；关注贫困及弱势群体，积极参与社会公益。沟通渠道——互联网平台和公益众筹的探索运用；社区服务活动；内外部志愿者组织；微博、微信、APP 等移动公共平台；与各类 NGO 定期拜访、举行电话会议和邮件往来；跨界合作及各类资源利用。(5) 合作伙伴：关注——代理人队伍建设及能力提升；提升合作伙伴的经营效率，提高盈利水平；建立长期、稳定的合作关系。沟通渠道——优才计划、绩优组织发展；银行同业、医疗、房地产行业的合作，公开、透明、公正的集中采购；万里通合作商圈、陆金所金融资产交易平台；业务交流平台、综合评估平台（资料来源：http：//about.pingan.com/index.shtml）。

交往和博弈等复杂的互动关系的话，那么，主体觉悟形态的道德资本就是着眼于主体的崇高的价值取向和积极的人生态度。

人是文化的携带者，更是道德的承担者。主体觉悟形态的道德资本主要体现在从事生产、经营和服务活动的主体身上。当然，经济活动之主体表面上是被动的、机械的文化或道德载体，实质是主动的、具创造性的文化或道德主体，进而言之，“主体”本身就是文化和道德“实体”。换言之，从事现实经济活动的人，不是莱布尼茨语境中的“单子”，而是正如恩格斯所说的，“在社会历史领域内进行活动的，全是具有意识的、经过思虑或凭激情行动的、追求某种目的的人；任何事情的发生都不是没有自觉的意图，没有预期的目的的”。[①] 既然人的活动不是一种纯粹的机械的自发冲动，那么，可以说，从事经济活动的人的活动也必定具有其目的性和针对性，必定有着一定的道德价值取向。

因此，问题不在于活动的有无目的性，而在于这些目的性本身是否具有合理性，它们是否合理以及合乎什么“理”？按照理性行为假设即古典经济学中的理性人假设这一西方主流经济学的立足点和根本前提，凡是符合自利最大化（或者称之为“帕累托最优”）的行为，就是理性行为，而不符合这一“金律”的都是非理性的。代表这一逻辑悬设的典型模型是经济学界所谓“囚徒困境”的博弈论理论。其实，“囚徒困境”的博弈论理论仅仅是个人理性，而个人理

① 《马克思恩格斯选集》第 4 卷，北京：人民出版社，1995 年版，第 247 页。

性的结果可能导致集体的非理性。[①] 退一步说，即便是集体理性（不同层面），的确也需要道德的追问。由是观之，作为主体觉悟形态的道德资本就必须介入，实现对于经济行为本身真正的理性宰制功能。[②] 其一，主体觉悟形态的道德资本决定了人生价值取向，从而决定了劳动态度和劳动积极性，进而就会解决经营活动的价值取向问题。作为主体觉悟形态的道德资本，反映的是经济活动主体的主观精神状态和理性行动力。作为主体觉悟形态的道德资本的缺失，实物资本在生产过程中能够产生的效益就会大打折扣。同时，道德资本的其他三种形态，即理性关系形态、制度化形态、外化形态的构建和再创制也会受到根本性的制约。作为主体觉悟形态的道德资本所反映的经济活动主体的主观精神状态和理性行动力，集中体现为主体的负责精神、道德责任精神，尤其是社会责任精神和道义精神。主体具备道德资本，或者说主体内含着主体觉悟形态的道德资本，就会具有对于经济活动的高度“阅读”能力，能够理性审视自身、现实交往对象和经济对象之间的关系。正如西松所言：“具有丰富的道德资本的人不会轻易地以牺牲其优秀的道德品质为代价，去追求

① 参见王小锡：“经济道德观视阈中的‘囚徒困境’博弈论批判”，载《江苏社会科学》2009 年第 1 期；《新华文摘》2009 年第 8 期、中国人民大学复印报刊资料《伦理学》2009 年第 4 期全文转载。

② 关于理性概念本身，不同的学科和学派的界定不同，本文认为，“真正的理性”，正如科斯洛夫斯基引用帕斯卡的话所认为的，“不仅要有几何学的机智，而且要有智慧的技巧”，参见［德］彼得·科斯洛夫斯基：《伦理经济学原理》，孙瑜译，北京：中国社会科学出版社，1997 年版，第 6 页。即，理性不仅要有计算理性，而且要求有智慧，道德是其中的基础性或核心构成。换句话说，理性不仅有经济学的维度，而且要有伦理学的维度。

健康、知识、社会关系或者利润。”①

反之，没有主体觉悟形态的道德资本，就没有道德责任，就会带来个体的、集团的甚至是世界性的灾难，从三鹿毒奶粉到美国的金融海啸所造成的危害，犹如多米诺骨牌效应致使很多无辜者“罹难”。这从反面再次证明了作为主体觉悟形态的道德资本的终极性和基础性的价值。当然，三鹿毒奶粉和美国金融海啸就其原因来说并非个人而是集团所为，但是集团本身也是一种“人格化的个人”，一旦游离于道德的统摄之外，缺乏道德资本，势必会畸变为一只“迷途的羔羊”，掉入了越是赚钱心切就越发不能自拔的“怪圈”或“泥潭”。正是在此意义上，经营者不要眼中只有钱，而要善于运用道德力量来赚钱。道德是企业经营者获取更多利润和更好效益的根本，赚钱手段不能主次不清，甚至本末倒置。“先知迂直之计者胜”②，说的就是这个道理。2008 年，时任国家总理的温家宝面对三鹿毒奶粉事件时感言：“企业家要有道德。每个企业家都应该流着道德的血液，每个企业都应该承担起社会责任。合法经营与道德结合的企业，才是社会需要的企业。”③ 事实上，道德决定企业员工的人生价值取向、劳动态度、生产积极性，决定企业的生产目的、经营动力和发展态势。因此，企业及其员工在不断提升道德觉悟的同时，也就懂

① ［西班牙］阿莱霍·何塞·G. 西松：《领导者的道德资本》，于文轩、丁敏译，北京：中央编译出版社，2005 年版，第 41 页。

② 《孙子·军事篇》。

③ 温家宝：在夏季达沃斯论坛年会企业家座谈会上回答提问，载《人民日报》2008 年 9 月 28 日。

得了企业及其员工为谁服务、如何服务的道德性问题，由此，企业产品才会有市场，企业才有盈利、有发展。

在激烈的市场竞争中，有道德觉悟的主体和无道德觉悟的主体，一定会有成败结果的不同，甚至会有天壤之别的命运。

其二，主体觉悟形态的道德资本还决定了资源的利用和效率的发挥。如果经济活动的参与者具有高度的主观觉悟状态，就会按照科学发展、绿色环保和以人为本的要求从事生产经营活动，而这必然会导致资源的利用率和效率的提高，进而直接促进企业经济效益的提高，并且会产生"连锁效应"甚至是"滚雪球式"的效应，带来实物资本、货币资本和包括道德资本在内的精神资本的积累和增值。①

值得一提的是，企业领导者的道德素养对于道德资本积累更是起到了示范性和引领性的作用。此即所谓"上行下效"、"榜样的力量"和"楷模的力量"。换言之，领导者是重要的主体觉悟形态的道德资本。西松在其《领导者的道德资本》一书中认为，领导力来自道德力。"领导力是一种存在于领导者与其被领导者之间的双向作用的、内在的道德关系。在领导关系中所涉及的双方——领导者和被领导者——通过相互作用，在道德上相互改变和提升。由此，在道德上的领导就成为主要的领导途径，基于此，个人及其所服务的组

① 其实，道德觉悟高的经营者，也能更快更多地积聚资本。亚当·斯密说，有钱出借的人，宁愿借给讲道德的诚实之人，因为，钱在诚实人手上要稳当得多，更让人放心。参见亚当·斯密：《国富论》，郭大力、王亚南译，上海：三联书店，2009 年版，第 267 页。

织都具有伦理道德性。领导力丰富了个人道德，使个人道德不断成长，并有助于形成良好的组织文化。”[①] 企业领导者缺乏道德力，就没有感召力，其自身也必然不具有道德分析力、道德组织力，更不会懂得道德在经济运作过程中的渗透机制，企业内外部的良性关系的构架就是一句空话。因此，缺乏道德力的企业领导者，必然会削弱甚至丧失道德资本，进而影响企业整体道德资本的形成和积累。

还要说明的是，“主体觉悟形态”之“主体”，不仅仅是指个人。经济行为主体还应该包括各个经济单位，每个经济单位都有其经济行为理念，有其觉悟水准；在经济建设或企业发展中，它也一定能作为道德资本形态发挥如同作为人的主体觉悟形态那样的甚至是更加重要的作用。

4. 道德外化形态

道德资本的实物性载体是道德产品，这是道德资本最终实现价值的依托，因而也是实现道德资本积累和增值的“关键的一跳”。可以说，“商品价值从商品体跳到金体上，像我在别处说过的，是商品的惊险的跳跃。这个跳跃如果不成功，摔坏的不是商品，但一定是商品所有者”。[②] 我曾经指出：“海尔集团的洗衣机近年来能在欧洲市

① [西班牙] 阿莱霍 · 何塞 · G. 西松：《领导者的道德资本》，于文轩、丁敏译，北京：中央编译出版社，2005 年版，第 50 页。

② 需要说明的是，马克思“惊险的跳跃”在此的意思是商品本身要卖出去，实现其价值；其实，所有形态的道德资本最终都要体现在道德性产品能否做成上，没有这个，马克思所说的“一跳”就失去了前提。在此意义上，我把道德性的产品的制成称为生产领域中道德资本的“关键的一跳”。

场打开销路，其中重要原因之一正如外国经销商所说，在于海尔集团生产的洗衣机符合欧洲人的生活要求和生活习惯。同样是洗衣机，许多外国经销商一改往日只销售日本洗衣机为现在只销售我国海尔集团产的洗衣机。这里有集团对自身利益、国家利益和对欧洲人生活需求负责的精神。没有这一优势，海尔集团生产的洗衣机也就没有对欧洲市场占有率的提高，也就没有更多的效益和利润。”①道德资本正是由于最终落脚于道德外化形态即道德产品之上，所以可以获得良好的商业信誉和声誉，反过来，这种道德资本又会转化成实体资本，从而使得企业进一步做强做大。国外尤其欧美许多公司莫不如此。林恩·夏普·佩因认为，许多公司“采取行动来加强自己的声誉，或是对公司顾客的需要与利益做出积极的反应”，“大公司的行政管理者们谈论着保护公司的名誉或品牌，然而企业家们谈论更多的是建立信誉或品牌”。②

毫无疑问，道德产品这种道德资本的存在形式直接关系到企业的生死存亡，关系到道德资本向实体资本和经济资本方向的转化，因此，许多企业都把提供优质高效、物美价廉、适销对路的人性化的商品作为自己在商海立足的命运攸关的核心任务。在这种意义上，我把“人性化的商品”称为“伦理实体”的产品或道德产品，应该是有道理的。

① 王小锡：“论道德资本”，载《江苏社会科学》2000 年第 3 期。

② ［美］林恩·夏普·佩因：《公司道德：高绩效企业的基石》，杨涤等译，北京：机械工业出版社，2004 年版，第 3、7 页。

道德产品是道德资本和经济资本的统一。道德产品既可以表现出物质性的一面，也可以表现出精神性的一面。在物质性方面，道德产品预先假定了经济资本；而在精神性方面，道德产品则预先假定了道德资本。由于具有这种综合性，道德产品就带有了和普通产品不一样的特征。特别是精神性的一面决定了道德资本能够多次重复使用，它不仅丝毫无损其价值，而且使得其价值无限增值。大体说来，企业生产的生活用品和生产用品，都是为人所用的。一方面，道德产品可以最大限度满足人性的需求，发挥着它的效益；同时，为人所用又能够产生新的效益。另一方面，道德产品可以扩大市场占有率，加速资本流转过程，加速资金流转速度，从而产生效益的最大化。那么，如何生产道德产品，打造道德资本的外化形态呢？

其一，在产品生产过程中要秉承一切为了用户，一切为了满足用户的“人性需要”[①],是企业的生产目标和产品设计的基本理念。尤其是在经济全球化趋势越来越明显的今天，企业将面对全球具有各种习俗、爱好甚至特殊要求的国外消费者，这本身就要求有一种认真的“用户至上”的精神去研究和开发适销对路的产品。

其二，为用户着想、对用户的负责精神应该渗透在制造产品的各个环节和各个方面。产品是“精神化了”的物。一方面，“任何产品都是按照人的一定的科技文化认识水平和技术路径设计的”，另一方面，“任何产品都是人的道德觉悟或道德素质的外化体”。[②] 当然，

① 这里的“人性需要”主要是指人的生理需求、心理需求和社会需求。

② 王小锡：“论道德资本”，载《江苏社会科学》2000 年第 3 期。

没有后者就没有更优的前者，但是没有前者，后者也就没法依附。

尤其在环境恶化和环保理念深入人心的今天，道德产品必须具有生态性维度，即产品不仅具有有用性，而且要有对消费者以及消费者以外的其他人和社会生态环境的无害性。正如厉以宁在拷问效率时指出："难道不管生产出什么样的产品，都等于社会生产有一定效率吗？假定生产出来的东西是对人体健康有害的、使环境受污染的产品，难道也表明生产有效率吗？不生产这些产品，效率不更高吗？"[①] 扩而言之，产品生产出来就能发挥他的功能并产生效益了吗？为此，产品本身可以是指事物本身，也可以是服务性的介绍和人性化的服务本身，这其实是扩大了的产品本身。而有的产品虽然质量上乘，但售后服务搞得不好，照样在竞争中处于劣势甚至最终被淘汰出局。这些反映了在商场这个"没有硝烟的战场"上道德产品对企业的生死存亡有着至关重要的作用。

综上所述，从类型学的角度对道德资本的分析和阐述，毫无疑义地会深化我们对道德资本的理解与认识，从而为我们进一步探究道德资本的运行机制问题做了一个关键性的前提研究。道德资本的主要的四种基本形态在道德资本的运行过程中分别扮演着不同的角色，承担着不同的功能。道德资本的四种基本形态中的道德制度形态主要渗透于经济制度[②]，理性关系形态主要存在于经济领域或企业

① 厉以宁：《经济学中的伦理问题》，北京：三联书店，1995 年版，第 3 页。

② 此处的制度指的是多个层面宏观、中观和微观的制度，并非仅指宏观层面的社会基本制度。

的人际关系中，主体觉悟形态主要渗透于经济主体，道德外化形态渗透于产品之中。因此，道德资本的四种基本形态也就是道德资本的四大基本职能形式。当然，四种基本职能形式之间并非绝对分割开来，而是为分析之便所做的相对性区分，它们之间是相互渗透、相互影响的关系。具体说来，从道德制度形态的道德资本与主体觉悟形态的道德资本、理性关系形态的道德资本和道德外化形态的道德资本之间的关系来看，前者是第二、第三两种形态得以实现的保证，而第二、第三两种形态则是前者发挥最佳功能的必要前提条件；前三者是外化形态的道德资本的保证，而外化形态是前三者的具体体现和最终归宿。值得一提的是，道德资本四种基本职能形式在空间上并存，在时间上继起，这是保证道德资本良性运转必要的前提条件。在此意义上，正如真理是一个过程一样，道德资本及其实现机制也是一个过程。

四、道德资本的合理性[①]

经济建设离不开资本运动，然而，理性资本需要道德，资本理性离不开道德，道德资本有着充分的合理性依据。故道德资本与马克思阐释的资本虽然有着本质的区别，但是马克思阐释的资本与道德资本在“资本一般”视野下可以统摄解读，换句话说，马克思对资本的阐释，面对的是资本主义社会，资本主义条件下的资本是从

① 本节曾以“再论道德资本的合理性”为题，载《马克思主义与伦理学》第 4 辑（吴付来主编），北京：中国人民大学出版社，2021 年版。

头到脚都流着血和肮脏的东西，这虽然说明资本主义条件下的资本是“恶资本”，但并不说明任何时候资本都是不讲道德或与道德无涉的。更进一步地说，马克思揭露了资本主义条件下资本的“缺德”性及其可预见的悲惨结局，这反过来恰好阐明了资本的理性、科学运动必须讲道德的道理。事实上，离开了人的精神要素，尤其是离开了人的道德精神，物质、货币等只会是生产性资源，不能形成资本或理性资本。一旦称之为资本及其物质资本、货币资本，就意味着思想和境界已经在资本内部发挥着它们的资本属性的独特作用。

1. 资本本性和资本逻辑并非与道德无涉

依据资本本性和资本逻辑是否就意味着道德资本的提出是不可思议的，是否亵渎了道德，是否缺乏其存在的合理性。回答这个问题，首先要弄清楚资本本性和资本逻辑在什么经济制度下生成和在什么“关系”状态下展示。

这里所讲的资本是资本主义条件下的资本，正如马克思所说：“资本来到世间，从头到脚，每个毛孔都滴着血和肮脏的东西。”[①]这其中的道理，马克思在《资本论》中已经阐释得非常明确而深刻。在资本主义社会，掌握着生产资料的资本家的生存逻辑首先就是要赚钱，而赚钱就意味着要经历为贵卖而买的基本资本运动形式，即G—W—G′公式。然而，作为货币的G又如何通过作为商品的W获取更多的货币G′呢？马克思首先指出：“要转化为资本的货币的价

① 《马克思恩格斯全集》第42卷，北京：人民出版社，2016年版，第777页。

值变化，不可能发生在这个货币本身上，因为货币作为购买手段和支付手段，只是实现它所购买或所支付的商品的价格，而它如果停滞在自己原来的形式上，它就凝固为价值量不变的化石了。同样，在流通的第二个行为即商品的再度出卖上，也不可能发生这种变化，因为这一行为只是使商品从自然形式再转化为货币形式。”[①] 而要有商品价值变化，即要使得货币增加（增值），“我们的货币占有者就必须幸运地在流通领域内即在市场上发现这样一种商品，它的使用价值本身具有成为价值源泉的独特属性，因此，它的实际消费本身就是劳动的对象化，从而是价值的创造。货币占有者在市场上找到了这样一种独特的商品，这就是劳动能力或劳动力。”[②] 劳动力成为商品是资本主义商品经济条件下的特有状况。因为，在资本家所有制的社会条件下，资本的运动需要购买劳动力，而且，也只有在资本主义社会才有不出卖劳动力就不能生存的工人。一个要买劳动力，一个要卖劳动力，双方似乎在“自由”的买卖交易中成交。然而，这个劳动力买卖成交过程和成交后的劳动力使用过程，说明这实质上是不公平的交易，因为，资本家买回的工人是活的有意识的主体，他是不可以用货币来衡量的。而且，资本家为了赚钱，把买回的工人仅仅当作活的劳动资料，仅提供最基本的获取生活资料所需要的货币，除此以外的劳动创造的价值即剩余价值均被资本家占有。所以，劳动力成为商品是资本主义“恶德”的象征，是反人道的肮脏

① 《马克思恩格斯文集》第 5 卷，北京：人民出版社，2009 年版，第 194 页。

② 同上书，第 194—195 页。

交易。

资本家无偿占有剩余价值，这是资本主义的罪恶，因为资本家无偿占有工人的劳动成果是没有任何客观理由且不人道的。马克思说："生产资料转给产品的价值绝不会大于它在劳动过程中因本身的使用价值的消灭而丧失的价值。如果生产资料没有价值可以丧失，就是说，如果它本身不是人类劳动的产品，那么，它就不会把任何价值转给产品。它只是充当使用价值的形成要素，而不是充当交换价值的形成要素。"[①]"当生产劳动把生产资料转化为新产品的形成要素时，生产资料的价值也就经过一次轮回。它从已消耗的躯体转到新形成的躯体。"[②]"就生产资料来说，被消耗的是它们的使用价值，由于这种使用价值的消费，劳动制成产品。……因此，生产资料的价值是再现在产品的价值中，确切地说，不是再生产出来。"[③]换句话说，包括被资本家无偿占有的剩余价值在内的劳动创造的价值，只是作为可变资本的工人创造的。既然剩余价值是工人创造的，为什么可以给资本家无偿占有，这就是由资本家所有制造成的劳动力的买卖所导致的资本家与工人之间的支配与被支配的不公正关系的必然结果。

这就是说，创造价值尤其是剩余价值的资本是关系，是生产关系。马克思明确指出："资本不是物，而是一定的、社会的、属于一

① 《马克思恩格斯文集》第 5 卷，北京：人民出版社，2009 年版，第 237 页。
② 同上书，第 240 页。
③ 同上书，第 241 页。

定历史社会形态的生产关系，后者体现在一个物上，并赋予这个物以独特的社会性质。”[①] 这里可以明确地回答这样一个问题，即为什么马克思把资本定义为是带来剩余价值的价值。这就是说，马克思所阐释的资本是资本主义条件下的资本，而在资本主义社会，资本内含能自由出卖自身劳动力的工人和掌握生产资料的资本家的对立这一不可调和的矛盾，内含着剥削与被剥削、压迫与被压迫的不公正关系，内含着工人在创造价值过程中不断地创造出自身的资本主义生产关系机制。在这种状态下，工人劳动创造的价值，除去资本家需要工人继续生存下去的工人的基本生活费用外，其余全部被资本家无偿占有。所以，当资本家在市场买回劳动力后，资本家就占有并支配着工人及其全部劳动。而且，“资本由于无限度地盲目追逐剩余劳动，像狼一般地贪求剩余劳动，不仅突破了工作日的道德极限，而且突破了工作日的纯粹身体的极限”。[②] 这样的境况下，工人的劳动即使一时地可以达到资本家的追求剩余价值的目的，但是，它客观上损伤了工人的身体和情绪，加深了本来就无法消解的劳资矛盾。

因此，就资本主义条件下的资本“是一种以物为中介的人和人之间的社会关系”[③] 来说，依据资本本性和资本逻辑，资本主义条件下至少有以下矛盾不仅无法解决，而且矛盾将会越来越重。一是劳动与资本之间的对抗性矛盾。尤其是工人不断创造剩余价值，而作

① 《马克思恩格斯全集》第 46 卷，北京：人民出版社，2003 年版，第 922 页。
② 《马克思恩格斯文集》第 5 卷，北京：人民出版社，2009 年版，第 306 页。
③ 《马克思恩格斯全集》第 44 卷，北京：人民出版社，2001 年版，第 877—878 页。

为“人格化的资本”的资本家[①]总是将新的剩余价值作为更多更大的资本投入到资本运动中去，不断造成工人的新的异己力量和剥削、压迫力量。二是剩余价值的生产与生产者生产自身的矛盾。工人在创造价值的过程中，只能获得自身基本生活条件，他还必须始终以出卖劳动力并创造剩余价值来维持自己的生存，而这种剩余价值又是资本家不断追逐的目标，这就意味着工人在生产中客观地总在生产只能出卖劳动力的自己。三是剩余价值的生产过程与实现条件的矛盾。资本主义条件下，剩余价值的生产是靠工人自身的消耗获得的，既然资本家只满足工人维持生存的基本要求，那么，工人在不断创造剩余价值的过程中，也在不断损伤自己的身心。而且，社会发展会给劳动资料等带来新的技术、新的手段，但这在一定意义上恰恰进一步加强了工人的异己力量。四是资本生产过剩与社会需求的矛盾。资本主义生产过剩是资本无序扩张、资本恶性竞争的结果。因为，资本在逐利过程中是唯钱是图的，社会需求只是资本逐利的依据，而面向社会需求的依据又是能否赚钱，这样，势必造成生产过剩与社会需求不能满足的局面。以上这些尖锐的矛盾客观上构成了资本本身的自我否定力量，也必然导致周期性出现的资本主义经济危机，道德危机也总会伴随前者产生。[②]

由是观之，资本主义条件下的资本，正如马克思所说，“资本

① 马克思语：“作为资本家，他只是人格化的资本。”参见《马克思恩格斯全集》，北京：人民出版社，2016 年版，第 228 页。

② 其中有些观点和提法参见郗戈：“资本逻辑与主体生成：《资本论》哲学主题再研究”，《北京大学学报》（哲学社会科学版）2019 年第 4 期。

一出现，就标志着社会生产过程的一个新时代”[①]，“资本的文明的胜利恰恰在于，资本发现并促使人的劳动代替死的物而成为财富的源泉”[②]，“资本的文明面之一是，它榨取这种剩余劳动的方式和条件，同以前的奴隶制、农奴制等形式相比，都更有利于生产力的发展，有利于社会关系的发展，有利于更高级的新形态的各种要素的创造”。[③]但是，尽管如此，资本主义条件下的资本仍是反人道、不道德的。因为，既然资本的本质是生产关系，就有一个生产关系如何符合社会生产力的发展的进程和要求的问题，就存在着生产关系中的生产资料所有制形式、经济主体的社会地位、产品分配形式等是否符合理性及其适应时代发展之制度和资本运动之应该的问题。观照资本主义条件下的资本，“它把人物化，把人的尊严变成了交换价值，破坏了一切封建的、宗法的和田园诗般的关系，使人和人之间除了赤裸裸的利害关系和冷酷无情的现金交易外再也没有任何别的联系，整个社会都淹没在利己主义打算的冰水之中。在资本的肆虐之下，这样的社会显然已无和谐可言，生活于这样的社会中的人无幸福可言”。[④]因此，资本以冷酷的、残忍的、肮脏的面目来到世间后，其运动过程又违背理性及科学的道德要求，这样的资本是迟早要被社会淘汰的资本，这种“恶资本”运动一定会导致与之相匹配的生产资料所有制的变革，并由此萌发和推动资本理性、科学运动

---

① 《马克思恩格斯文集》第 5 卷，北京：人民出版社，2009 年版，第 198 页。

② 《马克思恩格斯文集》第 1 卷，北京：人民出版社，2009 年版，第 176 页。

③ 《马克思恩格斯文集》第 7 卷，北京：人民出版社，2009 年版，第 927—928 页。

④ 龚天平：“资本的伦理效应”，《北京大学学报》（哲学社会科学版）2014 年第 1 期。

的形成和发展。

资本本性和资本逻辑的结局说明，资本的精神要素尤其是道德要素是与资本运动不可分离的，离开了资本的精神要素尤其是道德要素，资本无法正常运动。同时，资本的精神要素尤其是道德要素如果是负面性存在，那资本运动将是彻底的破坏性经济运动，并将会引起适应资本理性、科学运动的社会变革。反之，如果资本的精神要素尤其是道德要素是正能量性存在，那将是经济运动的强大的推动力量。

2. 道德不能缺位于资本的理性、科学运动

这里首先要澄清一个不是问题的问题，即有人认为，货币转化为资本，一定要有劳动力买卖，有劳动力买卖就存在剥削乃至压迫。其实，这里混淆了“资本一般”和“资本特殊”之含义。我曾经指出，“资本”是经济学的一个核心范畴，撇开不同社会制度的本质的特殊规定性，资本的一般属性是指能带来利润的、体现为实物和思想观念的价值。从另一角度讲，资本是一种力，是一种能够投入生产并增进社会财富的能力。这是“资本一般”。在资本主义制度下，由于其生产资料是资本家占有制，因此资本的运动形式被扭曲，出现了劳动力买卖过程，正如前面所说，资本主义条件下，唯有劳动力买卖才产生资本，这就形成了被马克思批判的带来剩余价值的价值的“资本特殊”之资本。[①] 换句话说，就概念来说“资本”是一个

① 参见王小锡：《道德资本论（第二版）》，南京：译林出版社，2021 年版，第 138—140 页。

中性词，在不同的社会制度下，就会有不同的甚至是有本质区别的资本运动。因此，社会主义制度及其社会主义市场经济条件下的经济活动同样有资本存在，但不存在劳动力买卖环节，故该资本是在理性、科学状态下运动的。

社会主义制度及其社会主义市场经济条件下，资本的形成不需要有劳动力买卖之环节，人民的主人翁地位和人与人之间的平等关系，以及生产资料的公共性，决定了不变资本和可变资本的结合是理性的、不断适应时代要求的应该状态的。尤其是在“国有经济、集体经济和混合所有制的公有制经济成分中”，尽管劳动者在进入劳动过程前，要与劳动单位形成一种与利益相关的契约关系，但是，劳动者是在劳动成果直接与自身利益挂钩的情景下劳动，是“在经营决策中具有更大话语权”的劳动，是在剩余价值作用于劳动者和经济社会完美发展的劳动，是管理者与被管理者分工不同、人格平等下的劳动，因此，社会主义公有制条件下的资本是带来创新价值的价值。当然，我国目前还存在个体经济、民营经济、外资经济成分，资本运动是通过招聘劳动力而展开的，因此，这里的劳动力不是生产资料共有者，劳动者的劳动是被支配的，劳动创造的价值是在企业主意愿下分配的，尽管资本运动过程要受到政策和规约的引导和限制，但剩余价值终究归企业主拥有。[①] 不过，招聘劳动力不是劳动力的买卖关系，资本所有者不可能像资本主义条件下

① 其中有些提法和观点参见周绍东、王松：“《资本论》与中国特色社会主义经济学：逻辑起点与体系建构”，《马克思主义研究》2017 年第 5 期。

的资本家那样，在市场买回劳动力后，就占有并支配着工人及其全部劳动。因为，在社会主义制度及其社会主义市场经济条件下，劳动者与资本所有者的关系是人格平等的关系，他们的契约关系及其实行要受到国家法律的调控和制约，企业所获得的剩余价值在投入再生产的过程中，一定以不损害国家利益、社会利益和劳动者利益为前提。因此，这样的资本特质与资本主义条件下的资本性质有着明显的区别。

社会主义制度及其社会主义市场经济条件下不存在劳动力买卖，更不存在剥削与被剥削、压迫与被压迫的人际关系，那劳动者在资本运动中是什么角色呢？为了说明这一问题，还需要澄清一种理念，即有人认为，资本是物质的，它表现为物质资本和货币资本，除此以外再没有什么资本可言。其实就资本是一种能够投入生产并增进社会财富的能力来看，资本有物质资本和货币资本，也应该有精神文化资本。正如马克思所说："知识和技能的积累，社会智力的一般生产力（马克思曾称之为精神生产力。——作者注）的积累，就同劳动相对立而被吸收在资本当中，从而表现为资本的属性，更明确些说，表现为固定资本的属性。"① 实事上，资本一定是物质资本和货币资本与精神资本的统一体，离开了精神资本，所谓物质资本、货币资本不可能成立，也无法被理解。离开精神资本，所谓物质、货币都只能是生产性资源而已。解析马克思的关于一般生产力表现为

① 《马克思恩格斯文集》第 8 卷，北京：人民出版社，2009 年版，第 186—187 页。

固定的资本属性的理念，可以说明生产力乃至资本，离开了精神要素就无从谈起。马克思指出："人本身单纯作为劳动力的存在来看。也是自然对象，是物，不过是活的有意识的物，而劳动本身则是这种力的物质表现。"① 因此，"我们把劳动力或劳动能力，理解为一个人的身体即活的人体中存在的、每当他生产某种使用价值时就运用的体力和智力的总和"。② 这就是说，"没有人的作为'主观生产力'及其观念导向，生产力将是'死的生产力'，不能成为'劳动的社会生产力'"。③ 恩格斯也说："劳动包括资本，并且除资本之外还包括经济学家没有想到的第三要素，我指的是简单劳动这一肉体要素以外的发明和思想这一精神要素。"④ 恩格斯在这里似乎把资本与精神要素分开了，其实不然，他这里谈的是劳动要素，既然是劳动要素，把精神要素单独提出是正常的思维逻辑。这就是说，劳动和资本运动离不开人，而这个人不只是肉体的，它还包括"发明和思想"。再就资本基本运动形式"G—W—G′"来说，中间环节的 W 是劳动者和生产资料的综合体，而这个综合体绝对不可能是一堆静止的物质，如果都是静止之物质，那资本就不可能产生。事实上，劳动者是主观生产力，是活的有思想的人，在社会主义制度下，劳动者是有思想境界、道德觉悟的人，他是资本理性、科学运动的关键因素和根本性因素。

---

① 《马克思恩格斯全集》第 23 卷，北京：人民出版社，1972 年版，第 228—229 页。

② 《马克思恩格斯文集》第 5 卷，北京：人民出版社，2009 年版，第 195 页。

③ 参见王小锡：《道德资本与经济伦理》，北京：人民出版社，2009 年版，第 124 页。

④ 《马克思恩格斯文集》第 1 卷，北京：人民出版社，2009 年版，第 67 页。

由是观之，在社会主义制度及其社会主义市场经济条件下的资本运动是内含符合社会发展进程要求的科学道德的理性资本运动，也是科学的资本运动。一是劳动者是资本运动的主人，因此，作为可变资本的承载者，他能最大限度地发挥自己的才智和能量，在充分节约劳动时间的基础上，以期创造更多更好的价值。与此同时，劳动者在劳动中不像在资本主义条件下劳动的工人在创造剩余价值的同时也是对自身身体和身心的摧残，而是在不断提升自己的综合素质的同时还存在获得感、幸福感和有尊严感；二是公共生产资料的应用不是被动操作，而是在充分发挥公共生产资料作用的同时，最大限度地节约资源，实现资本运动作用的最大化；三是所有进入经济活动过程的管理者、被管理者和辅助活动者都是人格平等的劳动者，没有高低贵贱之分，没有利益大小之分，极易形成“一加一大于二”的经济建设合力；四是资本运动所创造的新的价值，在坚持社会主义按劳分配原则的基础上，其剩余价值将在有利于国家利益、集体利益和广大民众利益协调发展的理念指导下，用于再生产、再发展。这就说明，理性资本一定是道德性资本。

3. 道德是遏制资本无序扩张的重要力量

资本的本性是逐利，当然，正如前面所提到的，在资本主义和社会主义的不同社会制度下，资本的本性有明显的不同特征和本质区别。即是说，在资本主义制度下，在所谓经济自由理念下不受道德约束的资本逐利是贪婪的、没有节制的，最后一定走向万劫不复的深渊。而社会主义制度下，因人际地位平等、利益共同而受道德约束的资本是理性和科学运动的，它会在不断的扩大再生产中获得更新更多的价值，进而推动经济活动的理性、快速的发展。不过，在现阶段，由于我国坚持以社会主义公有制为主体、多种经济成分并存，坚持中国特色社会主义市场经济体制，因此，各种经济主体之间的竞争会很激烈，在资本运动机制尚需不断完善的情况下很容易出现非理性状态，并导致资本的无序扩张，以致影响理性资本的形成和正常运转。

就当前我国资本的无序扩张即资本的非理性运动来看，主要有以下表现：一是凭借已有的所谓资本实力与理性资本相抗衡，甚或打压理性竞争者，从而压制理性资本的正常运动；二是违背社会主义市场经济规律，无序抢占市场，恶意扩大市场占有率，并以此垄断市场，破坏市场的生态发展；三是与国家和社会争利，与广大民众争利，违背社会主义利益协调、利益平衡、共同发展的原则，影响经济有序发展和人民共同富裕；四是不合理使用剩余价值，将更多的侵占的剩余价值作为恶意竞争的资本投入经济活动中。以上说明，资本的无序扩张不加以遏制的话，不仅破坏资本的理性、科学运动，而且将会严重影响社会主义市场经济的发展速度和发展质量。

而要遏制资本的无序扩张，在道德视野下，现阶段至少应该坚持以下几点：一是坚持国家利益、人民利益至上，完善政策法规，在全面引导、协调资本投向的同时，有针对性地遏制资本的恶意扩张，有序推进资本理性、科学运动；二是主张和支持理性竞争，对于市场垄断、无端打压竞争对手、坑蒙拐骗等行为，要给予坚决的打压；三是确保劳动者的人格尊严、消费者的合理诉求和共同富裕的完美实现，在剩余价值的分配和利用上严格宏观调控，科学、理性地扩大再生产；四是科技、产业的发展要利在当下、利在未来、利在民族、利在民众；五是在互联网时代，对于互联网销售、互联网金融等经济活动，必须坚持维护国家利益、社会利益和民众利益的原则。当然，坚持以上遏制资本无序扩张的基本主张，道德自觉是根本，但是，道德制度化、道德政策化、道德法规化是现时代遏制资本无序扩张的重中之重。

利用道德力量遏制资本的无序扩张，目前还需要厘清以下理念：有观点认为，认同道德资本，就是怂恿功利主义，就是偏离了道德的终极目的。同样，还有人指出，主张道德资本会将人们引导到关注道德的工具性价值上，这会消解道德于个人、于社会的终极意义，其中隐藏着道德危机。持这种观点就是要说明道德与资本无关，为赚钱而生的资本不关注道德，甚至排斥道德。这里的首要问题是如何认识道德的终极目的，有认为是“至善”的，有认为是“道德自由”的，有认为是“义务境界”的，还有认为是“人的全面发展、社会和谐进步”的，等等。这些理念都有其较充分的“道德理由”。然而，如果把这些道德终极目的不落实在具体的能够衡量的效果上面，那么，“至善”“道德自由”“义务境界”等就只是不着边际的抽象概念，只是停留在口头上的终极目的。就算是“人的全面发展、社会和谐进步”这一道德终极目的，也应该有具体的或标志性的成果展示。所以在经济领域，道德目的或道德作用应该在经济效益上体现出来。事实上，在经济领域，道德目的和道德作用就是为了获利。不过，这个“利”不是少数个人或资本的私利，而是整个社会的公利，是全体劳动人民的共利。离开了经济效益或经济利益，那道德在经济领域不仅没有生存意义，也没有生存理由。还有人说，道德资本的提出不符合道德本性，经济主体或劳动者的终极道德目的是道德义务感的加强和道德境界的提升。如果是这样的话，这道德义务感的加强和道德境界的提升离开了经济效益又有怎样的衡量依据或标准呢。事实上，道德的终极目的不可能是口头上的，也不可能停留在主观精神层面。道德义务感的加强和道德境界的提升正是在公利对私利的超越过程中完成的。百年中国共产党的伟大道德精神，始终是在道德实践中体现出来的，这也足以说明道德终极目的始终是与经济社会的发展、人民的幸福生活密切联系在一起的。这充分说明道德与利益（功利）是一致的。而且，理性资本就是道德（精神）资本与物质（货币）资本的有机统一。如果认为主张道德资本就是怂恿功利主义，这就意味着道德不应该谈功利，那道德也就无法存在于资本运动中，更无法引导资本的正确投向和遏制资本的无序扩张，这样反而很容易在资本运动中产生道德危机。

由是观之，历史和现实的经验告诉我们，在经济领域提出道德资本的理念，不仅有利于道德终极目的在经济领域的实现，而且有利于有效遏制资本的无序扩张，有利于避免没有规则制约的经济活动中的道德危机的产生。

五、道德资本与资本[①]

有人可能会质疑说，马克思对资本是持道德上的批判态度的，即“资本来到世间，从头到脚，每个毛孔都滴着血和肮脏的东西”，在马克思的意义上，“道德”与“资本”的联姻是不可想象的。之所以会有这样的疑虑，是因为质疑者没有理解我所提出的道德资本概念的“资本”与马克思的经典资本概念之间有着明显的区别，从而望文生疑，产生误读。事实上，我的道德资本概念并不是简单地把道德与马克思的经典意义上的资本概念联姻。更何况，我在早先发表的文章中已经做过说明，道德资本之资本不是马克思所论述的资本主义条件下的资本。正如本人曾经在一篇论文[②]中所写的那样，这里所说的道德资本概念中的“资本”并非马克思使用和论述的特殊资本概念，而是“资本一般”[③]视阈下的生产要素的资本范畴，即科

---

① 参见王小锡：“‘道德资本’何以可能——对有关质疑的回应”，载《哲学动态》2013年第3期；《中国社会科学文摘》2013年第7期、中国人民大学复印报刊资料《伦理学》2013年第6期全文转载。

② 王小锡：“论道德的经济价值”，载《中国社会科学》2011年第4期；《新华文摘》2011年第23期、中国人民大学复印报刊资料《伦理学》2011年第10期全文转载。

③ 所谓“资本一般”，是指资本投入生产过程创造和获取新的利润和效益，也就是使价值增值。换句话说，资本均有价值增值的功能。这是资本共性，也即资本一般。马克思说：“资本一般，这是每一种资本作为资本所共有的规定，或者说是使任何一定量的价值成为资本的那种规定。”参见《马克思恩格斯全集》第46卷上册，北京：人民出版社，1979年版，第444页。

学或趋善意义上的道德能够以其特有的引导、规范、制约和协调功能作用于生产过程，促进资本价值增值。因此，从“资本一般”概念出发，道德作为影响价值形成与增值的精神因素具有资本属性。换言之，道德资本是体现生产要素的资本的概念，是广义资本观下的资本概念。它不同于马克思政治经济学中作为反映或批判资本主义社会制度和经济关系的本质的分析工具的资本概念。

马克思的政治经济学认为，在资本主义私有制条件下，资本不是物，资本是带来剩余价值的价值；资本是经济范畴，更是经济关系范畴，它体现了资产阶级与工人阶级之间的压迫与被压迫、剥削与被剥削的雇佣劳动的关系。因此，马克思政治经济学中所论及的“资本”，其本身就是“不道德”和“缺德”的代名词，我所说的道德资本与被马克思批判的资本主义条件下的“资本特殊”[①]的资本概念不是一回事。道德资本则是把道德视为一种有价值的生产性资源，以此来分析道德在经济价值增值过程中特殊的功能和作用，这是道德资本概念与马克思的资本概念的区别，也是理解道德资本的理论空间和逻辑边界的起点。有学者明确地将道德的经济功能及其作用称为道德资本，认为，“道德的经济功能与资本相类似，它介入经济活动，会带来较大的利益。我们可以借用布尔迪厄的宽泛的资本概念称其为‘道德资本’”。[②]其实从社会效用来看，道德资本不单纯是

① 所谓“资本特殊”，是指在资本主义条件下，资本所创造的剩余价值被资本家无偿占有，体现了资本对雇佣劳动的剥削的本质。

② 罗卫东：“论道德的经济功能”，载《中共浙江省委党校学报》1998 年第 1 期。

促进价值物保值和增值的精神要素，更是一种蕴含着社会理性精神的价值目的，以实现经济效益与社会效益的双赢。这里表明，我提出的道德资本一定是“资本一般”中的精神资本，它不可能是马克思的作为“资本特殊”的资本概念中的因素。

在正常情况下，道德资本与“资本一般”不存在冲突。事实上，道德资本即实现资本与道德的有机统一，它也是生产要素意义上的“资本一般”概念之要素，道德资本的存在，必然能够保持资本的存量，扩大资本增量。所以，社会主义条件下的资本在投入生产的过程中，应该而且必须讲道德，唯此才能最大限度地实现资本增值和经济社会的效益。

所以，担心道德资本与资本无法相容，是没有必要的。因为这里的资本概念区别于马克思的“资本特殊”意义上的资本概念，道德资本是道德和生产要素的联姻，是和“资本一般”意义上的资本概念的联姻。就是说，道德资本是就“资本一般”之资本来说的，两者是相通的，基本理路也是一致的。显而易见，这本身就是一种经济伦理或伦理经济现象，而不是纯粹的经济学现象。前面在谈道德与经济的关系时说过，有经济必有道德，道德对于顺应社会发展规律的经济建设来说不可或缺。这里可以说，有资本必有道德，资本实现理性投资必须讲道德，道德对于资本的科学运动并实现价值增值来说不可或缺。

事实上，道德资本不仅能促进资本的价值增值，而且能在资本内部起到引导、批判和纠错作用。同时，在道德资本发挥作用的过程中，客观上也在不断提升人的综合素质。这就是说，道德资本是理性资本存在和实现价值增值的不可或缺的条件，也是资本理性及其发挥作用的重要依据。

还有人担心，认同道德资本就是支持了资本泛化，模糊了资本的概念。其实不然，在社会主义制度下，认同道德资本或资本的道德要素，就是对资本真正的深刻的认识和完美的把握。否则，假如放任资本本性非理性扩张，这样的资本与社会主义经济建设是格格不入的。事实上，道德在资本投资时，作为资本的精神要素，它客观上存在引导、约束和限制资本运动的作用。如果认为，资本只能是投入、产出、获得效益等纯物质运动，那是片面的、落后的经济学理论。当然，一些以其他内容或形式命名的资本，如果不与生产及利润的获得相关联，那只能是其他学科或社会行为评价的借用，与经济学理论无关，故不必以经济学视角予以评判。

由是观之，资本的本性是获取更多利润，是不断追求价值增值，这无可非议。但是，资本在不同的历史条件和不同的社会制度下，有着根本性的区别。正如马克思主义政治经济学所指出的，在客观存在剥削与被剥削的雇佣劳动关系的社会制度下，资本来到世间，从头到脚，每个毛孔都滴着血和肮脏的东西。我们由此进而言之，在反对剥削与被剥削的雇佣劳动关系的社会制度下，资本的运动，将会坚持资本获取、投入、利润分配和再利用的应该或不应该的理性原则。因此，作为资本要素的道德是资本理性的重要内容，也是理性资本存在的重要依据，更是资本发挥价值增值的重要条件。所以说，科学的社会制度下，道德是资本的精神要素，资本需要道德，资本离不开道德。

结　语

道德在经济领域能够以其独特的功能和作用，促进资本的理性、科学运动，充分发挥劳动者的生产潜能，创造更多新的价值。同时，道德也会通过经济领域的价值取向和理性终极目的，遏制资本的无序扩张，引导经济活动的有序展开。因此，道德也是资本，道德资本客观存在。当然，需要说明的是，说道德是资本，认同道德资本，并不就是认为道德是独立的资本。道德资本是区别于马克思资本概念的“资本一般”视阈下的精神资本。进而言之，资本形式有物质资本、货币资本和精神资本，货币资本是一般等价物，故资本应该是物质资本和精神资本的统一体。既然这样，那物质资本和精神资本也就是资本的两大基本要素，而这两大要素是互为存在、互为作用的。离开物质谈资本缺乏物质基础，资本不能成立；同样，离开精神谈资本缺乏精神条件，资本同样不能成立。而且，资本的精神要素在一定意义上对于资本形成来说更加重要。事实上，精神资本和物质资本是一体的。当然，我们在理论研究和话语交流中分别使用物质资本或精神资本概念，不仅不影响我们对资本的把握，而且有利于我们对资本的深入探讨。同理，道德具有“固定资本的属性”，道德资本是精神资本的基础或核心要素，而把作为精神资本中的道德资本要素独立称为道德资本，将有利于理念的完善、理论的深入和实践的完美展开。事实上，道德资本的作用是在推动理性资本运动和遏制资本无序扩张中体现出来的，因此，我的道德资本理论始终是在资本范畴内进行探讨和阐释的。

第四章　作为资本精神要素的道德在价值增值中的作用[①]

作为资本或精神资本要素的道德，即作为资本的道德，在企业经营过程中有其不可替代的促使价值增值的作用。换句话说，企业要想获得更多的利润和更好的效益，不能忽视道德的独特的作用。

曾几何时，某国际著名品牌汽车因在我国市场售后服务中缺乏责任意识，服务承诺落实不到位，导致接连出现该著名品牌汽车客户或在大庭广众面前用铁榔头砸毁自己的汽车，或用毛驴拖着自己的汽车游街，致使该品牌的声誉受到严重影响，在我国市场出现了品牌的信任危机，其销量直线下降。最后更是惊动总部出面处理问题才扭转危机。即便如此，企业市场声誉和经营效益的恢复仍然经历了相当长的一段时间。可见，产品销售承诺不到位，或服务欠缺，

① 参见王小锡：《道德资本研究》，南京：译林出版社，2014 年版，第 138—145 页；王小锡：《经济伦理学：经济与道德关系之哲学分析》，北京：人民出版社，2015 年版，第 178—187 页。参见厉以宁：《超越市场与超越政府——论道德力量在经济中的作用（修订版）》，北京：经济科学出版社，2010 年版。

甚至欺骗顾客，那最好的产品也会在相对意义上降低质量。因为，产品本身质量虽好，但如果在销售或售后服务方面信誉不好，也必然会减慢销售速度和资金流转，影响企业利润和效益。这说明检验产品质量，既要检测产品本身，也要检验产品出厂后的企业“关注度”。产品质量在宏观意义上既要有静态分析，也要有动态探测；既要有硬件指标，也要有软件要素，其中需要特别关注企业道德水准及其道德在产品质量中的角色。

当然，如果企业产品本身就有质量问题，那就是对企业自身、对顾客甚至对社会不负责任或不讲道德的举动，这样的企业及其产品是在市场上站不住脚的，想占有一定的市场份额更是不现实、不可能的。即使有的企业或产品偶尔在市场上占了一些便宜，到头来还是会影响企业的发展，甚或使企业走上不归路。

历史的经验已经充分说明，道德责任意识是企业的精神支柱，道德承诺和道德行动是企业获取市场信誉并获得更多利润和效益不可或缺的重要因素。德国著名经济伦理学家彼得·科斯洛夫斯基在其著作中也表明了这个道理，即“经济不仅仅受经济规律的控制，而且也是由人来决定的，在人的意愿和选择里总是有一个由期望、标准、观点以及道德想象所组成的合唱在起作用”。[①]

道德资本在企业经营过程中将作为不可或缺的重要精神资本发挥其价值增值作用。

---

① ［德］彼得·科斯洛夫斯基：《资本主义的伦理学》，王彤译，北京：中国社会科学出版社，1996 年版，第 3 页。

一、提高资本增值能力之重要条件

20 世纪 90 年代中期以前，拥有 3 500 多名员工的原青岛红星电器股份有限公司，曾经是我国洗衣机行业的骨干企业，年产洗衣机达 70 万台，年销售收入达 5 亿元。但在 1995 年后，生产经营每况愈下，债务高达 1.33 亿元，前景很不乐观。1995 年 7 月，青岛市政府决定将该公司整体划给海尔集团。当时，海尔集团负责人张瑞敏深知，兼并后的海尔，只许成功，不许失败。成功了，海尔整体实力壮大；失败了，不仅没有振兴红星电器公司，还连带损害海尔原有的机体和发展前景。责任重大，压力巨大。怎么办？张瑞敏经过深思熟虑，对前景充满信心，信心来自自己独到的经营管理理念，即以无形资产盘活有形资产，以海尔的企业文化重铸企业灵魂。张瑞敏同时十分明白，用无形资产盘活有形资产是通过人来实现的，只有先盘活人，才能盘活资产，而盘活人的关键就是用海尔文化盘活被兼并企业员工的观念。当然，海尔文化是一个由物质文化、精神文化、管理文化、生产文化、销售文化等各种文化元素有机组合成的系统的整体，“而企业文化最核心的内容应该是价值观”（张瑞敏语），这是盘活企业员工观念并进而盘活有形资产的最根本观念。[①] 进而言之，价值观就是道德观，因此，道德观是盘活人进而盘活有形资产的重要精神力量。张瑞敏的理念在后来的实践中取得了成功。

---

① 参见康毅仁：《明天属于你自己：张瑞敏商业智慧》，合肥：安徽人民出版社，2012 年版，第 8—9、28—29 页。

事实上，资本的本质特征在于运动，资本只有不停地运动才能实现价值增值，否则就不能称其为“资本”。在资本运动的过程中，道德能够如张瑞敏所言通过激活人力资本和有形资本促使价值增值。

1. 道德能够通过体现道德应该的制度文化提升有形资本的运行效率

道德通过组织制度的道德化设计以及对人的潜能的激发，盘活有形资产，实现资源的优化配置，从而提高生产效率。从一定意义上说，改革开放以来我国的企业制度改革，正是社会主义道德要求在企业制度建设中的具体体现。通过企业产权制度的改革，使国家、企业和个人之间的利益关系更加清晰、公正和合理，由此，人的积极性得到充分的发挥，资源的利用率和利用效果达到了最大和最佳状态，企业经济效益快速增长；通过企业内部理性制度的完善，实现有尊严的劳动、利益分配的合理均衡、获得感的不断增强等，促使企业在道德性经营中充分发挥有形资本的运作效果。

2. 道德可以通过人的主观能动性不断地外化并渗透进有形资本当中，进而获得企业信誉和核心竞争力，形成资本存量，提高有形资产的附加值

一个充分担当道德责任的企业，将会培育出有道德责任担当的员工，由此而提升的企业道德觉悟，也将会通过企业的道德行动，极大地提升市场信誉，不断提高企业产品的市场占有率；这也势必增加企业有形资产的附加值，并最终增加企业的利润。纵观当今中国著名企业，一个共同特点是，企业坚持对国家负责、对民族负责、

对社会负责、对用户负责的经营宗旨，员工坚持道德经营，其产品及其售后服务将会最大限度地符合用户的需求，并最终赢得市场，提高“身价”，在实现了物质效益和精神效益双赢的同时，提高有形资产的附加值，扩大资本存量。

3. 道德能够通过对经济主体品质、素养和境界的提升而激活人力资本，从而成为企业利润增加乃至整个社会财富增长的资本性资源

企业通过系统的道德教育、道德渗透和道德实践，终将促进企业道德水平和企业员工道德素质的提升，而具备积极的人生价值取向和优秀的职业道德素养的劳动者，能够真正成为生产活动的“第一要素”，能够促使企业经营正常、高效。正是在这一意义上，道德资本与人力资本无论在学理层面还是实践层面都有着密切的内在关联性；因此，任何企业要在企业竞争中始终占据主动，就必须始终坚持把员工道德素质的培养和企业道德水平的提升放在首位。[①]

二、生产力精神要素之核心

记得在某年夏天的一个周末晚上，我应朋友邀约前往有十多人参加的聚会。席间在交谈中，我向一位初次见面的拥有两千多工人的工厂女厂长询问了关于该厂固定资产更新的周期问题，她回答我说：“我没有考虑过这样的问题，这种前人栽树后人乘凉的事情我也

① 参见王小锡：“论道德的经济价值”，载《中国社会科学》2011 年第 4 期；《新华文摘》2011 年第 23 期、中国人民大学复印报刊资料《伦理学》2011 年第 10 期全文转载。

不会去干。”问其原因，她说：她已经调到该单位任职有一年半，说不定还有半年或一年又得调走，如果现在搞固定资产更新，年终效益或近年效益指标要下降；一旦她近期调走时效益下降，就会脸上无光，而后任者可以摘桃子，工厂固定资产改造后上升了的效益指标就成了后任者的在位成绩，那她现在还不如稳打稳扎，保证在位时效益不下降。那位女厂长的思想境界就是一种价值观、道德观，为了自己的面子和影响，她可以不搞固定资产更新。这样一来，如果抓不住固定资产更新的时机，影响的是工厂的生产力水平的适时提升。而事实上，若干年后的该工厂生产力水平的确不适应时代发展的需要，效益明显下降。这样的情况的出现，不能不说与该厂长缺乏应有的道德觉悟有关。进而言之，道德觉悟影响人们对生产力要素的认识、改造和利用，这也就必然影响企业道德资本的形成。当然，道德能否成为资本，关键要看道德在经济运行和企业发展中能否产生应有的作用力，形成独特的经济价值。以上女厂长的思想境界及其工厂经营的不景气启示我们，道德在经济运行和企业发展中不是可有可无的，它其实也是一种不可或缺的生产力。①

---

① 有人认为，道德生产力颠倒了历史唯物主义的“决定与被决定”的物质与精神的关系。我认为，这是在对道德生产力观点的错误理解基础上所得出的错误结论。认为道德是生产力，一是指只有作为“主观生产力”的人，去激活作为“死的生产力”的机器等，社会生产力才得以形成，其中道德素质直接影响劳动者的价值取向和物质生产力水平的提升；二是指作为道德作用的直接指向的人的完善和人际关系和谐，对于物质生产力存在和发展的特殊而又不可替代的引导、促进和规范作用。这也说明，物质生产力离开包括道德在内的精神要素，无从谈物质生产力的存在和发展。当然，道德离开物质生产力，将无法体现作为精神生产力的内涵。所以，道德生产力不是游离于社会生产力之外的独立的生产力，道德是物质生产力、精神生产力的基本（转下页）

生产力中人的因素是能动的，也是最为积极和活跃的因素，生产劳动是人的活动和物的因素有机结合的过程，是作为“主观的生产力”和“社会的劳动生产力”的实现过程。正如马克思所说：“单个人如果不在自己的头脑的支配下使自己的肌肉活动起来，就不能对自然发生作用。正如在自然机体中头和手组成一体一样，劳动过程把脑力劳动和体力劳动结合在一起了。”[①] 因此，“我们把劳动力或劳动能力，理解为一个人的身体即活的人体中存在的、每当他生产某种使用价值时就运用的体力和智力的总和”。[②] 这即是我过去多次在文章中所论及的那样：生产力内含着人的精神因素，其中必然包含着人的道德素养和道德能力。

马克思指出：“任何生产力都是一种既得的力量，是以往的活动的产物。可见，生产力是人们应用能力的结果，但是这种能力本身决定于人们所处的条件，决定于先前已经获得的生产力，决定于在他们以前已经存在、不是由他们创立而是由前一代人创立的社会形式。”[③] 仔细思考，不难发现，这里的“社会形式”或者“条件”，当然包括社会意识形式。就能够充分体现生产力水平的劳动产品来说，它是人的活动的对象化的产物。“在劳动过程中，人的活动借助劳

（接上页）要素，道德依附于物质生产力发挥作用。这恰好说明物质和精神、物质生产力和精神生产力的辩证关系。然而，强调物质生产力和精神生产力的辩证关系和相互作用，并在一定的话语背景中凸显道德生产力的能动作用，这恰恰是历史唯物主义的基本观点和思维方法。

① 《马克思恩格斯文集》第 5 卷，北京：人民出版社，2009 年版，第 582 页。

② 同上书，第 195 页。

③ 《马克思恩格斯文集》第 10 卷，北京：人民出版社，2009 年版，第 43 页。

动资料使劳动对象发生预定的变化。过程消失在产品中。它的产品是使用价值，是经过形式变化而适合人的需要的自然物质。劳动与劳动对象结合在一起。劳动对象化了，而对象被加工了。在劳动者方面曾以动的形式表现出来的东西，现在在产品方面作为静的属性，以存在的形式表现出来。”[①] 而劳动也好，产品也好，都是以动态或静态来体现的人的精神产物的外化物。恩格斯曾说：“劳动包括资本，并且除资本之外还包括经济学家没有想到的第三要素，我指的是简单劳动这一肉体要素以外的发明和思想这一精神要素。”[②] 马克思后来也明确指出：“生产力的这种发展，最终总是归结为发挥作用的劳动的社会性质，归结为社会内部的分工，归结为脑力劳动特别是自然科学的发展。”[③] 毫无疑问，恩格斯这里的“发明和思想”即“精神要素”以及马克思这里的“智力劳动”，从伦理学的角度看，都必然包含着人的道德理念和道德价值的对象化或外化。从这个意义上讲，没有作为劳动者“价值灵魂”的道德，那劳动产品将是不可思议的东西，生产力水平也必然是有缺陷的，也将是缺乏价值依据的物的简单堆积。

习近平总书记在主持中共中央政治局第十一次集体学习时指出：“发展新质生产力是推动高质量发展的内在要求和重要着力点，必须继续做好创新这篇大文章，推动新质生产力加快发展。”[④] 新质生产

---

① 《马克思恩格斯文集》第 5 卷，北京：人民出版社，2009 年版，第 211 页。
② 《马克思恩格斯文集》第 1 卷，北京：人民出版社，2009 年版，第 67 页。
③ 《马克思恩格斯文集》第 7 卷，北京：人民出版社，2009 年版，第 96 页。
④ 新华社北京 2024 年 2 月 1 日电。

力是包含高科技、高效能、高质量、可持续的具有新结构的生产力。是能够创造出新技术、新价值、新产业、新动能的先进生产力。[①]因此，既定的生产力水平主要是指劳动资料的技术含量及其功能，对劳动对象的认识、开发和利用程度，劳动者的整体素质和劳动技能等，以及在此基础上的高效能、高质量，这些都离不开对道德的认知和把握。

1. 道德影响生产工具的先进性程度

就劳动资料的技术含量及其功能来说，生产工具的先进性程度主要是指生产工具驾驭和改造自然界之能力的体现。利用先进生产工具驾驭和改造自然界的过程，不完全是我们“能不能”的技术性问题，更是存在着如何驾驭、为何驾驭等应然性的问题。从这个意义上说，社会科学知识尤其是道德知识能够借助其规范性特征，既通过合理的规范协调解决“如何驾驭”的问题，也能通过规范引导解决“为何驾驭”的问题，因而是先进生产工具的“关系纽带”与“精神依托”。马克思说：“自然界没有造出任何机器，没有造出机车、铁路、电报、自动走锭精纺机等。它们是人的产业劳动的产物，是转化为人的意志驾驭自然界的器官或者说在自然界实现人的意志的器官的自然物质。它们是人的手创造出来的人脑的器官；是对象化的知识力量。固定资本的发展表明，一般社会知识，已经在多么大的程度上变成了直接的生产力，从而社会生活过程的条件本身在

① 参见王成：“让‘新’字更突出、更鲜明”，载《中国共产党新闻网：光明论坛》2024年2月23日。

多么大的程度上受到一般智力的控制并按照这种智力得到改造。它表明，社会生产力已经在多么大的程度上，不仅以知识的形式，而且作为社会实践的直接器官，作为实际生活过程的直接器官被生产出来。”[①] 在现时代，人工智能是顶尖科学技术，其各类产品内含顶尖科技要素，生产力水平也因此有了极大的提高。然而，人工智能产品也必定内含着产品制造者的价值取向及其道德精神。例如，无人驾驶汽车的行驶原则和责任，不只是科技问题，更在于从设计到行驶过程的道德诉求的渗透问题，否则，无人驾驶汽车将可能造成灾难。这样的话，最顶端的科技也无法展示生产力水平。同时，作为数字经济时代的新质生产力，要求发展各类技术先进同时做到融合应用、劳动资料创新性配置、劳动对象生态性高效性应用，这同样需要与时代同步的劳动者精神境界及其道德素养。

2. 道德决定人的精神动力

就劳动者的综合素质和劳动技能来说，主观生产力是劳动的社会生产力形成的前提。同时，没有人的道德理念和道德举动，生产力的先进性与高效率就难以充分体现，因为，先进的生产力必须要有具备先进的或科学的道德价值取向的人去掌握、去驾驭。哪怕生产资料最丰富、最先进，离开了先进的人或有精神有追求的人，生产力就不但难以发展，而且还可能带来灾难。所以，作为“主观生产力”的人是衡量生产力水平的重要依据。历史的经验也告诉我们，

① 《马克思恩格斯文集》第 8 卷，北京：人民出版社，2009 年版，第 197—198 页。

一个企业，即使资金充裕、技术力量雄厚、设备先进，如果员工素质差、懒散颓废、消极怠工、不求上进混日子、缺乏人的精神动力，这样的企业有再好的资源也发挥不了作用，没有不衰败的。事实上，新质生产力的发展更需要有至深道德情怀的劳动者。

3. 道德引导人际和谐合力的形成

就社会人际关系的和谐来说，人是“一切社会关系的总和”，人是关系之人，既然社会生产是“社会的人的生产”，这就意味着社会生产也是人的关系即社会关系的生产。考察一个社会的生产力水平还应该考察社会关系的和谐状况，以其特有角度说明社会生产力的发展水平，并由此进一步观察作为生产力水平主要标志的人的道德觉悟及其作为生产力的作用。对此，苏联的托尔斯蒂赫有其视角独特且比较深刻的见解，他说：“不仅提高生产物质财富的数量和质量（这仅仅是初始条件），而且不断完善人们之间的关系即人本身，这都已成为社会主义制度下社会生产发展的规律。如果不考虑到，社会主义社会中社会生产的增长和不断完善，只有在人日益广泛地掌握自己的社会关系并在更高的基础上再生产这些关系的过程中才能实现，也就是说，只有在人们不断地改变和完善自己的关系即社会个人自身的过程中才能实现的话，那么，就无法理解这种社会生产的增长和不断完善的动态。”他还说：“以社会个人的发展为主要目的的社会生产的形成，就标志着超出以前划分开物质生活生产和意识生产的界限。其高级形态的意识——科学、艺术、道德、哲学——就成为人们自己现实社会生活生产的不可分离的组成部分，成为所有的人和每一个人实际的社会变革活动的必要条件。劳动人民群众的高度觉悟、充沛的精神和充实的生活是他们表现出社会生产积极性的经常起作用的因素。人愈是成为自己社会关系的创造者、社会发展的真正主体，人的物质实践活动就在愈大的程度上获得精神活动的性质，也就是说，这种活动不仅要求体力，而且要求脑力的发展和紧张活动。”[①] 托尔斯蒂赫在这里不仅指出社会生产力水平的提高要有完善的人和完善的关系，而且特别强调，包括道德在内的高级形态的意识是实现完善的人和完善的关系的必不可少的条件。

这里需要进一步强调的是，劳动力资源尤其是劳动者个性能量的最大限度发挥和社会共同体（劳动群体、社会人群体）的最佳合力态势，是经济发展、价值增值的重要生产性资源。因此，应该通过对福利、利益的共享、分享，以及扶贫济困、护弱助残、奖勤罚懒等道德性策略和道德性手段，充分挖掘各类人的能量和积极性，促进经济快速发展，最大限度地实现价值增值。一个能把残疾人等弱势群体的力量充分调动和发挥的企业乃至社会，其和谐关系力量是不可估量的，生产、经营效益的不断增加也是可想而知的。

4. 道德是生产力内部关系平衡的核心要素

就生产力的内部要素的关联来说，生产力是一个有多种要素结合在一起的综合概念，而且，各要素之间的结合关系说到底是人与人之间的关系，考察社会的生产力水平就同时应该考察生产力内部

① ［苏］托尔斯蒂赫等：《精神生产：精神活动问题的社会哲学观》，安起民译，北京：北京师范大学出版社，1988 年版，第 316—317 页。

关系的道德状态。我曾在一篇拙文[①]中指出，生产力本身的发展也有赖于生产力内部各要素之间的合理联系和理性存在，也就是说，劳动者与劳动工具、劳动对象如能实现合理的优化组合，生产力才会正常发展。假如人成了作为劳动工具的机器的附属物，或者劳动资料和生产资源不属于劳动者，劳动者与它们是被动的、被迫的、不合理的结合，这样的生产力内部的不协调状况，势必会严重影响生产力的存在和发展。而要实现生产力内部各要素之间的合理联系和理性存在，就需要建立符合道德和理性要求的生产关系，更需要劳动者的道德认知水平和道德协调措施。不懂得何为道德的人，也就难以把握自身与生产力其他要素的合理关系及其处置方式。因此，说到底生产力内部人与物的结合方式就是一定意义上的人与人关系的生存和协调方式，也是一种道德存在方式。生产力水平的考察离不开这一基本的道德理念。

要特别指出的是，生产力的水平应该理解为一个过程。既有的生产力水平不是既有的劳动者和生产资料就能说明的，因为体现生产力水平的劳动产品等是劳动和劳动对象结合并发生作用而形成的。然而，在对劳动对象的认识和作用过程中，假如只顾眼前利益，忽视长远利益；只顾个人或小团体利益，忽视集体（民族和国家）利益；只顾人的片面的生存需求，忽视自然生态、社会生态、自然社会生态等，那么看上去丰富的劳动产品，从“过程”意义上来说，

① 王小锡：“道德与精神生产力”，载《江苏社会科学》2001 年第 2 期。

由于非理性的甚或缺德的对自然资源的过度开发，往往是劳动产品越丰富，越是造成生产力水平的停滞或降低。在一定意义上，这是对生产力的破坏。

事实上，生产力水平很大程度上取决于人们的精神力和道德力。前面已经提到，既有的物质的生产力必然内含着人的参与和人的思想和道德的支配，否则，物质的生产力之为生产力或生产力水平就无法被理解和正确把握。同时，生产力的发展水平是一种可能，是一种趋势，是一种潜在的生产力，它更离不开人的思想和道德。一方面，思想力和道德力影响劳动和劳动生产率。人们的思想觉悟、道德素质直接制约着劳动的质量和劳动的效率。很难想象在缺乏进取精神的人群中或地方，会有理想的劳动生产率。即使有丰富而又先进的生产资料，也会由于缺乏进取精神而形成浪费式的生产效率。马克思说："人本身单纯作为劳动力的存在来看，也是自然对象，是物，不过是活的有意识的物，而劳动本身则是这种力在物上的物质表现。"[①] 他还说："人类支配的生产力是无法估量的。资本、劳动和科学的应用，可以使土地的生产能力无限地提高。……科学又日益使自然力受人类支配。这种无法估量的生产能力，一旦被自觉地运用并为大众造福，人类肩负的劳动就会很快地减少到最低限度。"[②] 马克思在这里既强调了包括社会科学在内的科学的作用，更强调了"被自觉地用来为大众造福"的精神境界对于发展无穷无尽生产力的

① 《马克思恩格斯全集》第 23 卷，北京：人民出版社，1972 年版，第 228—229 页。

② 《马克思恩格斯文集》第 1 卷，北京：人民出版社，2009 年版，第 77 页。

重要性。再一方面，基于道德理念的生态意识，决定着潜在的生产力能否充分地发挥和发展。习近平说："生态环境没有替代品，用之不觉，失之难存。我讲过，环境就是民生，青山就是美丽，蓝天也是幸福，青山绿水就是金山银山；保护环境就是保护生产力，改善环境就是发展生产力。在生态环境保护上，一定要树立大局观、长远观、整体观，不能因小失大、顾此失彼、寅吃卯粮、急功近利。"① 事实上，缺乏大局观、长远观、整体观，过度的资源开发从宏观和"过程"意义上来说，是对生产力的削弱甚或破坏，因此，生产力发展或发展生产力虽然看上去似乎是纯物质活动现象，其实质是生态道德或经济道德行为，是生产力发展与否的根本之所在。可以说忽视甚或破坏生态的不道德行为，即使轰轰烈烈，即使暂时效益凸显，最终受损的仍是生产力发展的速度。再一方面，生产力发展受到一定社会制度的制约，社会制度适应生产力的发展要求，将会促进生产力的发展，反之，不合理的制度将阻碍生产力的发展。道德化的制度是科学的理性的制度，是生产力发展的前提条件。马克思曾经提到制度与科学的关系，他说："在一个超越利益的分裂——正如在经济学家那里发生的那样——的合理状态下，精神要素自然会列入生产要素，并且会在经济学的生产费用项目中找到自己的位置。"② 为此，只有不断加强道德意识，不断完善社会制度，才能不断发展社会生产力。

① 《习近平谈治国理政》第二卷，北京：外文出版社，2017 年版，第 209 页。
② 《马克思恩格斯文集》第 1 卷，北京：人民出版社，2009 年版，第 67 页。

综上所述，道德也是生产力。作为道德生产力，它能在经济发展和企业经营中发挥其不可替代的特殊的能力。当然，需要说明的是，这不是说道德就是物质的生产力，而是指道德是生产力尤其是新质生产力要素中的重要精神要素，是精神生产力。作为精神生产力的道德生产力，强调的是道德乃生产力的不可或缺的精神要素，而且，它与人和物质生产力的结合才能说明道德生产力。按照马克思的观点，机器是死的生产力，离开了作为主观生产力的精神生产力对机器的激活，社会的劳动生产力就不能成立。这就是说，虽然生产力的标志是物质的，但如果没有劳动者的精神境界尤其是道德觉悟的不断提升，不仅会影响劳动者的崇高价值取向和劳动积极性，也会影响到对作为生产力主要标志的劳动工具（机器）等劳动资料的认识、改造和优化配置，影响到对资源的开发和利用的生态意识。为此，提高生产力水平、发展新质生产力意味着必须提高劳动者的道德觉悟，进而影响生产力各要素的最佳存在、最佳配置和作用的最完美发挥。

三、人性化产品设计和制造之灵魂[①]

曾几何时，我国市场上出现了一种新的家电产品，这就是曾经让好多人争相购买的“焖烧锅”。焖烧锅的基本功能是把半成熟的菜肴省时省工地焖熟，上班族把半成熟菜肴放进焖烧锅，安心上班，

① 参见王小锡：“论道德资本”，载《江苏社会科学》2000 年第 3 期；中国人民大学复印报刊资料《伦理学》2000 年第 8 期全文转载。

待下班回家即可以吃到焖熟了的菜肴。但是，不久该产品不仅在市场上卖不动，甚至最终在市场上几乎见不到了。究其原因，一是它尽管省时省工，但菜肴还得在炒锅里炒一下后才能放进焖烧锅焖熟，仅仅是缩短一些烧的时间而已；二是焖熟的菜肴，其色、香、味将受到很大影响，影响口感和食欲；三是功能单一，不适合中餐烹饪特色和要求，等等。其实，除了焖烧锅科技含量及其功能的问题外，更深刻的问题是焖烧锅适应不了人们生活质量提升的要求，没有最大限度地考虑到用户的爱好或人性需求，以至于焖烧锅设计和制造中缺乏应有的道德含量，导致产品质量不高，降低甚至失去市场占有率。所以，企业产品质量决定于产品的科技和文化含量，更受制于企业道德水平。

这就是说，企业靠高质量的产品赢得市场，获取利润。然而，道德是高质量产品的根本性保证。企业产品是物，但任何产品都是精神化了的物。首先，任何产品都是按照人的一定的科技文化认识水平和技术路径设计的。正由于此，同样是酒瓶，啤酒瓶和其他酒瓶所要求的质量就不一样；同样的汽车或自行车，一种产品就是一个不同的品牌，诸如此类。可以说，有多少类产品就有多少不同的文化和技术外化体。同时，任何产品也都是人的道德觉悟或道德素质的外化体，而且产品中的道德含量最终决定着产品的质量。这就是说，企业产品质量是个复合体，它不只是物质材质和科技含量，更重要的是在产品的管理、设计、生产、销售过程中所渗透的人的道德因素和对用户的责任心。产品的特性，除了科技文化因素外，更重要的还取决于产品的道德性。在一定意义上说，道德对产品设计、产品质量和产品经营起着决定性作用。具体说来，有如下三点：

1. 产品设计

产品的“人性化设计”主要应体现在关注人的生理和心理等需求，“注重人的自然属性，使新产品在物质技术上符合使用要求，同时按照人的精神需求，使新产品获得艺术设计，在其外观的审美质量上满足人的求美享受”。“具有安全、可靠、方便、舒适、美观和经济等功能。”① 例如，制作一只玻璃茶杯，最好是双层真空杯，这样，倒进开水既不烫手，使用者心理上也没有“可能爆炸”的紧张，有一种舒适和安全感。这种杯子尽管在价格上要高出一般玻璃杯好几倍，但仍然有人选择价格贵的买。这说明，产品设计越是接近于人的生理和心理等需求，越有销路，也越能赚钱。

2. 产品制造

产品设计是一回事，制造又是一回事。也就是说，产品设计好了不等于就能造出符合设计要求的产品，不等于高质量的设计就有高质量的产品。为用户着想、对用户的负责精神应该渗透在制造产品的各个环节和各个方面。严格地说，一个欲创名牌、求发展的企业，生产过程中不应该出现不合格产品，一旦出现，也应该不出厂门，不销售给顾客。我国诸多知名企业都有一个销毁不合格产品的经历，一来告示社会，本企业生产的产品均是合格品，二来教育企

① 胡正祥等编：《中国产品人性设计》，广州：广州出版社，1994 年版，第 7 页。

业员工，合格产品是企业员工责任心、良心的结晶。国内的和国外的一些知名企业之所以很受用户欢迎，根本原因在于人们从该企业的产品质量中就能够理解到企业的理性精神和员工的严谨认真的工作态度。因此，这些企业不用借助广告也能推销产品，这也是情理之中的事。

3. 产品经营

企业的利润高低并不仅仅在于产品质量好坏，更在于企业的优质低价的产品质量和经营理念。日本松下公司的“自来水哲学”的经营理念，是松下公司赢得国际市场的重要法宝。该公司的经营目标是，产品越造越好的同时，要以像自来水一样便宜的价格源源不断地供应消费者。这是对用户负责精神在产品中的集中体现。事实上，员工的进取精神和认真态度，客观上在提高了工作效率的同时也相对降低了产品成本；产品的价值虽然不是随产品质量提高而提高，但产品质量却因价格没涨而相对地又提高了。这是企业不断取得更多更好效益和利润的道德性经营所造成的。

企业产品越是内含道德性，越能不断提升市场占有率。原因在于，所有生产品都是为人的生产和生活所用，产品的特性和功能越是接近于人性需求[①]，就越会受到使用者的欢迎。因此，产品的道德含量在很大程度上决定了产品的市场占有率。我国海尔集团的洗衣

① 这里的人性需求指的是人的自然属性和社会属性的需求。就自然属性来说，人的身体及其生理对一定产品有特定的要求；就社会属性来说，人的社会活动要求产品有利于人的交往和社会生活质量的提高。

机在国内以绝对优势处于行业领先，连续数年蝉联行业第一品牌，该品牌也成为全球十强，其中重要原因之一是通过对国内外用户需求的深入调研而形成有针对性的市场理念及对用户的责任心，并将其渗透进产品设计和制造中，使得领先的产品技术以及适应不同地区、不同顾客生活需求的特色洗衣机产品，赢得了市场的信任，不断扩大市场占有率，实现了社会声誉和经济效益的双丰收。这很大程度上就是“道德投入”① 获得的汇报。

当然，当前我国重视的“供给侧”产品生产理念，又从另一个角度强调了产品生产及其质量的道德性问题。企业超前考虑顾客的需求，引导顾客寻求更高质量的生产和生活图式，这必将给企业带来更好更多的效益和利润。

理论和实践都充分说明，企业产品设计和产品质量决定了产品的市场占有率和销售速度，进而影响企业利润的实现和增长，其中道德是产品设计和制造的灵魂。

四、缩短单位产品劳动时间之重要依据

在调研中，苏南地区有一生产环保设备的企业厂长深有感触地说：“市场竞争很激烈，我靠降低产品成本取胜，靠全体员工同心同德、精心操作每一个产品制造环节、不浪费一丁点资源来降

① “道德投入”是指企业以对用户和对社会的道德责任意识，指导市场调查、产品研发和生产、销售服务等企业经营全过程，最大限度地满足用户需求、提升用户的生产和生活质量、提高用户的幸福指数。

低产品成本。同时，靠员工真诚的服务态度来增加市场份额，获取更多利润，这又‘相对降低’了产品成本。”他还指出，员工的真诚和忠诚，员工工作的精益求精精神，要靠我们领导平时对他们工作、生活、发展等的真诚关心，将心比心、以心换心，就能产生共同语言和共同志向，这也就能创造出低成本、高质量的产品。

这就说明，在当今社会，缩短单位产品（制造某种使用价值）的社会必要劳动时间，实现价值增值，不能忽视道德的独特的重要作用。同样，企业要获得更多利润和效益，缩短单位产品的个别劳动时间是关键，其中，道德同样起着独特的重要作用。

1. 缩短单位产品社会必要劳动时间

从社会意义或宏观意义上来说，单位产品的社会必要劳动时间，在一定意义上受制于全社会或全行业的道德水平。不稳定的社会或不合作甚或尔虞我诈的人际关系，即道德约束力弱甚或道德缺位的社会或行业，必然出现获取应该获取的信息艰难、道德风险增加、交易成本提升、资源配置效率降低等无谓的能量摩擦消耗和时间的浪费，在这种情况下，单位产品的社会必要劳动时间就会增加，从而导致产品成本的增加。因此，体现于全社会、全行业的和谐、信任、真诚合作等道德觉悟和道德行动，是缩短单位产品社会必要劳动时间的重要精神要素。①

① 推荐范例：华润集团是全球500强企业之一，2015年排名第115位。华润在职员工40多万人。集团核心业务包括消费品（含零售、啤酒、食品、饮料）、电（转下页）

2. 缩短单位产品个别劳动时间

就具体企业来说，在产品制造的过程中，由于生产技术和生产工艺的不同，尤其是生产过程所渗入的道德含量不同，同类产品的价格成本所依据的个别劳动时间在不同的企业中有所不同。在信息化程度越来越高的今天，生产技术和生产工艺的趋同程度越来越高，趋同的时间越来越短。由此，如何缩短单位产品的个别劳动时间已成为企业间竞争的关键。可以说，在同类产品上，谁缩短了单位产品的个别劳动时间，即单位产品的个别劳动时间低于社会必要劳动时间，谁就降低了单位产品成本；同时，谁在单位时间内生产的商品使用价值量增大，谁就能够在市场竞争中赢得主动、获得利润并最终成功。在此，单位产品个别劳动时间的缩短，很大程度上依赖于产品制造过程中的道德渗入。“泰勒制”式的生产管理尽管因大大缩短了单位产品的个别劳动时间或社会必要劳动时间而一度被奉为管理“宝典”。然而，此种管理方式是历史的产物，在今天来看，它从根本上说是漠视人性，甚至是摧残人

（接上页）力、地产、水泥、燃气、医药、金融等。2015 年末，华润集团实现销售收入 4 729.2 亿元人民币，利润总额 440.3 亿元人民币，资产总额 9 994.8 亿元人民币。华润企业重要使命之一是携手客户、股东、员工、伙伴、社会和环境，共创美好生活，打造理性经营环境，减少无谓的“摩擦消耗”：携手客户，通过提供优质产品与服务，不断超越客户期望，持续创造客户价值；携手股东，通过依法依规治企，提高治理能力与业绩水平，实现企业稳健发展；携手员工，通过权益保护与人文关怀，帮助员工实现价值，提升员工幸福指数；携手伙伴，通过恪守商业道德，营造良好商业环境，开创合作共赢新局；携手社会，通过响应国家号召，投身公益，弘扬主流价值，促进社会和谐发展；携手环境，通过严守环保法规，节能减排，发展循环经济，建设绿色生态文明（资料来源：http：//www.crc.com.hk/about/culture/）。

性的。这种摧残人性的所谓“科学管理”，是以挫伤劳动者的积极性、主动性和创造性并造成劳动者与企业主之间关系的紧张乃至对立为代价的。由此，关系摩擦过程中的劳动者往往始终处于情绪不稳、心里失衡、消极怠工等不良工作状态，必然影响产品生产过程中最佳生产运作态势的形成，这又在客观上增加了单位产品的个别劳动时间。所以，一些企业生产的产品成本增加，并不是技术等问题，而是企业内部管理不善、关系复杂、矛盾重重、内耗严重而导致的。这作为影响单位产品的个别劳动时间的软力量往往容易被一些企业领导层所忽视。在对企业的调查中发现，有的企业，因企业领导不善管理，甚至仅仅把员工当作自己赚钱的工具，这样造成的后果是员工缺乏尊严；没有归属感和完全感，就不可能做到真诚服务、精心操作，甚至会消极怠工，最终影响并导致产品成本的居高不下。正因为如此，随着时间的推移，这种缺乏道德内涵的管理必将逐渐为更加人本化的管理方式所取代。尤其是在现代生产条件下，要缩短单位产品的个别劳动时间，获取更多利润，道德是不可或缺的重要条件。这就是说，科学管理包括道德管理。一个企业如果坚持人本式管理，即把员工当亲人，让员工有尊严地工作、生活和交往，企业就会形成“一加一大于二”的团结力量，就完全可以因劳动的积极性与和谐协作精神而缩短单位产品的个别劳动时间，增强企业产品的市场竞争力。所以，企业缩短单位产品的个别劳动时间在很大程度上取决于企业的道德水平。

五、减少交易成本之关键[①]

在生产总过程中，人和人之间的交互作用必然耗费一定的资源代价，这种代价被新制度经济学叫作“交易成本”。这里的“交易”一词是广义的，实际上就是指人和人之间的交互作用，经济领域内的“交易”也远比“交换”的含义来得深刻，在某种意义上说，交易过程就是广义的生产总过程，因为两者的实质都是指在创造财富的过程中人们之间的交互作用与互动关系。交易成本通常包括三个部分：搜寻信息的成本、谈判和签定契约的成本，以及维持契约使其有效完成的成本。无疑，人们之间的交易过程是在信息不完备和有限理性的条件下展开的，撇开搜寻信息的成本不论，缺乏约束的自在交易过程将没有规则可言，交易过程和交易结果会变得充满不确定，最为典型的后果已经被信息经济学加以深刻揭示，那就是："逆向选择”和“道德风险”。这就引入了约束与激励机制存在的必要性问题，而道德约束与道德激励显然是引入约束与激励机制、减少交易成本的不可或缺的内容。

1. 道德是有效减少机会主义行为的约束机制

在交易过程中，每一方的动机以及未来的行为都具有不确定性，因此，交易成本的产生的一个非常重要的来源就是交易各方侵害对方利益的“道德风险”行为。在现实经济生活中，不可否认的是，

① 参见华桂宏、王小锡：“四论道德资本——道德资本的经济学解读”，载《江苏社会科学》2004 年第 6 期；中国人民大学复印报刊资料《伦理学》2005 年第 2 期全文转载。

人往往是自利的，如果没有有效的道德约束，那么，试图“搭便车”的“机会主义”行为将盛行，最终使得交易无法完成，交易成本非常高昂。

从一般意义上说，道德之所以具有生产性，正是因为在生产总过程中，道德资源的利用可以减少人和人之间利益交互中作为“交易成本”集中体现的物质资源的耗费与代价。道德是特殊的制度约束资源，对道德的利用共同构成了对交易主体的有效约束。无疑，如果在交易过程中具有有效的道德约束，那么，交易成本将会大幅降低，道德对资源配置效率的作用就显得极为关键了。

2. 道德的利他本质构建了交易各方的自律机制和激励机制

我们可以说，道德与其他经济资源的投入一样，通过渗入到经济运行的整个过程，通过构建对交易各方都有效的自律机制，降低交易成本，提高资源配置效率，加速社会财富的创造，从而获得了与其他资本资源一样的创造社会财富的能力，获得了资本的一般属性。

事实上，道德之成为资本，正是因为其构成了对交易各方的有效约束。交易各方遵循共同认可的交易规则，进而在一定的道德规范与准则下使交易过程得以规范和有序开展。道德在本质上体现为“尽责”，因此，在以“利己”为目的的经济交易过程中“嵌入”交易各方——“经济人”——所遵循的一致的道德规范，将会使得利己的目的和利他的行为被统一起来，既能够满足他人需要，又能够实现自身价值。实际上，在有序运转的市场经济中，在良好的道德规范约束下，交易的任何一方也只有首先满足交易的另一方的需要之后，才能够实现自己的目的。孔子有云："己所不欲，勿施于人。"我们可以套用这一用语格式，道德的激励在于：己欲所求，必先予人。生产者如果不能够向购买者提供满足其有效需求的商品或者服务（这一行为在本质上是具有利他属性的），又怎么能够实现其所生产的商品与服务的价值，从而实现其自身的主观利益呢？

再进一步地，我们甚至可以说，在有序的市场经济中，没有利他（尽责）的行为，则没有更好的利己的结果，而这利他（尽责）的行为背后的动机则是来源于良好的道德规范、道德约束和道德激励，来源于道德资本的独到功能的有效发挥。

总之，正是由于道德具有特定的约束与激励功能，防止了交易过程中的"道德风险"，减少了经济中的人为的不确定性，降低了交易成本，进而提高了资源配置的效率，加速了社会财富的创造，道德才具备了资本的一般属性，成为宝贵的制度资源，也最终有理由成为广义资本的一部分。

六、引导或约束理性消费之力量[①]

2008 年 6 月 28 日，位于兰州市的解放军第一医院收治了首例患"肾结石"病症的婴幼儿。据家长反映，孩子从出生起就一直食用河北石家庄三鹿集团所产的三鹿婴幼儿奶粉。而后全国各地又相

① 参见王小锡："消费也有个道德问题"，载《光明日报》2010 年 6 月 1 日；《新华文摘》2010 年第 15 期全文转载。

继报告婴幼儿泌尿系统结石病例。调查发现，患儿多有食用三鹿牌婴幼儿配方奶粉的历史。经相关部门调查，石家庄三鹿集团股份有限公司生产的三鹿牌婴幼儿配方奶粉受到三聚氰胺污染。卫生部专家指出，三聚氰胺是一种化工原料，可导致人体泌尿系统产生结石。此案件说明三鹿集团股份有限公司利欲熏心，在婴幼儿配方奶粉中违法添加三聚氰胺，其缺德的生产性消费给企业发展埋下了定时炸弹；而且，企业误导的消费给婴幼儿、给社会带来了可怕的灾难，若任其泛滥，将影响、破坏社会生产力资源，严重阻碍经济社会的发展。三鹿集团股份有限公司缺德经营，最终违法者受到法律严惩，公司破产。

毒奶粉事件说明，无论是生产消费还是生活消费，都是对物质和精神文化财富的消耗。然而，缺少道德引导和约束的消费会成为无度的消耗和浪费，往往是造成生态危机、环境恶化、健康受损的重要原因。历来的企业发展实践也说明，唯有理性消费，才能在本质上成为一种投资，并促使企业获得更新更多的利润和更好的效益。

事实上，消费是人类社会生活的基本内容之一，更是经济再生产过程中的重要环节。没有循序渐进的理性消费需求，就不会有稳步攀升的生产发展和经济增长。

所谓理性消费，就是道德性消费，具体表现为低碳消费、适度消费、生态消费、精神文化消费等消费理念和消费行为。就低碳消费来说，它能够通过最大限度地减少消耗、降低排放，对人类生活、生产环境起到重要的保护作用。就适度消费来说，它倡导合理提高消费水平，既反对过度消费和奢侈性消费，也不主张吝啬性消费或滞后性消费，从而以适当的“度”寻求人类生活水平提高与环境保护之间的平衡点。就生态消费来说，它反对对自然和社会资源的掠夺性、破坏性消费，认为这种消费是一种摧残自然生态和社会生态的畸形消费，最终也将对企业利润的增加和社会财富的创造起到负面影响。就精神文化消费来说，包括购书、看电影、参观旅游等，有利于人的综合素质的提升，进而有利于人的劳动积极性的增强。因此，理性消费具有深刻的道德蕴含，是能够促进社会财富增长的道德性消费。

1. 理性消费是投入也是发展

从表面上看，消费是消费主体（可以是个人，也可以是各种类型的集体等）在消耗物质产品和精神产品，但事实上，消费不只是消耗。从本质上说，消费应该是发展中的消费，是发展中的投入。因此，消费是物质与精神生产、经济社会发展和日常社会生活过程中不可或缺的重要环节。这就是“消费决定着生产”的道理。当然，作为发展中的消费和发展中的投入，消费必定是理性意义上的消费。这就是说，作为人类生存发展的一种基本生活方式和重要内容，消费应该起到对于人性、人心和人际关系的积极意义和完善功能，应该可以作为新的发展力量，对人的精神力和体力的再生产发挥重要作用。因此，既然消费是消费主体用于物质和精神再生产、人类再生产的投入或投资，那么，这样的消费一定会不是无用消费、浪费或破坏性消费。

2. 理性消费是负责任的消费

理性消费是消费行为的应该状态，是承担道德义务和道德责任的理性消费，是符合经济、社会、生活的发展要求并体现出应该状态的生态性消费。同时，理性消费也是一种维权消费，即体现在消费行为中的道德要求会有助于维护主体权利。比如说，企业维权消费就是要尽可能地生产出符合人性要求、有利于提高生活质量的消费品；个人维权消费就是要保证消费的合理、有益。这种负责任的道德消费行为有利于资源的利用效率和使用成本，并在资源的消耗中产生最大效益，诸如实现身体健康、身心愉悦、理念进步、能力提高等；它能使资源的利用方式更为公正合理，从而使利益相关者的利益分配更为公平，进而对人际关系的和谐、人际间的优势互补和精诚合作起到效益最大化的促进作用；它能最大限度地保护生态环境，从而为经济社会的可持续发展创造条件。事实上，和谐人际下的理性消费必然会自觉地关照和顾及自然环境与社会环境的生态要求，从而使消费的结果能够受益于良好的生态环境；它能引导人们节俭用物，排除奢侈、无效的消耗，排除虽有近效但无远益的即时消费，从而达到发展高效能消费，防止短视性、掠夺性消费的目的。

3. 理性消费积聚企业道德力量

既然消费是社会再生产过程中的重要环节，是经济社会发展的一种主要的驱动力，那么，理性消费就不会只是个人的事情，它必定也会涉及从事生产和销售活动的各类企业。尤其是生产性企业，由于它们生产消费品的过程同时也是消耗资源的过程，因此，它们既是消费品的生产者，也是消费品的消费者，因而是一个特殊的消费者。企业的道德消费行为，不仅会促进员工素质的全面提高，还能促进利益相关者之间的关系协调，从而在企业管理中形成“一加一大于二”的人际合力，节约应该节约的资源，充分发挥各种资源的功能和使用效率，为企业的科学发展提供特有的“道德资本”。反之，企业的消费活动若是被异化了，就必然会导致企业的畸形发展，甚至会破坏正常的经济活动并最终导致企业破产。此类案例已不胜枚举。比如，三鹿毒奶粉事件就是企业和当事人缺失消费道德所造成的。三鹿公司忘记了消费者是企业生存和发展源泉的观念，根本就没有意识到消费品被消费就是一种再投入或再投资过程的科学理念，同时也丧失了要向用户负责的起码的道德精神。可以毫不隐讳地说，当企业经营的“道德链条”断裂之时，也就是企业灭顶之灾的来临之日。

4. 理性消费主张生态型的消费节俭方式

到了今天，我们应该反思一下过分节俭或守财奴式的消费理念。其实，在一定程度上，过分节俭或守财奴式的消费是一种滞后型消费，它既是对该进行消费投入而没有投入的物质产品在时间、空间和内容上的损耗，也是对该进行消费投入而没有投入的精神文化品在功能和作用上的耗损。换句话说，一方面是消费品被闲置，另一方面是消费主体得不到应有的生活消费品，这样一来，不仅是社会的经济发展势必会受到消极影响，人们本来可以达到的生活质量也势必会受到影响。这不符合消费的生态要求。生态型的消费节俭方式是指：要尽量提供充裕的消费品，但应该通过适度消费、有限消费、赠予消费等方式促进消费能量和消费作用的发挥；而在消费品还不能充分满足消费需求甚至还处于匮乏状态中时，节俭就应该使有限的消费品尽可能地达到时空均衡和受益合理，从而达到最大的使用效率和需求满足度，产生更好的消费结果。因此，要引导消费，要积极鼓励理性的消费。需要引导社会去消费该消费的东西，节约该节约的东西，以维持经济的稳定和增长。由是观之，消费是一种精神、一种觉悟。正是在这个意义上，我国不时地主张“拉动内需”或“刺激消费”的政策举措。这些政策，从其出发点来讲，都是想达到一种生态型消费，或理性消费的境界，但这并不因此就否认了节俭的美德，恰恰说明了理性消费与经济发展的关系密切的逻辑关联。

就目前的情况来看，要想达到理性消费的理想水平，就必须遵循以下的道德经济原则：一是消费要与消费能力相等。消费能力包括物质消费能力和精神消费能力。“超能力”的消费，不是投入或投资，而是对“再生产”和“发展”的阻碍或破坏。“低能力”的消费，不是节俭，而是滞后型消费，它不利于“再生产”和“发展”。作为美德的节俭消费不会是“超能力”的消费；当然，不铺张浪费，也不意味着要像“守财奴”那样该消费而不消费。不过，在像学校教育、医疗卫生等公共消费能力总体不足的情况下，我们还是需要大力提倡节俭的。当然，节俭型的公共消费是为了更加理性、更符合“应当”要求的消费。二是消费要与生态要求一致。这里同时有社会生态要求和自然生态要求。消费毕竟是对物质产品和精神文化产品的消耗，因此，这种消耗既要考虑到社会成员的共同需求，也要考虑到利益分配的公正性和社会发展的可持续性；既要考虑到自然的生态存在，也要考虑到人类社会与自然生态之间的相互关系；既要考虑到当代人的消费需要，也要顾及后代人的利益，绝不能“吃子孙饭，断子孙路”。三是消费要与风俗习惯协调。消费内容和消费方式不可能是随心所欲的。特定地区或特定人群对消费内容和消费方式是有一定的特殊要求和消费偏好的，因此，消费势必要符合社会所认同的标准和社会生活的风俗习惯。但是，奢侈的消费，甚或伤风败俗的消费是异化消费，会给“再生产”带来一定的麻烦。我们主张健康的、绿色的消费，唯此才能使消费真正回归人的真实需要并为提升人的生活质量创造条件，从而也才能使这样的消费行为真正成为经济社会发展的投入或投资。四是消费要与经济社会发展趋势相一致。消费既然是一种投入或投资，那么消费行为就时刻要与经济社会的发展要求相契合。尤其是要避免那些“无用的拥有”和“无用的消耗”，因为它们不能发挥合理的消费功能并产生具有积极意义的经济价值和道德价值。因此，理性消费可以说是经济社会发展的动力源，它会时刻去考虑任何一种消费行为的积极意义，考虑物质和精神文化产品的消费理念和消费方式。

综上所述，道德引导或约束下的理性消费也是投资。坚持道德引导和约束下的理性消费，才能真正使消费成为生产发展和财富增长的推动力量。这就是说，道德性消费是经济增长、企业发展并获得更多效益和利润的引擎，它在正向影响企业获利的全部过程即在历时性和共时性[①]视角下的生产和生活资源的配置和利用的同时，也在不断提升企业生产的速度和效益。

因此，企业在经营过程中，要时刻以道德性产品和理性消费服务理念及行为，促进投资性消费，进而实现企业利润的不断增长和利益最大化。

七、市场信誉之源[②]

江苏大娘水饺餐饮有限公司，既是产品制造又是商业服务性企业，它的发展史在一定意义上是我国企业诚信服务、不断提升市场占有率的缩影。该公司1996年创业时只有30平方米的店铺，仅有员工6人，现在已在国内发展到300多家连锁店，成为国内直营连锁店最多、跨地域最广、规模最大的水饺堂食快餐连锁企业，并已经在国外开设连锁店，经营规模还在不断扩大。该公司始终坚持“以人为本”“诚信服务”为企业经营的核心理念，在产品制造上以

① 这里的“历时性”指的是在经济建设、企业生产经营过程中，消费环节的理性与否直接关系到生产是否处在最佳状态即最能促使价值增值的境况；“共时性”指的就是在经济建设、企业生产经营过程中，各生产生活领域和各类消费理性是否将直接影响资源配置和利用的合理性并进而影响经济建设、企业生产经营的利润和效益。

② 关于企业信用和信誉问题，参见王淑芹等：《信用伦理研究》，北京：中央编译出版社，2005年版；郭建新等：《财经信用伦理研究》，北京：人民出版社，2009年版；[美]理查德·狄乔治：《国际商务中的诚信竞争》，翁绍军、马迅译，上海：上海社会科学院出版社，2001年版。

100 多个品种适应不同地区顾客的不同爱好，以“货真价实”的理念服务于顾客，最终获得了良好的市场信誉，这应该是“大娘水饺”能在激烈的市场竞争中越办越兴旺的根本原因。也因此，该公司被中国烹饪协会快餐委员会列为“中国快餐连锁十大著名品牌企业”。

以上实例充分说明，信誉是企业的生命，是企业产品市场占有率不断提高、利润不断增加的重要依靠。然而，企业信誉的获得不仅要靠产品的技术含量和文化品位，更要靠以诚信、责任为核心的企业道德水准。用户购买了某一品牌的产品，是基于对该品牌的信任。在使用过程中，用户信任度的提高和信任感的持续往往取决于该产品的道德含量和产品售后服务承诺的兑现程度。可以说，大量中外企业以自身的繁荣或衰败验证了企业道德与市场信誉之间的这种正向关联。如果企业在产品设计和生产过程中真诚地面对用户，最大限度地满足用户的人性化需求，以达到用户生活和生产的最佳目的，并在销售和服务过程中始终兑现承诺，做到诚信销售和诚信服务，就必然会在赢得市场信誉的同时不断扩大市场占有率。与之相反的是，即便是国际或国内著名品牌，如果在产品设计、生产、销售和服务中出现偷工减料、以次充好、夸大功能和空头承诺等道德缺失问题，也会导致企业市场信誉的毁损，并造成产品销量的下降和企业利润的减少，更可能因此葬送企业的前途。

的确，企业信誉是一种无形资产，它是企业在信用关系的基础上不断累积起来的市场信任度。而这取决于企业道德经营水平。企业道德经营至少可以通过以下几个方面提升企业的信誉，并不断增强企业的竞争力。

1. 企业和供应商、中间商之间通过真诚、公平的营销关系树立企业信誉

企业的经营与发展离不开供应商和中间商，交易各方相互之间信誉度高，就不会因推诿甚至刁难等行为而增加企业的经营矛盾和经营难度，就会在互相真诚的支持中取得最好、最稳固的发展。事实上，信誉在企业间的作用突出体现在可以降低交易成本并使物流过程保持高效低耗。而企业与供应商、中间商之间信誉的建立，靠的是相互之间的真诚、友好的互利互惠的合作。道德性交往，即公平交易与合作必然带来高信誉度。日本著名企业家稻盛和夫说，要让你的合伙人相信你，必须在合作和买卖中顾及对方，在公平交易中实现双赢，如果只顾及自己的利益获得，不顾及合伙人，成功往往是短暂的，到头来不仅信誉受损，最终也会损害自身的利益，事实上成功的经理人可以从真诚和对人的爱中创造和谐，进而提高信誉度，实现最好效益。①

2. 企业通过道德性买卖在企业与消费者之间树立企业信誉

此种信任关系在营销过程中主要体现在消费者对企业产品功能、质量和销售服务的满意度上。②大凡产品质量上乘、服务真诚的企

① 参见周乔蒙编著：《稻盛和夫经营真经》，武汉：武汉出版社，2013 年版，第 168—169 页。

② 推荐范例：徐工集团成立于 1989 年 3 月，二十五年来始终保持中国工程机械行业排头兵的地位，目前位居世界工程机械行业第 5 位，中国 500 强企业第 150 位，中国制造业 500 强第 55 位，是中国工程机械行业规模最大、产品品种与系列最齐全、（转下页）

业，一定会赢得用户和社会的信任，并由此不断增加“回头客”和市场份额。所以，企业道德性买卖与信誉的获得是一致的。不讲道德甚或丧失道德的企业，它首先失去的是用户和社会的信誉，最终失去的是企业的“生命”。诸如我国出现了“苏丹红”“有色馒头”

（接上页）最具竞争力和影响力的大型企业集团。他们的愿景之一是获得全球信赖：“我们志在全球，致力于持续满足客户需求，帮助客户成功是我们赖以生存发展的基础。我们必须从产品、技术、服务、解决方案全方位满足客户多样化需求。必须站位客户视角，用真情热情、敬业专注和持续创新，创造性地满足客户现实和超值需求，赢得客户感动与信赖。”为此，他们设计了一份关于顾客满意度的 34 个问题的问卷调查（每个问题在 0—10 分之间打分）：(1) 综合产品、服务、宣传、价格等因素，您给徐工品牌的整体形象打多少分？(2) 在您心目中，徐工的产品（性能、可靠性、价格、服务、品牌等）优势突出吗？(3) 在您购买或使用徐工产品前，根据您了解的各种信息，您认为徐工产品能满足您的要求吗？(4) 在您购买或使用徐工产品前，据您了解徐工产品会经常出现故障吗？(5) 在您购买或使用徐工产品前，据您了解徐工的售前、售中、售后服务怎么样？(6) 综合以上因素，在您购买或使用徐工产品前，您认为徐工产品总体质量如何？(7) 您购买或使用徐工产品后，您认为徐工产品的外观质量如何？(8) 您购买或使用徐工产品之后，您认为徐工产品操作舒适性如何？(9) 您购买或使用徐工产品之后，您认为徐工产品电器系统质量如何？(10) 您购买或使用徐工产品之后，您认为徐工产品液压系统质量如何？(11) 您购买或使用的徐工产品经常出现故障吗？(12) 您购买或使用的徐工产品关键部件（发动机、变速箱、驱动桥、底盘结构件）经常出现故障吗？(13) 您认为徐工产品的可维修性如何？(14) 您认为徐工产品的安全性能如何？(15) 您认为徐工产品的环保性（如噪声、排放、振动等）如何？(16) 您购买或使用徐工产品之后，您给徐工的产品总体质量打多少分？(17) 请问我们的销售人员对您的接待和讲解您满意吗？(18) 据您了解或亲身感受，徐工产品的交货服务（含验货及技术指导等）如何？(19) 您的产品出现故障后，徐工的维修服务及时吗？(20) 您认为徐工技术服务人员处理故障技能如何？(21) 徐工为您提供的技术咨询服务，您满意吗？(22) 您认为徐工备件供应是否及时？(23) 徐工为您提供的备件质量，您是否满意？(24) 根据您的亲身经历，您认为徐工备件的价格合适吗？(25) 您感受徐工的售前、售中、售后服务之后，您满意吗？(26) 相对于产品质量来说，您认为徐工产品价格是否合适？(27) 相对于您购买的价格来说，您认为徐工产品的质量如何？(28) 您购买或使用徐工产品之后，与您购买使用之前的期望相比，您满意吗？(29) 与您知道的其他品牌厂家产品相比，如果给最好的打 10 分，最差的打 1 分，那么您给徐（转下页）

“毒奶粉”“问题胶囊”等食品问题的许多企业，其经营的教训说明，产品失去市场甚至企业顷刻间倒闭，究其原因还在于不讲道德、不讲信誉。南京冠生园的跌宕起伏的发展历程，正好说明企业经营讲不讲信誉，决定着企业的命运。南京冠生园是我国老字号烘焙食品企业，从1918年创始至今已经有近百年的历史。本着“本心、本领、本钱”的三本主义经营理念，创造了百年辉煌。但是，它于2001年因使用月饼陈馅事件而破产。百年老店轰然倒塌，丧失信誉是其根本原因。2004年，南京冠生园食品厂有限公司成立，2012年南京冠生园食品厂有限公司升级为南京冠生园食品厂集团有限公司。全新的南京冠生园为恢复旧日元气，一开始便提出“食品事业是良心事业”“以制药的标准生产食品”的响亮口号，坚持“质量·健康·人文”的企业理念和精神，把食者健康、食者安全、食者享受作为新南京冠生园人不懈的追求和动力。公司按照药品生产质量管理规范（简称GMP）的标准建设，精心打造了月饼、蛋糕、面包、西点等200多个传统品种，并在产品口味及包装、营销、服务方面下功夫，实现了绿色发展、创新发展。公司一次性通过了ISO9001

（接上页）工产品打多少分？（30）从您购买的实际感受出发，想象一下您心中的理想品牌产品，如果给理想品牌产品打10分，徐工产品能打几分？（31）综合考虑性能、价格、质量、服务、品牌等因素，您对徐工产品是否满意？（32）若您再购买产品时，如果有多个品牌厂家产品供您选择，您仍然选择徐工产品的可能性有多大？（33）如果您仍选择购买徐工产品，若徐工对产品价格进行调高，那么到何种程度，您会放弃选择徐工产品？（34）如果您不选择购买徐工产品，若徐工对产品价格进行调低，那么到何种程度，您会选择购买徐工产品？（资料来源：http：//www.xcmg.com/into/know.htm）

质量标准、ISO14001 环境标准及 HACCP 食品安全标准三项认证。

经过不懈的努力，南京冠生园被南京食品工业协会认评为年度月饼生产放心单位，同时还荣获优质月饼金奖、优质月饼银奖，以及优质月饼新产品奖数项，同时也是南京市唯一荣获“中国名饼”称号的企业。[①] 百年老店南京冠生园从破产到重生，充分说明讲道德、守信誉是企业的命根子。所以，企业经营必须讲道德、讲信誉。

为了提高消费者对产品功能、质量和销售服务的满意度，企业应当充分了解顾客的差异化的需求、期望和偏好，本着对顾客负责任的精神和态度，确立差异化的顾客关系、顾客接触方式，以及差异化的顾客满意度测评、分析和改进方法，进而设计、推出顾客满意的产品和服务，不断提高顾客和社会的信任度。[②]

3. 企业通过对内部员工的真诚树立企业信誉[③]

企业失信于员工，必失信于顾客和社会。可以想象，一个内部没有信用的企业是不可能有切实诚信于顾客的举动的。诚信于企业内部员工，首先，应该是实现人格平等。不管是经营何种产品的企业，也不管是国营、民营还是个体户经营，员工都是企业的主人，都应该受到企业领导及其所制定的规章制度、政策等的尊重。海尔在经营的某个环节出了质量问题，首先查的是领导的责任，罚的是

① 资料来源：http：//www.njgsy.com/about/history/。

② 参见中国质量协会、卓越国际质量科学研究院编著：《卓越绩效评价准则实务（第二版)》，北京：中国质检出版社、中国标准出版社，2012 年版，第 348 页。

③ 参见王小锡：“企业诚信及其实现机制——以‘海尔’为例”，载《伦理学研究》2003 年第 6 期。

领导的奖金或工资，在这种情况下，员工不可能不服，对企业不可能不信。海尔企业像个大家庭，不能不说人与人之间无高低贵贱之分是其根本原因。其次，应该给任何人创造发展的机会，人人在机会面前是平等的。这一点在海尔可谓又是一创举，用总裁张瑞敏的话说，企业用人不能“相马”，相马作为一种人事制度，不规范，不可靠；用人提倡“赛马”，才能做到公平、公正、公开。[①] 在用人问题上的“三上并存、动态转换”的政策同样是公平合理的人事制度。在海尔，看工作绩效，试用工（临时工）可以转为合格员工，合格员工可以转为优秀员工；反之，优秀员工也可以转为合格员工，合格员工也可以转为试用工，这种不是由领导发现人才，而是在实践中选拔人才，不是由企业决定员工性质，而是由员工自己的绩效决定员工性质的排除任人唯亲、拉帮结派的用人思路，将极大地增强企业员工对企业的信誉度，最大限度地提升企业员工的创造力和成就感。

八、互联网经济生存和发展之前提

于 1999 年在中国杭州创立的互联网企业阿里巴巴网络技术有限公司（阿里巴巴集团），其业务和关联公司的业务包括：淘宝网、天猫、聚划算、全球速卖通、阿里巴巴国际交易市场、1688、阿里妈妈、阿里云、蚂蚁金服、菜鸟网络等。2014 年阿里巴巴集团在纽约

① ［美］迈克尔 · D. 波顿：《我眼中的中国第一首席执行官：挖掘张瑞敏的管理圣经》，文岗译，北京：民主与建设出版社，2002 年版，第 128 页。

证券交易所正式挂牌上市，2015 年阿里巴巴集团总营收 943.84 亿元人民币，净利润 688.44 亿元人民币，2016 年 4 月阿里巴巴集团正式宣布已经成为全球最大的零售交易平台，2016 年 5 月阿里巴巴集团成为国务院首批双创“企业示范基地”。[①] 至 2024 年 2 月初，阿里巴巴预计营收同比增 5.6% 至 2 617.06 亿元人民币，经调整纯利同比跌 4.9% 至 478.81 亿元人民币。阿里巴巴集团之所以能取得如此辉煌的成就，与他们的“客户第一”“诚实正直”“勇于创新”“精益求精”等道德经营理念是分不开的。可以说，当今的电子商务企业要获得成功，最根本的是要依道德经营，否则，最终将走进死胡同。

企业道德经营及其经营道德在今天的互联网时代显得尤为重要。因为，在如今的数字经济条件下的资本运作不只是实物资本和货币资本的专利，道德资本也不仅仅体现在实物资本和货币资本的精神要素或精神作用上。互联网把现实世界生产和销售中的各种利益关系“电子化”或“虚拟化”，互联网经济或物联网经济以至于智能经济，改变着人际关系和人际利益关系的生存和发展模式，使得信誉、公正、平等、理性等道德要求成为利益和利润多寡的重要原因。在互联网和物联网时代，道德作为资本显现得十分明显。可以说，不讲道德就不要想赚钱，要赚钱就必须讲道德。有人说，在互联网和物联网时代，人际关系、社群关系也是资本，这不无道理。当然，这主要还是在讲道德基础上的人际信任关系。可以说，信誉、公正、

① 资料来源：http：//www.alibabagroup.com/cn/global/home。

平等、理性等道德，将决定互联网企业尤其是电子商务企业的命运，社会将毫不留情地随时葬送任何缺德的互联网企业。换句话说，今后的互联网企业将随着道德水平的或升或降而或成或败。

1. 道德与信誉是互联网企业的生命

互联网经济的特殊性首先在于利益相关者是由网络联系在一起，相互之间没有直接的接触，在一定意义上是在“摸索”着进行经济交往和利益或产品交易，在这种情况下，道德与信誉是维系正常关系和理性交易的条件和纽带。一旦丧失道德或失去信誉，互联网经济将会迅速衰败直至崩溃。

2. 互联网企业经营的本质是道德经营

互联网企业尤其是电子商务企业的道德形象是企业的生存依据。在某个产品有多个电子商务企业经销的情况下，或每个电子商务企业经营多种产品的情况下，价格不合理甚或弄虚作假、坑蒙拐骗等不讲道德、丧失信誉的企业一定是“自杀性”企业。因为，用户和社会只选择可信赖的经营者。可以说，互联网企业尤其是电子商务企业，他们与其说是在经营产品，不如说他们是在“经营道德”或“道德经营”。

3. 发展互联网企业需要道德化制度

互联网企业尤其是电子商务企业的运行需要道德，但也十分需要在道德引导下订立的各种经营或交易的规则或制度，在一定意义上，道德化的规则或制度是互联网企业道德资本实现和运作的依据和条件。这就需要经营者或利益相关者认真研究互联网企业经营中的“应该”，在认识“应该”并把“应该”提炼为经营道德规范的同时，以制度形式固定下来，促使互联网企业的正常运营，进而推动整个互联网经济乃至物联网经济的健康、有序的发展。

九、凝聚企业力量之根本[①]

江苏常州鸣凰国际大酒店是江苏餐饮名店，是集餐饮、住宿、娱乐于一体的综合性酒店。酒店以强烈的人文关怀意识对外吸引了顾客，对内凝聚了人心。酒店总经理虞建文先生说，他们赢得顾客信任在于以下经营理念：一是“好吃是硬道理”，二是“鸣凰大酒店，实惠看得见”；三是“什么都已变，价格没有变”。同时，他还说，在店内，凝聚人心最关键的是让员工有归属感、安全感和荣誉感，让员工有尊严地工作和生活：一是关心员工成长和发展。酒店把员工学习当作员工最大的福利，经常派员工外出学习烹饪和服务技术、开展拓展训练等。二是信任、善用员工。酒店善于发挥员工的能力个性和特长，尤其是在一般酒店为不断换口味而不断换厨师是常事的情况下，该酒店不是想着更换厨师，而是坚持经常安排厨师外出学习，观察食材，不断提升烹饪技术，适应顾客的新需求。三是周全考虑员工的生活、工作环境和条件。酒店在员工宿舍与员工工作单位之间设计了一条很长的走廊，走廊的两侧都贴满了反映员工生活状态与企业文化活动的一些照片和资料，其中有员工在酒

① 参见王小锡：“论道德资本”，载《江苏社会科学》2000 年第 3 期；中国人民大学复印报刊资料《伦理学》2000 年第 8 期全文转载。

店内过生日时的幸福时光，也有外出参加拓展训练的集体留念等，文化气息十分浓厚。同时，员工工作环境和条件设计也非常人性化。工作场域的休息场所干净整洁、方便、温馨，附近的一个水池上有一排三个水龙头，上面标注着可供员工直接饮用的热水、冷水和温水。这些细微的考虑足以让员工安心和舒心，并诚愿效力于酒店。难怪有好多员工举家在酒店工作，把酒店当作自己的家。也正因为该酒店坚持了道德化的经营和道德化的管理，因此，在激烈的行业竞争中，该酒店能够做到“我自岿然不动”，实现物质（利润）和精神（道德）双丰收。

事实上，鸣凰国际大酒店的经营实践说明，企业效益和利润的高低取决于企业员工的认同度、忠诚度、劳动积极性和企业凝聚力，而企业员工的认同度、忠诚度、劳动积极性和企业凝聚力又取决于企业对员工的思想、情感、生活、交往等的关注度和关怀度，即决定于体现为人文关怀的企业道德管理水平。

鸣凰国际大酒店的经验启示我们，管理在本质上是管人，而“泰勒制”式的把人当作机器的管理方法绝对不适应我国现代企业的发展要求。“一个不尊重人性的企业，是人的个性和活力被疏远、被低估的企业。这样的企业，实际上只是一个通过提供劳动力来交换金钱的场所，无法实现和展开人性。”[①] 在社会主义市场经济条件下，这样的企业将会逐步失去它生存的时间和空间。故现代化的管理应

① 王成荣主编：《中国名牌论》，北京：人民出版社，1999 年版，第 67 页。

该是以人为本的道德性管理，唯有如此才能促使企业员工同心协力，实现生产的正常运转，并实现企业的最佳效益。

1. 实现人格平等，激发全体员工的活力

企业管理工作者的一个基本目标是要统一员工的思想，调动员工的积极性，圆满实现企业发展指标。然而，这一基本目标的实现需要员工树立主人翁精神。这样一来，一方是管理工作者，一方要树立主人翁精神，当如何处置？我认为，企业管理工作者应展示既是领导又不像领导的形象。说是领导，他应该统揽全局，有效指挥。说不像领导，他应该努力倡导和实现与员工的人格平等，要以自己的实际行动来说明，企业的所有成员，只有分工不同，没有贵贱之分。因此，企业管理工作者应该从尊重员工入手，在努力为员工服务的同时，广泛征求员工意见，变“管理全员”为“全员管理”，即企业管理工作者的管理目标、管理内容、管理方法和手段是全员集体智慧的结晶，企业实际是在全体员工的思想观念引导下运作。[①]

① 推荐范例：《江苏今世缘酒业股份有限公司合理化建议管理办法》（摘要）总则：为进一步提升公司民主化管理水平，打造合理化建议的首创文化，激发广大员工的主人翁意识，促进集体智慧的竞相迸发和创新潜能的持续释放，为公司宏伟目标的实现争做贡献，现就进一步规范合理化建议管理，制定本办法。合理化建议的征集范围——公司体制机制改革创新、战略决策、发展规划等方面；企业管理、品牌建设、市场营销、技术革新、产品优化、生产生活等方面；企业文化、思想政治工作、精神文明建设等方面；涉及员工切身利益等方面；其他一切有利于改进工作和促进公司发展的建议。公司办公室职责——负责合理化建议活动的宣传发动；合理化建议的征集、整理、评价和跟踪落实；研究和协调解决合理化建议办理过程中的相关难题；按月牵头对合理化建议活动情况进行综合考核；讨论研究合理化建议奖励和表彰等（转下页）

一些企业经营不好，其中重要原因之一是管理工作者以“领导”自居，员工成了被动的只受支配的劳动者，管理工作者与员工之间形成了“鸿沟”，员工的积极性受到挫伤。一旦前后两者情绪对立，管理失效，那企业失去的不仅是活力和利润，最终完全有可能走向死胡同。

2. 坚持利益公平，获取更大效益

员工的切身利益是员工工作中关注的焦点，员工的劳动积极性来自自身利益的最大限度的获得和全体员工利益的公平合理的兑现。因此，可以说，不懂得他人的利益，就不懂得管理。一个合格的企业管理工作者，他首先考虑的是员工利益和利益的协调。员工利益

（接上页）事项。征集——各部门要广泛发动，加强引导，认真组织，鼓励员工本着对公司负责的精神，从实际出发，立足岗位，调查研究，积极思考，严肃慎重，多提适合公司发展的高质量的建议；员工所提合理化建议，直接通过 OA 新流程向相关问题负责人提出建议，最后流转至公司办公室统一归档。管理落实——对合理化建议实行部门和公司办公室两级管理；部门收到合理化建议，由本部门负责登记、汇总，建立台账；属于本部门工作职责范围，又具备落实条件的，要及时落实和反馈；不属于本部门职责范围、不具备落实条件的，于每月 25 日前集中上报公司办公室；对于有价值的、具备落实条件的，进行跟踪督促；需要调研或两个以上部门配合实施的，由公司办公室牵头组织，协同完成；合理化建议考核分是部门月度绩效考核项。奖励——奖励标准：根据为公司创造的经济效益大小而定；对难以测算经济效益，但创意新、价值大、质量高的合理化建议（如企业文化、职工教育培训、市场营销、安全生产等），给予一定的奖励；涉及工艺改革和技术创新的建议，实施后取得明显经济效益的，除作为特殊贡献者上报总经理予以发放奖金外，还将以建议者个人命名小组。奖励办法：公司按年度对合理化建议实施奖励。个人提出的合理化建议，获得的奖金发给个人，集体提出的合理化建议，获得的奖金发给其负责人，由负责人按贡献大小分配；奖励对象、项目、金额，由公司办公室研究后提出初步方案，报董事长审批；奖金统一由公司办公室发放；对合理化建议积分高的部门和员工，公司将给予表彰，并作为年终评优的重要参考依据。

的实现程度（已得利益占企业效益和自身应得利益的比重）和员工利益协调的公平程度，往往与企业实现的利润成正比。广西玉柴机器集团有限公司总部位于广西玉林市，前身“玉林泉塘工业社”成立于1951年，是一家以多元化产业经营为主导的大型现代化企业集团，拥有30多家全资、控股、参股子公司，员工2万多人，总资产365亿元。是国内产品型谱齐全、完整的内燃机制造基地，小型挖掘机主要出口基地。在广西、广东、福建、江苏、安徽、山东、湖北、四川、辽宁、重庆等地均有产业布局。玉柴集团位列中国企业500强排行榜第316位，中国制造业企业500强第154位，中国500最具价值品牌第103位，中国机械500强企业第17位，荣获“自治区主席质量奖”“中国质量奖提名奖”；是全国企业文化建设示范基地，品牌价值达232.75亿元。广西玉柴机器集团有限公司的成就的取得有多重因素，其中与对员工权益的关注和落实并进而充分激发员工的劳动积极性是分不开的。公司总经理班子首先通过巡视、目视看板、职代会提案、绩效面谈以及其他各种渠道听取员工的意见，在了解影响员工权益、满意度和积极性的关键因素基础上，以人为本，根据不同需求制定各种员工权益的保障措施，提供个性化支持。公司对待临时工，会根据他们的工作稳定的需要，实行优秀临时工转合同工制；对待初级人员，会根据工作回报的需要、安居的需要和学习成长的需要，实行薪酬与绩效挂钩、加快住房建设、保障每一名员工有必要的培训机会等；对待中级人员，会根据实现价值的需要、发展空间的需要，支持学习深造、鼓励竞聘轮岗等；对待高级人员，会根据事业成功的需要，改进沟通方式、营造合作氛围。这一系列确保员工权益的举措，客观上增强了员工的归属感、安全感和成就感，调动了全体员工的积极性，促进了公司效益的最好实现。[①]

一个正当利益不能正常获得的员工是不可能全身心投入工作的。为此，对员工的切身利益处置随便，甚至严重不公，哪怕是所谓能力最强的管理者终究会是管理的失败者。

3. 身先士卒，以身作则

企业管理工作者的形象直接联系着企业的命运。一个尽心尽责的管理工作者能让员工在他身上看到希望，即使企业暂时遇到困难或挫折，员工们也会发扬团队精神，勠力同心，努力工作。假如企业管理工作者让员工感觉到整天忙于无谓的应酬，忙于捞取一已私利等，那必将严重挫伤员工的积极性。这样的企业管理工作者实际上在起着增加企业负担、提高产品成本、降低企业利润的负面作用。因此，在社会主义市场经济条件下，不管是什么性质的企业，管理工作者应充分认识到管理者的自身行为是无声的命令、无形的杠杆，也是对员工的关注和尊重。企业的效益和利润直接受制于管理者及其所造成的影响力。

事实上，许多经营成功的企业都表明，企业通过道德管理及其

---

① 资料来源：(1) 玉柴官网 http：//www.yuchai.com/about/yu-chai-jian-jie.htm；(2) 中国质量协会、卓越国际质量科学研究院编著：《卓越绩效评价准则实务（第二版)》，北京：中国质检出版社、中国标准出版社，2012 年版，第 183 页。

人文关怀[①]，使员工的价值和尊严被重视，在增强了归属感、安全感、获得感的基础上，企业员工的凝聚力会不断增强，劳动积极性和劳动智慧就能充分发挥，高质量的产品和高水平的服务将会不断引来更多的“回头客”，最终将促使企业产品的市场占有率不断增加，企业利润和效益也会随之提升。这就是说，企业发展并获得良好效益需要“道德基础”和“道德管理”，需要由此而形成的企业凝聚力。[②]

结　语

作为资本的基础和核心精神要素的道德在企业发展及其资本运动中承担着不可替代的独特作用。企业资本增值能力的不断增强、

① 推荐范例：《江苏今世缘酒业股份有限公司员工家访管理办法》（摘要）：(1) 家访目的。致力于建设幸福今世缘，及时了解员工的思想状况和家庭情况，及时解决员工思想问题和工作生活中的实际问题；同时，听取员工及其家庭成员的意见和建议，不断提高决策和工作水平，促进公司上下形成讲善惜缘、和谐发展的良好氛围，推动公司又好又快的发展。(2) 家访人和家访对象。家访人为企业高管和企业部门负责人组成的家访小组，并坚持“分工负责，责任到人”。家访对象为全体在编职工。(3) 家访方式。对已婚员工，与其配偶进行访谈；对未婚员工，与其父母进行访谈。家在本市的，采取上门探望的方式；家不在本市的，可采取到员工住房所在地家访，或与其父母、配偶电话访谈。(4) 家访内容。了解基本情况（主要了解员工父母工作和身体状况，配偶就业状况，家庭主要社会关系等）；介绍企业情况（通报企业经营的最新进展，广泛宣传今世缘发展的良好态势和宏伟蓝图）；听取意见建议（虚心征求员工及其家庭成员对公司工作的意见和建议）；解决实际问题（切实帮助员工家庭解决生活中的困难和工作中遇到的矛盾）；等等。(5) 家访相关要求。坚持每年一次家访，诸如对存在患病、家庭矛盾、特殊生活困难、思想情绪波动大等情况的职工和家庭做到及时家访；做到态度温和、诚恳耐心，形成和谐融洽的气氛，让员工家庭感受到公司对员工的爱护和关怀；尊重员工及其家庭隐私；不得接受被走访员工家庭的礼品和吃请；不得与被走访员工家庭成员发生争执；家访结束应在5个工作日内填写《员工家访情况记录表》，重大事项或异常情况要及时汇报、处理，并在必要时进行回访；等等。

② 参见厉以宁：《超越市场与超越政府——论道德力量在经济中的作用（修订版）》，北京：经济科学出版社，2010年版，第二章第四节“效率的道德基础”。

生产力水平的不断提升、产品生产和销售质量的高水平、管理的高规格和高效益，都离不开道德资本。换句话说，在资本运动的每一个环节或每一个方面，都需要道德介入并发挥特有的引导、协调或制约功能，唯有如此才能促使经济高质量发展，企业建设平稳、高效，并不断取得更多更好的效益或利润。因此，企业需要不断加强道德建设，更多积累道德资本存量，并以强有力的道德资本推动资本的理性运动。

第五章　企业道德资本实践与评估指标[①]

再好的理论也必须成为行动纲领，否则，就是“坐而论道式”的空谈。为了体现道德资本的实践功能，需要建构有效的企业道德资本实践与评估指标。为此，近年来我和我的研究团队在我国江苏、上海、河南、重庆等地开展了对企业道德建设现状的社会调查，我们带着问卷和问题，先后调查了中国民生银行、西部大型企业重庆钢铁股份有限公司、江苏上上电缆集团、上海荷福人工智能科技集

① 本章曾以“九论道德资本——企业道德资本类型及其评估指标体系”为题，载《道德与文明》2014 年第 6 期，本章内容是修订稿。参见王小锡：《道德资本研究》，南京：译林出版社，2014 年版，第 288—292 页；王小锡：《经济伦理学：经济与道德关系之哲学分析》，北京：人民出版社，2015 年版，第 187—206 页。关于企业伦理道德评估问题，参见徐大建：《企业伦理学》，北京：北京大学出版社，2009 年版，第十四章“评估”；[荷] 丹尼尔·安德里森、勒内·蒂森：《没有重量的财富——无形资产的评估与运营》，王成、宋炳颖、沈妙颖译，南京：江苏人民出版社，2002 年版，第三章“检验你的核心竞争力”、第四章“评估你的实力”、第五章“测量你的价值”；[美] 乔治·恩德勒：《面向行动的经济伦理学》，高国希、吴新文等译，上海：上海社会科学院出版社，2002 年版，第十章“对企业的伦理评价”。

团、中原地区的河南白象集团食品有限公司、河南红高粱食品有限公司、郑州三全食品股份有限公司、郑州双吉星家具有限公司、苏南地区常州鸣凰国际大酒店、吴江科林环保装备股份有限公司、标准缝纫机菀坪机械有限公司、张家港市天泰纺织有限公司、张家港富瑞特种装备股份有限公司、张家港市港鹰实业有限公司等企业。在被调查的企业中，有发达地区的企业和不发达地区的企业等，有金融企业、重工业企业和轻工业企业等，有机械工业、食品工业和服务业等，有国有企业、民营企业和个体企业等。

在调查研究的基础上，我们获得了一手的珍贵资料，启发了我们的思考，经过研究，我们建构了贴近中国实际的企业道德资本实践与评估指标。①

① 需要说明的是，作为企业精神资本的道德，其发挥资本作用需要依附或渗透于企业经营活动，它是企业资本运作中的一个资本要素。进而言之，企业道德资本实践与评估指标体系的提出，并不是将道德从企业经营活动中机械地剥离出来，而是要更清晰地说明道德或道德资本是企业经营活动中不可或缺的内容之一，企业经营离不开道德。国家质检总局会同中国标准化研究院，组织中国质量协会和相关专家，依据《中华人民共和国产品质量法》《质量发展纲要（2011—2020 年）》，在 2004 年制定的 GB/T 19580—2004《卓越绩效评价准则》和 GB/Z 19579—2004《卓越绩效评价准则实施指南》基础上，修订发布了 GB/T 19580—2012《卓越绩效评价准则》和 GB/Z 19579—2011《卓越绩效评价准则实施指南》。在《准则》和《指南》中，道德理念或道德资本要素是其重要内涵，特别是在《准则》的基本理念中，要求企业高层领导要组织履行对社会的责任，要有明确的使命、愿景和价值观，并以其影响企业员工和经营全过程；要求将顾客当前和未来的需求、期望和偏好作为改进产品和服务质量，提高管理水平及不断创新的动力，以提高顾客的满意和忠诚程度；要求以人为本，一切管理活动应以激发和调动员工的主动性、积极性为中心，促进员工的发展，保障员工的权益，提高员工的满意程度；要求与利益相关者合作共赢，互为对方创造价值，实现共同发展等，这些充分说明，企业发展不能没有道德理念和道德手段。参见中国质量协会、卓越国际质量科学研究院编著：《卓越绩效评价准则实务（第二版）》，北京：中国质检出版社、中国标准出版社，2012 年版，第 1—23 页。

一、企业道德资本实践与评估指标及评分

作为企业无形资本或精神资本的道德资本，尽管不可以量化，但是，“我们一直习惯于依赖那些可以被度量的东西，而忽视那些不能被度量的东西。但我们应该记住爱因斯坦的话，‘那些可以被度量的东西通常是不重要的，而重要的东西通常是不可能被度量的’”。[①]道德资本虽然不可度量，但是，它是企业经营获利中最最重要的因素。事实上，为什么许多知名公司的“市场价值”和“账面价值”差异明显，即“市场价值”[②]大大超过“账面价值”，其主要原因是不可度量的以道德资本为核心的精神资本在起着独特且不可估量的作用。[③]

不过，道德资本尽管不可以度量，但可以依据企业道德行为及其道德现象进行评估。当然，企业道德资本评估指标也即企业道德实践指标。

1. 企业道德资本实践与评估指标围绕（道德的）两大本质指向即“企业人的完善”和“企业各种关系的和谐协调”而设计

其一，企业主体（包括企业领导或企业主、企业员工等）的道

① [荷] 丹尼尔·安德里森、勒内·蒂森：《没有重量的财富——无形资产的评估与运营》，王成、宋炳颖、沈妙颖译，南京：江苏人民出版社，2002 年版，第 104 页。

② 这里的企业（公司）的“市场价值”是指在员工忠诚度、企业家道德觉悟、人本管理水平、服务信誉、利益相关者的合作诚意、社会影响力等以道德为主要要素的企业（公司）无形资产（资本）影响下，因顾客的认可度和市场占有率而形成的价值估计数额或“潜在价值”。这里的企业（公司）的“账面价值”是指企业（公司）资产账面余额减去资产折旧或摊销、资产减值之后所实际获得的经济收益指标。

③ [荷] 丹尼尔·安德里森、勒内·蒂森：《没有重量的财富——无形资产的评估与运营》，王成、宋炳颖、沈妙颖译，南京：江苏人民出版社，2002 年版，第 10—18 页。

德认知、道德觉悟和道德行为等；

其二，企业内外部关系的和谐协调与合作行为等。

2. 企业道德资本实践与评估指标坚持四方面的确认路向

其一，企业道德理念，即企业对企业道德及其价值取向在思想观念上的认识和把握程度；

其二，企业主体道德觉悟，即企业领导、员工及企业外合作者的体现为忠诚、关爱、诚信、责任等的道德觉悟；

其三，企业道德制度，即企业道德转化为包括利益相关者在内的所有有关企业关心和尊重人的制度，如清洁生产制度、诚信销售和服务制度、利益协调和分配制度等；

其四，企业生产经营的道德诉求，即企业在生产经营过程中面向用户和社会的道德责任、道德要求和道德目的。

以上道德资本实践与评估指标四个确认路向形成的逻辑依据：一是企业首先要有明确的道德理念，如企业应该有什么样的经营价值观和经营目的、产品应该内含什么样的道德理念、如何更好更有效地服务于顾客等；二是知道了“是什么”和“应该是什么”，企业还应该形成一种觉悟即必须这么做；三是企业道德实践不仅仅靠理念和自觉，还要靠制度及道德化制度，这可以形成比较稳定的道德软环境；四是企业发展所涉及的关系不只在内部，还有外部关系，因此企业在生产经营过程中应该重视对用户和社会的道德责任、道德要求和道德目的。

3. 根据以上对道德资本实践与评估指标的确认路向，结合我国企业实际道德建设状况，可以把道德资本分解为以下 8 项一级指标

其一，道德理念，体现为企业在生产、经营、管理等过程中应有的道德境界和道德要求，以及道德境界和道德要求渗透其企业生产、经营、管理等过程的具体的道德指导、道德管理观念等；

其二，道德制度，体现为企业人性关怀、公正平等、和谐共治的规则等；

其三，道德环境，体现为企业员工在工作、生活中被尊重、被关注的家庭式和谐人际关系环境、道德风尚环境和道德文化浓厚的外化道德环境等；

其四，道德忠诚，体现为企业领导和员工、企业合作者对企业的向心度和敬业、奉献精神等；

其五，道德产品，体现为企业产品在设计和生产过程中对用户的生产、生活、心理、生理等人性和社会需求的认识程度和贯彻程度等；

其六，道德销售，即企业产品在销售过程中对用户或对社会的责任承诺的兑现主动性和兑现程度等；

其七，社会道德责任，即企业在遵纪守法的同时，对包括国家、社会、同行、员工、顾客等等在内的利益相关者所应该履行的义务等；

其八，道德领导，即企业领导者自身的道德素质以及对员工生

产、生活的道德性领导和人性化、民主化管理等。

在这 8 项企业道德资本实践与评估的一级指标中，道德理念是贯通其他 7 项指标的核心内容，由于有道德理念的贯通，各项一级指标之间也均存在着或多或少的联系和程度不一的关联度。尤其要指出的是，企业道德资本是综合性理念，它不以某项突出指标为依据来评估道德资本。事实上，一个企业的道德资本雄厚，必定意味着企业道德在各方面都建设得比较有成效，而且在企业生产、经营和员工生活等方面取得了比较明显的成效。

企业道德资本实践和评估的 8 项一级指标，又可分解成 100 项具应用和操作性的二级指标。根据 100 项二级指标中内容的有或无、好或差、高或低、强或弱、多或少等给予每项指标 0—10 分不等的分数（10 分为一个整数，有利于按比例打分，同时，打分拉开差距，有利于提高评估过程的可信度），满分 1 000 分。按百分制得分（习惯性考量数字，有利于评估等级比较）= 实得总分 ÷10。

企业道德资本实践与评估指标及评分表

一级指标	二级指标	得分（0—10分）	备注
道德理念	1. 企业物质文明和精神文明发展宗旨		
	2. 社会责任意识和目标		
	3. 企业宣言、行风或训条		
	4. 企业诚信经营等价值观		
	5. 企业内部以人为本的管理理念		

续 表

一级指标	二级指标	得分（0—10分）	备 注
道德理念	6. 企业决策道德理念		
	7. 资产统计分析中的道德理念		
	8. 员工道德准则		
	9. 产品设计、制造和销售中的道德主旨		
	10. 经营（服务）道德准则		
道德制度	1. 民主协商与规章集体通过制度		
	2. 厂务公开制度		
	3. 企业经营业绩报告制度		
	4. 利益分配（工资、津贴等）的公正、公开制度		
	5. 公正、平等地对待企业外利益相关者制度		
	6. 员工培训制度		
	7. 企业领导定期或不定期跟班作业制度		
	8. 保障休息与节假日加班加薪制度		
	9. 女工保护制度		
	10. 健康体检制度		
	11. 不用童工、善用残疾人等合理劳动用工制度		
	12. 企业与员工签订劳动合同制度		
	13. 企业员工晋级公示制度		
	14. 奖惩制度		
	15. 清洁生产制度		

续　表

一级指标	二级指标	得分（0—10分）	备　注
道德环境	1. 宣传企业良好精神的各种媒体平台		
	2. 企业内外宣传牌或道德性硬件建设等		
	3. 企业人际关系的和谐度		
	4. 员工的安全保障度		
	5. 员工的工作环境舒适度		
	6. 员工的生活环境舒适度		
	7. 员工对企业大家庭的认同度		
	8. 环境卫生、休闲娱乐、身体锻炼等设施		
	9. 生产、生活等事故的快速反应机制		
	10. 维护员工尊严的氛围		
道德忠诚	1. 员工关注企业发展愿景		
	2. 员工参加集体活动的积极性		
	3. 员工参加培训的积极性		
	4. 员工加班加点的积极性		
	5. 企业经济不景气时员工的共渡难关意识		
	6. 员工关注企业领导的思想道德素质		
	7. 员工正面提意见的积极性		
	8. 员工跳槽的数量或频率		
	9. 员工工作出现差错时对被罚的认同度		
	10. 拒绝商业贿赂		
道德产品	1. 产品设计前进行顾客需求调查		
	2. 产品的人性化、环保性设计		

续　表

一级指标	二级指标	得分（0—10分）	备　注
道德产品	3. 产品综合质量检验		
	4. 产品制造环节中的质量检验		
	5. 产品款式的更新		
	6. 产品的安全性		
	7. 产品的耐用性		
	8. 产品的美观性		
	9. 产品的环保性、节约性包装		
	10. 产品中次品的处理方式		
道德销售	1. 产品销售承诺		
	2. 人性化的产品使用说明书		
	3. 产品质量保证书		
	4. 产品保修时间规定		
	5. 售后人性化服务		
	6. 企业问题产品的召回制度		
	7. 产品质量问题包退或包换		
	8. 对顾客的销售服务满意度的监测		
	9. 了解消费者对产品的意见或偏好		
	10. 产品广告的真实性、科学性、信誉度		
社会道德责任	1. 经营遵纪守法，维护国家和社会利益		
	2. 重视保护生态环境		
	3. 关注产品的社会评价		
	4. 对顾客投诉的反应和处理机制		
	5. 对利益相关企业的诚信度		

续　表

一级指标	二级指标	得分（0—10分）	备　注
社会道德责任	6. 坚持利益相关者的友好合作		
	7. 产品质量的信息公开		
	8. 按章纳税		
	9. 不做假账		
	10. 尊重、维护知识产权		
	11. 参与捐赠等慈善公益活动		
	12. 参与各类救灾救助活动		
	13. 勤俭节约和可再生材料利用		
	14. 残留物处理		
	15. 维护社会正常生活秩序		
道德领导	1. 领导工作报告或工作安排中的道德建设内容		
	2. 领导管理职责和管理承诺		
	3. 领导定期或不定期召开征求员工意见的座谈会		
	4. 领导经常调研或检查生产、销售等情况		
	5. 领导团结、民主、有亲和力		
	6. 领导关注生产或工作安全		
	7. 领导准时上下班		
	8. 领导定期或不定期走访员工		
	9. 发挥工会组织的作用		
	10. 公正、公开考核员工		
	11. 购买养老保险、医疗保险和失业保险等		

续 表

一级指标	二 级 指 标	得分（0—10分）	备 注
道德领导	12. 企业解雇员工的理由		
	13. 关心残疾（生病）等困难员工		
	14. 关心员工各项福利		
	15. 员工犯错误时的教育态度和教育方式		
	16. 让家属了解员工工作、生活、学习等情况		
	17. 关心员工家属的生活、困难等情况		
	18. 了解社会责任管理体系 SA8000 等国际规则		
	19. 成立道德委员会或设置道德协调员、道德督察员等		
	20. 每年进行企业道德资本评估		

注：可以自评、互评或第三方评分。道德资本评估（百分制）得分：__________。

二、企业落实道德资本实践与评估指标的变通

要指出的是，企业类型多样，涉及的具体企业又是千差万别，因此，道德资本实践和评估指标会有差别。生产性企业大致可以按照以上道德资本实践和评估指标来规划企业道德建设、评估本企业的道德资本存量情况，但诸如商品经营、饮食、旅游、宾馆等服务型企业，在道德资本实践和评估的 8 项一级指标的范围内，其二级指标的具体内容、表征及其提法会有所不同，不过，其宗旨是一致的。例如“产品设计”，生产性企业主要通过产品设计让产品渗透进道德要素，服务性行业则主要通过服务项目设计让服务项目充分体

现道德性，它们共同的目的是让使用者或消费者实现最佳的使用效果。再如“道德环境”，有的大企业的空间范围之大，像个企业社会或企业城，道德环境从软件到硬件如何展示，本身就是一项系统工程。而有的服务性企业小到只有一个服务平台或一栋办公楼或一间办公室等，其环境道德设计就应因地制宜，要是只有一栋办公楼或一间办公室，那道德硬环境和道德软环境的设计就可以比较简洁一些，诸如进取的文化氛围、舒适的工作环境、和谐的人际关系、齐全的安全保障等。又如“产品道德含量”，以上表中内容的一些概念内涵和表征形式，生产性企业和服务性企业大不一样，有的企业无法照搬或通用。产品道德含量在商品经营企业中，应该表现在进货、销货、服务的严格检验制度和服务行为优化上，真正实现最好性价比、最好服务和最好使用效果等；在饮食行业，应该表现在保证食品质量的前提下，对消费者的健康、口福的享受乃至生活质量的提升负责等；在旅游行业，应该表现在设计旅游产品过程中对游客的高度负责，设计出最科学、最经济、最有理性意味并能让游客满意的旅游路线等；在宾馆行业，应该表现在通过设计和服务，让人有宾至如归的家的感受等。特别要指出的是，进入数字经济时代，新兴的互联网、物联网企业等，其道德资本实践和评估指标尤其是道德资本实践和评估二级指标，在坚持道德资本一级实践和评估指标基本理念的基础上，在保留以上直接可操作的二级指标的同时，要有以诚信、公平等为核心的设计来适应特殊企业的新的内容和表征。

同样，道德资本实践和评估指标中的二级指标，其内容和表征表达方式上也会因企业经营的内容、特点、方式等不同而不同。例如“清洁生产”，在生产性企业可以主要表达为绿色生产等，在服务性企业尤其是商业互联网服务企业可以主要表达为最诚信、最好性价比服务等。还有，它们共同的内容和表征表达应该是在理念上趋善避恶、境界高尚等。再如“产品的安全性”，不同的企业所设计或生产的产品有不同的安全要求。用来买卖的劳动产品，要注意运输和使用的方便和安全，而旅游产品则主要是游客在旅游过程中的生命财产的安全；至于饮食行业，那食品安全则是首要安全内容。又如“企业问题产品的召回制度”，这对于生产性企业来说具有很强的针对性，而对于旅游行业，那就应该把重点放在赔偿和旅游产品的设计应用总结和改进上面，当然，也不排除直接赔偿旅游产品等。

为此，我认为，我以生产性企业（一般来说，现代生产性企业活动包括生产、销售、服务等全过程，因此，在一定意义上生产性企业内含服务性企业）为主所设计的道德资本实践和评估一级指标，在基本理念上和范围上适用于所有企业，在道德资本实践和评估二级指标上，只是在内容和表征表达方式上因企业不同而不同。要强调的是，不管什么企业，尽管在道德资本实践和评估指标的内容和表征表达方式上因企业不同而不同，但其道德资本实践和评估的主旨理念是一致的。

需要说明的是，我设计道德资本实践和评估指标，其愿景一是主张对现代企业资产（资本）尤其是企业无形资产（无形资本）理念要有完整和完善的把握，其中，切不可忽视对企业道德资产（道德资本）的认识、培育和应用；二是为企业增加道德资本存量提供可操作性的指标、条例或行动方案；三是启迪企业能够在企业发展进程中充分树立道德资本意识，并以此促进企业不断取得新的更好的业绩。

三、企业道德资本评估案例①

近年来我们选择相关省市的企业进行了调研，包括国营企业、民营企业和个体企业等。调研过程中，重点对企业道德资本进行了评估。评估的结果参差不齐，有的分值较高，有的分值较低。考虑到对企业道德建设的积极的影响或指导作用，本书选择了评估分值在 90 分以上的企业作为案例。

1. 黎明重工科技

河南黎明重工科技股份有限公司创立于 1987 年，主要从事建筑、能源、交通等国家基础设施建设工程所需大型装备的研发制造，以及提供相关技术解决方案和配套产品。通过 30 多年创新发展，已成为国内矿山机械行业软硬件实力兼具的企业。主导产品覆盖建筑破碎、矿山破碎、工业制粉和绿色建材四大产业模块共 40 余种，所有产品均通过 ISO9001：2008 国际质量体系认证、欧盟 CE 认证和海关联盟 CU–TR 认证，成功服务全球 180 多个国家和地区的两万多家客户。黎明重工科技深入践行“中国制造 2025”，用技术与服务助力制造型企业智能化升级。在互联网 + 和工业 4.0 双核驱动下，

① 企业道德资本评估指标中的二级指标在《道德资本论（第二版）》的基础上有少许修订，这里仍原样保留了《道德资本论（第二版）》中部分特色明显的企业道德资本评估的典型案例及其指标内容。

黎明重工科技将基于工业互联网时代的重大需求，提供行业内较高水平的智能技术和品质良好的服务，专注于产业链，并与伙伴一起支持制造业发展，帮助客户实现更高、更快的价值成长。

企业道德资本实践与评估指标及评分表

一级指标	二级指标	得分	备　　注
一、道德理念与道德原则	企业物质文明和精神文明发展宗旨	10	符合社会主义物质文明和精神文明要求
	社会责任意识和目标	10	注重企业社会责任，重大灾情捐款捐物等
	企业宣言、行风或训条	10	有明确的企业的价值信仰
	企业诚信经营等价值观	10	诚信经营一直是企业的经营理念
	企业内部以人为本的管理理念	10	注重员工关怀
	企业决策道德理念	10	企业决策符合道德理念
	资产统计分析中的道德理念	8	依据财务会计相关规定进行资产统计分析
	员工道德准则	9	要求员工持有较高的道德准则
	产品设计、制造和销售中的道德主旨	10	符合道德准则
	经营（服务）道德准则	10	符合道德规范和准则
二、道德性制度	民主协商与规章集体通过制度	9	企业经营管理决策
	厂务公开制度	10	有
	企业经营业绩报告制度	9	是的
	利益分配（工资、津贴等）的公正、公开制度	9	是的
	公正、平等地对待企业外利益相关者制度	10	关注上下游产业相关者利益
	员工培训制度	9	较完备的培训制度

续　表

一级指标	二级指标	得分	备　　注
二、道德性制度	企业领导定期或不定期跟班作业制度	8	安排企业领导日常和节假日值班
	保障休息与节假日加班加薪制度	10	按照国家法律规定
	女工保护制度	10	严格按照国家法律规定
	健康体检制度	10	年度体检
	不用童工、善用残疾人等合理劳动用工制度	10	严格按国家法律规定
	企业与员工签订劳动合同制度	10	严格按归家法律规定
	企业员工晋级公示制度	10	是的，设置干部晋升的公式和考察期
	奖惩制度	9	公司有相关制度规定
	清洁生产制度	9	公司有相关制度规定
三、道德环境	宣传企业良好精神的各种媒体平台	10	企业微信、内网等各平台
	企业内外宣传牌或道德性硬件建设等	10	注重企业品牌和企业文化建设
	企业人际关系的和谐度	9	通过各项活动营造良好的企业文化氛围
	员工的安全保障度	10	严格执行安全生产作业规定
	员工的工作环境舒适度	10	较好的办公场所和工作环境
	员工的生活环境舒适度	9	致力于为员工提供便捷舒适的生活环境
	员工对企业大家庭的认同度	9	选择留任的员工较多
	环境卫生、休闲娱乐、身体锻炼等设施	9	提供较好的休闲娱乐场所和办公环境

续 表

一级指标	二级指标	得分	备　注
三、道德环境	生产、生活等事故的快速反应机制	9	应急管理小组
	维护员工尊严的氛围	10	有维护员工的感受
四、道德忠诚	员工关注企业发展愿景	9	注重员工企业发展愿景的培训学习和引导
	员工参加集体活动的积极性	10	员工在工作之余乐于参加各项集体活动
	员工参加培训的积极性	10	从员工需求出发设计培训课题，引导员工参加员工培训
	员工加班加点的积极性	9	根据公司生产经营状况适时激励员工加班加点工作
	企业经济不景气时员工的共渡难关意识	9	员工愿意与企业共担风险、共渡难关
	员工关注企业领导的思想道德素质	9	员工的文化素质一定程度上要求企业领导具备较好的思想道德素质
	员工正面提意见的积极性	8	如果对自己不利，员工选择保留自己的意见
	员工跳槽的数量或频率	9	部分岗位存在一定的流动性
	员工工作出现差错时对被罚的认同度	9	公司做出的惩罚公平、公开、公正
	拒绝商业贿赂	10	严禁商业贿赂
五、产品道德含量	产品设计前进行顾客需求调查	9	细分领域，通常产品设计来源于市场一线
	产品的人性化、环保性设计	9	国家绿色工厂，注重产品的人性化、环保性设计
	产品综合质量检验	10	注重产品质量全面管理

续　表

一级指标	二级指标	得分	备　　注
五、产品道德含量	产品制造环节中的质量检验	10	注重产品质量全面管理
	产品款式的更新	9	注重产品的更新换代、研发升级
	产品的安全性	9	较好
	产品的耐用性	9	较好
	产品的美观性	9	较好
	产品的环保性、节约性包装	9	较好
	产品中的次品处理方式	10	妥善处理
六、道德性销售	产品销售承诺	10	根据合同履行
	人性化的产品使用说明书	9	提供较好的产品安装、调试、维修及指导、培训
	产品质量保证书	10	设置产品质保期限
	产品保修时间规定	10	依据合同执行
	售后人性化服务	9	全面的售后服务保障体系
	企业问题产品的召回制度	9	依据合同执行
	产品质量问题包退或包换	10	依据销售合同执行
	对顾客的销售服务满意度的监测	9	注重收集客户评价和意见
	了解消费者对产品的意见或偏好	9	注重收集客户评价和意见
	产品广告的真实性、科学性、信誉度	10	较好的客户案例说明

续 表

一级指标	二级指标	得分	备　　注
七、社会道德责任	经营遵纪守法，维护国家和社会利益	10	合法经营
	重视保护生态环境	10	绿色经营
	关注产品的社会评价	9	关注客户评价和用户反馈
	对顾客投诉的反应和处理机制	9	较好的客户投诉反馈和处理机制
	对利益相关企业的诚信度	10	维护相关企业的利益
	坚持利益相关者的友好合作	10	是的
	产品质量的信息公开	10	产品全面质量管理
	按章纳税	10	合法合规经营
	不做假账	10	合法合规经营
	尊重、维护知识产权	10	是的
	参与捐赠等慈善公益活动	9	是的
	参与各类救灾救助活动	9	是的
	勤俭节约和可再生材料利用	9	是的
	残留物处理	9	妥善处理
	维护社会正常生活秩序	10	是的
八、道德领导与领导道德	领导工作报告或工作安排中的道德建设内容	8	会有涉及
	领导管理职责和管理承诺	9	是的，较好履行管理职责和管理承诺

续　表

一级指标	二级指标	得分	备　注
八、道德领导与领导道德	领导定期或不定期召开征求员工意见的座谈会	9	开展民主座谈会
	领导经常调研或检查生产、销售等情况	10	是的
	领导团结、民主、有亲和力	10	是的
	领导关注生产或工作安全	10	是的
	领导准时上下班	10	是的
	领导定期或不定期走访员工	9	是的
	发挥工会组织的作用	10	是的，有发挥工会的职能和作用
	公正、公开考核员工	10	是的
	购买养老保险、医疗保险和失业保险等	10	是的
	企业解雇员工的理由	10	合理合法解除劳动关系
	关心残疾（生病）等困难员工	9	是的
	关心员工各项福利	10	是的
	员工犯错误时的教育态度和教育方式	9	较好的
	让家属了解员工工作、生活、学习等情况	8	是的
	关心员工家属的生活、困难等情况	8	是的
	了解社会责任管理体系 SA8000 等国际规则	10	是的

续　表

一级指标	二级指标	得分	备　　注
八、道德领导与领导道德	成立道德委员会或设置道德协调员、道德督察员等	9	有相关管理人员
	每年进行企业道德资本评估	9	有相关内容的评估

注：可以自评、互评或第三方评分。道德资本评估（百分制）得分：94.5。

2. 上海荷福人工智能科技集团

上海荷福人工智能科技集团（以下简称“荷福”）拥有国际领先的人工智能制造技术，是国内首家人工智能跨行业整体解决方案提供商。同时，荷福也是科技创新产业开放运营服务商，具备为多行业提供个性化人工智能服务的综合技术能力，是中国人工智能机器人行业的领军企业。本单位科研领域涵盖工程建设安全生产、机器人、网络安全等技术方向，涵盖区块链技术、制造业、物联网等多个产业领域，直面国民经济应用需求，解决行业应用难点，为多行业提供个性化人工智能服务。李克强、刘延东、李源潮、贾庆林等国家领导人曾多次参观、体验了荷福人工智能集团的产品。

企业道德资本实践与评估指标及评分表

一级指标	二级指标	得分	备　　注
一、道德理念与道德原则	企业发展宗旨（含精神层面）	10	对科学技术执着、永恒的探索精神。科学是荷福的根本，对科学本身的追求是最执着、最痴迷的，抛开名与利的追求，怀揣的是一颗对科学的敬畏之心

续　表

一级指标	二级指标	得分	备　注
一、道德理念与道德原则	社会责任意识和目标	10	对科技报国、科技为民的神圣使命感。服务于农民工，用科技来切实保障工人安全生产
	企业训条	10	对科技应用有天马行空的想象力，贴近现实的应能用能力
	企业诚信经营等价值观	10	希望用科学的力量弘扬善良、文明、正义，用科学将正能量传递开来报国情怀，为农民工着想，为国家做贡献，追求企业对社会的价值
	企业内部以人为本的管理理念	10	善待农民工，交社保，让农民工体面劳动
	企业职业道德规范及对职工品德养成的要求	8	先做人再做事
	企业资产统计分析中的道德理念	9	资产利润表里有百分之一的比例用于慈善，帮助弱势群体
	企业产品设计、制造中的道德理念	10	用质量过硬的建材，建安全系数最高的楼房
	经营（服务）道德规范	10	安全服务
	领导工作报告或工作安排中的道德建设内容	9	2020 年突发新冠疫情后，企业投入人力和物力预测三天疫情情况，做有利于大众的事情
	利益分配的公正、公开	9	绩效考核
	公正、公平地对待利益相关者	9	对利益相关者不偏袒、不包庇，奖罚分明
	尊重、维护知识产权	10	大力发展科技产业，各种专利、软件著作权 300 多项

续 表

一级指标	二级指标	得分	备　注
一、道德理念与道德原则	职工有尊严地工作、生活和交往	10	工资薪水高于上海市同行业，有企业文化熏陶
	企业领导的决策道德理念	10	不拖欠工资，外债有借必还
二、道德性制度	职工培训制度	9	人事部门努力输入考核员工规范制度
	健康体检制度	10	每年安排员工体检
	节日加班加薪制度	9	研发部门有加班加薪制度
	产假制度	10	严格遵守《劳动合同法》
	企业领导定期或不定期跟班作业制度	9	部门领导考核，与员工并肩作战
	企业财务公开制度	9	基本公开透明，同岗同酬
	企业经营业绩报告制度	10	每月财务人员都会报告
	民主生活制度	8	平时业务忙，每周一次交流
	奖惩制度	9	奖罚分明
	公开企业收益和职工收益制度	8	极少部分没有公开
	同工同酬制度	9	按劳动分配，同工同酬，绩效考核
	不用童工、保护女工制度	10	严格遵守 SA8000、《劳动合同法》等法律法规
	企业职工晋级公示制度	9	能者上，庸者下，能进能出
	企业与员工签订劳动合同制度	10	试用期合格留用的一律签人事合同
	清洁生产制度	9	生产环节清洁、清楚、条理化

续　表

一级指标	二级指标	得分	备　注
三、道德环境	宣传企业良好精神的网络、报纸、黑板报等阵地	10	各大主流媒体上有正能量的知名人士代言，如姚明、王励勤等
	企业内外宣传标语或内容高尚的雕塑等	9	做得多，说得少
	企业人际关系的和谐度	9	企业员工人际关系和睦，工作环境和谐
	职工的安全保障度	10	企业为项目中的所有工人购买保险，保障工人安全
	职工的工作环境舒适度	9	企业为职工创造良好的工作环境和宽松的工作氛围
	职工的生活环境舒适度	9	企业为职工创造良好的工作环境和宽松的工作氛围
	环境卫生与身体锻炼设施和环境	8	企业每日安排保洁人员负责环境卫生，并计划配备健身设施供职工锻炼
	生产、生活等事故的快速反应机制	10	管理层分工明确，时刻关注项目建设情况，一有事故发生能第一时间发现、处理并上报
	尊重职工人格、维护员工尊严的氛围	10	企业定期组织座谈会，征求职工的意见
	职工对企业大家庭的认同度	9	职工对企业大家庭的认同度很高，遇事站在企业的角度思考问题
四、道德忠诚	职工跳槽的数量或频率	9	职工跳槽数量较少，频率也低
	企业经济不景气时职工的共渡难关意识	9	新冠疫情期间，职工的共渡难关意识较高，在家办公工作质量与热情丝毫不减

续　表

一级指标	二级指标	得分	备　　注
四、道德忠诚	领导存在工作责任问题时职工正面提意见的积极性	8	对于领导在工作中存在的问题，职工们勇于提出，领导也会充分考虑，有则改之无则加勉
	职工工作出现差错时对被罚的认同度	9	职工工作出现差错时勇于承认错误，并接受相应的惩戒
	职工关注企业发展前景	9	职工平日里关注行业的发展状况，关心企业的发展前景
	职工关注企业领导的思想道德素质	9	企业定期组织座谈会，领导与职工互相交流思想道德素质
	职工的主人翁意识	10	职工各司其职，充分实现个人和社会价值
	拒绝商业贿赂	10	明确对商业贿赂说不，这是所有领导职工的道德底线
	职工参加集体活动的积极性	9	企业定期举行团建活动，职工都积极参与
	职工加班加点的积极性	8	在保证工作效率的同时，出现突发任务时职工自愿加班加点完成任务
五、产品道德含量	产品设计前进行顾客需求调查	9	产品设计前对顾客需求进行充分调查，深刻了解客户需求
	产品的人性化、环保性设计	10	产品设计保证人性化、环保性
	产品制造环节及其质量的检验	9	产品制造有着严格的生产工序，质量检验通过各项国家或行业标准
	产品综合质量检验	10	产品综合质量检验通过各项国家或行业标准

续　表

一级指标	二级指标	得分	备　注
五、产品道德含量	产品款式的更新	8	产品每2—3年推出新款式，以刺激新的消费需求
	产品的安全性	10	所有产品均通过严格的质检环节，安全性有所保证
	产品的耐用性	10	所有产品均通过严格的质检环节，耐用性有所保证
	产品的美观性	10	产品设计由专业的设计师负责，并经过多次修改直至确定产品最终的外观，美观性有所保证
	产品的环保性、节约性包装	10	产品包装采用可回收材料，在保证其功能的同时尽可能精简材料，确保产品包装的环保性与节约性
	产品中次品的处理方式	9	次品入次品仓库，根据次品的程度，进行次品销售或拆卸再次利用
六、道德性销售	产品销售承诺	10	产品销售承诺并非一纸空文
	人性化的产品使用说明书	10	产品使用说明书经过多次修改审核，保证人性化与可读性
	产品质量保证书	10	产品质量保证书条款明确清晰
	产品保修时间的规定适当与否	10	产品保修时间的规定适当，如健脑安神仪保修时间为一年
	售后人性化服务	10	提供优质售后服务，尽全力解决客户的后顾之忧
	企业问题产品的召回制度	9	为保证客户的利益，企业有着完善的召回制度，产品一旦产生质量问题企业将第一时间进行召回

续 表

一级指标	二级指标	得分	备　　注
六、道德性销售	产品质量问题包退或包换	10	产品若存在质量问题无条件包退换
	对顾客的销售服务满意度的监测	10	顾客的销售服务满意度是售后一大重要的监测内容
	了解消费者对产品的意见或偏好	10	在销售的各个环节了解消费者对产品的意见或偏好都是必要的，这样才能更好地满足消费者的需求
	产品广告的真实性、科学性、信誉度	9	产品广告保证真实、科学、有信誉，绝无虚假
七、社会道德责任	关注产品的社会评价	10	企业十分关注产品的社会评价，以更好地改进产品
	对顾客投诉的反映和处理机制	10	非常重视顾客的意见，对于收到的投诉第一时间处理，有着完整的处理机制
	产品的质量信息公开	10	产品质量信息完全公开，接受社会的监督
	不做假账	10	企业有着专业的财务人员，每年进行审计，杜绝假账
	重视保护生态环境	10	企业重视保护生态环境，产品尽可能采用环保材料
	参与慈善公益活动	10	成立了荷福慈善基金会，开展安老、助学、助困、医疗救助等多种慈善救助活动及重大自然灾害的紧急救助；组织志愿服务活动；开展慈善宣传等活动
	对利益相关企业的诚信度	10	与利益相关企业合作履行应有的责任，诚信经营
	按章纳税	10	企业每年按章纳税，绝不偷税漏税

续　表

一级指标	二级指标	得分	备　　注
七、社会道德责任	经营遵纪守法，维护国家和社会利益	10	企业经营遵纪守法，坚决维护国家和社会利益
	对竞争对手是打压暗算还是坚持友好合作	10	在市场上公平竞争，以质量取胜；企业始终坚信，只有符合消费者需要的优质产品才能在市场上站稳脚跟
八、道德领导与领导道德	领导管理职责和管理承诺	10	企业领导非常重视管理职责与承诺，并积极参与到日常管理中
	领导准时上下班	10	领导每天准时上下班，有突发任务时加班加点
	经常调研或检查生产、销售等情况	10	相关部门经常进行市场调研，检查生产、销售等情况
	关注生产或工作安全	10	企业领导非常关注职员的生产与工作安全，将职员的健康安全放在首位
	领导和职工一起劳动	10	“从群众中来、到群众中去”的工作方法始终是企业的方针，领导与职工一起劳动
	发挥工会组织的作用	10	工会组织带领企业员工一起认真学习，深刻领会党的精神
	职工犯错误以教育为主	10	对违反纪律的职工，坚持以思想教育为主、惩罚为辅的原则
	关心残疾（生病）职工	9	慰问残疾（生病）职工，通过生活上对残疾（生病）职工的关心，让残疾（生病）职工感受到企业大家庭的温暖
	企业解雇员工的理由	10	企业解雇员工均有正当理由，不会无缘无故解雇员工

续 表

一级指标	二级指标	得分	备注
八、道德领导与领导道德	领导问候生病职工、祝贺职工生日等	9	看望和慰问生病职工是企业及工会常年坚持的重要内容之一；在职工生日时还会送上祝福
	购买劳动和医疗等保险	10	企业为员工缴纳养老、工伤、生育、失业、医疗五种保险，保障员工的合法权益
	向家属通报职工工作、生活、学习等情况	8	建立家属微信群，及时向家属通报工作、学习、加班等情况
	关心职工家属的生活、困难等情况	9	从实际出发，根据不同职工的具体情况有针对性地采取激励、关怀和帮扶措施，力求做到依法依纪、合理合情，确保关怀、激励、帮扶工作人性化开展，规范化运行
	企业领导团结、民主、有亲和力	10	企业领导团结、民主、有亲和力，将“从群众中来、到群众中去”贯彻到底
	领导定期或不定期召开征求职工意见的座谈会	10	领导每季度定时召开征求职工意见的座谈会
	不歧视女工或残疾工	10	对女工或残疾工一视同仁，同工同酬
	公正、公平考核员工	10	公正、公平考核员工，不包庇、不偏袒
	了解社会责任管理体系 SA8000 等国际规则	10	了解社会责任管理体系 SA8000 等国际规则，并严格遵守
	成立道德委员会或设置道德协调员	8	企业设置了道德协调员，时刻关注企业道德资本建设
	每年进行企业道德资本评估	9	每年按时进行企业道德资本评估

注：可以自评、互评或第三方评分。道德资本评估（百分制）得分：95。

3. 上海亨升能源科技有限公司

上海亨升能源科技有限公司（以下简称“亨升”）位于世界经济、金融中心——上海，公司致力于照明工程设计、施工等专业户外照明亮化，以及太阳能路灯、太阳能分布式光伏发电站、新能源充电桩等的设计、施工。亨升的产品设计理念始终和世界同步，多项技术指标达到国际先进水平，率先在同行中通过IS09001国际质量体系认证，以及IS014001国际环境体系认证。所有产品全部通过国家强制性3C认证。拥有完善的销售与售后服务体系，已建立覆盖全国的市场营销网络及售后服务网络。

企业道德资本实践与评估指标及评分表

一级指标	二级指标	得分	备　注
一、道德理念与道德原则	企业发展宗旨（含精神层面）	10	企业发展理念：团结创新的氛围，开拓进取的战略，诚信务实的商意，产业报国的责任
	社会责任意识和目标	10	亨升使命：为天地立心，为生民立命；为千家送光明，为万世节能源
	企业训条	10	内圣外王，和谐至善
	企业诚信经营等价值观	10	营销理念：诚信、合作、互惠、双赢
	企业内部以人为本的管理理念	10	团队作风：同心、同德、同愿、同行
	企业职业道德规范及对职工品德养成的要求	10	内在诚信，知行合一
	企业资产统计分析中的道德理念	10	资产利润表里有百分之一的比例用于慈善，帮助弱势群体

续 表

一级指标	二级指标	得分	备　注
一、道德理念与道德原则	企业产品设计、制造中的道德理念	10	团结创新的氛围
	经营（服务）道德规范	10	服务理念：树金牌服务，扬德信精神
	领导工作报告或工作安排中的道德建设内容	10	和谐身心，和谐家庭，和谐企业，我的责任
	利益分配的公正、公开	10	能者多劳，多劳多得，互惠互利
	公正、公平地对待利益相关者	10	互惠双赢
	尊重、维护知识产权	9	申请专利，尊重原创
	职工有尊严地工作、生活和交往	10	同心同德，打造“家”的文化
	企业领导的决策道德理念	10	利而不害，为而不争
二、道德性制度	职工培训制度	9	人事部门努力输入考核员工规范制度
	健康体检制度	10	每年安排员工体检
	节日加班加薪制度	10	研发部门有加班加薪制度
	产假制度	10	严格遵守《劳动合同法》
	企业领导定期或不定期跟班作业制度	9	部门领导考核，与员工并肩作战
	企业财务公开制度	10	基本公开透明，同岗同酬
	企业经营业绩报告制度	10	每月财务人员都会报告
	民主生活制度	9	平时业务忙，每周一次交流
	奖惩制度	10	奖罚分明

续　表

一级指标	二级指标	得分	备　注
二、道德性制度	公开企业收益和职工收益制度	9	极少部分没有公开
	同工同酬制度	9	按劳动分配，同工同酬，绩效考核
	不用童工、保护女工制度	10	严格遵守SA8000、《劳动合同法》等法律法规
	企业职工晋级公示制度	9	能者上，庸者下，能进能出
	企业与员工签订劳动合同制度	10	试用期合格留用的一律签人事合同
	清洁生产制度	9	生产环节清洁、清楚、条理化
三、道德环境	宣传企业良好精神的网络、报纸、黑板报等阵地	8	有网站，以及公众号、抖音等新媒体
	企业内外宣传标语或内容高尚的雕塑等	8	有企业文化的牌匾、铜牌等
	企业人际关系的和谐度	10	十分融洽
	职工的安全保障度	10	以人为本
	职工的工作环境舒适度	9	舒适
	职工的生活环境舒适度	10	舒适
	环境卫生与身体锻炼设施和环境	8	环境整洁
	生产、生活等事故的快速反应机制	8	机制健全
	尊重职工人格、维护员工尊严的氛围	10	以人为本，敬天爱人
	职工对企业大家庭的认同度	10	以企业为家

续 表

一级指标	二级指标	得分	备　注
四、道德忠诚	职工跳槽的数量或频率	10	数量少，频率低
	企业经济不景气时职工的共渡难关意识	10	以大局为重，愿意与企业共进退
	领导存在工作责任问题时职工正面提意见的积极性	10	积极性高，坦诚
	职工工作出现差错时对被罚的认同度	10	十分认可
	职工关注企业发展前景	10	高度关注
	职工关注企业领导的思想道德素质	10	关注度高
	职工的主人翁意识	10	意识强
	拒绝商业贿赂	10	廉洁为业
	职工参加集体活动的积极性	9	热情主动，积极性高
	职工加班加点的积极性	10	愿意，主动
五、产品道德含量	产品设计前进行顾客需求调查	9	产品设计前对顾客需求进行充分市场调研和分析，根据地域市场差异设计对应的产品
	产品的人性化、环保性设计	8	产品设计充分考虑人性化、环保性
	产品制造环节及其质量的检验	9	产品通过国家质检中心检测并出具质检报告及合格证明，质量检验符合国家或行业标准
	产品综合质量检验	9	产品综合质量检验通过各项国家或行业标准

续　表

一级指标	二级指标	得分	备　　注
五、产品道德含量	产品款式的更新	8	产品定期推出新款式，适应市场变化的同时提高产品的市场潜力
	产品的安全性	10	产品安全性能通过检测机构认证，并由知名保险公司参保
	产品的耐用性	10	产品耐用性强，产品终身提供技术支持
	产品的美观性	10	产品结合消费者需求定制设计，选型和设计上严格把关
	产品的环保性、节约性包装	10	环保材料包装，可回收二次利用
	产品中次品的处理方式	9	次品返仓返厂，二次检测，确保合格才出仓使用
六、道德性销售	产品销售承诺	10	产品销售承诺明确，售后服务保质保量
	人性化的产品使用说明书	9	量身定做，产品使用说明人性化定制，简明清晰
	产品质量保证书	10	产品质量保证书条款明细、完善
	产品保修时间的规定适当与否	10	产品保修时间完全满足客户需求
	售后人性化服务	10	24 小时服务，专职客服回复，定期产品巡检
	企业问题产品的召回制度	10	问题产品无条件召回，第一时间更换并承担相应损失赔偿
	产品质量问题包退或包换	10	产品若存在质量问题，质保期内无条件包退换
	对顾客的销售服务满意度的监测	8	监测销售服务满意度，开展问卷调查、回访

续 表

一级指标	二级指标	得分	备　注
六、道德性销售	了解消费者对产品的意见或偏好	9	在销售的各个环节了解消费者对产品的意见或偏好都是必要的，这样才能更好地满足消费者的需求
	产品广告的真实性、科学性、信誉度	10	产品广告保证真实、科学、有信誉，绝无虚假
七、社会道德责任	关注产品的社会评价	9	企业十分关注产品的社会评价，以更好地改进产品
	对顾客投诉的反映和处理机制	10	非常重视顾客的意见，对于收到的投诉第一时间处理，有着完整的处理机制
	产品的质量信息公开	9	产品质量信息完全公开，接受社会的监督
	不做假账	10	专业的财务人员，每年进行审计，杜绝假账
	重视保护生态环境	10	企业重视保护生态环境，产品尽可能采用环保材料
	参与慈善公益活动	10	开展助学、助困、医疗救助等多种慈善救助活动及重大自然灾害的紧急救助；组织志愿服务活动；开展慈善宣传等活动
	对利益相关企业的诚信度	9	与利益相关企业诚信经营
	按章纳税	10	依法申报纳税，不偷税漏税
	经营遵纪守法，维护国家和社会利益	10	企业经营遵纪守法，坚决维护国家和社会利益
	对竞争对手是打压暗算还是坚持友好合作	10	坚持友好合作，互利共赢

续　表

一级指标	二级指标	得分	备　　注
八、道德领导与领导道德	领导管理职责和管理承诺	10	领导管理职责清晰，管理承诺积极落实
	领导准时上下班	9	领导每天和员工一样准时上下班，打卡考勤
	经常调研或检查生产、销售等情况	8	相关部门经常进行市场产品分析、生产销售情况分析
	关注生产或工作安全	10	企业领导非常关注职员的生产与工作安全，将职员的健康安全放在首位
	领导和职工一起劳动	10	领导与职工一起劳动，走进员工生活
	发挥工会组织的作用	9	工会积极维护职工群众的经济效益和民主权益的职能
	职工犯错误以教育为主	10	职工犯错误以教育为主，惩罚为辅
	关心残疾（生病）职工	10	关心残疾（生病）职工，提供生活、工作上相应的支持帮助
	企业解雇员工的理由	10	依法合理地解雇员工，做到合法、合情、合理
	领导问候生病职工、祝贺职工生日等	10	领导问候生病职工，提供相应的帮助支持，祝贺职工生日，举行员工生日会
	购买劳动和医疗等保险	10	企业为员工购买劳动和医疗等保险
	向家属通报职工工作、生活、学习等情况	9	定期举行茶话会向家属通报工作、学习、加班等情况
	关心职工家属的生活、困难等情况	10	从实际出发，根据不同职工的具体情况有针对性地采取激励、关怀和帮扶措施

续　表

一级指标	二级指标	得分	备　　注
八、道德领导与领导道德	企业领导团结、民主、有亲和力	10	企业领导团结、民主、有亲和力
	领导定期或不定期召开征求职工意见的座谈会	9	领导每季度定时召开征求职工意见的座谈会
	不歧视女工或残疾工	10	对女工或残疾工一视同仁，同工同酬
	公正、公平考核员工	10	公正、公平考核员工，不包庇、不偏袒
	了解社会责任管理体系 SA8000 等国际规则	9	了解社会责任管理体系 SA8000 等国际规则
	成立道德委员会或设置道德协调员	9	设置了道德协调员，督促企业道德资本建设
	每年进行企业道德资本评估	9	每年按时进行企业道德资本评估

注：可以自评、互评或第三方评分。道德资本评估（百分制）得分：95.8。

4. 江苏常州鸣凰国际大酒店

常州鸣凰国际大酒店（以下简称“鸣凰”）是由誉满常武地区、家喻户晓的江苏餐饮名店“鸣凰大酒店”投资的星级标准酒店。鸣凰占地约 30 亩，总投资近亿元，营业面积 2 万余平方，有员工 220 多名，是集餐饮、住宿、娱乐于一体的综合性民营企业。作为常武地区的餐饮航母，鸣凰拥有精美别致的各类客房，致力于为宾客提供标准、舒适、快捷的服务，是商务宴请、休闲度假的理想场所。鸣凰坚持道德化的经营和道德化的管理，故在激烈的行业竞争中，该酒店能够做到立于不败之地，实现物质（利润）和精神（道德）双丰收。

企业道德资本实践与评估指标及评分表

一级指标	二级指标	得分	备　　注
一、道德理念与道德原则	企业发展宗旨（含精神层面）	9	企业的可持续发展以及服务好每一位消费者的服务理念
	社会责任意识和目标	8	企业积极做好本职工作，尽力为社会做贡献
	企业训条	10	有完整的企业训条和规章
	企业诚信经营等价值观	10	鸣凰国际曾被评为诚信单位
	企业内部以人为本的管理理念	10	以人为本是该企业管理理念之一，顾客至上、爱护员工
	企业职业道德规范及对职工品德养成的要求	10	企业有相关的员工道德规范守则
	企业资产统计分析中的道德理念	10	坚持实事求是的原则
	企业产品设计、制造中的道德理念	10	餐饮行业主要是菜品与环境、服务，能够几十年如一日受到客户好评
	经营（服务）道德规范	10	有一套经营（服务）道德规范
	领导工作报告或工作安排中的道德建设内容	8	领导工作报告或工作安排中有道德建设内容
	利益分配的公正、公开	10	绝对公正、公开
	公正、公平地对待利益相关者	10	基本上相对公平地进行利益分配
	尊重、维护知识产权	10	企业申请了相关品牌专利
	职工有尊严地工作、生活和交往	10	员工的工作环境优良，工作受人尊重
	企业领导的决策道德理念	10	领导的决策总是遵守道德原则

续　表

一级指标	二级指标	得分	备　　注
二、道德性制度	职工培训制度	9	培训有针对性、人性化
	健康体检制度	10	每年组织员工免费体检，部分项目自费
	节日加班加薪制度	10	严格按照国家规定执行的加班薪酬制度
	产假制度	10	按照《劳动法》的规定实行
	企业领导定期或不定期跟班作业制度	10	服务行业的领导每天都要参与一线工作
	企业财务公开制度	10	季度和年度的财务总结会保证公开
	企业经营业绩报告制度	10	每月的全体大会公布业绩报告
	民主生活制度	10	民主生活较为丰富
	奖惩制度	10	有一套成熟的奖惩制度，赏罚分明
	公开企业收益和职工收益制度	10	每年年终大会会做总结与报告
	同工同酬制度	10	员工的薪酬均根据级别制定
	不用童工、保护女工制度	10	坚决不用童工，遵纪守法
	企业职工晋级公示制度	10	但凡有员工晋升都会公示
	企业与员工签订劳动合同制度	10	合同完善
	清洁生产制度	10	专门打造了“明厨亮灶”工程
三、道德环境	宣传企业良好精神的网络、报纸、黑板报等阵地	9	在企业内部墙上有所体现

续　表

一级指标	二级指标	得分	备　注
三、道德环境	企业内外宣传标语或内容高尚的雕塑等	10	在企业内部墙上有所体现
	企业人际关系的和谐度	10	员工调查显示员工的关系都很融洽
	职工的安全保障度	10	员工都有相应的保险
	职工的工作环境舒适度	10	员工工作环境十分良好
	职工的生活环境舒适度	10	员工有专门的员工宿舍
	环境卫生与身体锻炼设施和环境	10	企业专门设置了员工康乐区
	生产、生活等事故的快速反应机制	10	反映机制灵活且快速
	尊重职工人格、维护员工尊严的氛围	10	服务行业意外情况比较多，企业专门设置了员工安慰奖，保护员工
	职工对企业大家庭的认同度	10	通过满意度调查，员工对企业大家庭高度认可
四、道德忠诚	职工跳槽的数量或频率	8	一线员工流动正常，核心岗位相对稳定
	企业经济不景气时职工的共渡难关意识	8	比如此次新冠疫情基本稳定后，企业复工基本无人离职
	领导存在工作责任问题时职工正面提意见的积极性	8	员工积极性较高并能提出可行性建议
	职工工作出现差错时对被罚的认同度	10	被罚认同度高
	职工关注企业发展前景	10	员工比较关心企业的发展前景，关心他们的平台
	职工关注企业领导的思想道德素质	10	员工普遍认同道德素养高的领导，也以道德素质作为筛选优秀骨干的依据

续 表

一级指标	二级指标	得分	备　注
四、道德忠诚	职工的主人翁意识	8	员工的主人翁意识较强
	拒绝商业贿赂	10	不存在商业贿赂现象
	职工参加集体活动的积极性	10	员工对企业的集体活动参与度都非常高
	职工加班加点的积极性	10	服务行业工作时间不确定，员工都愿意克服工作上的特定困难
五、产品道德含量	产品设计前进行顾客需求调查	9	新品的推出以及会场布置会根据当前最受顾客欢迎的品类进行定制
	产品的人性化、环保性设计	10	非常人性化
	产品制造环节及其质量的检验	10	对质量的管控十分严格，因为是入口的食品
	产品综合质量检验	10	出品时有专门的把关
	产品款式的更新	10	每月会翻新菜品吸引顾客
	产品的安全性	10	餐饮业的产品必须严格把关，保证安全可靠
	产品的耐用性	10	
	产品的美观性	10	餐饮注重外观设计
	产品的环保性、节约性包装	10	在多年前响应环保要求取消了打包盒或者收费
	产品中次品的处理方式	10	企业有专门的原菜品退菜处理机制
六、道德性销售	产品销售承诺	10	所有发售的预付卡、优惠券都有承诺说明
	人性化的产品使用说明书	10	通过员工对顾客的讲解得以实现

续　表

一级指标	二级指标	得分	备　　注
六、道德性销售	产品质量保证书	10	保持服务行业特有的时效性
	产品保修时间的规定适当与否	10	服务行业接受实时投诉
	售后人性化服务	10	售后很完善，零差评
	企业问题产品的召回制度	10	能够做到及时、全面召回
	产品质量问题包退或包换	10	质量鉴定过后，问题产品包退换
	对顾客的销售服务满意度的监测	10	销售满意度在销售经理的绩效考核中有所体现
	了解消费者对产品的意见或偏好	10	每次服务时客户会填写评价卡
	产品广告的真实性、科学性、信誉度	10	菜品的广告都是实物拍摄、诚信经营
七、社会道德责任	关注产品的社会评价	10	每季度会有客户对菜品及服务的评价和反馈
	对顾客投诉的反映和处理机制	10	有一套完整的反应机制，确保顾客的投诉第一时间处理
	产品的质量信息公开	10	公开不合格品以及负责人
	不做假账	10	积极配合每年的税务查账
	重视保护生态环境	10	经营范围之内没有破坏环境的行为
	参与慈善公益活动	8	积极响应社会慈善活动
	对利益相关企业的诚信度	10	坚持诚信经营
	按章纳税	10	没有偷税漏税行为

续 表

一级指标	二级指标	得分	备　注
七、社会道德责任	经营遵纪守法，维护国家和社会利益	10	依法经营是企业的基础
	对竞争对手是打压暗算还是坚持友好合作	10	从不在企业中树敌，经常参与行业内活动
八、道德领导与领导道德	领导管理职责和管理承诺	10	管理职责清晰、遵守管理承诺
	领导准时上下班	10	服务行业领导上班比员工早、下班比员工晚
	经常调研或检查生产、销售等情况	10	总经理每月都会进行检查并做报表对比
	关注生产或工作安全	10	企业的安全、消防系统完善，非常关注安全问题
	领导和职工一起劳动	10	服务行业领导都在一线
	发挥工会组织的作用	6	暂时无工会组织，有工人集体议事活动
	职工犯错误以教育为主	10	员工犯错会单独谈话教育，尊重其人格
	关心残疾（生病）职工	10	职工有身体状况，后勤一般会组织代表探望
	企业解雇员工的理由	10	严格遵守《劳动法》规定的解雇原则
	领导问候生病职工、祝贺职工生日等	10	生日有生日福利
	购买劳动和医疗等保险	10	保险完善
	向家属通报职工工作、生活、学习等情况	8	有特殊情况的家属会加强联系，年会也会邀请家属

续　表

一级指标	二级指标	得分	备　注
八、道德领导与领导道德	关心职工家属的生活、困难等情况	10	企业员工的部分工资是直接寄给家属的，采用此方法加强与家属的联系
	企业领导团结、民主、有亲和力	10	企业的领导对员工要求严格但深受员工的尊重
	领导定期或不定期召开征求职工意见的座谈会	8	小范围展开或者以总经理信箱的形式
	不歧视女工或残疾工	10	企业遵守男女平等原则
	公正、公平考核员工	10	员工考核每月公开，有异议均可申诉
	了解社会责任管理体系 SA8000 等国际规则	10	管理层每年有定期培训
	成立道德委员会或设置道德协调员	7	未设置专门的委员会但行政部门兼具调节功能
	每年进行企业道德资本评估	7	每年的企业回顾与总结会涉及企业道德方面

注：可以自评、互评或第三方评分。道德资本评估（百分制）得分：96.8。

5. 江苏上上电缆集团

江苏上上电缆集团有限公司（以下简称“上上”）创建于 1967 年，专注电缆 50 余年，员工 5 000 余人，占地 1 200 亩，现已具备从 220 伏直至 50 万伏全系列电力电缆及各类特种电缆的生产能力，年生产能力超 400 亿元。产品覆盖输配电、轨道交通、新能源等九大领域，销往全球 82 个国家和地区。上上拥有国家认可的企业技术中心和博士后科研工作站。获得首届“中国线缆行业最具竞争力企业”第一名，全球绝缘线缆企业规模排名中国第一，全球第七。荣获“中国工业大奖”，连续三届荣获“中国质量奖提名奖”。获评“装备中国功勋企业”“中国质量诚信企业”“中国出口质量安全示范企业”“国家技术创新示范企业”“国家知识产权优势企业”“中国工业榜样企业”“全国守合同重信用企业”“全国质量管理先进企业”“全国卓越绩效模式先进企业”等称号。上上将继续实施“精、专、特、新”发展战略，站在新起点，迈向新高度，坚持“改革、创新、争先”，以“高质量、高效率、高效益”为目标，加快“智改数转”步伐，创新发展，不断提高企业核心竞争力，向着全球电缆制造业的引领者不断迈进。

企业道德资本实践与评估指标及评分表

一级指标	二级指标	得分	备　　注
一、道德理念与道德原则	企业发展宗旨（含精神层面）	10	不求规模最大，但求综合素质最佳
	社会责任意识和目标	10	做强企业、回报社会
	企业训条	10	质量是企业的生命、员工的饭碗
	企业诚信经营等价值观	10	人诚品优
	企业内部以人为本的管理理念	10	百年大计，以人为本！在人才使用方面，唯才是用，一方面确保客观公正，人人有机会；另一方面大胆放手，拔高一级使用，变压力为动力
	企业职业道德规范及对职工品德养成的要求	10	诚信至上

续　表

一级指标	二级指标	得分	备　　注
一、道德理念与道德原则	企业资产统计分析中的道德理念	10	人诚品优
	企业产品设计、制造中的道德理念	10	一次做对、一次做好；把困难留给自己，把方便留给客户
	经营（服务）道德规范	10	人诚品优
	领导工作报告或工作安排中的道德建设内容	10	不求规模最大，但求综合素质最佳
	利益分配的公正、公开	10	一线员工工资每日上墙；月度工资每月及时发放
	公正、公平地对待利益相关者	10	供应商货款及时结付
	尊重、维护知识产权	10	注册商标，建立打假维权机制
	职工有尊严地工作、生活和交往	10	《员工行为准则》明确规定了员工关系与沟通、员工健康与安全、反歧视、员工免受骚扰等内容
	企业领导的决策道德理念	10	一切为了人，一切为了社会，一切为了国家
二、道德性制度	职工培训制度	10	《培训与开发制度》《内部培训师管理规定》《新入职大学生培养规定》
	健康体检制度	10	《职工福利体检计划》
	节日加班加薪制度	10	《节假日人员调配规定》《加班制度》
	产假制度	10	《考勤与请假规定》5.2，产假：对依国家婚姻法履行正式登记手续，符合国家规定怀孕、生育的女性员工，顺产产假 128 天；难产 / 剖宫产产假 143 天，多胞胎生育，每多生一个婴儿，增加产假 15 天；男方可享受护理假 15 天

续 表

一级指标	二级指标	得分	备　注
二、道德性制度	企业领导定期或不定期跟班作业制度	8	分厂领导有定期或不定期跟班作业制度
	企业财务公开制度	8	我公司非上市公司，仅做必要的公开
	企业经营业绩报告制度	8	我公司非上市公司，仅做必要的报告
	民主生活制度	10	每月15日为人力资源日，深入基层广泛听取员工意见和建议；每年召开大学生沟通交流会，新春管理、技术、一线操作工座谈会等
	奖惩制度	10	《扣款管理规定》
	公开企业收益和职工收益制度	8	我公司非上市公司，仅做必要的公开
	同工同酬制度	10	《薪酬管理制度》
	不用童工、保护女工制度	10	《劳动合同监察及女工、未成年工劳动保护制度》
	企业职工晋级公示制度	10	《职称评定管理办法》，确定名单后会进行一周时间的公示
	企业与员工签订劳动合同制度	10	《招聘与录用配置制度》
	清洁生产制度	10	坚持清洁生产制度
三、道德环境	宣传企业良好精神的网络、报纸、黑板报等阵地	10	有画廊、内刊《上上文化》、分厂有宣传栏、黑板报
	企业内外宣传标语或内容高尚的雕塑等	10	如“实业要实干，干出样子，面包会有的”“质量是企业的生命、员工的饭碗”
	企业人际关系的和谐度	10	荣获“劳动关系和谐企业”称号

续　表

一级指标	二级指标	得分	备　　注
三、道德环境	职工的安全保障度	10	《安全警示标识管理制度》《员工安全生产积分制度》《安全生产标准化绩效评定管理制度》《安全帽管理规定》
	职工的工作环境舒适度	10	花园式工厂
	职工的生活环境舒适度	10	餐厅宽敞明亮，有空调、吊扇、电视机；住宿有空调、热水器、洗衣机
	环境卫生与身体锻炼设施和环境	10	内部有免费的乒乓球室；每周有定期的羽毛球活动
	生产、生活等事故的快速反应机制	10	《CSR 危机应急预案控制程序》
	尊重职工人格、维护员工尊严的氛围	10	《员工行为准则》明确规定了员工关系与沟通、员工健康与安全、反歧视、员工免受骚扰等内容
	职工对企业大家庭的认同度	9	上上是个大家庭，五湖四海皆兄弟，大家企业朝着“企业强、职工富”目标前进
四、道德忠诚	职工跳槽的数量或频率	9	管理层基本无跳槽
	企业经济不景气时职工的共渡难关意识	10	2008 年金融危机时，公司发出告示：一不裁员、二不减薪；2020 年疫情期间，不但不裁员，还在国际规定最低标准的基础上增加 50% 进行补贴
	领导存在工作责任问题时职工正面提意见的积极性	10	每年都会召开《一线员工座谈会》《技术、管理人员座谈会》，倾听员工意见建议，并责令相关部门改进落实后反馈

续 表

一级指标	二级指标	得分	备　注
四、道德忠诚	职工工作出现差错时对被罚的认同度	10	认同度高，公司会做到“凡事有据可查”，会指出什么问题，参照什么制度考核
	职工关注企业发展前景	10	关注高，企业强、职工富，企业发展得好，会直接体现到员工收入上
	职工关注企业领导的思想道德素质	10	关注，领导的言行举止均起到表率作用
	职工的主人翁意识	10	公司创造“四个人人”绩效模式，将责任与员工利益紧密挂钩，变“我要做”为“要我做”
	拒绝商业贿赂	10	发布《上上职业道德廉政建设五项规定》，建立《腐败与商业道德应急计划》
	职工参加集体活动的积极性	10	积极，每年的羽毛球比赛、篮球比赛、拔河比赛各部门分厂踊跃报名，气氛热烈
	职工加班加点的积极性	9	不需要加班的不加班，确实需要加班时有加班工资
五、产品道德含量	产品设计前进行顾客需求调查	10	在产品设计前，制定《市场调研控制程序》，对顾客需求、法律法规、竞争对手、风险、可行性等进行识别和分析，形成市场调研分析报告
	产品的人性化、环保性设计	10	制定了《有害物质过程管理规定》，明确产品设计开发过程中对于环保要求的评审以及管控要求；明确产品制造过程中产品的标识和防护要求、产品生产机台和生产环境控制，防止污染及掺杂

续　表

一级指标	二级指标	得分	备　注
五、产品道德含量	产品制造环节及其质量的检验	10	制定了《检验试验控制程序》，明确制造过程中的检验，主要是对照文件规定的检验项目进行自检、互检和专检，并进行记录
	产品综合质量检验	10	制定了《检验试验控制程序》，明确了制造前按照原材料采购规范进行原材料的检验、制造中按照作业指导书进行过程检验以及制造完毕后按产品检验规程进行成品的检验
	产品款式的更新	10	每年拟订新产品开发计划，目前已完成 100 多项新产品鉴定
	产品的安全性	10	产品通过可靠性试验验证，并通过“CCC”强制性安全认证和煤安认证
	产品的耐用性	10	有些产品耐磨损、耐曲挠性能优异，部分产品最高使用寿命可达 70 年
	产品的美观性	10	产品表面光滑、圆整、无瑕疵
	产品的环保性、节约性包装	10	制定了《包装贮运技术规范》
	产品中次品的处理方式	10	制定了《不合格品控制程序》，明确了不合格品的标识、隔离、评审、处置、检验试验、转序或入库
六、道德性销售	产品销售承诺	10	确保质量
	人性化的产品使用说明书	10	制定了产品使用说明书，包括提供现场安装敷设、指导等服务
	产品质量保证书	10	提供产品质量、售后服务质量承诺书

续 表

一级指标	二级指标	得分	备　注
六、道德性销售	产品保修时间的规定适当与否	10	适当，根据产品使用可靠性、寿命等数据和信息，确定产品的保修时间
	售后人性化服务	10	根据不同产品实际使用的服务需求，制定了个性化的售后服务内容，例如：高压电缆敷设、分支电缆测量、现场故障定位分析等
	企业问题产品的召回制度	10	已制定产品召回制度，解决交付后发现的或使用过程中用户反馈的问题
	产品质量问题包退或包换	10	已制定产品质量三包承诺书，包括免费检测、维修、更换等
	对顾客的销售服务满意度的监测	10	每年开展顾客满意度调查，每月落实重点顾客沟通和走访机制，顾客满意度逐年提升
	了解消费者对产品的意见或偏好	10	销售公司每年开展顾客满意度测量，包括顾客对产品的意见和偏好方面的内容
	产品广告的真实性、科学性、信誉度	10	真实
七、社会道德责任	关注产品的社会评价	10	多年国抽合格率保持100%，被媒体誉为“中国好产品”
	对顾客投诉的反映和处理机制	10	设立顾客投诉处置流程，省内8小时、省外24小时到达现场，落实8D分析改进和措施固化
	产品的质量信息公开	10	公开
	不做假账	10	不做假账

续　表

一级指标	二级指标	得分	备　注
七、社会道德责任	重视保护生态环境	10	上上被评为“国家绿色工厂”，建立能源管理体系、环境管理体系，每年开展节能降耗减排等改进改造工程30多项
	参与慈善公益活动	10	近5年来，上上各类捐款、捐物累计达5 000多万元
	对利益相关企业的诚信度	10	诚信
	按章纳税	10	2019年纳税6个多亿，全市名列前茅
	经营遵纪守法，维护国家和社会利益	10	遵守
	对竞争对手是打压暗算还是坚持友好合作	10	从不打压、诋毁竞争对手，公平竞争
八、道德领导与领导道德	领导管理职责和管理承诺	10	企业强、职工富
	领导准时上下班	10	准时，董事长每天7点多一点就到公司了
	经常调研或检查生产、销售等情况	10	不时下车间进行调研
	关注生产或工作安全	10	高度重视，将安全和质量放在同等重要的位置
	领导和职工一起劳动	6	不经常
	发挥工会组织的作用	10	充分发挥工会组织作用
	职工犯错误以教育为主	10	以教育为主、考核为辅
	关心残疾（生病）职工	10	由工会牵头进行看望慰问
	企业解雇员工的理由	10	公司建有“容错”机制，一般末位淘汰或者犯了严重错误才会给予解雇

续　表

一级指标	二级指标	得分	备　　注
八、道德领导与领导道德	领导问候生病职工、祝贺职工生日等	10	建立企业文化，分厂都建有员工生日墙，为过生日员工庆生
	购买劳动和医疗等保险	10	为每名员工缴纳五险一金
	向家属通报职工工作、生活、学习等情况	9	家属询问的时候会告知
	关心职工家属的生活、困难等情况	10	每年请首席技师、上上工匠本人及家属到公司聚餐并对家属发放慰问金
	企业领导团结、民主、有亲和力	10	有领导力和亲和力
	领导定期或不定期召开征求职工意见的座谈会	10	每年都会召开《一线员工座谈会》《技术、管理人员座谈会》，高层领导倾听员工意见建议，并责令相关部门改进落实后反馈
	不歧视女工或残疾工	10	我公司录用了几十名残疾工，根据劳动能力安排适合岗位，同工同酬
	公正、公平考核员工	10	凡事有章可循，凡事有人负责，凡事有据可查，凡事有人监督；根据四个凡事工作守则，我公司建有2 000余个工作标准和制度，相应的考核都有据可查
	了解社会责任管理体系SA8000等国际规则	10	建有《社会责任管理体系手册》
	成立道德委员会或设置道德协调员	8	工会在处理相关事宜时负责道德评判和道德协调工作
	每年进行企业道德资本评估	7	每年工作总结中有精神文明建设及道德建设的内容

注：可以自评、互评或第三方评分。道德资本评估（百分制）得分：97.9。

6. 宇通客车股份有限公司

宇通客车股份有限公司（以下简称“宇通”）是中国客车行业首家上市公司（SH. 600066），集客车产品研发、制造与销售为一体，产品主要服务于公交、客运、旅游、团体、校车及专用出行等细分市场。2023 年，大中型客车累计销售 36 518 辆。截至目前，新能源客车累计销售超 17.5 万辆，产品累计出口超过 9 万辆。宇通始终坚持以德立企，秉承“崇德、协同、鼎新”的企业核心价值观，坚持“以员工为中心”和“以客户为中心”的经营管理理念。宇通坚持“助人自助”的公益理念，系统实施“爱心宇通”、“展翅计划”和“社会开放日”三大系列公益活动，践行“造福社会”的企业承诺。2006 年至今累计向社会捐款捐物超 3 亿元，救助人数超 7 万人。宇通，不断超越期待，不断挑战自我，凭借杰出的市场表现，荣获 500 多项省级以上荣誉及多项国际大奖。

企业道德资本实践与评估指标及评分表

一级指标	二级指标	得分	备　注
一、道德理念与道德原则	企业物质文明和精神文明发展宗旨	10	宇通始终坚持以德立企，秉承“崇德、协同、鼎新”的企业核心价值观，坚持“以员工为中心”和“以客户为中心”的经营管理理念
	社会责任意识和目标	10	宇通坚持“助人自助”的公益理念，系统实施“爱心宇通”、“展翅计划”和“社会开放日”三大系列公益活动，践行“造福社会”的企业承诺。自 2006 年至今累计向社会捐款捐物超 3 亿元，救助人数超 7 万人

续 表

一级指标	二级指标	得分	备 注
一、道德理念与道德原则	企业宣言、行风或训条	9	巩固中国客车第一品牌，成为国际主流客车供应商
	企业诚信经营等价值观	9	秉承“崇德、协同、鼎新”核心价值观
	企业内部以人为本的管理理念	9	笃行人性化管理，最大化地调动员工积极性、主动性和创造性。关心员工成长，搭建成才成功舞台；关爱员工生活，建设和谐幸福家园
	企业决策道德理念	9	管理层始终高标准高要求，秉持企业合规与诚信经营的核心经营管理理念，除遵纪守法的最低道德底线外，主动提出更高要求的准则
	资产统计分析中的道德理念	9	宇通由法律事务处负责组织开展各项合规管理工作，协助公司董事长、总经理落地各项合法合规要求；建立了合规经营的四道防线和责任体系，其中各业务部门是识别、防范和应对合规风险的第一道防线，财务等专业主管部门是第二道防线，法律事务处是第三道防线，内控监察部是独立的第四道防线；对于合规经营风险的识别、防范和应对，公司员工人人有责
	员工道德准则	10	崇德，以德立企，弘扬中华美德，塑造职业品德
	产品设计、制造和销售中的道德主旨	9	根据适用的法律法规并结合业务场景，识别与评估风险，设定合规目标，制定相应管控措施并落

续　表

一级指标	二级指标	得分	备　注
一、道德理念与道德原则			实到业务活动及流程中，实现对各个业务环节运作的合规管理与监督。同时，会通过检查与审计检验合规管理体系的有效性，并通过回溯与改进，实现合规管理体系的持续优化
	经营（服务）道德准则	9	致力于建立并持续完善行业最佳的合规管理和反商业贿赂管理体系，认真贯彻员工的行为规范以及关于领导干部合规、廉洁从业的各项规定，树立主动合规、合规创造价值的合规文化，要求每一名员工和各项业务均坚持合规、诚信、正直的职业操守和价值观念
二、道德性制度	民主协商与规章集体通过制度	9	宇通重视和落实合规管理，制定并发布了《刑事合规管理规定》《反商业贿赂管理规定》《业务合规指导手册》等一系列制度管理体系
	厂务公开制度	9	宇通重视内部合规体系建设，设置专业合规人员，重视行业间交流，加强同专业机构合作，掌握前沿合规动态及合规理念，并将其融入企业合规管理制度中；明确出口管制策略及基本原则，梳理合规要素，明确管理部门及职责，从采购到销售，技术到管理建立监控机制；建立合规事件应对运行机制，同时注重员工合规意识培养，组织专业律师、法务工作者等对员工进行多形式、多层次的培训

续 表

一级指标	二级指标	得分	备　注
二、道德性制度	企业经营业绩报告制度	10	公司在每一会计年度结束之日起四个月内向中国证监会和证券交易所报送并披露年度报告，在每一会计年度上半年结束之日起两个月内向中国证监会和证券交易所报送并披露中期报告。上述年度报告、中期报告按照有关法律、行政法规、中国证监会及证券交易所的规定进行编制
	利益分配（工资、津贴等）的公正、公开制度	9	公司实行持续、稳定的利润分配政策；公司的利润分配会重视对股东的合理投资的回报并兼顾公司的可持续发展
	公正、平等地对待企业外利益相关者制度	9	与客户、第三方、供应商、经销商等合作伙伴及各国政府监管机构等利益相关方展开积极、开放的交流与合作；在相关合同、合作协议等合作文本中，均阐明了宇通的合规要求和反商业贿赂声明；持续沟通宇通的合规理念与实践，增强彼此的理解与互信
	员工培训制度	10	重视并持续提升员工的合规意识及能力，通过培训、宣传、考核、问责等方式，使员工充分了解公司和个人的合规遵从义务及责任
	企业领导定期或不定期跟班作业制度	9	有

续　表

一级指标	二级指标	得分	备　注
二、道德性制度	保障休息与节假日加班加薪制度	9	除公司规定的统一休假外，连续工作满一年以上的员工每年可以享受一定期限（按工作年限计算，可以享受5—15天）的带薪休假
	女工保护制度	9	有
	健康体检制度	9	每年均组织全体员工体检，分职业健康检查和普通员工健康体检
	不用童工、善用残疾人等合理劳动用工制度	9	有
	企业与员工签订劳动合同制度	10	为每名员工缴纳政府规定的养老保险、医疗保险、失业保险、工伤保险、住房公积金
	企业员工晋级公示制度	9	有
	奖惩制度	9	有
	清洁生产制度	9	有
三、道德环境	宣传企业良好精神的各种媒体平台	9	有
	企业内外宣传牌或道德性硬件建设等	9	公司设立内部电视台和报纸渠道
	企业人际关系的和谐度	8	笃行人性化管理，最大化地调动员工积极性、主动性和创造性；关心员工成长，搭建成才成功舞台；关爱员工生活，建设和谐幸福家园
	员工的安全保障度	9	额外为员工缴纳了大病医疗保险和团体人身意外险
	员工的工作环境舒适度	8	

续 表

一级指标	二级指标	得分	备注
三、道德环境	员工的生活环境舒适度	10	为了降低员工的购房、租房压力，提高员工住房标准，为员工提供购房补贴、过渡性住房（或租房补贴）等
	员工对企业大家庭的认同度	9	较高
	环境卫生、休闲娱乐、身体锻炼等设施	9	有
	生产、生活等事故的快速反应机制	9	有
	维护员工尊严的氛围	9	浓
四、道德忠诚	员工关注企业发展愿景	10	关注
	员工参加集体活动的积极性	10	宇通强调团队制胜，鼓励基于专业化的主动协同
	员工参加培训的积极性	10	积极
	员工加班加点的积极性	9	积极
	企业经济不景气时员工的共渡难关意识	9	强
	员工关注企业领导的思想道德素质	9	关注
	员工正面提意见的积极性	8	较为积极
	员工跳槽的数量或频率	9	少
	员工工作出现差错时对被罚的认同度	9	认同

续　表

一级指标	二级指标	得分	备　注
四、道德忠诚	拒绝商业贿赂	10	宇通坚持合规经营，恪守商业道德，遵守业务所在地所有适用的反商业贿赂法律法规，对商业贿赂、贪腐等行为持“零容忍”态度
五、产品道德含量	产品设计前进行顾客需求调查	10	有
	产品的人性化、环保性设计	9	宇通对客车的品质与性能一直精益求精，实现耐用性、可靠性、舒适性与安全性的完美结合，不但保障了客户的高效运营，也为驾驶员带来轻松、流畅的操控体验，更充分满足了广大乘客的需求
	产品综合质量检验	10	有
	产品制造环节中的质量检验	10	有
	产品款式的更新	8	有
	产品的安全性	10	较好
	产品的耐用性	10	较好
	产品的美观性	9	较好
	产品的环保性、节约性包装	9	通过燃油经济性技术、低故障率、及时响应的服务等，有效降低客户的运营成本；宇通还在产品外观、乘坐舒适度等方面进行了大幅度升级，赢得社会和乘客的广泛认可，大大提高上座率和出租率，进而提高了运营收益
	产品中的次品处理方式	10	好

续　表

一级指标	二级指标	得分	备　　注
六、道德性销售	产品销售承诺	10	有
	人性化的产品使用说明书	8	有
	产品质量保证书	9	有
	产品保修时间规定	9	有
	售后人性化服务	9	宇通拥有专业的一线市场服务团队，包括服务专家和服务工程师，总人数达600余人，分布在全国13个服务大区，24小时为客户提供维修、配件、技术等服务工作
	企业问题产品的召回制度	9	有
	产品质量问题包退或包换	9	有
	对顾客的销售服务满意度的监测	9	有
	了解消费者对产品的意见或偏好	9	了解
	产品广告的真实性、科学性、信誉度	9	好
七、社会道德责任	经营遵纪守法，维护国家和社会利益	10	坚持经营遵纪守法，维护国家和社会利益
	重视保护生态环境	10	宇通一直秉承“节能、低碳、绿色发展和经营并重”的理念，坚持源头减排、过程控制和末端综合治理，将节能减排工作融入到公司的生产经营中。推广无纸化办公、双面打印等

续　表

一级指标	二级指标	得分	备　注
七、社会道德责任	关注产品的社会评价	9	关注
	对顾客投诉的反应和处理机制	10	又快又好
	对利益相关企业的诚信度	9	宇通作为全球领先的客车制造企业，坚定奉行合规经营理念，尊重世界各国的交易文化，遵循国际通行贸易规则、贸易惯例，遵守包括联合国、中国、美国、欧盟等国际组织、国家或地区的出口管制相关法律法规；在企业生产物资方面，做好相关调研，了解 BOM 来源和产品所含各项占比，遵守相关法律要求；在产品对外销售方面，把控出口、再出口、转让等各个环节，监控产品流向；在交易对象方面，调研交易对象基本情况，了解产品使用场景，同时建立严格的黑名单制度
	坚持利益相关者的友好合作	9	宇通致力于打造和谐共赢、合规守序的供应链体系，与合作伙伴一起加强交易流程的管理，同时与业内前沿机构合作加强对潜在客户调研和黑名单用户管理，与合作伙伴共建合规环境
	产品质量的信息公开	9	公开
	按章纳税	10	有做到
	不做假账	10	有做到
	尊重、维护知识产权	10	有做到

续 表

一级指标	二级指标	得分	备　注
七、社会道德责任	参与捐赠等慈善公益活动	10	宇通坚持“助人自助”的公益理念，系统实施“爱心宇通”、“展翅计划”和“社会开放日”三大系列公益活动，践行“造福社会”的企业承诺；2006年至今累计向社会捐款捐物超3亿元，救助人数超7万人
	参与各类救灾救助活动	9	有参与
	勤俭节约和可再生材料利用	9	有做到
	残留物处理	9	有做到
	维护社会正常生活秩序	9	有做到
八、道德领导与领导道德	领导工作报告或工作安排中的道德建设内容	9	有
	领导管理职责和管理承诺	9	有
	领导定期或不定期召开征求员工意见的座谈会	10	有
	领导经常调研或检查生产、销售等情况	9	有
	领导团结、民主、有亲和力	9	是的
	领导关注生产或工作安全	9	有
	领导准时上下班	9	有
	领导定期或不定期走访员工	9	有
	发挥工会组织的作用	9	有

续　表

一级指标	二级指标	得分	备　注
八、道德领导与领导道德	公正、公开考核员工	9	是的
	购买养老保险、医疗保险和失业保险等	10	有
	企业解雇员工的理由	9	合理合法
	关心残疾（生病）等困难员工	9	有做到
	关心员工各项福利	10	除了给员工提供保障性福利、货币化福利外，还提供了丰富的实物福利，其中包括服装、防暑降温用品、节日礼品、体检、上下班接送等
	员工犯错误时的教育态度和教育方式	9	好
	让家属了解员工工作、生活、学习等情况	9	有做到
	关心员工家属的生活、困难等情况	10	公司为员工生活托底，公正管理托底，和谐关系托底，具体操作即“三个不”：不让职工的日子过不去，不让职工或家属看不起病，不让公司职工的孩子上不起学；从而使广大职工无后顾之忧，能专心工作
	了解社会责任管理体系 SA8000 等国际规则	8	了解
	成立道德委员会或设置道德协调员、道德督察员等	8	有相关人员
	每年进行企业道德资本评估	8	进行

注：可以自评、互评或第三方评分。道德资本评估（百分制）得分：92.1。

7. 江苏正昌集团

江苏正昌集团有限公司（以下简称“正昌”）创建于 1918 年（振昌油米厂），至今已有 90 多年的历史。正昌现有员工 1 500 余人，海内外 30 多家服务机构，已发展成为集粮油饲料机械、农牧饲料、饲料工程、电控工程、钢板仓工程、油脂化工、环保工程及生产销售和投资于一体的中国的饲料机械加工设备和整厂工程制造商。正昌已全面通过 ISO9001 国际质量体系认证，ISO14001 环境管理体系认证、欧洲 CE 认证和俄罗斯 GSOT-R 认证，业务遍及东南亚、中东、非洲、欧洲、大洋洲、南美洲的 80 多个国家和地区。正昌已拥有 6 000 多家制粒机用户，7 000 多台制粒机广泛运用于世界各地，在国内外已完成 2 200 余座整厂工程项目。正昌人“以做正昌精品，创世界名牌，一切工作为了客户满意，创造三优正昌”为质量目标，以“为客户创造价值”来衡量员工的工作质量，以高品质的产品质量和服务质量赢得客户的满意，全力打造饲料机械行业服务型供应商的企业形象，让正昌制造走向全世界。正昌先后入选“2019 江苏百强创新企业榜单”“2021 江苏民营企业创新 100 强名单”。

企业道德资本实践与评估指标及评分表

一级指标	二级指标	得分	备　注
一、道德理念与道德原则	企业发展宗旨（含精神层面）	10	企业愿景：精诚合作，各尽所能，成为世界领先的饲料设备、仓储设备及成套系统服务商，助力合作伙伴成功，共创美好未来！

续　表

一级指标	二级指标	得分	备　注
一、道德理念与道德原则	社会责任意识和目标	10	以做成世界一流的粮油及饲料机械综合服务商为目标，引领中国饲料机械行业的发展方向，为中国乃至世界饲料工业做出我们的贡献
	企业训条	10	坚决服从，马上行动，做出结果；内向思维，绝不找借口
	企业诚信经营等价值观	10	企业核心价值观：人和于心，诚信负责，团结共博，做客户价值，在结果上积累
	企业内部以人为本的管理理念	10	人和于心，团结共搏，在结果上积累
	企业职业道德规范及对职工品德养成的要求	10	遵纪守法、爱岗敬业、诚实守信、廉洁奉公
	企业资产统计分析中的道德理念	10	真实可信、正确无误
	企业产品设计、制造中的道德理念	10	以客户需求为目标，第一次就把事情做对，追求“零缺陷”
	经营（服务）道德规范	10	以客户为中心，诚信负责，做客户价值
	领导工作报告或工作安排中的道德建设内容	10	注重成果，把握整体，专注要点，利用优点，相互信任，正面思维
	利益分配的公正、公开	10	绩效考核、多劳多得
	公正、公平地对待利益相关者	10	与相关利益者有效沟通，合理分配资源，保证相关者的利益
	尊重、维护知识产权	10	产品申请专利、注册商标，建立打假维权机制

续 表

一级指标	二级指标	得分	备　注
一、道德理念与道德原则	职工有尊严地工作、生活和交往	10	做好职工劳动保护、重视职工健康与安全，采纳职工合理化建议，反歧视
	企业领导的决策道德理念	10	承担社会责任、重视员工利益
二、道德性制度	职工培训制度	10	《正昌大学管理制度》《培训与开发制度》《内部培训师管理规定》《储备人才培养方案》
	健康体检制度	10	《职工福利体检计划》
	节日加班加薪制度	10	《加班制度》《员工晋升晋级制度》
	产假制度	10	按国家规定执行
	企业领导定期或不定期跟班作业制度	8	管理人员岗位职责
	企业财务公开制度	9	按照财务管理部门要求执行
	企业经营业绩报告制度	9	按照相关管理部门要求执行
	民主生活制度	10	定期开展民主生活会；不定期召开沟通交流会，深入基层广泛听取员工意见和建议
	奖惩制度	10	按照《员工守则》规定
	公开企业收益和职工收益制度	10	定期通报业绩达成及收益
	同工同酬制度	10	《薪酬管理制度》
	不用童工、保护女工制度	10	按国家规定执行
	企业职工晋级公示制度	10	《晋升晋级管理办法》

续　表

一级指标	二级指标	得分	备　注
二、道德性制度	企业与员工签订劳动合同制度	10	《招聘与录用制度》
	清洁生产制度	10	《6S 生产管理》
三、道德环境	宣传企业良好精神的网络、报纸、黑板报等阵地	10	画廊、正昌家园、正昌党建文化长廊、宣传栏、黑板报、微信公众平台、官网
	企业内外宣传标语或内容高尚的雕塑等	10	“专注、稳定、诚信、和于心、做价值、重结果”等；百年文化石
	企业人际关系的和谐度	10	荣获“全国模范劳动关系和谐企业”称号
	职工的安全保障度	10	《安全警示标识管理制度》《员工安全生产积分制度》《安全生产标准化绩效评定管理制度》《安全帽管理规定》
	职工的工作环境舒适度	10	现代化办公大楼和生产车间
	职工的生活环境舒适度	10	餐厅宽敞明亮，有空调、吊扇、消毒柜、健身器材、能量补给站；住宿有空调、热水器、洗衣机；设《正昌之家》
	环境卫生与身体锻炼设施和环境	10	乒乓球室、台球室、篮球和羽毛球场地、健身器材等
	生产、生活等事故的快速反应机制	10	《危机应急预案控制程序》
	尊重职工人格、维护员工尊严的氛围	10	做好职工劳动保护、重视职工健康与安全，采纳职工合理化建议，反歧视
	职工对企业大家庭的认同度	9	正昌一家亲，员工满意度在 95% 以上

续 表

一级指标	二级指标	得分	备　注
四、道德忠诚	职工跳槽的数量或频率	9	＜ 2%
	企业经济不景气时职工的共渡难关意识	10	不裁员、不减薪
	领导存在工作责任问题时职工正面提意见的积极性	10	职工正面提意见的积极性高，公司对提出的好的工作建议给予采纳并奖励
	职工工作出现差错时对被罚的认同度	10	按制度考核，完全认同
	职工关注企业发展前景	10	关注高，企业强、职工富
	职工关注企业领导的思想道德素质	10	关注，领导的言行举止均起到表率作用
	职工的主人翁意识	10	公司创造“以结果为导向”绩效模式，将责任与员工利益紧密挂钩，变“要我做”为“我要做”
	拒绝商业贿赂	10	《职业道德廉政建设五项规定》《腐败与商业道德应急计划》
	职工参加集体活动的积极性	10	每年举办各项文体活动，职工踊跃报名，气氛热烈积极
	职工加班加点的积极性	10	根据工作需要积极响应
五、产品道德含量	产品设计前进行顾客需求调查	10	在产品设计前，制定《项目建议书》，对顾客需求、法律法规、竞争对手、风险、可行性等进行识别和分析，形成市场调研分析报告
	产品的人性化、环保性设计	10	制定产品设计任务书，在产品性能指标符合设计要求的前提下，注重人机工程学和环保要求的设计、评审及管控要求；明确产品制造过程中产品的标识和安全防护要求，节能降耗预防污染等

续　表

一级指标	二级指标	得分	备　注
五、产品道德含量	产品制造环节及其质量的检验	10	制定了《产品的监视和测量控制程序》，明确制造过程中的检验，主要是对照公司文件规定的检验项目进行自检、互检和专检，并进行记录
	产品综合质量检验	10	制定了《检验规程》，明确了制造前按照原材料采购规范进行原材料的检验、制造中按照作业指导书进行过程检验以及制造完成后按成品检验规程进行成品的检验
	产品款式的更新	10	公司十分注重产品的外观设计，2017 年成立工业设计中心，在满足产品功能设计的前提下，注重在材质、外观造型、色彩搭配及标识等方面符合国际流行趋势，使产品得到客户的青睐；2018 年该中心被评为“省级工业设计中心”，目前已完成 200 多项新产品鉴定
	产品的安全性	10	产品通过可靠性试验验证，符合国家规定并通过“CCC”强制性安全认证以及 CE 和 EAC 认证
	产品的耐用性	10	产品稳定可靠、持久，部分产品最高使用寿命可达 40 年
	产品的美观性	10	产品精细夺目、无瑕疵
	产品的环保性、节约性包装	10	制定了《包装出货作业指导书》
	产品中次品的处理方式	10	制定了《不合格品控制程序》，明确了不合格品的标识、隔离、评审、处置、检验试验、转序或入库

续 表

一级指标	二级指标	得分	备　注
六、道德性销售	产品销售承诺	10	按《合同法》执行
	人性化的产品使用说明书	10	制定了产品使用说明书，包括提供现场安装调试、指导等服务
	产品质量保证书	10	提供产品质量、售后服务质量承诺书
	产品保修时间的规定适当与否	10	按《销售合同》执行
	售后人性化服务	10	根据客户的需求
	企业问题产品的召回制度	10	已制定产品售后服务制度
	产品质量问题包退或包换	10	已制定产品质量三包承诺书
	对顾客的销售服务满意度的监测	10	定期开展顾客满意度调查，重点顾客沟通和走访机制，顾客满意度逐年提升
	了解消费者对产品的意见或偏好	10	定期开展顾客满意度调查
	产品广告的真实性、科学性、信誉度	10	按《广告法》执行
七、社会道德责任	关注产品的社会评价	10	重视客户声音，不断开拓新产品
	对顾客投诉的反映和处理机制	10	建立客户投诉处置流程与制度，省内8小时、省外24小时到达现场，落实8D分析改进和措施固化
	产品的质量信息公开	10	公开
	不做假账	10	不做假账
	重视保护生态环境	10	建立环境管理体系，每年开展节能降耗减排等改进改造10多项

续　表

一级指标	二级指标	得分	备　注
七、社会道德责任	参与慈善公益活动	10	参与各类公益活动，累计捐助金额达 3 000 多万元
	对利益相关企业的诚信度	10	诚信负责
	按章纳税	10	严格按章纳税
	经营遵纪守法，维护国家和社会利益	10	遵守国家法律法规
	对竞争对手是打压暗算还是坚持友好合作	10	公平竞争、友好合作
八、道德领导与领导道德	领导管理职责和管理承诺	10	按《岗位责任书》
	领导准时上下班	10	按照《公司管理规定》执行
	经常调研或检查生产、销售等情况	10	经常
	关注生产或工作安全	10	高度重视，将安全和质量放在同等重要的位置
	领导和职工一起劳动	9	根据需要
	发挥工会组织的作用	10	荣获“全国模范职工之家”称号
	职工犯错误以教育为主	10	以教育为主、考核为辅
	关心残疾（生病）职工	10	公司要求主管走访慰问
	企业解雇员工的理由	10	按《员工守则》执行
	领导问候生病职工、祝贺职工生日等	10	上门看望生病职工，员工生日都有祝福
	购买劳动和医疗等保险	10	按《劳动法》执行

续　表

一级指标	二级指标	得分	备　　注
八、道德领导与领导道德	向家属通报职工工作、生活、学习等情况	9	通过各种形式告知
	关心职工家属的生活、困难等情况	10	对家属发放慰问金，建立职工子女托管中心，看望长期出差职工家庭
	企业领导团结、民主、有亲和力	10	企业领导团结、有亲和力
	领导定期或不定期召开征求职工意见的座谈会	10	不定期召开
	不歧视女工或残疾工	10	不歧视，根据劳动能力安排适合岗位，同工同酬
	公正、公平考核员工	10	按《绩效考核制度》执行
	了解社会责任管理体系 SA8000 等国际规则	10	编有《社会责任管理体系手册》
	成立道德委员会或设置道德协调员	10	成立劳动争议调解委员会
	每年进行企业道德资本评估	7	每年总结工作会涉及相关道德建设内容

注：可以自评、互评或第三方评分。道德资本评估（百分制）得分：98.9。

结　语

道德要在资本运动中发挥独特的作用，必须将抽象理念转化成具体的、有针对性的操作手段，唯此才能体现实实在在的道德资本。具体来说，对于企业及其员工，需要有明确的企业在生产、经营、管理等过程中应有的道德理念和道德境界，要有关于人性关怀、公正平等、和谐共治的规则和制度，要有体现为企业员工的被尊重、被关注的道德性工作和生活环境，要有企业领导和员工、企业合作者对企业的高向心度和敬业、奉献的精神，要有企业产品在设计、生产和销售过程中对用户负责的精神，要有强烈的社会责任意识，要有与时代同步的企业家精神，等等。当然，不同的经济活动和不同性质、不同类型的企业，其道德资本的操作手段和呈现形式也是不一样的。因此，应该在道德的指引或指导下，将独特的经济活动及企业建设活动的各个行动点及相关行动方案渗透进道德价值取向，使其可操作可行动。

第六章　企业道德资本的培育与管理

道德资本形成的前提是经济活动主体具备一定的道德觉悟，并在经济活动中指导、引领经济行为。如果仅仅是懂得一些道德知识，或者仅仅是社会明确了善恶价值标准及其行为规范体系，这只是形成道德资本的准备，还不足以形成道德资本。因为道德要求没有成为经济活动主体的自觉意识，或者尚没有在经济活动中发生作用并促使财富增值，道德的资本功能没有发挥，这样也就无所谓道德资本。因此，培育人们的道德品格是培养和增强道德资本的重要途径之一。

事实上，道德资本不是实物资本，它需要通过培育来不断得到增强。西班牙学者西松认为："努力培养美德，即是为道德资本增加投资股。"①

① [西班牙] 阿莱霍・何塞・G. 西松：《领导者的道德资本》，于文轩、丁敏译，北京：中央编译出版社，2005年版，第155页。

一、注重企业道德建设[①]

企业道德建设是一项系统工程，需要从宏观到微观、理念到行动、领导到员工等全方位考虑和落实，而且要保证不出现道德建设中的“短板”。

其一，要将员工的文化、理论、业务学习提高重要性，作为企业道德建设的基础性工作来做，让企业员工能够真正认识现代企业的经营理念和自身在企业发展中的角色、作用和利益，以主人翁姿态融入企业并充分发挥自己的个性和特长。事实上，人力资本投资的最好路径是采取有效举措，着力提高企业员工的学习兴趣和学习自觉性，不断增强企业员工的文化素养、理论素养，尤其要注重员工的伦理道德相关知识的学习，进而不断提高企业员工的道德自觉性。习近平曾经指出：“学伦理可以知廉耻、懂荣辱、辨是非。”[②]

其二，要提炼适合本企业性质和特点的经营理念，明确为社会、为用户、为企业和为自己应尽的责任，明确道德经营原则，并落实到每一个经营细则。尤其是要让每一名员工知道，在产品生产的每一个环节、每一个动作的道德责任是什么；产品销售的承诺及其道

---

① 参见王小锡等：《中国伦理学 60 年》，上海：上海人民出版社，2009 年版，第八章“企业伦理”；[美] 安德鲁·吉耶尔：《企业的道德》，张霄译，北京：中国人民大学出版社，2010 年版。

② 《习近平谈治国理政》第一卷，北京：外文出版社，2018 年版，第 406 页。

德准则是什么；企业对社会应该承担的责任及其目标是什么；企业讲诚信的行动方案是什么；等等，唯有如此才能全面展示企业的道德水平，企业也才能不断积累道德资本。

其三，加强企业文化和道德环境建设，既要注重诸如企业经营理念和责任的宣传、企业管理机制的完善，以及企业员工安全、健康、心理、情绪等问题出现时的快速反应机制等软环境建设，也要十分关注诸如整洁的工作环境、健身娱乐设施，以及休闲式、家庭式或花园式生活环境等人性化的工作、生活设施等硬环境建设，以此打造企业浓郁的道德氛围，促使企业员工时刻接受道德熏陶，努力让员工成为现代企业的“道德人”。

其四，要从企业道德理念出发，设立科学合理的企业运行制度，向制度要效益，让制度出效益。现代化的企业应该是制度性企业，企业的运营应该在制度约束和引导下有条不紊地进行，这是企业经营能否成功的关键。然而，企业完整科学的制度体系要在对企业道德的正确认识把握的基础上才能逐步建立。这是企业道德建设及其道德资本积累的重要理念和理路。

其五，要加强企业各类人员道德素养的培训，尤其要注重员工的道德实践体验和锻炼，要真正让员工时刻处在道德应用和道德践行中，让道德成为员工工作和生活的一部分。企业应该结合本单位实际，认真探讨和规划切实可行的道德实践体系，让企业员工在系统的道德实践活动中不断增强道德行动的自觉性，为企业道德资本的形成及其作用的发挥夯实基础。

二、培养道德习惯

道德习惯是企业道德资本形成的重要基础，在一定意义上说，一个企业及其员工如果不能形成道德习惯，其企业道德资本也就难以积累。事实上，“我们不是生来就具有美德，而是通过实践获得美德。只有当我们的行为成为习惯性，并且我们有了运用适当的方法的习性时，我们才有了所谓美德”。[①] 厉以宁教授认为，在社会经济活动的资源配置中，除市场调节和政府调节外，还有第三种调节，即“习惯的力量或道德的力量”。他首先指出：“习惯来自传统，来自群众的认同，而群体认同的基础是道德信念、道德原则，道德支持了习惯的存在与延续，因此，习惯力量的调节与道德力量的调节是分不开的。可以把两者结合在一起，合称为习惯与道德调节。”[②] 他还进一步指出：“习惯是大多数人认同并遵循的，道德是一种信念，是一种待己、待人、处世的原则。要让习惯与道德调节在社会经济生活中起重要作用，应以大多数人对习惯的认同和遵循、对一定的道德信念和原则的信奉与坚持为前提。”[③] 这其实也告诉人们，需在社会经济活动中通过发挥习惯的力量或道德的力量取得效益，就应该重视培养道德习惯或道德的力量。

① ［美］理查德·T. 德·乔治：《经济伦理学》，李布译，北京：北京大学出版社，2002 年版，第 143 页。

② 厉以宁：《超越市场与超越政府——论道德力量在经济中的作用（修订版）》，北京：经济科学出版社，2010 年版，第 4 页。

③ 同上书，第 9 页。

西松也认为，没有道德习惯，道德不可能成为企业的道德资产或道德资本。他认为习惯能使道德资本不断增加和延续。他说“习惯产生于人类自愿行为的反复”，“如果行为可以视为道德资本的基础货币，构成了账户的本金，那么习惯就可以看作行为产生的福利。习惯就是人类反复的自发行为所产生的道德资本”。[①] 同时，为培养美德，为道德资本增加投资股，西松在强调“习惯的性质代表了一种优于其他活动的道德资本”的基础上，认为“习惯并非道德资本形成和发展中的最终决定因素”，“但是人的性格往往发挥着比习惯更大的影响力”。这是因为，性格是由习惯塑造的，“我们可以把性格或文化称为道德资本中的债券。债券是政府或公司用来实现资本增值的一种金融工具。投资者延迟消费而购买债券，为的就是在若干年后收取红利。只有经过了特定期间后，他才可以收回利润和最初的资本”。“性格和文化与债券类似，是一种长期投资的结果，通常意味着主体多年来坚持不懈的努力。不过一旦形成，他们就不会轻易发生改变，也不会随便丢失。他们所产生的风险很小。这是由于他们是主体多年来自由和理性的结果，体现出了主体的良知和意愿，深植于主体的习惯之中。与债券不同的是，性格和文化可以在低风险的同时保持较高的收益率。一旦一个人的习惯完全形成他的

① ［西班牙］阿莱霍·何塞·G. 西松：《领导者的道德资本》，于文轩、丁敏译，北京：中央编译出版社，2005 年版，第 97 页。西松在这里把习惯作为道德资本，不无理由，但把道德资本称为“人类反复的自发行为所产生的”，这里的“自发行为”概念不清，会引起误解，假如把“自发行为”改成“自觉行为”或他前面所说的“自愿行为”，观念表述就会更清楚。

性格，他就不仅能够做得更多更好，而且可以养成其他与之相关的习惯，并相辅相成，不断实现自我完善。”[①] 简要概括西松的观点的话，那就是培育和增强道德资本需要培养“善德习惯”，道德资本增加投资股需塑造性格。这是形成道德资本的一个中心问题，西松从“习惯”和“性格”的视角来论述道德资本的培育和增强问题是立足于应用的独到的有价值的研究思路，值得我国企业在积累道德资本的过程中参考。

三、渗透企业道德精神[②]

现代企业生产的目的应该是为社会、为用户提供合格的生产或生活用品，最终实现社会效益和经济效益的双赢。然而，正如前面已经提到的，合格的生产或生活用品除了必要的文化含量和技术力量以外，更重要的是道德含量。任何产品，它在多大程度上符合用户要求或人性需求，它就会在多大程度上提高产品的市场占有率，也就能在多大程度上实现企业利润。因此，企业应该树立全面的道德经营观，从产品的设计到生产的每一个环节都要树立质量意识、“用户至上”的意识，每一个环节都要自觉渗透进对用户的责任心。具体来说，要明确企业的生产经营的价值取向、社会责任和基本目的；要通过道德教育和道德建设，使得企业员工树立强烈的道德和

---

① ［西班牙］阿莱霍·何塞·G. 西松：《领导者的道德资本》，于文轩、丁敏译，北京：中央编译出版社，2005 年版，第 127—130 页。

② 参见王小锡：“论道德资本”，载《江苏社会科学》2000 年第 3 期；中国人民大学复印报刊资料《伦理学》2000 年第 8 期全文转载。

责任意识，增强道德行动的自觉性；要将集中体现企业道德的企业社会责任贯彻并落实到产品设计、制造和销售的各个环节，充分体现企业所有行为的道德含量，由此实现企业的道德生产和道德经营。方太集团创建于1996年，多年以来，方太始终“为了亿万家庭的幸福”，坚持“人品、企品、产品，三品合一”，专注于厨电领域，坚持“专业、高端、负责”的战略性定位，向着成为一家伟大的企业的愿景迈进。为此，公司不断致力于为追求高品质生活的人们提供高品质的电器产品，用不断创新的产品与技术，以及细致入微的用心态度为用户提供智慧、健康、幸福的厨房体验。他们以真诚的道德关怀，促进企业道德不断发挥着独特的作用。方太连续9次蝉联“亚洲品牌500强”，与其企业深远的道德境界是分不开的。

进而言之，企业的道德生产和道德经营状况如何，企业道德管理是关键。企业管理尽管涉及方方面面物的因素和人的因素，但是它本质上是“管人”，“管人”就要尊重人、了解人、关心人。人管理好了，积极性发挥了，企业的发展活力也就自然增强了。我国华为技术有限公司董事、首席执行官任正非的“待遇向下倾斜，华为的待遇政策倾向于一线员工和基层员工，以鼓励公平竞争和重视基层贡献”的管理理念及其所形成的极强的凝聚力，是华为获得成功的不可忽视的重要要素之一。事实上，“泰勒制”式的把人当作机器的管理方法绝对不适应我国现代企业的发展要求。“一个不尊重人的企业，是人的个性和活力被疏远、被低估的企业。这样的企业，实际上只是一个通过提供劳动力来交换金钱的场所，无法实现和展开人性。”[①] 不要说在社会主义市场经济条件下,就是在资本主义市场经济条件下，不重视员工利益的企业也无法生存。因此，企业应该坚持道德管理也能出效益的理念。

现代化的企业管理应该是以人为本的管理，并充分体现管理中的道德性，唯有如此才能促使企业员工同心协力，实现生产的正常运转和更多更好的效益。首先，在人格平等的基础上，塑造新型的劳动关系，激发全体员工的劳动热情和生产活力。企业管理工作者的一个基本目标是要统一员工的思想，调动员工的积极性，圆满实现企业发展指标。然而，这一基本目标的实现需要员工树立主人翁精神。这样一来，一方是管理工作者，一方要树立主人翁精神，当如何处置？我认为，企业管理工作者应展示既是领导又不像领导的形象。

说是领导，他应该统揽全局，有效指挥。说不像领导，他应该努力倡导和实现与员工的人格平等，要以自己的实际行动来说明，企业的所有成员，只有分工不同，没有贵贱之分。因此，企业管理工作者应该从尊重员工入手，在努力为员工服务的同时，广泛征求员工意见，变“管理全员”为“全员管理”，即企业管理工作者的管理目标、管理内容、管理方法和手段是全员集体智慧的结晶，企业实际是在全体员工的思想观念引导下运作。一些企业经营不好，其中重要原因之一就是管理工作者以“领导”自居，员工成了被动的

① 王成荣主编：《中国名牌论》，北京：人民出版社，1999 年版，第 67 页。

只受支配的劳动者，管理工作者与员工之间形成了“鸿沟”，员工的积极性受到挫伤。一旦前后两者情绪对立，管理失效，那企业失去的不仅是活力和利润，最终完全有可能走向死胡同。其次，坚持利益公平，满足员工的正当利益。员工的切身利益是员工工作中关注的焦点，员工的劳动积极性来自自身利益的最大限度的获得和全体员工利益的公平合理的兑现。因此，可以说，不懂得他人的利益，就不懂得管理。一个合格的企业管理工作者，他首先考虑的是员工利益和利益的协调。员工利益的实现程度（已得利益占企业效益和自身应得利益的比重）和员工利益协调的公平程度，往往与企业未来利润的实现成正比。一个正当利益不能正常获得的员工是不可能全身心投入工作的。因此，如果对员工的切身利益处置随便，甚至严重不公，那么能力再强的管理者终究也是失败的管理者。再次，企业管理工作者需要身先士卒，以身作则。企业管理工作者的形象直接联系着企业的命运。一个尽心尽责的管理工作者能让员工在他身上看到希望，即使企业暂时遇到困难或挫折，员工们也会发扬团队精神，励精图治，勠力同心，努力工作，最终实现企业的转危为安，化险为夷。假如企业管理工作者让员工感觉到其无心经营，整天忙于无为的应酬，忙于捞取一己私利等，那必将严重挫伤员工的积极性。这样的企业管理工作者实际上在起着增加企业负担、提高产品成本、降低企业利润的负面作用。因此，在当今社会，不管是什么性质的企业，管理工作者都应充分认识到管理者自身的形象是至关重要的，其自身行为是无声的命令、无形的杠杆。事实上，企业的效益和利润直接受制于管理者本身。

其实，就根本上来说，企业管理者都应该具备符合时代要求的企业家精神。企业家精神是企业的灵魂，其最基础也最核心的是企业家的道德情怀，作为有崇高境界的企业家，在企业经营中应该有振兴国家和民族的情怀，有服务社会和民众的情怀，有主动协调和平衡利益相关者利益的情怀，有视职工为家人的情怀，等等。事实上，企业的生命力很大程度上取决于企业家精神及其道德经营理念。江苏戴胜家具公司总经理、国家级工匠名师姚国培，创业 28 年，事业越做越红火，固定客户越做越多，效益始终处在稳步上升状态，除了他的精湛技艺外，是与时代同步的企业家精神及其自觉的责任担当和高尚的道德经营理念使得该公司不断地从辉煌走向新的辉煌。姚国培说："我们公司做事不是给人看的，一切服从国家利益需求，一切为了客户的满意，一切为了自身企业的高质量发展。"姚国培认为，做生意就得换位思考，把自己所想当作客户所想，把客户需求当作自己需求，这样的话，最终一定双赢。就目前来说，企业家精神最根本的是要切实践行社会主义核心价值观，有勇立潮头不断改革创新的精神，有在竞争中不断提高自我并持续奋斗的永不言败的精神，等等。

四、加强道德资本管理

企业需要加强道德资本管理，以防止企业管理"短板"的形成。管理不好道德资本就意味着道德资本的效益会降低，甚至可能丧失道德资本。

其一，在衡量道德资本中追求企业善德。西松认为，要实现对道德资本的有效管理，要能够衡量道德资本。他认为，对道德资本有两种“衡量战略”：“一个是间接衡量，针对缺乏道德资本所产生的后果；另一个是直接衡量，针对存在道德资本时的后果。”西松认为，针对缺乏道德资本所产生的后果所做的间接衡量，是指通过对员工的流动率、旷工率和懒散等行为和对员工所做出的诸如殴打、袭击、杀人、盗窃、故意或疏忽滥用公司资源等违法犯罪行为的定量分析，通过对员工生活质量、快乐程度、宗教信仰、价值取向等负面因素的定性分析，了解道德资本的缺少量，进而形成消除不良后果、培育和增强道德资本的理念和举措。西松的直接衡量是指“公司层面上人力资本适格水平、人力资本忠诚度、人力资本满意度指数以及公司氛围指标等”的定性指标分析。具体说来，可以衡量公司和个人社会责任、环境责任和伦理责任，衡量公司吸引、激励和留住人才的能力，衡量公司有效留住客户群、增强员工忠诚度和投入度的声誉，衡量企业家是否“强调团队合作、以客户为中心、欣赏公平竞争、不断创新、富有主动性”。其直接衡量道德资本的定量分析还包括“人力资本收益、人力资本投资回报和人力资本附加价值”。① 直接衡量道德资本，不仅能从中了解道德资本的现状或现有量，而且同样能了解道德资本的缺损，从而厘清管理道德资本的

① ［西班牙］阿莱霍·何塞·G. 西松：《领导者的道德资本》，于文轩、丁敏译，北京：中央编译出版社，2005 年版，第 194—219 页。

经验和教训，并更有效地选择道德资本投资股、更好地积累道德资本。在坚持如西松所说的道德资本“衡量战略”的同时，企业应该定期或不定期地进行较为全面系统的道德资产评估，以便在道德资本积累和运行方面不断总结经验和发现问题，促进企业道德建设水平的不断提升。

当然，衡量企业道德资本，企业首先应该注重积累道德资本。西松指出：“管理道德资本的最佳战略，是投资于追求善德的生活方式。”因为，“一个人的生活方式融合了他的感觉、行为、习惯和性格；人的生活赋予结构和存在意义”。他同时指出，公司的生活方式或称“公司的历史”如同个人生活方式一样。西松主张以“追求善德的生活方式”来实现道德资本的管理，这是很有见地的观点。因为，管理道德资本首先要存有道德资本，否则，管理道德资本就无从谈起。而“投资于追求善德的生活方式”，是西松主张在更广泛的意义上，即人或企业的全方位生活方式上培养道德觉悟，实践公正、节制、勇敢、谨慎的美德，实现最大量或最好的“道德资产”。

其二，完善企业道德资本管理的协调机制。[①] 企业需要建立道德委员会，或者设立道德监督与协调机构，以完善的道德监督与协调机制，促进现代企业管理制度的变革和发展。成立于 1987 年的华为技术有限公司，在 2022 年 8 月 3 日《财富》公布的“世界 500 强榜”（企业名单）中排名第 96 位。这样的发展势头和辉煌业绩，源

① 参见王小锡：《道德资本研究》，南京：译林出版社，2014 年版，第 286—287 页。

于华为所处时代的各种主客观条件，但其中，成立“道德遵从委员会”是其重要的促进因素。华为是为了维护“诚信为本、坚持不懈、客户至上、团队合作、敬业奉献的企业文化，推动公司道德文化建设，增强员工道德责任感和社会责任感”，而创建了“道德遵从委员会，制定和完善了企业道德规范，不断开展企业道德的宣传教育和贯彻落实活动，并在建立道德风险管理体系的基础上，及时监督和纠正违规行为”。事实上，华为已经把企业道德及其道德行动作为企业无形资产来积累、管理，并使其发挥独特的作用。就目前情来看，企业道德委员会或其他道德监督与协调机构，应该坚持以下工作机制和目标：一是跟随企业的发展进程，帮助企业不断研讨和完善本企业德性的内涵和表征，弄清楚如何不断改变和提升企业形象尤其是道德形象，如何将本企业与生产经营相一致的独特的道德精神渗透进生产经营的各个环节，即如何将生产经营道德理念转化成行动方案和操作手段。二是帮助企业处理和协调企业内部各类经济问题和道德矛盾，在制度约束外，以情感人，以理服人，将矛盾和危机化解到最小甚至完全消除，以此培育浓郁的道德情感。同时要研究企业外部利益相关者的利益诉求和道德情感，处理和协调各种不和谐因素，化解利益相关者可能或已经出现的疑虑甚或怨气，促进合作理念的增强，努力实现双赢或多赢。三是研究适合本企业的道德领导内涵和方法，为企业领导完善领导艺术提供独特的道德领导观念和方法，同时，纠正企业领导存在的领导方法中的道德问题。真正让道德领导成为企业重要的道德资产或生产要素。四是研究本企业软环境和硬环境建设的内容和举措，营造良好的道德环境。要明确企业经营宗旨、价值取向、道德责任和道德制度等，并展开全方位的宣传和教育，形成强烈的舆论氛围。同时，从员工生产生活环境到内部服务环境，要有处处体现尊重人、关心人的设施，让员工时刻接受道德呵护和道德熏陶，并产生更多更好的道德满足感和幸福感。五是结合本企业特点，有针对性地不断完善道德资本实践和评估指标体系，同时定期或不定期地总结道德资本积累和道德资本发挥作用的情况，为企业领导决策提供有价值的参考依据。

当然，道德资本的管理是一项系统工程，从道德资本管理的内容、道德资本管理的方法和途径到道德资本管理的目标等都需要有明确的计划，并且要从思想道德观念与实践操作、从公司与个人、从矫正与投资等方面来考虑道德资本管理策略和举措。而且，在不同的国度、不同的地区和不同的企业，道德资本的管理有不同的要求，甚至有本质的区别，这就更需要有针对性地规划道德资本管理方案，以促进道德资本高效管理的实现。在我国，当务之急是要全面地盘点企业道德资本。诸如企业的经营理念和经营目的、企业领导的道德素质、企业员工的道德品质、企业制度的道德化、企业文化的道德性、企业道德环境、企业产品蕴含的人性要求、企业与其他企业的合作诚意、企业产品售后的服务承诺及其兑现、企业的社会责任意识、企业的道德与道德资本管理等，都应该有一个清晰而深刻的分析。唯有如此，才有可能更多、更好地积累道德资本，并充分发挥道德资本应有的作用，不断增强现代企业的核心竞争力。

结　语

企业道德资本存量的增加，不同于物质资本存量的增加，它需要通过一系列诸如道德理念的确立、道德教育的展开、道德情感和道德意志的培育、道德习惯的养成和道德资本管理等道德建设手段来实现。事实上，企业道德资本存量的增加是一个艰巨而复杂的过程，需要有与时代同步的企业家精神，需要有明确的适应本企业发展要求的道德理念及其行动方案。同时，需要遵循企业道德建设的基本规律，有针对性地将道德价值取向落实到提升人的道德觉悟、和谐人际利益关系、渗透企业经营的各个环节等方面，唯有如此，才能不断增加道德资本存量并最大限度地发挥企业道德资本的作用。

余论：道德资本论之“误读”的误读之“误读”[①]

自笔者从二十多年前提出道德资本观并先后出版《道德资本研究》《道德资本论》《道德资本论（第二版）》[②]以来，学界有对道德资本理论给予支持并进一步深入研究的，有提出质疑并展开商榷的。笔者对于相关质疑和商榷，相关文章和著作均做出了学术回应。这些都进一步推进并完善了道德资本理论研究，并在国内乃至国际产生了一定的学术影响。若干年来，仍然有人撰文或在学术交流中认为

① （一）本文以“道德资本何以可能”为题，载《道德与文明》2024年第3期，发表时有修改。（二）本文标题“道德资本论之‘误读’的误读之‘误读’”中的第一个“误读”是指学界相关文章对道德资本论的错误的解析和评判。标题中的第二个“误读”是对相关文章的错误解析和评判的判断结论，也就是说，相关文章认为道德资本论者“误读”了诸如“资本”“道德”等相关概念，这判断本身就是相关文章作者对道德资本论的误读的产物。第三个“误读”作为理论术语，它不是我们的日常话语词，可以从分析哲学视角认知。美国当代文艺批评家哈罗德·布鲁姆在他的《影响的焦虑》一书中说：“一切阅读皆误读。”这里用了“一切”两字，其表述实乃武断，因为在一定条件下人们必然会有对文献及其作者的思想内涵和精神境界的正读，但是在一般情况下，读者不可能无差别地或一模一样地把握所读文献及其作者的思想内涵和（转下页）

提出道德资本论是误读了道德资本论所涉及的相关主题性概念。鉴于这样的质疑，本余论将对质疑者自身的误读做一些阐释。笔者对之总的看法是，有的人误读了道德资本论中的所谓“误读”，没有真正弄懂道德资本论中的精神，曲解了道德资本论中的观点，断章取义地对待道德资本论中的某词某句某理论，形而上学地对道德资本论展开了所谓学术批评等。故作为全书“余论”，笔者在此将对道德资本论之疑虑、批评做释疑和反驳，进而系统地有针对性地表达相关主题性学术观点，作为对“‘误读’的误读”实乃“真正误读”的学术回应，也是对道德资本论的基础或核心观点的简要而明晰的概括。

一、经济与道德无关？

“误读”者认为，经济学无须谈道德，因为经济就是谈投入产出的效益问题，与道德无关，谈论经济同时关注道德问题，是越出学科边界的“多管闲事”的动作。并认为，既然经济与道德无关，那

（接上页）精神境界，故误读是常事。然而，误读有超误读和反误读，即拔高式误读和贬低式误读。同时，误读还有深误读和浅误读等。这样的话，误读能促进误读者、被误读者以及观误读与被误读者的思考，进而产生更全更深更好的阅读效果。所以，本文标题中的第三个“误读”至少有以下三层意思：一是对道德资本论的“‘误读’的误读”的批评性解读。二是对“‘误读’的误读”做解剖式、解构式阅读，力求变误读为正读，即变误解为正解。三是对“‘误读’的误读”之错误理念的深入分析，将会扩大读者的思考空间，引导人们用更多角度、更多层面认识已经造成的“‘误读’的误读”。（三）易书凡参与了本余论撰写提纲的研讨和成稿过程中的相关资料收集和注释核对等学术辅助工作。

② 王小锡：《道德资本研究》（译林出版社，2014 年版）、《道德资本论》（译林出版社，2016 年版）、《道德资本论（第二版）》（译林出版社，2021 年版）分别被翻译成英文、日文、德文、俄文等 7 种文字，并在海外出版发行。

道德资本就没有理论前提或理论依据。

这是对经济概念的形而上学式误读。

经济是一个复杂的经济学概念，历来学人们围绕此概念从不同视角、不同方位进行了各不相同的阐释与论述。然而，在纷繁复杂、各不相同的论述中却有一处共同点，即学人们对经济的诠释必然内含道德因素。例如，关于经济是少耗多益的解释指的是经济活动应最小程度地消耗包括人力资源在内的一切资源，以便让有限、稀缺资源最大限度地为人类服务；关于经济是生产及其效益的解释均离不开对生产、生产力、生产关系、生产管理、效益、利益分配等概念的解析，然而，这些概念的阐释都会涉及生产劳动主体、劳动者之间关系、劳动者与归属不同所有者的资源的关系；关于经济是经邦济世、经世济民的解释既包括生产经营效益，也包括人们生产生活过程中的互帮互助、共同享受、共同发展的内涵。

这就是说，经济不可能是为物质效益而物质效益，也就是说，经济不只是物质性活动。因为，经济作为人类的一种重要的实践活动，围绕人、依托人、为了人而运作，是一定社会的利益关系演绎变化的主要场域，折射了人与人、人与社会的利益关系。换句话说，经济目的一定是为了人们生存生活得更好，为了自然、社会、自然与社会的生态平衡与和谐发展。实践也说明，经济越是广泛深入，越是能在不断提升人的综合素质的同时更好地完善人和发展人，越是能促进人际关系的协调与和谐并实现真正的幸福生活。这是经济的本质之所在，也是经济的道德之所在。

由是观之，经济其实不仅仅是投入、产出和效益等物质性活动，经济是内含人和人际关系、人际利益关系之应该的道德的经济，经济活动中一定会注意并注重人和人的发展、人际关系和人际关系的协调与和谐，因此，经济是内含道德并与道德共生存的经济。因此，如果忽视甚至缺少道德视角去看经济，经济不可能被正确地理解和把握。事实上，没有道德内涵的经济是不存在的，没有道德规约、引导的经济是不能正常发展的，甚至是畸形或落后的经济。所以，在一定意义或从宏观意义上说，经济活动就是道德活动。[①]

同理，资本一定内含着道德要素，离开道德视角就无法正确认识资本内涵及资本的本质。在资本主义商品经济条件下的资本本质为什么是剥削和压迫，很大程度上是因为资本主义制度下的经济道德是资产阶级的道德，离开了道德尤其是阶级道德视角，也即离开了资产阶级的剥削、压迫的“不应该”“不道德”，也就在很大程度上无法真正认识资本主义条件下资本的本质。因此，任何经济都是可以进行道德评价的具有“道德性”的经济，只是因社会制度的不同，其道德性有着本质的区别。

所以，诸多学者认为，以研究经济问题为鹄的的经济学从根本上说必定要研究经济德性，无视经济的道德蕴含的经济学研究，要么是低幼的要么是庸俗的。因此，围绕经济学应不应该具有道德关涉的问题，即“讲道德”的问题从根本上来说是一个要么主观故意

① 参见王小锡：“‘真正的经济’是内含道德的经济”，《伦理学研究》2011 年第 5 期。

制造的伪问题，要么利令智昏致使的假问题，没有道德关涉的经济学就等于将人类经济生活本身置于一种“道德荒漠”之中，而所谓经济学“讲道德”的提法是一种画蛇添足抑或是一种模棱两可的暧昧的说辞，“人类原本就不存在不讲道德的经济学”。①

二、资本专属资产阶级?

“误读”者认为道德资本论误读了马克思的“资本”范畴。“误读”者同时指认道，道德资本论视野中的资本与阶级无涉，更是与资产阶级及其生产关系无涉。而马克思的资本概念则是在阶级特别是资产阶级意义上来阐述的，显然两者截然不同。并指出，“从马克思关于资本的历史生成与存在条件来看，资本是一个经济范畴，而不是一个社会规范范畴”，道德资本理论“是对资本的一种极其私见的误读”。② 甚至有人提出：“马克思的立场至少告诫我们：不要妄言‘道德资本’。”③

这是在现时代条件下对资本本质的教条主义式误读。

其实，道德资本论没有像“误读”者说的那样忽视与漂白资本的阶级属性，更没有模糊与去除资本与资源的界限。道德资本论中的道德资本从属于资本一般性、普遍性视阈范畴。质言之，道德作为一种精神力量能够在社会生产实践中不断发挥引导、规范、制约

---

① 参见万俊人：“论市场经济的道德维度”，《中国社会科学》2000 年第 2 期。

② 参见戴圣鹏、代琼花：“道德资本论的双重误读”，《马克思主义哲学研究》2000 年第 2 期。

③ 高兆明：“‘道德资本’的提法有三大误区”，《北京日报》2013 年 8 月 26 日。

和协调等功能以确保经济目的不偏不倚、正确运行，有利于促进经济价值增值和企业利润最大化。因此，从资本一般意义上来说，道德是经济活动中影响价值增值和企业利润最大化的重要精神因素和精神资本，道德也具有资本属性。这说明道德资本作为生产过程中至关重要的生产要素在经济建设中以一种资本形态（精神资本）呈现出来，它是一种有价值的生产性资源，是广义资本观下的资本概念。它与马克思政治经济学中作为揭露资本主义经济关系的资本概念不同。在马克思看来，资本不是物，而是以物的运动方式进行价值增殖与扩张，其实质是一种经济关系范畴，反映出资本剥削和压迫雇佣劳动的关系。因此，道德资本之资本概念在根本上区别于马克思的资本概念，这也是理解道德资本的理论空间和逻辑边界的起点。①

事实上，资本运动是市场经济活动的基本内容，问题是在何种社会制度下的资本运动。资本在资本主义社会具有资产阶级的剥削和压迫的本质，但是，如果把资本仅仅看作资产阶级的生产关系，那就是教条主义的思维方式。我国在新的时代条件下讲资本的存在和资本运作，那是何种阶级属性？又是何种经济关系？这当然是社会主义市场经济条件下的资本，它不同于资本主义条件下的资本。所以，资本并不是专属资产阶级或专门体现资产阶级的生产关系的。习近平总书记在中共中央政治局第三十八次集体学习时就依法规范

① 参见王小锡："论道德的经济价值"，《中国社会科学》2011 年第 4 期；《新华文摘》2011 年第 23 期、中国人民大学复印报刊资料《伦理学》2011 年第 10 期全文转载。

和引导我国资本健康发展发表重要讲话时强调，“资本是社会主义市场经济的重要生产要素”，“必须深化对新的时代条件下我国各类资本及其作用的认识，规范和引导资本健康发展，发挥其作为重要生产要素的积极作用”。习近平总书记同时强调，“要深入总结新中国成立以来特别是改革开放以来对待和处理资本的正反两方面经验，深化社会主义市场经济条件下资本理论研究，用科学理论指导实践，促进各类资本良性发展、共同发展，发挥其发展生产力、创造社会财富、增进人民福祉的作用”。[①] 由此可以看出，社会主义市场经济条件下的资本，是社会主义的重要生产要素，体现了社会主义条件下的生产关系及其本质特征。进而言之，道德资本是作为社会主义重要生产要素的资本的体现社会主义生产关系的基本的甚或核心的精神要素。

由是观之，在马克思主义的唯物史观视野下，不要妄言道德资本论是对资本“及其私见的误读”，不要妄言“不要妄言‘道德资本’”。

三、道德与利益无涉？

“误读”者认为，提出道德也可以是资本，是没有理解道德的本来含义。还有“误读”者具体指出，道德本质上是一种社会总体的规约性、规范性力量，它包括一般社会规范意义上的道德和作为社会意识形态化的统治阶级的道德，无论是二者中的哪种道德形态，

① 新华社北京2023年4月30日电：习近平主持中共中央政治局第三十八次集体学习并发表重要讲话。

其目的和作用都在于调整人与人关系的行为准则。不同的是，前者的社会规约力和导向力弱于后者。[①]

这是对道德概念和道德作用的一知半解的浅释式误读。

将道德仅仅理解为一种社会总体的规约性、规范性力量或是社会规范的总和，并认为一般社会规范意义上的道德，它对人与人之间的社会关系的规约力与导向力更为弱一些，这观点有待商榷。该观点一是没有真正理解道德的“本体”、“本态”和“本真”[②]，即没有真正弄懂道德的辩证内涵；二是难以由此真正理解道德的功能、作用和目的指向；三是不能在更深层次上把握道德与社会生活、生产的逻辑关联。历史上关于道德本体的研究可谓众说纷纭、“五花八门”，究竟哪种学说影响最大且最近于道德本体论的“本真”状态，在我们看来无疑是关于道德依据的“应该说”。而且，正如我国著名伦理学家宋希仁教授所说：“没有对‘应当’的自觉和理论认识，就没有科学的道德哲学和科学的发展观。”[③] 质言之，对“应该”（“应然”“应当”）[④] 的正确认识和把握是建构科学的道德哲学需要厘清的最基础的概念。在我们看来，纠偏对道德本身诸如“规范总和”等

① 参见戴圣鹏、代琼花：“道德资本论的双重误读”，《马克思主义哲学研究》2020年第1期。

② 参见王小锡：“论道德之应该的逻辑回归”，《道德与文明》2016年第3期；中国人民大学复印报刊资料《伦理学》2016年第8期、《新华文摘》2016年第21期全文转载。

③ 宋希仁：《马克思恩格斯道德哲学研究》，北京：中国社会科学出版社，2012年版，第465页。

④ “应该”“应然”“应当”三词，在伦理学理论应用中，其含义基本一致，但是，“应该”一词更多地内含情理上的必然和必须之意涵，故更接近于道德的内在特质，所以，在文章和言语中用“应该”一词较为贴切。

表象层面的浅显性、误读性认知的关键在于要真正对人立身处世、集体生存发展之“应该”的道德进行深入透视，这样才能在道德实践中体现“本体”、“本态”和“本真”之逻辑一体意义上的实在性道德。所以，我们所讲的道德是指不断地回归于应该的人立身处世或集体生存发展的价值取向及其行为规范和自觉行动。[①]

既然道德是人立身处世或集体生存发展的价值取向及其行为规范和自觉行动，那么，道德的存在依据和价值，不只是它的规范特性，而一定是在守约和自觉行动基础上的体现物质和精神作用之独特作用的发挥。在经济领域，道德的存在依据和价值一定是依据自身的独特功能，产生更多更好的经济效益及企业利润。否则，谈道德或道德规范一定是空谈。其实，只谈道德与道德规范，不谈道德与道德规范的功能、作用及其效益，那道德还有存在的理由吗？

说到底，就道德具有的规范特性及其功能和作用来说，道德规范人们的行为，目的就是明确行动方向和目标、实现更好的物质和精神效益，否则，规范人们行为的意义又何在呢？同理，在经济领域的道德意义也一定体现在它会规范经济主体的行动以及获得更多更好利润上面，否则，在经济领域谈道德及道德规范有何意义呢？就是作为意识形态的道德规范，它也必须通过净化和完善人们的思想境界、规范人们的行动并产生物质和精神效益才能体现其存在的理由和价值。

---

① 参见王小锡：“论道德之应该的逻辑回归”，《道德与文明》2016 年第 3 期；中国人民大学复印报刊资料《伦理学》2016 年第 8 期、《新华文摘》2016 年第 21 期全文转载。

这里要特别指出的是，道德是有阶级性的，不同的阶级有着不同的道德，这是历史唯物主义的观点。然而，“误读”者认为将道德纳入广义资本观下的资本范畴并视之为一种资本，等同于把历史上所有阶级的道德冠之以资产阶级属性。这是“误读”者在教条主义式误读资本本质的同时对社会主义道德内涵及其本质的严重误读，是实实在在的“双重误读”。

四、资本本性与道德一定有冲突?

“误读”者认为，资本的本性是不断赚取利润，它与讲不讲道德无关，而且资本的本性与道德是冲突的。还有人指出，从道德资本这个概念的核心思想来看，道德作为一种社会规范和行为准则，归根结底服务于资产阶级榨取剩余价值和创造价值增殖。也就是说，道德在人类历史上只为资产阶级这一个阶级提供服务与保障，维护资产阶级的根本利益。① 可见这种误读对社会造成了多么不良的影响。

这是在现时代条件下对资本本性与道德之关系有着严重歪曲的误读。

在资本主义商品经济条件下，资本的本性是为了获取更多的利润，资本是带来剩余价值的价值，资本从头到脚都流着血和肮脏的东西，故资本的剥削和压迫性质是排斥科学的趋善意义上的道德的。但在社会主义市场经济条件下，资本并非就意味着与历史发展进程

① 参见戴圣鹏、代琼花：“道德资本论的双重误读”，《马克思主义哲学研究》2020 年第 1 期。

一致的科学的趋善意义上的道德相悖。

从资本一般概念出发，资本总体上表征着一种在生产实践过程中攫取利润的物质和精神条件；同时，也释放出一种能够促进经济价值增值的实际效能。事实上，资本在生产实践过程中要想实现价值增值、获取更多且更有益的利润，在不变资本一定的情况下必须要靠活劳动创造新的价值或利润。也就是说，要依靠劳动者本身发挥赚取利润的主体性与主观能动性。而活劳动者的主体性与主观能动性的发挥不仅仅依赖于劳动者本身的生物特性如何或从事的物质活动如何，还取决于劳动者的文化、技能和道德觉悟等，这些精神因素在活劳动中具有重要地位，将发挥出无可比拟的精神作用，其中作为资本精神要素的人的道德觉悟决定着资本运动的理性度、运动特质及其运动效果。因此，资本合理、正常运动需要道德介入，道德与资本互相作用、互为支撑，且道德价值会随着资本的正常运动而更加凸显。由是观之，在现时代，把道德为资本运动服务看作为资产阶级即为资本家无偿地占有雇佣工人所创造的剩余价值服务和提供保障，是固化在资本主义商品经济条件下的资本理念的没有任何依据的妄论。

因此，在现时代，资本本性与道德力量并不是相互排斥的，而是互为存在、互为支撑的。资本投入生产实践中的最终目的就是要攫取更多利润，而为了使利润最大化，资本要在生产实践过程中始终保持运动状态，即要有产品设计、产品生产和产品销售的过程，要有与利益相关者的利益分配和协调合作过程等。然而，如果要保证这些获取利润的必经过程畅通无阻，就不得不依靠道德精神，假如以上生产环节违背了道德标准或道德要求，那么整个经济运行过程都会不通畅，利润效益的获得也会大打折扣。由此可见，资本与道德息息相关、密不可分，资本的增值需要道德的介入与参与。[①]事实上，唯物史观认为，意识、道德、观念等作为上层建筑也具有一定的相对独立性，对经济基础产生巨大作用。那么，资本投入生产过程中的力量与效益虽离不开企业产品科技含量的支撑，但经济活动主体及其对用户的责任心的有无，即产品中的道德含量，也对企业核心竞争力的强弱发挥着巨大作用，影响着企业的有效收益和利润的增加。

习近平总书记指出："在社会主义市场经济体制下，资本是带动各类生产要素集聚配置的重要纽带，是促进社会生产力发展的重要力量，要发挥资本促进社会生产力发展的积极作用。同时，必须认识到，资本具有逐利本性，如不加以规范和约束，就会给经济社会发展带来不可估量的危害。我们要立足新发展阶段、贯彻新发展理念、构建新发展格局、推动高质量发展，正确处理不同形态资本之间的关系，在性质上要区分，在定位上要明确，规范和引导各类资本健康发展。"[②]因此，道德无疑也是规范和约束资本发展、遏制资本无序扩张的重要力量。

---

① 参见王小锡："论道德与资本的逻辑关系"，载《道德与文明》2019 年第 3 期；《高等学校文科学术文摘》2019 年第 5 期全文转载。

② 新华社北京 2023 年 4 月 30 日电：习近平主持中共中央政治局第三十八次集体学习并发表重要讲话。

五、提出道德资本即是将道德资本化?

“误读”者认为，道德资本论的理论依据来源于文化资本或人力资本观。还有“误读”者提出，道德资本概念是“简单的概念泛化层面的道德的资本化”，是将道德资本化。更有“误读”者指出，道德资本概念有悖于马克思恩格斯有关资本概念的直接或间接的论述与表达，且马克思恩格斯也从未提及过此概念，更不用说存在将道德看作一种意识形态化的资本的思想观点，这在某种程度上可以说是对马克思资本观的一种误读和亵渎。“误读”者同时指出，把道德看作一种资本、商品完全是对道德的贬低与误读，其导致的后果也有害无益。[①]

这是对道德资本概念的的曲解式误读。

其实，将“道德资本”概念的提出说成是文化资本观或人力资本观构成了道德资本论的理论根据与理论支撑，是没有读通甚或没有读过相关道德资本论的系列文章，因为在这诸多文章中都谈到了道德资本提出的依据和理由。此外，提出道德资本，并不是将“‘道德’解读为一种‘资本’”，也不是将道德资本化，更不是将道德与资本等同。“道德资本”概念的提出是因为道德在经济发展和企业获得利润过程中有其独特的不可替代的作用。较早研究道德资本论的文章中就指出，资本是一种力，是一种能够投入生产并增进社会财

① 参见戴圣鹏、代琼花：“道德资本论的双重误读”，《马克思主义哲学研究》2020 年第 1 期。

富的能力。而科学的伦理道德所表现出的社会功能在于不断激励人们提高自我修养、自身修为的同时要求人们加强沟通交流，在一种“善治”的前提下主动调适和完善人与人之间的生存关系，并以一种善与正义的叙事方式充盈和完善人类的基本生存环境，不断推进社会向前发展。这种“善治”功能应用到生产领域必然会提升劳动者的道德修养与道德文化素质，当拥有较高道德水平的劳动者从事物质生产活动时，必然会将个人的道德意志和修养渗透进各个生产环节中，形成一种团结进取、协作共赢的精神和合力以及充分发挥合力的能力，从而全面提高劳动生产率和资本效益。[①] 因此，道德也是资本。这样的理念不可能仅仅来自对“文化资本”或“人力资本”概念的参照。同时，这样的理念与道德资本化也不是一回事。诚然，值得一提的是，在生产过程中转化为资本的道德一定是符合历史发展客观规律的，以善与正义为叙事方式意义上的道德。而且，道德作为一种精神资本只是资本的形态之一，是资本在精神层面的体现，它从属于广义资本观下的范畴，因而，它不可能独立形成资本，其必然要依附于物质要素才能在生产实践中发挥经济作用。因此，科学的、以善与正义为叙事方式意义上的道德资本化完全是一种主观臆造。而且，资本化了的道德不是我们理解的科学的、以善与正义为叙事方式意义上的道德，而是我们所唾弃的恶德或剥削阶级的道德。

---

① 参见王小锡：“21 世纪经济全球化趋势下的伦理学使命”，《道德与文明》1999 年第 3 期。

要指出的是，马克思和恩格斯在其著作中并没有提出过道德资本概念，更没有指出道德是一种意识形态化的资本。但是，资本内含精神要素这应该是理论上和实践上讲得通并符合历史唯物主义的观点，否则，我们如何正确认识资本，又如何实现资本运动。假如马克思恩格斯没有对资本主义商品经济条件下的资本内含的资本家腐朽思想以及以剥削和压迫为代表的恶德行为的批判，就难以真正认识资本主义商品经济条件下的资本的本质。在社会主义市场经济条件下，资本的理性运动和对资本可能的无序扩张的遏制都离不开符合社会主义制度要求的精神的指导，其中一定不能缺少的是社会主义的道德精神，故现时代提出道德资本概念既符合理论逻辑，也是历史逻辑的必然。至于把道德作为资本就是把道德看作商品的“误读”，实乃无稽之谈。按“误读”者的思维逻辑，剔除资本中“精神”内涵去运作现时代资本，资本运动方向不明，资本运动不受规约制衡，甚至资本无序扩张不能在科学精神及其原则和规范指导下得到遏制，那这倒是十分危险和有害的。

六、道德的工具理性等同于道德工具化?

“误读”者认为，“道德资本”概念的提出，把道德当作赚钱的工具，会使道德陷入工具化的危险境地，是让道德“待价而沽”。进言之，当道德陷入工具化的危险境地，也就是立足于道德工具主义的工具立场来理解“道德”，会严重背离“道德的原本本体性”，失去“道德”的内在意涵“会使社会已经溃塌的道德根基进一步崩溃”。[①]

这是对“道德的工具理性”的错觉式误读。

这里必须澄清一个基本理念，“道德的工具理性”[②]作用即道德的功利作用和道德的工具化是两个不同的概念，二者不能等同，也不能混淆。其实，在以往阐释经济伦理观、道德资本观的文章中就已经指出，道德之为道德是由道德的本质、功能和作用决定的，即道德始终是促进社会发展不可或缺的因素且在社会发展中具有独特的作用，同理，在经济领域亦然。或许有人会提出质疑，着重强调道德的作用发挥过程是否意味着忽视了道德的真正价值之含义，陷入某种功利主义泥潭？答案是否定的，无论是利用道德还是将道德的作用发挥作为一种工具理性之手段，都恰恰印证和说明了道德存在的价值。因为作用和效益是道德存在的基本前提和目的，谈论与强调道德的作用及其效益正是道德之为道德的理由，凸显了道德存在本身的现实意义。如果把道德的工具理性等同于道德工具主义的庸俗化，认为道德无涉物质利益及利润获取，强调所谓“道德只能是人本的，不能是物本的”[③]，那所谓伦理学家只会是虚伪的道德空

① 参见周德海：“道德能够成为资本吗？——对‘道德资本’概念的批判性考查”，载《福建江夏学院学报》，2013 年第 1 期；高兆明：“‘道德资本’的提法有三大误区”，载《北京日报》2013 年 8 月 26 日。

② 德国社会学家马克斯·韦伯（Max Weber）提出的工具理性是指行动者依据理性行动，以实现自己最大最好的功利目的，往往忽视甚至漠视人的情感和精神价值。这里的“道德的工具理性”，强调的是有高尚精神境界的工具理性理念，是价值理性和工具理性相统一的具体表达。

③ 提出“道德资本”概念，始终只是在强调道德在经济活动中有其独特的获得利益或利润的作用，而把强调道德的获利作用称为“物本”实乃牵强附会。

谈家。事实上，“道德工具化”的说法本身就是一个伪命题。原因在于，其一，如果仅仅将道德庸俗化成攫取利润的工具，那么这种道德便是一种趋恶的伪道德而不是科学的、善与正义意义上的道德。当然，如果出现暂时性、偶发性的因作恶、缺德而赚黑心钱的畸形经济现象，那么这种经济现象恰巧说明了经济的健康发展亟需发挥道德的工具理性作用，用道德来引导、规约与支撑。其二，如果把道德作为市场上的交易条件或手段，这说明道德已然成为可以用来交换或买卖的商品，即道德被商品化了，那用来交换的“商品化”的道德必然不是我们所理解的趋善的道德，这实质上是缺德、恶德，与善德有着本质区别。因此，研究和阐释道德的工具理性、道德的经济价值以及道德独特的获利作用与陷入道德工具化的危险境地没有必然的逻辑联系。学术常识告诉我们，道德一定会在资本的投向与作用的发挥中起着独特的不可替代的“工具理性”作用，而我们必须明确的是，道德的工具理性作用在根本上区别于道德工具化，二者完全是两个不同的概念，所谓“使社会已经溃塌的道德根基进一步崩溃”的根本原因是没有正确理解和把握发挥道德的工具理性作用，而非提倡和主张道德的工具理性作用。把道德的工具理性作用与道德工具化混为一谈，并进而将“道德资本”概念的提出认定为让道德“待价而沽”，只是没有逻辑根据的庸俗的理论观点。[①]

---

① 参见王小锡文：“‘道德资本’何以可能——对有关质疑的回应”，载《哲学动态》2013 年第 3 期，《中国社会科学文摘》2013 年第 7 期、中国人民大学复印报刊资料《伦理学》2013 年第 6 期全文转载。

七、作为资本的道德一定是资产阶级道德?

“误读”者认为，资本之所以被称为资本，一定是因为它是资产阶级的产物，它的阶级性即资产阶级属性。因而，从道德的阶级性来看，道德资本论把道德看作一种资本，等于认为历史上除了资产阶级属性的道德没有其他阶级属性的道德，即将道德的阶级性同化为资产阶级这一种阶级属性，而这显然不符合道德本身的真实情况。因而，从这个角度讲，道德资本论也是存在对道德的误读与误解的。[①]

这是对资本和道德之阶级性的偏颇式误读。

资本是有阶级性的，道德也是有阶级性的，问题是哪个阶级的资本？哪个阶级的道德？按照上面的质疑观点，资本只有一种阶级性，即资产阶级属性，那道德发挥经济作用就一定是资产阶级道德；按照上面的质疑观点，那社会主义就不存在资本及资本运动，如果讲资本及资本运动就不是社会主义。以上观点倒是对资本和道德阶级性的严重误读。事实上，在资本主义商品经济条件下，资本具有资产阶级属性。而在社会主义市场经济条件下，资本及资本运动是社会主义市场经济的客观经济现象，社会主义道德能够促进资本的理性运动并遏制资本的无序扩张。

而且，没有任何证据说明，把道德看作一种资本，等于是把历

① 参见戴圣鹏、代琼花：“道德资本论的双重误读”，载《马克思主义哲学研究》2020 年第 1 期。

史上所有阶级的道德都赋予资产阶级这一种阶级属性。这是将资本看作资本主义社会专属的牵强附会的没有逻辑的错误叙述。常识告诉我们，我们讲道德的经济作用、讲道德也是资本，此处的道德一定是符合时代发展要求的科学的趋善意义上的道德，即社会主义道德。

“误读”者认为将道德纳入广义资本观下的资本范畴并将其视为一种资本，等同于把历史上所有阶级的道德冠之以资产阶级属性。这是“误读”者在教条主义式误读资本本质的同时对社会主义道德内涵及其本质的严重误读，是实实在在的“双重误读”。

八、道德不能成为生产力要素？

“误读”者认为，道德生产力概念是在曲解了马克思生产力理论的基础上提出的，其夸大了道德的作用。“误读”者还认为，提出道德也是生产力或道德生产力的观点，是颠倒了物质与意识的关系，违背了历史唯物主义的基本理念。

这是对马克思生产力理论的肤浅式误读。

与道德资本理论相关的道德生产力概念的提出，为道德资本论的阐释提供了重要的理论依据。这也是建立在对马克思生产力理论的深入理解基础上的认识。

那么，如何理解马克思的生产力理论才是正确的？在拙作《道德与精神生产力》[①] 中，我曾指出，在马克思看来，“生产力当然始

① 载《江苏社会科学》2001 年第 2 期；中国人民大学复印报刊资料《伦理学》2002 年第 3 期全文转载。

终是有用的、具体的劳动的生产力”[①]，是由“物质生产力和精神生产力”构成的。马克思在《1857—1858年经济学手稿》中曾指出：“货币的简单规定本身包含着这样一点：货币作为发达的生产要素，只能存在于雇佣劳动存在的地方；因此，只能存在于这样的地方，在那里，货币不但决不会使社会形式瓦解，反而是社会形式发展的条件和发展一切生产力即物质生产力和精神生产力的主动轮。”[②]应当说，精神生产力是生产力的重要组成部分，若想正确理解何为生产力，绝不能忽视精神生产力。诚然，精神生产力不过是生产力内部的精神元素之集合。但若忽视精神生产力之存在，物质生产力亦难以理解。因为“自然界没有造出任何机器，没有造出机车、铁路、电报、自动走锭精纺机等。它们是人的产业劳动的产物，是转化为人的意志驾驭自然界的器官或者说在自然界实现人的意志的器官的自然物质。它们是人的手创造出来的人脑的器官；是对象化的知识力量。固定资本的发展表明，一般社会知识，已经在多么大的程度上变成了直接的生产力，从而社会生活过程的条件本身在多么大的程度上受到一般智力的控制并按照这种智力得到改造。它表明，社会生产力已经在多么大的程度上，不仅以知识的形式，而且作为社会实践的直接器官，作为实际生活过程的直接器官被生产出来”。[③]毋宁说，精神生产力就是物质生产力形成与作用的预置条件。否则，

① 《马克思恩格斯全集》第42卷，北京：人民出版社，2016年版，第33页。
② 《马克思恩格斯全集》第30卷，北京：人民出版社，1995年版，第175页。
③ 《马克思恩格斯选集》第2卷，北京：人民出版社，2012年版，第784页。

“没有人的作为‘主观生产力’及其观念导向，生产力将是‘死的生产力’，不能成为‘劳动的社会生产力’”。[①] 如马克思所指出的那样，“人本身单纯作为劳动力的存在来看，也是自然对象，是物，不过是活的有意识的物，而劳动本身则是这种力在物上的表现”。[②] 换言之，马克思这里实际上是指认了社会劳动生产力实质上是物的生产力辅以一定的精神因素，正是这一“精神因素”才使物的劳动力不仅仅作为物态存在。所以物质的劳动资料与劳动对象一旦离开了精神（意识）的支配，就无法成为能动的生产力要素。

需要指出的是，马克思的精神生产力概念是相对于社会物质生产力而提出的，也就是马克思在同样意义上使用的“一般生产力”概念。它是指由知识、技能和社会智慧构成的科学。[③] 为此，马克思多次强调生产力中的科学因素，认为“[不变资本的] 这种再生产到处都以固定资本、原料和科学力量的作用为前提，而后者既包括科学力量本身，也包括为生产所占有的，并且已经在生产中实现的科学力量”。[④] 如前所述，精神生产力就是物质生产力形成与作用的预置条件，内含科学力量的一般生产力（精神生产力）亦只有与物质生产力结合时才能具备历史意义。毋庸讳言，在马克思这里，物质生产力同精神生产力是辩证统一的。既然一般生产力（精神生产力）

① 王小锡：“再谈‘道德是动力生产力’——答周荣华同志”，《江苏社会科学》1998 年第 3 期。

② 《马克思恩格斯全集》第 42 卷，北京：人民出版社，2016 年版，第 195 页。

③ 《马克思恩格斯选集》第 2 卷，北京：人民出版社，2012 年版，第 775、852 页。

④ 《马克思恩格斯全集》第 31 卷，北京：人民出版社，1998 年版，第 166 页。

内含科学因素，那么，道德应该是一般生产力（精神生产力）的要素之一。而且，影响人的完善和人际关系和谐、影响人们价值取向和行动目标、影响人们行动态度和行动效益的道德，一定是一般生产力（精神生产力）的基础和核心要素。

因此，不能完整理解甚至曲解马克思的生产力理论，不了解甚至误解道德在生产力形成中的独特作用，才会错误地认为道德生产力夸大了道德的作用，并进而武断地否认道德生产力概念及其基本理论。其实，看不到生产力中的主观因素或精神要素，是对生产力概念的肤浅认识；把生产力中的道德要素即道德生产力说成是颠倒物质和意识的关系，更是对现时代生产力内涵的无知。

结　语

鉴于以上对“误读”的误读的回应，以及以往的诸多论述道德资本观的文章和相关著作的阐释，道德资本观的提出有其理论依据和客观诉求。“误读”者在误读并曲解甚或不懂“资本”、“道德”与“道德资本”等概念的基础上所认为的“如果道德成为一种资本，不仅在理论上说不通，在实践中更是无路可行”[①]，以及“‘道德资本’是一个既没有客观实在性，也没有任何实际意义的概念”[②] 等是缺乏理论逻辑依据的难以自圆其说的极其片面乃至十分错误的观点。

---

① 戴圣鹏、代琼花：“道德资本论的双重误读”，《马克思主义哲学研究》2020 年第 1 期。

② 周德海：“道德能够成为资本吗？——对‘道德资本’概念的批判性考查”，载《福建江夏学院学报》，2013 年第 1 期。

附录 1：学界评论

从《道德资本论》的国际传播看中国学术“走出去”[①]

常延廷[②]

中华文化的国际传播，作为集思想之精华、理论之创新并集中体现为当代哲学社会科学的中国学术不可或缺。必须承认，作为东方的学术大国，中国还不是学术强国。正如有学者所描述的：“与中国学术在中国本土所表现出的创获不断、成绩斐然的景象相比，中国学术的海外传播与发展总体上还比较寂寥，大量的中国学者及其著述，都还处于不为中国以外的学术界和一般读者所关注、研读和评价的状态。”[③]然而与此不同的是，近年来，南京师范大学王小锡教授的学术著作却呈逆势上扬的态势：2015 年，他的《道德资本研

---

① 原载《求是学刊》2021 年第 2 期；国家社会科学基金项目“中华文化国际传播的规律及路径研究”（17BKS094）阶段性成果。

② 常延廷，黑龙江省社会科学界联合会编审，从事对外传播、期刊理论与务实研究。

③ 姚建彬：“漫谈中国学术海外传播与中国国际形象建构”，《中国社会科学报》2019 年 10 月 25 日。

究》（南京：译林出版社，2014 年版）英文版由德国施普林格出版社出版，并获得中国第十四届输出版优秀图书；2016 年，此书的日文版和塞尔维亚文版也分别由日本千仓书房和塞尔维亚出版社出版，后者还获得中国第十六届输出版优秀图书；2019 年，他的《道德资本论》（南京：译林出版社，2016 年版）再次受到德国施普林格出版社的青睐，其英文版面向全球出版发行，而这部著作的德文版和泰文版也于 2020 年 7 月份分别在这两个国家的书店上架。这意味着，从 2015 年至 2020 年的五年时间里，同一学者的两部学术著作不仅在同一品牌出版社梅开二度、走进英语世界，而且累计以五种语言文字在国际上广泛传播……

对王小锡学术成果展开研究者不少，这是由他的学术贡献决定的。然而，对他学术著作“走出去”的研究却十分罕见，这在提升中国学术的国际话语权任重道远的今天，不能不说是一个缺憾。基于此，本文以他的《道德资本论》为蓝本，兼顾 30 年来他的经济伦理学学术研究成果，从国际传播的视角进行阐述分析，旨在为中国学术“走出去”总结经验，提供借鉴。

一、《道德资本论》国际传播的学术底蕴

所谓学术底蕴，不仅表现为选题之新颖、学理之严谨的学者创造力，还表现为这一学科所蕴含的发展潜力，它既发挥着对于实践的引领作用，也为后来学者继续探索开辟了一片蓝色的海域。《道德资本论》作为中国议题之所以在学界脱颖而出“走出去”，恰恰是学

术底蕴为其充足了动能。

1.“道德也是资本”的命题为世界经济良序运行树立了伦理坐标

道德何以成为资本？这是王小锡道德资本学说耐人寻味、引人入胜的一个学术命题，不要说研究伦理学或经济学的学者，一般读者也想一探究竟。《道德资本论》前四章通过对道德概念的内涵及其功能与作用、经济与道德的相互依存关系、道德资本的基本特点及其表现形态、促进资本增值的道德所具有的能动性，以深入浅出、循序渐进的结构布局，令人信服地诠释了道德何以成为资本的来龙去脉：“有经济必有道德，道德对于经济来说不可或缺。因此，理解经济不能没有道德视角，发展经济需要道德支撑。”[①] 同样的道理，“有资本必有道德”，“道德对于资本理性投资并实现价值增值来说不可或缺”。[②] 如此这般，专著诠释了道德与资本二者的相辅相成、相互依托的关系：道德因融入经济而使其价值得到拓展与提升；经济因有道德的衡量检测而促进了自身的提纯，也更趋于科学规范。无论是在发达国家，还是在发展中国家，道德资本都无一例外、如此能动地发生着作用。由此，也使我们欣然地看到，在国际社会经济增长动能不足的当今时代，这一学说为世界经济发展走向树立了伦理坐标，提供了良序发展的道德动能。

---

① 王小锡：《道德资本论》，南京：译林出版社，2016 年版。

② 同上。

2. 道德资本的实践与评估指标体系传播了企业员工道德完善的中国样本

《道德资本论》的第五章“企业道德资本实践与评估指标”，由宏观论述转入微观聚焦，将道德资本理论从实践层面融入企业发展。这一评估指标的构成逻辑和内在机理在于：着眼企业员工的道德完善”和“企业各种关系的和谐协调”，沿着“企业道德理念”“企业主体道德觉悟”“企业道德制度”“企业生产经营的道德诉求”这样的实践维度（亦是评估视角），将道德资本分解为 8 项一级指标和 100 项引领实践应用的二级指标。[①] 其鲜明特点在于：一是企业类型选择的多样性。即选择的类型着眼于国内的不同地区、不同产业和不同性质的企业。二是指标评估结论的可计量性。通过对企业道德生态的评分揭示了“看不见”的以道德资本为核心的精神资本是可以衡量的以及是如何衡量的。正如有学者指出：“定量分析使定性研究更加科学、准确，它可以促使定性分析得出广泛而深入的结论。”[②] 三是反映了企业道德标准的“镜像”性。企业员工的道德是通过员工的行为凝结到企业的产品与服务中的，企业的产品与服务体现了企业员工的道德精神与道德风貌。从不同所有制类型企业中遴选案例做出分析，无疑是选取了企业道德标准的中国样本，这种“镜像”式的国际传播，反映了企业道德是如何完善的本真样态。

---

① 王小锡：《道德资本论》，南京：译林出版社，2016 年版。

② 李群：“当代中国马克思主义政治经济学应注重定量分析”，《中国社会科学报》2019 年 11 月 19 日。

3. 企业道德资本培育与管理的基本策略为“走进去”创造了生长条件

《道德资本论》“走出去”固然可喜，而“走进去”的生长条件也不可缺失。在专著的第六章也是最后一章，王小锡从“注重企业道德建设”“培育道德习惯”“渗透企业道德精神”“加强道德资本管理”四个方面，就道德资本的如何培育与积累、如何衡量与协调指出了应然的方向与路径。可以说，这为道德资本学说“走进去”在异域他乡落地创造了生长条件。我们必须承认，这一培育与管理的基本策略是基于中国企业的生产与经营、对道德的崇尚与认知而构建的。而它一经“走进去”，还有一个水土适应的过程，即它的实然状态。从应然到实然，生长条件将土壤般地起到关键作用。专著就培育与管理这一生长条件的提供，隶属“方法论”范畴，作为《道德资本论》最后一章的完美收官，体现了道德资本学说普适性、应用性的学术价值。由此可见，这部专著所阐述的理论体系绝非“坐而论道式”的空谈，它源自中国社会变革的实践，即使在异域他乡（由普适性与应用性的特点所决定）也必将指导企业发展实践。

4.“道德资本”的理论学说赢得了中外译者的学术认同

《道德资本论》在逻辑结构及其思想内容上，以“道德是什么”为开端，以“经济离不开道德”、道德是经济发展不可或缺的支撑力量为引导，诠释了道德资本的特点及其基本形态，并界说了“道德资本”之“资本”与马克思所揭露和批判的“资本”概念的区别；多视域、全方位地“证成”了道德资本之成立以及道德对企业经济发展提质增效的作为与作用，成为全书的“主脑”；确立了道德资本实践的衡量尺度，亦成为道德作为生产性资源作用于企业经营过程的实际样态；强调了“培育与管理”是积累“道德资本量”的根本路径。可见，专著脉络清晰，结构严谨，自成体系。由此，人们一定会问，这部专著“走出去”的传播效果如何？尽管目前这方面的反馈信息尚未搜集，但是，我们可以从中外译者以及海外出版人在翻译出版此书的“姊妹篇”、王小锡的《道德资本研究》时的“一路绿灯”窥见一斑了。据译林出版社相关编辑透露：《道德资本论》的英文版译者姚虹晨的译文“经过了美国佛罗里达理工学院 ReneMorenski 教授的专业审校，确保被严苛的施普林格出版社一次性通过”。[①] 显然，这里的“专业审校”，绝非是一般性的语言文字把关，学理的构成、严谨与创新自然也蕴含其中。所以，“英文版甫一出版即引起了学术界的关注，一个月之内就销售了近八百册”[②]，以至于不得不加印。“日文版的译者刘庆红教授是经济伦理学专家，日本经济伦理学会理事”，日文版面世后，译者曾利用自己的“专业渠道”为发行宣传造势，收到良好的传播效果。不仅如此，塞尔维亚出版社总编辑在收到译林出版社的英文 PDF 版样稿时，“大为欣喜，赞誉这是一部具有国际水准的学术著作，随即购买了该书的版权”。[③] 不难看出，“道德也是资本”这一命题及其研究的学术价值。实践表

① 常延廷：“我国图书版权贸易存在的逆差现象及解决对策”，《学术交流》2003 年第 6 期。

② 王玉强：“‘三优’助力《道德资本研究》走向世界”，《中华读书报》2017 年 8 月 23 日。

③ 同上。

明，无论是发达国家还是发展中国家，译者的认同以及图书版权的引进，就如同图书市场的晴雨表，代表了、反映了译入国家受众的阅读需求。

二、《道德资本论》国际传播的时代意义

学术是思想之精华，也是学者智慧对现实观照的学理性表达。中国学术“走出去”，则开启了中外思想文化交流、促进文明发展、智者与智者之间的友好对话。《道德资本论》的国际传播，不仅具有中华文化“走出去”的一般意义，也在学科建树、丰富学术样态、确定学术方位和引领实践应用方面，实现了历史性的突破与跨越。

1. 开了中国当代经济伦理学国际传播的先河

据有资料可查，中国伦理思想的国际传播于5个世纪前就开始了。以“阳明心学”为例，“早在16世纪初就传播到了东亚，并对东亚思想文化的发展产生了广泛而深远的影响”。[①] 19世纪末，辜鸿铭曾把《论语》译入英语世界，他“以中华民族拥有《论语》而自豪，所以他要介绍给西方，展示给西方，并且首选对象是‘受过教育的有头脑的英国人’”[②]，而所传播的伦理思想自然也蕴含在这部儒家典籍之中。自辜鸿铭之后的近百年，中国伦理思想对外传播几乎停滞下来。王小锡探索性地构建中国经济伦理学，并且随着研究的

① 曹雷雨：“西方王阳明思想评介与研究综述”，《清华大学学报》（哲学社会科学版）2018年第1期。

② 常延廷：“我国图书版权贸易存在的逆差现象及解决对策”，《学术交流》2003年第6期。

逐步深入，特别是对“道德也是资本”之发现，使这一新学科拥有了中流砥柱般的学术支撑。如此“成学科”地“走出去”，不仅使经济伦理学从伦理学的家族中“分枝”出来，更细化、更精准，发展方向更明确，而且它以完善的学术体系直接作用于企业的经济发展与经济效益，对这一近百年来学科发展和学术作为的突破与跨越的先河意义不容忽视。

2. 将中国经济伦理学的研究方位推向世界学科发展前沿

《道德资本研究》《道德资本论》这两部学术专著之所以能接踵走向国际，一个根本原因，是王小锡以道德资本为核心、为中枢的中国经济伦理学学术研究方位居于世界学科发展的前沿位置。这主要体现在：一方面，学说引发了中外学者的热切关注。早在1996年，王小锡随中国伦理学学术代表团赴韩开展学术交流，这期间他做了关于中国传统经济伦理学的演讲，引起了韩国学界的极大兴趣。乃至演讲结束后，与会学者们纷纷发言提问，并希望未来继续加强交流。由此，使他看到了中国经济伦理学广阔的发展前景，也切实体验到“自己的”、有别于他人的学术话语在国际学术界的重要位置。[①] 无独有偶，20年后的2016年，日文版《道德资本研究》由日本千仓书房出版发行后，“日本经营伦理学会”了解了他的学说，于同年3月邀请他到东京讲学。这再次证明了他学术研究方位的前沿性。另一方面，中国经济伦理学研究先于国外经济伦理学译介。

① 郑屹扬、王小锡：“美之道德与道德之美”，《光明日报 · 光明学人》2019年8月19日。

中国经济伦理学的开山之作，当属王小锡发表在《江苏社会科学》1994年第1期的《经济伦理学论纲》，彼时，国外经济伦理学尚未译介到我国。恰恰是这原汁原味、土生土长的经济伦理学研究，以及6年之后，即2000年以《论道德资本》[①]的发表为标志的“道德资本”学说的创立，将中国经济伦理学的学科发展乃至研究方位推向了世界学术前沿的位置，就国际社会经济伦理学的学术研究与建构，发出了中国声音，提出了中国方案。

3. 从伦理道德视域诠释了中国经济发展的密码

自2010年中国的经济发展总量首次超过日本、居于世界第二位，国际社会企盼了解中国经济是如何快速发展的需求也与日俱增。中国创造的经济辉煌是多种因素综合作用的结果，而体现在人民群众的思想意识层面，深入开展思想道德建设所迸发的道德生产力作用功不可没，当之无愧地成为中国经济发展的密码之一。《道德资本论》从伦理道德视域对这一密码进行了具体、透彻而又令人信服的诠释。

一方面，这体现为“道德也是资本”的立论蕴含着道德生产力的积极作用。在《道德资本研究》《道德资本论》相继“走出去”之后，王小锡在《光明日报》上发表了《道德是经济发展不可或缺的支撑力量》，此文凝结着他的道德资本观：“经济一定是内含道德的经济”，而“道德能以其特有角度揭示经济活动的本质，道德是一定

① 王小锡：“论道德资本”，《江苏社会科学》2000年第3期。

经济制度或一定经济力量兴盛的重要推动力量”。[①]这使中国经济发展的道德生产力作用获得学理性支持，中国经济的快速发展既是经济力量兴盛的外在表现，也是道德生产力作为“特殊力量”直接作用的结果。

另一方面，“企业道德资本评估案例”[②]成为瞭望道德资本融入经济生态、发挥道德作用的实证性窗口。改革开放以来，中国的公民道德建设始终与经济建设并驾齐驱：贯彻落实物质文明与精神文明建设“两手抓、两手都要硬”；实施“依法治国与以德治国相结合”的治国方略；深入开展以“八荣八耻”为主要内容的社会主义荣辱观教育；“在落细、落小、落实上”践行社会主义核心价值观；等等。应该看到，全部“企业道德资本评估指标”的设计[③]，无不是基于不同性质、不同类型的企业“镜像式”调查研究得来的，它既来自企业，进入评估阶段，又回归、聚焦企业。其全部指标的设计反映了企业员工道德建设的实绩；其评估又通过测量，或者说通过道德习惯和道德力量对畸形经济起到矫正和鞭挞作用。概而言之，居于世界第二位的经济发展作为经济兴盛的外在表现，与中国持续实施“公民道德建设纲要”休戚相关。如果从伦理道德视域解读中国经济发展的密码，那就是：“道德也是资本”[④]，“是经济发展不可或缺

① 王小锡：“道德是经济发展不可或缺的支撑力量”，《光明日报》2018 年 11 月 26 日。

② 王小锡：《道德资本论》，南京：译林出版社，2016 年版。

③ 同上。

④ 郑屹扬：“王小锡：美之道德与道德之美”，《光明日报 · 光明学人》2019 年 8 月 19 日。

的支撑力量”。[①] 并且这种支撑力量，作用于中国经济发展是毋庸置疑的，也是第一位的。

三、《道德资本论》国际传播对中国学术“走出去”的启示

《道德资本论》的国际传播，隶属于从学术上讲述中国故事的思想文化传播范畴，它较之文学传播、影视传播、书画传播等欣赏性艺术传播，无论是文化样态、传播渠道，还是受众群体、评价尺度，都有着显著不同。因此，《道德资本论》作为中国学术完整系统且鼓舞人心、提振士气地“走出去”的成功案例，它给与我们的有益启示也是实实在在、多方面的。

1. 中国学术“走出去”应阐述中国话语

所谓中国话语，是指运用中国人的世界观和方法论，对包括中国在内的当今世界所有国家与地区的社会现象做出的阐述，其言语构成反映了中国人民和中华民族的价值体认与价值追求。就中国学术话语而言，它是学者的理论创新，包括指导思想在内的学术思想与学术方法都是中国的。正如习近平总书记所指出的：“解决中国的问题，提出解决人类问题的中国方案，要坚持中国人的世界观、方法论。如果不加分析把国外学术思想和学术方法奉为圭臬，一切以此为准绳，那就没有独创性可言了。如果用国外的方法得出与国外同样的结论，那也就没有独创性可言了。”[②] 独创性，是中国学术话语

① 王小锡：“道德是经济发展不可或缺的支撑力量”，《光明日报》2018 年 11 月 26 日。

② 习近平：“在哲学社会科学工作座谈会上的讲话”，《人民日报》2016 年 5 月 19 日。

的生命力之所在；也唯有独创性的中国学术话语，才能成为国际社会受众群体的需求与期待。

《道德资本论》的学术独创性，是从作者的独到发现开始。因其独到、他人不曾有过、十分陌生，国内就有学人与他商榷甚至质疑，愈是如此，愈加引发他的深入思考。进入新世纪以来，王小锡历时15年，以“九论道德资本”①的专题性研究，保证了学说的言之成理、论之有据，从而成为中国经济伦理价值取向富有学理性的世界表达。国际社会的经济伦理学学术界以及企业界恰恰需要的就是这种富有独创性的中国学术话语表达，以获得启示与教益。试想，倘若人云亦云、似曾相识，甚至迎合他国的学术思想、与异域本土并无二致，版权输出也就不存在了。所以，中国学术“走出去”，必须阐述以独创为旗帜的中国学术话语，唯有如此，才能提升中国学术在国际学界的话语权，才能满足发展中国家对中国发展经验的智囊性探求。

2. 中国学术“走出去”应为解决国际社会共同关注的问题提供思路或举措

习近平总书记在哲学社会科学工作座谈会上的讲话中指出：“坚

① 这“九论道德资本”分别为：“论道德资本”（《江苏社会科学》2000年第3期）；“再论道德资本”（与杨文兵合著，《江苏社会科学》2002年第1期）；“三论道德资本”（与朱辉宇合著，《江苏社会科学》2002年第6期）；“四论道德资本”（与华桂宏合著，《江苏社会科学》2004年第6期）；“五论道德资本”（与李志祥合著，《江苏社会科学》2006年第5期）；“六论道德资本”（《道德与文明》2006年第5期）；“七论道德资本”（《道德与文明》2009年第4期）；“八论道德资本”（《道德与文明》2011年第6期）；“九论道德资本”（《道德与文明》2014年第6期）。

持问题导向是马克思主义的鲜明特征。问题是创新的起点，也是创新的动力源。”[①]这已被王小锡以道德资本研究为标志的经济伦理学学术生涯所证明。20世纪90年代初期，当社会主义市场经济体制确立后，王小锡敏锐地意识到道德与经济之间的矛盾冲突与对立，究竟道德和经济发展能不能有机地结合在一起，道德能否在经济生活领域发挥它不可或缺的作用[②]，二者能否有机结合的问题意识，成为他打开中国经济伦理学研究之门的金钥匙。由此出发，他发现了经济富有德性、道德也是生产力、道德蕴含着资本价值。从而为企业的经营管理找到了最佳支撑点，亦为经济更好更快发展提供了科学的逻辑理路和价值架构。

应该指出的是，王小锡所发现的经济与道德的矛盾冲突问题，不仅仅是中国的问题，在市场经济条件下，在全球的不同国家和地区也普遍存在着。而解决的最佳办法，即树立道德资本观，体察道德所拥有的资本内涵，将经济置于伦理的“法度”之下。正是从这个意义上来说，解决经济与道德的矛盾冲突问题也就有了世界意义。正如习近平总书记所做出的规律性揭示：“解决好民族性问题，就有更强能力去解决世界性问题；把中国实践总结好，就有更强能力为解决世界性问题提供思路和办法。这是由特殊性到普遍性的发展规律。”[③]践行这一发展规律，中国学术“走出去”才能行稳致远，为世

① 习近平：“在哲学社会科学工作座谈会上的讲话”，《人民日报》2016年5月19日。

② 郑晋鸣：“探寻‘道德’和‘生活’的支点——访经济伦理学家王小锡”，《光明日报》2007年1月6日。

③ 习近平：“在哲学社会科学工作座谈会上的讲话”，《人民日报》2016年5月19日。

界和平安宁、共同发展和文明交流互鉴做出新贡献。

3. 中国学术“走出去”应具有融通中外的学术品质

所谓学术品质，是学者的学术理念、学术探索、学术路径、学术能力和学术贡献荟萃式集合的本质性表现，并最终通过学术成果获得品鉴。所谓融通中外，即所传播的学术内容及其品质不仅为中国本土所透彻地领悟，亦能为国际上本学科研究领域的专家学者所认同与接受，换而言之，这种学术品质是具有世界价值的中国智慧、中国表达。如果说学术研究着眼解决世界性问题提供的思路或举措，为“走出去”提供了更多的机会，那么，融通中外的学术品质则为“走进去”、传得开创造了得天独厚的条件。

关于《道德资本论》的学术品质，从学界对王小锡构建的包括道德资本观在内的中国经济伦理学学说的述评中，不难获得答案。研究评论王小锡学术思想者众多，本文仅举三例：中国人民大学资深教授、著名伦理学家罗国杰先生在为王小锡的论文选《道德资本与经济伦理》作序时总结道：“小锡同志致力于建设经济伦理学的学术信息库和我国企业伦理的‘镜像’调查，为我国经济伦理学的创建和发展做出了重要贡献，得到了学界同行的认同和赞誉。本书充分体现了他在经济伦理研究领域取得的可喜成就，在一定程度上也反映了我国经济伦理学的发展历程。”[①] 中国伦理学会副会长、湖南师范大学唐凯麟教授在回溯 20 世纪中国伦理学研究取得的成就时指

① 王小锡：《道德资本与经济伦理——王小锡自选集》，北京：人民出版社，2009 年版，序。

出："应用伦理学方面……王小锡的《中国经济伦理学》……等著作，多具有创新补白的意义。"[①] 中国伦理学会会长、清华大学人文学院院长、教育部长江学者特聘教授万俊人先生评价说：王小锡"提出并努力证成的'道德资本'、'道德生产力'等关键性经济伦理学概念，在国内外学界影响甚大。……作者从理论与实践相结合的学理路径，深入探讨了经济与道德的复杂关系、互动机理、辩证关联等重要课题，借此建构了他自己圆融自恰的经济伦理学理论体系"。[②]

在这里，罗国杰所说的"取得了可喜的成就"、唐凯麟指出的"创新补白"、万俊人评价的"圆融自恰"，多方面地肯定了王小锡经济伦理学研究的学术品质。也正是凭借这种学术品质，使他多年来在国际学术论坛上与美、英、德、日、韩、巴西等国家的经济伦理学家游刃有余地进行对话与交流，并发挥着融通中外的桥梁与纽带作用；也正是拥有了通融中外的学术品质，如前所述，才有了学术专著以五种语言走向国际、五年内在英语世界"梅开二度"、塞尔维亚购买版权的"一路绿灯"以及《道德资本研究》英文版上架首月即"销售近八百册"的不凡业绩。

4. 中国学术"走出去"学者应具备深厚的学术素养

罗国杰先生有一句至理名言："机遇偏爱有准备的头脑。"[③] 作为

---

① 唐凯麟、王泽应："20 世纪中国伦理学研究及其历史启示"，《江苏社会科学》2000 年第 4 期。

② 王小锡：《经济伦理学：经济与道德关系之哲学分析》，北京：人民出版社，2015 年版，封四。

③ 王小锡：《道德资本与经济伦理——王小锡自选集》，北京：人民出版社，2009 年版，序。

学者的“有准备的头脑”，表现为他的学术视野、学术思维、学术素养和学术创新。这其中，学术视野决定着学术创新的格局，学术思维作用于创新的全过程，而学术素养既决定着学术视野与学术思维，也是学术创新的本源。作为经过专家严格评审通过的江苏省社科规划领导小组的首批“外译著作翻译出版项目”，如果说《道德资本研究》《道德资本论》的“走出去”，是机遇对王小锡的偏爱，那么，能获得这种偏爱的头脑“准备”的过程，其素养的“修炼”已经融入他的学术生涯。

透视《道德资本论》这部著作，王小锡的学术素养由此可见一斑。首先，马克思主义理论素养使之立论精当到位。从专著开篇第一章“道德是什么”可见，他从“道德本体”“道德本样”“道德本真”三个方面论述了“科学的道德之‘应该’及其规范”[①]，就是从马克思恩格斯多卷本的“全集”“文集”中汲取经典作家关于道德的论述，作为立论支撑。其次，优秀传统文化素养使学说尽显中国特色。且不说“义”“利”“天理”“中庸”“良知”等一系列传统儒学概念及其蕴含为专著提供了丰厚的理论滋养，就“道德资本”的“道德”与“资本”之结合，就不难看出对传统文化的“创造性转化与创新性发展”。再次，对外来学术思想的品评鉴别素养使之批判吸收，绝非照搬照抄。例如，在第六章论述关于如何“培养道德习惯”时，引用了西班牙著名经济伦理学家阿莱霍·何塞·G. 西松的观点：“习

① 王小锡：《道德资本论》，南京：译林出版社，2016 年版。

惯就是人类反复的自发行为所产生的道德资本。”王小锡就此专门做一脚注：“这里的‘自发行为’概念不清，会引起误解，假如把‘自发行为’改成‘自觉行为’或他前面所说的‘自愿行为’观点表述就会更清楚。”[①] 虽然是一字之改，却顺理成章、避免了谬误，也充分揭示了人类道德习惯养成的内在机理。最后，倾情实践的调查求证素养使之学说切中问题“接地气”。回溯他的“道德也是资本”之发现、经济伦理学术思想之形成，乃至企业伦理道德资本的检测评估与培育，善于发现问题、解决问题的调查求证素养成为他学术创新又一能量之源。

总之，中国学术“走出去”，学者必须拥有深厚的学术素养。作为日积月累的追求与存储，这是获取与海外学术研究成果竟相媲美的学术本源，也是与海外学者交流对话的资本平台。尽管这平台看不见、摸不着，但是，它却实实在在地存在着。

5. 中国学术“走出去”意识形态差异并非樊篱

我们必须承认，当前学界存在着一种思维定式：由中西方意识形态差异所决定，西方国家对于我们的学术著作不易接受。在阐述了上述四个方面的启示之后，在笔者看来，意识形态之差异是否阻碍中国学术“走出去”这个问题不容回避，也必须回答。王小锡作为中国当代经济伦理学的开拓者，包括他“走出去”的专著在内的全部学术研究，或者说，中国当代经济伦理学学科之构建与构成，

① 王小锡：《道德资本论》，南京：译林出版社，2016年版。

无不凝结着马克思主义理论的滋养。在马克思主义理论指导下聚焦国际社会共同关注的问题并展开学术研究，不仅被西方学界接受了，且取得了可喜的传播效果。由此，必须打破既有的思维定式，中国学术“走出去”，意识形态差异并非樊篱。这说明，不同国度、不同民族对真美善的追求是同一的，贵在在不同意识形态中找到共同的学术价值，造福于世界各国人民，如同“一带一路”建设、构建人类命运共同体那样，前者受到沿线国家的积极响应，后者成为不同国家和地区的美好向往与期盼。

那么，中国学术“走出去”，或者说在中外文化交流过程中，面对意识形态差异的矛盾，我们应该怎么办？科学的实施策略是“求同存异”。“求同”，并非为了“走出去”而“削足适履”式地适应别人，而是要“尊重世界文明多样性，以文明交流超越文明隔阂、文明互鉴超越文明冲突、文明共存超越文明优越”。①这是中国学者在国际学界开展学术对话与交流，让不同文明“和谐共生、相得益彰，共同为人类发展提供精神力量”②应奉行的基本准则，也唯有如此，中国学术才能“走出去”、走得远、步子实，也才能由学术大国走向学术强国。与此同时，“文明之间要对话，不要排斥；要交流，不要取代”③，即要“存异”。所谓存异，就是旗帜鲜明地坚持以马克思主

① 习近平：《在中国共产党第十九次全国代表大会上的报告》，北京：人民出版社，2017年版，第59页。

② 习近平：“携手建设更加美好的世界——在中国共产党与世界政党高层对话会上的主旨讲话”，《光明日报》2017年12月2日。

③《习近平谈治国理政》第二卷，北京：外文出版社，2017年出版，第524页。

义理论为指导，坚定“四个自信”，这是当代中国哲学社会科学区别于其他哲学社会科学的根本标志，也是中国学术“走出去”的价值所在，希望所在，光明所在。须知，实现互学互鉴，必须求同存异。对于海外学界以及受众而言，存异之“异”，恰恰是其可学之长，可鉴之镜。

凡有经济必有道德[①]

——读《道德资本论》

章海山[②]

南京师范大学王小锡教授的新著《道德资本论》近日由译林出版社出版。该书是作者20年学术研究的结晶、具有中国话语的原创性著作。早在20世纪90年代末，王小锡教授就提出了道德资本概念，随后发表了九论道德资本的系列学术论文和《道德资本与经济伦理》等相关著作。

《道德资本论》创造性地提出并系统论证了道德资本概念。作者认为，道德资本是指作为生产性资源的道德理念、道德规范、价值取向及其善行习俗、崇德行为等投（进）入生产并促进价值增值的能力与价值。同时指出，道德资本或作为资本的道德具有自身的逻辑边界，提出和认同道德资本概念，既不是一种泛道德主义，也不是一种道德万能论，而是指在生产过程中作为一种生产要素而客

---

① 原载《光明日报》2017年4月11日。

② 章海山，中山大学教授、博士生导师。

观存在的理念、价值取向、制度理性关系、道德行动等的道德形态，生产（经济）活动的场域就是道德资本发挥作用的实际边界。在此基础上，作者特别指出，道德资本概念中的“资本”并非马克思使用和论述的经典资本概念，而是“资本一般”视阈下的生产要素资本范畴。在马克思的政治经济学看来，在资本主义私有制条件下，资本不是物，资本是能够带来剩余价值的价值；资本是经济范畴，更是经济关系范畴，它体现了资产阶级与工人阶级之间的压迫与被压迫、剥削与被剥削的雇佣劳动的关系。因此，马克思政治经济学中所论及的“资本”，是一定社会历史条件下的“资本特殊”，其本身就是“不道德”的代名词。

该书富有新意地论证了道德如何使价值增值，即道德何以成为资本。作者认为，作为资本或精神资本要素的道德，即作为资本的道德，在企业经营过程中有其不可替代的促进价值增值的作用。换句话说，企业要想获得更多的利润和更好的效益，不能忽视道德的独特作用。他认为，道德是提高资本增值能力的重要条件；是生产力精神要素之核心；是人性化产品设计和制造的灵魂；是缩短单位产品劳动时间的重要依据；是理性消费的引导或约束力量；是市场信誉之源；是互联网经济的生存和发展前提；是凝聚企业力量之关键；等等。而且，事实上，道德一方面是资本的营利手段，另一方面也是对资本的“内在批判”。前者是强调在正当意义上获取更多的利润或剩余价值，后者是指资本在追逐剩余价值的同时，也在客观上塑造着人本身，而这些由于人而被提升了的人类物质方面和精神方面反过来又会内在地成为约束资本负面效应的力量，也即对资本的“内在批判”。该书作为世界独特的经济伦理或伦理经济理念，具有严密的逻辑理路。首先，作者以“道德本体”“道德本样”“道德本真”三个逻辑递进的学术理念说明道德既是科学理念、现实理想，更是具体行动，是意、形、行的统一，独到地探讨并回答了道德是什么的问题。进而抓住非常有代表性的“真正的经济”“帕累托佳境”“囚徒困境”等经济命题或经济典故，论证并说明经济与道德是一种社会现象的两个方面，是不可分割的经济活动，即凡有经济必有道德。在此基础上，书中理论联系实际地、有重点地探讨并阐释了道德何以成为资本的基本观点，作者十分重视案例分析和说明，使得道德资本理论在深入浅出中展示了它的说服力和感染力。

该书作者在围绕道德资本进行学理透视的基础上，深入我国各类企业，开展了较为广泛的社会调查，在道德资本理论的指导下，一是设计了很具实用性的企业道德资本实践与评估指标体系，以此为道德作为生产性资源进入生产过程提供操作性手段。二是提出了企业道德资本的培育与管理的基本理念和实施方案，为不断提升企业道德水平，增强企业“道德资本量”提供了富有参考和启迪意义的蓝本。

王小锡与他的经济伦理思想研究[①]

武东生[②]

王小锡，哲学博士，享受国务院政府特殊津贴专家，中国伦理学会副会长，中国经济伦理学会会长，中央马克思主义理论研究和建设工程重大项目和国家社会科学规划重大招标项目首席专家，在中国校友会网发布的《2011 中国杰出人文社会科学家研究报告》中入选第三届中国杰出人文社会科学家。30 年的学术磨砺，铸就了王小锡的创新学术之路和特色学术人生。

在 20 世纪 80 年代我国伦理学恢复建设初期，王小锡就涉足伦理学的学习、教学和研究。他先是较为系统地钻研和探究伦理思想史、伦理学基础理论、应用伦理学及相关领域的理论和方法，打下扎实的学科基础。大约从 20 世纪 90 年代初开始，他确定了以经济伦理学为主攻方向。1994 年出版的《中国经济伦理学》，如专家所论："从历史与现实、理论与实践诸方面探讨经济伦理问题，初步建

① 原载《社会科学战线》2013 年第 2 期。

② 武东生，哲学博士，南开大学哲学系教授、博士生导师。

立了一个经济伦理学的研究框架……不仅对中国历史上德性主义、功利主义、理想主义、三民主义和新民主主义的经济伦理思想做了较为全面的介绍和科学的评析，而且关注中国社会现实生活中的经济伦理问题，对企业伦理及其应用做了重点阐述。该书是我国经济伦理学研究进程中一本重要的学术著作，标志着中国经济伦理学学科的正式形成。”① 1993 年王小锡在《经济伦理学论纲》中明确提出了“经济伦理学”的概念，并勾画了这门学科的研究对象、研究方法和研究框架。他认为：“经济伦理学研究人们在社会经济活动中协调各种利益关系的善恶取向及其应该不应该的经济行为规定”，“应该从实践—精神的视角上把握经济运行过程与伦理道德的关联，以及经济伦理的内涵、作用、规则等”，经济伦理学研究“劳动伦理、企业管理伦理、经营伦理、分配伦理、消费伦理”。尽管当时王小锡的研究还不够充分，但他的观点“具有开拓性的意义”。②

在我国改革开放进程中，我国的伦理学学科发展迅猛。在应用伦理学的“家族谱系”中，经济伦理学可谓起步较早、广受关注且成就不俗的少数伦理学分支学科之一。中国经济伦理学之所以取得令人艳羡的成就，除了良好的时代环境之外，的确离不开一批开拓创新、敢为人先的学术“拓荒者”。王小锡就是其中广受关注的一位学者。他以难能可贵的学术创新的胆识和魄力、切合实际的学术方

---

① 王泽应：《道莫盛于趋时：新中国伦理学研究 50 年的回溯与前瞻》，北京：光明日报出版社，2003 年版。

② 周中之、高惠珠：《经济伦理学》，上海：华东师范大学出版社，2002 年版。

法和独到新颖的学术理念彰显了自己的“特色学术”。这些构成了王小锡经济伦理思想的发生学“密码”，也是他的学术思想将会在我国经济伦理学乃至伦理学发展史上留下深刻记忆的缘由。

正如罗国杰先生在为刚出版的王小锡的《道德资本与经济伦理——王小锡自选集》一书写的序中所说：“机遇偏爱有准备的头脑。20 多年来，小锡同志致力于经济伦理学理论研究，致力于建设经济伦理学的学术信息库和我国企业伦理的‘镜像’调查，为我国经济伦理学的创建和发展做出了重要贡献，得到了学界同行的认同和赞誉。”在此，我通过梳理和研究王小锡经济伦理思想，从其学术方法、学术创新及学术心路历程等方面来揭示其学术价值和理论贡献，这对于启发学界的经济伦理学和伦理学研究乃至人文社会科学研究具有一定借鉴意义。

一

从知识发生学的视角看，任何知识都离不开一定的时代背景。这对于伦理学、经济伦理学的理论创新来讲尤其如此。新中国成立后，我国伦理学要在一个新的历史平台上另起炉灶，在批判继承古今中外伦理思想资源的基础上，力图铸成一个具有中国特色的伦理学体系。特别是在改革开放之后，中国步入一个崭新的历史阶段，形成了社会利益及其观念的多元化、挑战的多样化、变易的经常化的时代特点。伦理学在人文社会科学中的地位恢复后，如果还停留在简单地重复过去的老路，还去围绕过去的诸如阶级斗争、道德的继承性和阶级性等一些论题打转，它就必将会在日益多元、多样、多变的新时代伦理问题的挑战面前成为“失语者”，甚或变成“落伍者”。

基于此，在20世纪90年代初，王小锡认为，伦理学要变革既有的学科理念和学术理路，直面现实，关照社会，重构、发展自己。为此，正如王小锡自己曾经在学术会议上提到过的，他在专治伦理学的同时，又投入兴趣于经济学和对马克思《资本论》的研读，再加上可以依托发达的江苏经济，他选择了经济伦理学的研究方向。在他和理论界诸多学者的推动下，经济伦理学即是应用伦理学中起步最早、发展最快的学科之一。事实上，这是时代的产物。在改革开放特别是经济改革过程中，人们打交道最多的、与人们生活密切相关的经济领域，也是问题、争议和挑战丛生之处。比如，“发展是硬道理”这一正确的思想本来无可厚非，可许多人却由此走向对待金钱的顶礼膜拜，整个社会中享乐主义、利己主义、拜金主义沉渣泛起、兴风作浪，蛊惑人心，影响社会和谐。这些人之所以人性物化，在金钱和物欲中迷失了自我，从思想方法来看，其原因在于，他们自觉不自觉地感到：发展经济、挣钱的唯一动力是人的贪欲和利己之心，与伦理道德无关，因为伦理道德只会影响和拖累经济发展、发家致富。表面看来，这是一种“自然的”社会生活现象，无须大惊小怪，其实它背后折射的都是急需我们解答的经济和伦理道德是何关系等哲学伦理学问题。对此，伦理学必须做出自己的回应和解答，否则就有被开除“学科籍”的危险。王小锡和理论界诸多学者顺应了这一历史要求，开拓了经济伦理学学科领域。

在当时要正确回答经济和伦理道德是何种关系并不容易。主要是因为，从理论上看，思想理论上的形而上学使得我国伦理学背上了沉重的枷锁，这种枷锁来自它所受到的双重不良影响：其一是我国传统伦理思想中的重义轻利、过分强调义务论的伦理思想，其二是苏联教科书对于生产力和经济的片面性的曲解。前者形而上地把伦理道德架空，所谓“君子耻言利”；后者形而下地把生产力、经济庸俗化，把伦理道德逐出经济领域之外。如果按照这种观点，伦理道德与经济和市场经济形同冰炭、难以相融，我们确实也无法回答现实中的诸多问题。然而，学界有胆识的王小锡等学者开始论证和阐发道德的经济功能和价值以及道德建设与市场经济的关联等问题。实际上，这些原发性的学术理念构成了中国经济伦理的最为基本的学科理念。

应该说，经济伦理的早期的思考尽管充满睿智，弥足珍贵，但还是不成系统、比较浅显稚嫩的，一些问题还有待深入探讨。具体表现在：一是经济伦理学的学科体系尚未建立，如果建立，如何圆满地论证其合法性？以怎样的方法来建构？又如何合理地批判发掘古今中外伦理思想资源？二是关于道德的经济价值问题的研究已经发表了诸多文章，但道德的经济价值在社会层面、经济领域的宏观层面的落脚点和切入点是什么？在经济领域的中观（企业）和微观层面（个人），落脚点和切入点又是什么？等等。

在实践和理论问题面前，在世纪之交关于“经济建设和道德生活”关系问题的持续讨论中，一部分理论界人士开始有意识地从各学科的视角出发建构我国的当代经济伦理学（此时西方影响基本缺席）。王小锡就是其中突出的一位学者。王小锡在革新学术理念和研究路径的基础上，多年披荆斩棘，进行了破旧立新、剖因析理、树帜立学的研究工作，终于为经济伦理学学科的创立做出了贡献，并提出了中国经济伦理学发展中具有开创性意义的洞见。

二

当学术研究出现“瓶颈”和低谷时，若没有研究理念和研究方法的创新，研究必然会陷入进退维谷之中。研究理念和方法在学术研究中决定着研究的深度与广度，也会影响研究成果的质量和水平。从某种意义上说，研究理念和研究方法是学术创新的发动机。王小锡深谙此点，他非常重视研究理念和研究方法的创新，提出了一些颇有新意的经济伦理学的研究理念和分析方法，并有效地应用于研究。

其一，坚持唯物辩证法，同时独创道德分析法。唯物辩证法是世界观，又是认识论和方法论。没有唯物辩证法，我们无法认识“历史之谜”，也无法认识清楚经济现象和道德现象。王小锡曾经撰文指出，研究资本主义经济及其发展规律的马克思的《资本论》始终坚持从抽象到具体的辩证研究方法，资本主义的本质也因此才得以完整地、科学地被揭示出来。但他同时指出，马克思在《资本论》第一版序言中说：“不过这里涉及的人，只是经济范畴的人格化，是一定的阶级关系和利益的承担者。我的观点是把经济的社会形态的发展理解为一种自然史的过程。不管个人在主观上怎样超脱各种关系，他在社会意义上总是这些关系的产物。”[①] 这就说明了马克思在探讨资本主义经济现象及其规律的过程中，不是就经济谈经济，就人谈人或就关系谈关系，而是把经济看作人的经济，人的关系之经济，是人化了的自然经济过程，是把人和人际关系看作经济范畴的人格化。正因为《资本论》所研究的不是物，而是人和人之间的关系，尤其是资产阶级和工人阶级之间的关系，才有可能发现剩余价值理论，也才有可能使面对资本主义的政治经济学成为科学。他认为，这就是马克思分析资本主义经济的道德视角。既然道德视角如此重要，马克思学说就不能忽视道德分析法。

为此，王小锡不同意简单轻视道德分析法的偏向。他深刻指出，唯物辩证法是马克思的基本或根本分析方法，而主体性与价值关系分析法即道德分析法是建立在唯物辩证法基础上的“经典”分析方法。道德分析法在马克思所有时期的著作中都一直存在，可以说它与马克思主义发展同行。为此，王小锡认为，道德分析法始终是理论研究的不可缺少的基本方法。在他的研究过程中也始终坚持了这一方法论理念。譬如，他在《先秦儒家经济伦理思想及其现代经济意义》中认为：“强调仁义、理性和国家利益优先原则的经济意义是十分有价值的。但认为仁义、理性和国家利益优先原则是经济运行

① 《资本论》第 1 卷，北京：人民出版社，2004 年版，第 10 页。

的目的，那将最终失去其应有的经济意义和利益价值。经济运行的目的是功利性和道义性的统一。”这显然体现了唯物辩证法和道德分析法的结合。此外，他在《〈资本论〉的经济伦理学解读》《简论马克思恩格斯经济伦理思想》《〈1844 年经济学哲学手稿〉的经济伦理学解读》等文章中，不蹈故常、独辟蹊径地采用了自己的道德分析法，而且他还在经济伦理研究中运用了道德分析法来分析社会经济现象和经济行为，取得了具有重要学术“含量”的成果。

其二，坚持形而上和形而下之结合的学术理路。学界的两种偏向：一是“象牙塔式”的形而上研究不关注现实，一是“田野调查式”的形而下研究不关注理论，其结果终陷一偏之失。其实，真正的学术不仅需要宽广的学术视野，更需要形而上与形而下、理论与实践的结合，这对于以实践—精神为特质的伦理学尤其如此。正如萨特所言：“理论和实践分离的结果，是把实践变成一种无原则的经验论，把理论变成一种纯粹的、固定不变的知识。”

王小锡一直坚持形而上和形而下研究结合的学术理念。他在《道德资本与经济伦理》一书“后记”中指出：“学术的生命在于创新，而创新绝不只是形而上之思维，也不只是对‘应用’的探讨，而且，独趣前者或后者，恐怕要么是某种缺乏依据或根基的‘垃圾思维’‘理论谎言’，甚或是‘伪命题’‘伪科学’；要么是缺失‘灵魂’之表象罗列与堆积，甚至是‘盲动’‘蠢动’，而这些却没有被当局者清醒地洞见。……以‘形而下’为支撑的‘形而上’研究，其理论境界将会更加高远；以‘形而上’为指导的‘形而下’研究，其应用的普适性将会进一步加强。”事实也证明了这点。他的经济伦理学研究既有探讨学科基本理念的特色学术、创新理论，还把路径和探索应用于一体，且结构完整，自成体系。尤其是关于经济伦理、经济德性、道德资本、道德生产力等范畴的阐释，更是彰显了形而上与形而下之结合的中国经济伦理学的学科基本理念。

其三，坚持古为今用、洋为中用、以我为主、为我所用的原则，合理地批判吸收中外学术营养。有人研究学问，停留于拿中外学术资源来做学术“忽悠”，进行低层次的资料搬弄，而不去积极发掘其当代意义和应用资源。其必然的偏向是，终日爬梳剔抉，不问世事，满足于“自恋”“雅玩”式的自我陶醉。尽管“体用之争”尚未有定论，恐怕任何学问，无论古今中外，唯以问题为要。而在今天中国的语境中，学问的首要旨归应当是中国问题。而要研究和解决中国问题，必须要挖掘古今中外的学术理论资源，为我所用。换言之，研究古代和西方伦理思想必须要有现实关切的学术情怀。

事实上，王小锡早在研究中国传统经济伦理思想时就很注意挖掘其现实价值和当代意义。例如，他在《中国近代经济伦理思想的转型及其现代性》一文中认为，中国近代经济伦理思想既有中国传统经济伦理思想的痕迹，又有近代特殊社会形态的印证；既有外国近代经济伦理思想的影响，又有自身持有的经济伦理的范畴和命题。而且，作为历史转折时期的思想形态，中国近代经济伦理思想有许多历史的进步意义，以至于在社会主义市场经济运行机制处在逐步完善的今天仍有重要的启迪意义。他提出了三点启迪意义：首先，在经济（企业）管理中，注重提高人的思想素质。其次，诚实经营，扩展企业无形资产。再次，经济（企业）管理首要的是管人，管人的根本是实现“人服”和“服人”。另外，他还很注意挖掘和汲取西方经济伦理思想的合理因素和研究马克思主义经济伦理思想，比如，亚当·斯密、卡尔·马克思、恩格斯、阿马蒂亚·森、科斯洛夫斯基、乔治·恩德勒等，借鉴他们的经济伦理思想为中国经济伦理学发展注入强劲活力。正如罗国杰在为王小锡的《经济的德性》所写的序中评价的，王小锡“一方面注意吸取西方经济伦理学方面已经做出的可以利用的成果，同时，也力求用马克思主义的立场、观点和方法进行梳理和分析，并在此基础上做出自己的一些概括”。章海山认为，王小锡等主编的《邓小平经济伦理思想研究》一书“具有填补研究空白之功”。这些评价可谓中肯地道。

三

创新的理论不是天上掉下来的，也不是人脑中固有的。学术理论的创新离不开时代背景和实践吁求。王小锡经济伦理思想的创新也是如此。他的经济伦理思想的核心命意强调在现实关切基础上形而上与形而下结合之学术理路，主张道德功用，尤其是强调道德的经济价值。王小锡的经济伦理运思理路和心路历程与中国改革开放的发展历程相同步，王小锡不失时机地提出了自己独到的学术观点。在经济体制改革至认同社会主义商品经济时，他提出道德是商品经济发展的深层要素的观点；在 20 世纪 90 年代初我国明确提出经济体制改革的目的是建立社会主义市场经济体制后，他先后提出“道德生产力”和“道德资本”的观点；近年来面对国际国内激烈的经济竞争态势，他又极富预见性地提出了道德经营理念、道德是经济或企业的核心竞争力的观点。正如唐凯麟指出：“可以说，单就这些学术特色而言，他给中国经济伦理学乃至伦理学的发展添上了值得重视的一笔。”[①]说实话，早期他提出这些观点，面对的风险和压力毋庸置疑。因而做到这点，不仅需要锐利的眼光，而且需要过人的胆识和魄力。下面我们对王小锡经济伦理学研究的主要学术成就进行一个简要的述析。

其一，从学科理论体系创立来看，他在国内捷足先登，创制了“两个第一”，即早在 1994 年就发表了我国研究经济伦理学学科体系的第一篇论文《经济伦理学论纲》和第一本著作《中国经济伦理学》，初步构建（或首创）了中国经济伦理学的理论体系。从世界范围来看，经济伦理学肇始于 20 世纪 70—80 年代的欧美，在我国则更晚。当然，建国以来我国学界也有过经济伦理的思想探讨，但是主要包含在领导人讲话、政府文件和经济学著作之中，尽管在 20 世纪 80 年代有些学者探讨过一些经济伦理问题，发表了一些有学术分量的论文，但是，尚没有比较明确的学科理论体系意识或学科理念。因此，王小锡的“两个第一”不在于其自身的理论深度和全面系统性如何，更重要的是他一定程度上是经济伦理学学

① 参见王小锡：《道德资本与企业发展》，北京：人民出版社，2009 年版，“序二”。

科建立的“宣言书”，吹响了中国学界向经济伦理学研究领域进军的号角。具体说来，在《经济伦理学论纲》一文中，他简明扼要地勾勒了经济伦理学的立论依据、研究对象及研究主题、研究方法和研究门类等四个层面；而在《中国经济伦理学》中，他尝试性地比较系统地探讨了经济伦理学学科的基本问题、经济伦理思想史和经济伦理的实践等问题。这是我国对经济伦理学理论体系的最早概括和架构。陆晓禾认为，在西方经济伦理学的影响进来之前，中国经济伦理学研究者已试图将经济与伦理关系的研究朝学科方向发展。如 1994 年王小锡的《经济伦理学论纲》一文可说是这方面最早的努力。[①] 周中之、高惠珠也认为，1994 年王小锡在《经济伦理学论纲》中明确提出了“经济伦理学”的概念，并勾画了这门学科的研究对象、研究方法和研究框架。他的观点具有开拓性的意义。[②] 王泽应认为：“王小锡的《中国经济伦理学：历史与现实的理论初探》不仅对中国历史上德性主义、功利主义、理想主义、三民主义和新民主主义的经济伦理思想做了较为全面的介绍和科学的评析，而且关注中国社会现实生活中的经济伦理问题，对企业伦理及其应用做了重点阐述。该书是我国经济伦理学研究进程中一本重要的学术著作，标志着中国经济伦理学学科的正式形成。”[③] 也正因为上述这些

① 陆晓禾：《走出“丛林”——当代经济伦理学漫话》，武汉：湖北教育出版社，1999 年版。

② 周中之、高惠珠：《经济伦理学》，上海：华东师范大学出版社，2002 年版。

③ 王泽应：《道莫盛于趋时：新中国伦理学研究 50 年的回溯与前瞻》，北京：光明日报出版社，2003 年版。

成就，他为经济伦理学做出的开创性和奠基性贡献的确令人“素怀敬意”（孙伯鍨语）。[①]

其二，从学科理论创新来看，他着力研究经济的伦理道德内涵和伦理道德的经济价值等问题，开创性地提出并系统论证了“道德资本”、“道德生产力”[②]和“经济德性”等学术观点。在此，我们不能不承认，尤其是“道德资本”和“道德生产力”是王小锡的“两个独创”。可是，当时他提出这些概念范式的时候，可谓“一石激起千层浪”，一度被人们引为“另类”或“异端”，遭到不少学者的怀疑或否定。实际上，这符合学术创新的一般规律。真正的创新经常是以“另类”面目出现，最终必将得到人们的认同乃至追捧。事实就是如此。王小锡的“两个独创”引起了学界广泛关注，有几位学者还专门撰写了研究他学术观点的文章。比如，钱广荣专门写了两篇关于王小锡系统论证的道德资本和道德生产力概念的文章，对他的两个概念进行了比较深入的研究和分析。[③]另有论者认为，学者王小锡在《经济的德性》中提出的“道德是生产力”“道德资本”等观点，应该是一个适宜的具有开创性的观点。[④]

特别需要说明的是，之所以说王小锡的“两个独创”很不简单，

① 孙伯鍨：《中国经济伦理学》序，载《道德与文明》1996 年第 5 期。

② 现已有七篇论文和一本著作《道德资本论》专论“道德资本”理论，已有三篇论文专门研究“道德生产力”理论。

③ 参见钱广荣：“‘道德资本’研究的意义及其学科定位——王小锡教授‘道德资本’研究述评”，载《道德与文明》2008 年第 1 期；“论道德作为一种生产力——兼评王小锡教授的‘道德生产力’概念”，载《道德与文明》2009 年第 2 期。

④ 李颖珊：“乘风破浪奔小康”，来源于 http：//bbs.southcn.com（2003 年 6 月 27 日）。

也很不容易，是因为在同一时期也有一些研究成果在强调道德的经济价值，但面对如何以一种新范式来切入，从而深入阐明道德的经济价值，又如何体现和践行道德的经济价值等问题，学界有的人囿于旧概念范式的泥淖，往往处于失语状态。而王小锡恰恰独造地透过“道德资本”和“道德生产力”两个“概念之镜”，深刻洞见了道德的经济价值之规律，驱散了长期以来笼罩在人们心头的理论“迷雾”，并以此形塑了中国经济伦理学的重要学术特色。

其三，从实践路向来看，他重视应用研究，明确了企业资产应该包括“道德资产”，并正在做我国企业道德的“镜像”调查。注重理论与实践的结合，形而上与形而下的结合，是王小锡经济伦理研究的基本理念和方法。通过对企业的典型经营案例的分析，他深刻指出，企业资产不应仅仅包括“死”的物质资产，而且要纳入包括道德资产在内的“活”的人力资产。而且没有包括道德资产在内的“活”的人力资产，作为物质资产的“死”的资产就“运转”不起来，自然也就无法“赚”钱。比如，在“号准”现实企业的“脉搏”之后，他曾撰文睿智地指出，经济发展、高效益的实现，往往取决于作为无形资产的企业及员工的道德觉悟。企业的管理应坚持“以人为本”的经营观念，努力做好协调人、完善人和激励人的工作，把人和人的素质放到生产经营和管理的制高点。同时，作为道德资产的企业信誉和企业形象，也是企业生命力之重要源泉。企业如果丧失了信誉，将会丧失一切活力。因此，企业伦理道德作为无形资产，往往比有形资产更重要。他在分析海尔集团时中肯地说道，海尔集团洗衣机等产品能在激烈竞争的欧洲市场打开销路，是他们为追求自身利益乃至国家利益的锲而不舍的精神的体现，也是对欧洲人生活需求认真负责的回报。没有这一优势，海尔集团生产的洗衣机也就没有对欧洲市场占有率的提高，也就没有更多的效益和利润。[①] 相信随着他对我国企业道德展开的“镜像”调查的深入，必将会进一步推进中国经济伦理学和企业伦理学的“升级”。

其四，从理论根基来看，他初步厘清了我国传统经济伦理思想，为我国经济伦理学的创立提供了思想史视角的学术资源。王小锡本来是从事伦理学研究较早的一位。在《中国经济伦理学》《经济的德性》等著作和系列文章中，他对中国传统经济伦理思想重新进行条分缕析的梳理，并敏锐地发现，不是所有的儒家思想家的思想都是德性主义，也不是所有的墨家思想家的思想都是功利主义，有的思想家自觉不自觉地认识到了德性与功利是互为交叉或互为存在的。这是对我们经济伦理思想史的重要的创见。它可以启发我们在从事传统经济伦理思想研究时，具体地、历史地分析不同思想家的思想倾向，以及同一思想家在不同时期的不同倾向，防止简单粗率的“粗线条”勾勒。再则，中国经济伦理学不能建立在“真空”中，也不能主观臆造出来，而只能在实践经验中去总结，在传统思想的宝库中去搜寻和挖掘。因此，王小锡早在 1994 年就初步厘清了我国传统经济伦理思想，为我国经济伦理学的创立提供了思想史

① 王小锡：“论道德资本”，载《江苏社会科学》2000 年第 3 期。

视角的学术资源。今天看来，他当时的那些思想和研究成果也许并不全面系统，但它们已经发挥了其历史作用，这是毋庸置疑的客观事实。

四

王小锡在经济伦理研究方面的探索，无论是他“已经取得的”，还是他“何以取得的”，都是一种宝贵的财富和资源，值得我们长久审思和体味。但是，正如马克思所说的，一切发展着的事物都是不完善的。学术研究的生命在于创新，实践不会停滞，探索也永无止境。由此来看，王小锡经济伦理思想还存在需要完善和探索之处，而这将成为他理论创新的巨大空间。其研究之不足与未来的发展空间主要有三：

其一，进一步推进应用研究，面向经济和企业的现实。王小锡提出的关于道德资本、道德生产力等的一些原创性的观点，主要的还是较为深刻的学理分析，其实现机制究竟是什么，目前尚待进一步探索并逐步弄清楚，以不断认识和把握它们的“实践性状”。事实上，开展实证研究是进一步增强企业经济学和企业伦理学的说服力和可信度的重要路径。因此，建议王小锡及其学术团队进一步广泛深入地开展企业道德“镜像”调查和企业道德管理实践，不仅给中国经济伦理学发展提供学术理念，而且能够指导现实实践活动的展开，推进中国企业的道德化，推动中国经济走向伦理化。这是需要王小锡及其团队未来着力解决的重要课题。

其二，需要建构研究企业道德资产评估指标。王小锡的道德资本研究已经有“七论”和一部著作专论此点，全面性、系统性自不必说。但是，王小锡自己已经多次在学术会议上提到的值得进一步深究的一个问题是：道德资产（道德资本）究竟是如何构成的？道德资产的评估指标体系是什么？这需要建构出来一个指标模型。这个问题尚需要王小锡的“补白”来圆满。当然，任何模型都不可能是完全准确的，但“不准确的”模型是我们衡量道德资产“存量”的唯一可能的路径和方式。因此，建构研究企业道德资产评估指标，确有必要。通过研究企业道德资产评估指标，逐步建构一个为各类企业、社会、学界和政府所认同的企业道德资质的评价标准，从而推进中国企业伦理学研究的实质性进步。因此，企业道德的“田野调查”工作是另一个需要王小锡及其团队研究的课题。

其三，需要分类分层研究经济伦理学的分支学科。王小锡的确开创性地研究了诸多经济伦理问题，为经济伦理学的创立做了许多奠基性学术工作。但是，作为伦理学子学科的经济伦理学学科的建设，需要进一步拓展学术研究领域，要有进一步的宏观视阈和微观视阈、历史性分析和共时性分析，以多种视阈共同介入分支学科的研究。具体说来，经济伦理学“三层次”（宏观、中观和微观）和“四环节”（生产、分配、交换、消费）还存在大量的空场存在，比如劳动伦理、企业伦理、经营管理伦理、跨国公司伦理等问题，需要王小锡及其团队积极探究和进一步深入下去，这不仅将丰富经济伦理学的学科理论，而且为世界经济伦理研究提供某种可资借鉴的

"中国经验"。相信随着上述问题的解决和完善，一个体系完备、论证周密，并且融特色学术、创新理念和应用价值为一体的王小锡经济伦理学的理论大厦就会屹立在我们面前。

综上所述，瑕不掩瑜。尽管王小锡的经济伦理学研究存在一些研究"空场"与不足，但仅凭他的"两个第一""两个独创"，他也无愧于中国经济伦理学的创立发展和中国经济伦理的历史性进步。我们也真心希望王小锡能够不断拿出更多的具有说服力、创造性的作品来，奉献给经济伦理学界，并服务于改革开放大业和经济建设事业。

“道德资本”研究的意义及其学科定位[①]

——王小锡教授“道德资本”研究述评

钱广荣[②]

“道德资本”这一概念，是王小锡教授在其《论道德资本》（载《江苏社会科学》2000年第3期）一文中首次明确提出来的。此后，王教授及他的追随者围绕“道德资本”相继发表了一系列的专题研究论文，并出版了学术专著《道德资本论》（人民出版社，2005年版）。这期间，一些关注和议论“道德资本”的短文也时而见诸报刊。综合起来看，这一具有拓荒性质的研究已经初见成效，但尚未形成应有的发展态势，在诸如“道德资本”研究的意义、概念的界说及学科定位等重要的问题上，尚需通过总结和阐发取得广泛的认同。本文试就这些重要问题对王小锡教授的“道德资本”研究发表一些述评性意见，意在引发话题，促使“道德资本”研究得到进一步拓展。

---

① 原载《道德与文明》2008年第1期。

② 钱广荣，安徽师范大学教授、博士生导师。

一、“道德资本”研究的意义

不断发展变化的道德现象世界是伦理学研究与建设的永不枯竭的源泉和永不消退的主题，“道德资本”问题的研究从根本上来说是顺应当代中国社会发展变化对道德进步提出要求的产物。众所周知，中国经济改革起步不久就出现了经济增长与道德滑坡的悖论问题，围绕这一问题生发的关于“代价论”是否合理的旷日持久的争论直至20世纪末才出现偃旗息鼓之势，但与此同时也把当代中国人投进一个灰暗的“奇异的循环”之中，引发了似乎永不可解的困惑和惆怅情绪：想要凭借“资本”发家致富、过上富裕的生活吗？那就牺牲我们的道德吧！“道德资本”问题的研究正是在这样的背景下被提出来的，它以一个耀眼的新话题不仅“凸显了经济运作中道德因素的地位与作用”[①]，更重要的是为我们最终走出“二律背反”的困扰指出了一个有益的思维路向：在生产和经营活动乃至整个社会生活中，道德本来也是一种“资本”，“资本”（物质财富）和“道德资本”（精神财富）本来是可以通过我们的认识和建构实现逻辑与历史的统一的。概言之，“道德资本”研究问题的提出，对帮助当代中国人破解经济与道德“二元对立”的时代难题，无疑具有方法论的启迪意义。

“道德资本”是一个创新性的概念，体现了研究者对时代呼唤

① 郑根成、罗剑成：“试论道德的资本性特点——兼论道德资本”，载《株洲工学院学报》2002年第5期。

的理性自觉。这种自觉精神，我们可以从王小锡教授与他的合作者在《五论道德资本》（载《江苏社会科学》2006 年第 5 期）所做的感言性叙述中看得很清楚："'道德资本'概念确实是创新性的概念，这种创新并不是以空想为基础的文字游戏，而是对社会实践发展的自觉的、理论的把握。在概念创新的背后，是社会实践发展的强烈要求。"这种感言，也透射出研究者们敢于探索真理的理论勇气。我们知道，资本这一概念在传统中国人的认识和理解中多是贬义的，因为"资本来到世间，从头到脚，每个毛孔都滴着血和肮脏的东西"。①

改革开放后，资本的概念虽然渐渐地为国人所接受，甚至受到越来越多的人青睐，但它的"名声"总是不那么好，视资本和财富为"阿堵物"的人至今依然大有人在。不难想见，在这种情势下，作为知名的学者，没有相当的理论勇气是难以响亮地提出"道德资本"这一新概念的。在我看来，对于理论研究者来说，这种勇气也是一种"资本"，张扬这种"资本"也是很有意义的，因为没有这种"资本"就难以有真知灼见，承担起理论研究者的历史使命和社会责任，在社会发展处于变革时期尤其是这样，这已经为人类文明发展史所反复证明。中国近三十年来的经济和整个社会发展走的是创新之路，其间伦理关系和道德观念的变化带有"翻天覆地"的性质，而我们的伦理学研究者对此的反应至今仍然显得有些迟钝和滞

① 《马克思恩格斯全集》第 23 卷，北京：人民出版社，1972 年版，第 829 页。

后，这与我们在理论上缺乏创新意识和勇气是很有关系的。

作为一种开拓和创新，“道德资本”研究发展了道德价值学说，因而也丰富了伦理学的知识体系。在生产和经营活动中，资本一般是作为增值的工具价值而存在的，本身不是目的价值而只是实现目的价值的工具价值。在伦理学体系中，道德价值的情况恰恰相反，一般只是作为目的价值而不是作为工具价值，讲道德、做有道德的人不能有“为了什么”的目的，即不能带有任何功利意图，否则就是伪善作风——假讲道德，这是中国的传统。实行改革开放后，这种传统范式在悄悄发生着变化，道德在现实生活中实际上已经被广泛地当作手段使用，但是，人们在感情上还是不能堂而皇之地接受和宣示。把道德作为一种“资本”看待，打破了这一传统的价值理解范式，给人们的第一意象就是道德首先是一种工具价值。王小锡教授注意到这样的心态，在《五论道德资本》中对此做了专门的分析。他认为，道德对于人来说应当是“目的性功能”与“工具性功能”的统一。“道德资本”概念是传统“道德”概念和“资本”概念在现代化过程中的产物，它一方面总结了道德功能格局的历史变迁结果，即从道德的目的性功能居于主导地位，到道德的目的性功能与工具性功能相分离，再到道德的工具性功能异军突起；另一方面则体现了从“实物资本”发展到“人力资本”，再到“文化资本”这一资本概念发展的时代趋势。提出道德资本概念，研究作为资本的道德，从而强调道德的工具性功能及在经济建设中的作用，既有利于动员一切能够促进经济发展的元素，也有利于推动经济生活中的道德建设。当然，我们不能因此就认为，道德作为“资本”在生产经营过程中的价值只是赚钱的手段和工具。

其实，只要我们不是在绝对的意义上理解道德价值的目的与手段的区别，就会发现手段在特定的情景下也是可以转化为目的的。不难想见，一个注重用“道德资本”赚钱的企业，它在为社会和消费者提供优质产品的物质消费的过程中，不也同时在为企业员工和消费者提供优良道德的精神消费吗？在企业主那里道德主要表现为手段价值，在员工和消费者那里则主要表现为目的价值。这种情况，正是道德的目的价值和手段价值常见的“统一”方式。须知，绝对的目的价值和手段价值实际上是不存在的。

“道德资本”研究在拓展道德价值学说的边界的同时，也丰富了经济学尤其是应用经济学的理论内涵，为后者提供了某种方法论的支持。这种意义可以沿着这样的思维逻辑去解读：道德不是自然生成的，而是人类创造的，人类创造道德是为了运用道德、让道德为自己服务，这种运用和服务既有目的意义上的，也有手段意义上的——目的意义上的价值取向多反映在精神活动和精神生活方面，手段意义上的价值取向多活跃在生产和经营活动（包括精神生产和精神传播活动）之中。正如王小锡教授所指出的，改革开放以来经济学家和经济活动家们“不再关心经济生活的道德目的，但很关心经济生活中的道德工具，即哪些道德对于经济发展具有重要意义。对经济学家来说，一种品质或行为为什么是道德的，这不属于他们的研究范围，他们只关心一件事：从有利于经济发展的角度看，什么样的道德才是应该提倡的”。[①] 这种变化，一般来说应视其为一种进步，这种进步与道德作为一种“资本”介入生产和经营过程的思想转变，是直接相关的。在这个转变过程中，“道德资本”研究无疑起到了推波助澜的作用，它为相关经济学的学科建设和发展提供了一种历史性的机遇。

二、“道德资本”的内涵界说

界说“道德资本”的内涵及在此基础上对其进行学科定位是一项相当复杂又极为重要的研究工作，因为它是整个研究工作的逻辑前提。这项工作实际上要回答的问题是：应当在什么意义上言说“道德资本”？或道德在什么样的情况下才能成为资本？作为一个独特的概念，它在学科定位上究竟应当归于伦理学还是经济学？

在“道德资本”概念正式提出之前，王小锡教授就曾追问道德为什么能够成为一种资本，亦即“道德资本”何以可能的问题。他在《21世纪经济全球化趋势下的伦理学使命》（载《道德与文明》1999年第3期）一文中做过这样的逻辑推理：“科学的伦理道德就其功能来说，它不仅要求人们不断地完善自身，而且要求人们珍惜和完善相互之间的生存关系，以理性生存样式不断创造和完善人类的生存条件和环境，推动社会的不断进步。这种功能应用到生产领域，必然会因人的素质尤其是道德水平的提高，而形成一种不断进

① 王小锡：“五论道德资本”，载《江苏社会科学》2006年第5期。

取精神和人际间和谐协作的合力，并因此促使有形资产最大限度地发挥作用和产生效益，促进劳动生产率的提高。”他在此后发表的专论中，大体上遵循的也是这种分析路向。

他对“道德资本”概念的总的看法是：“道德资本”是一种“无形资产”和“创造社会财富的能力”。由此出发，他沿着两个思路阐述他对“道德资本”内涵的具体看法。一个路向是狭义的理解，沿着经济活动获利的一般规律将“道德资本”归结为一种具体的资本形式：“科学的道德作为理性无形资产，它能在投入生产过程中以其特有的功能促使生产力水平的提高；在加强管理伦理意识和手段中增强企业活力；在提高产品质量的同时降低产品成本；在培养和树立企业信誉的基础上提高产品的市场占有率。因此，道德也是资本。”[①] 他在《六论道德资本》（载《道德与文明》2006 年第 5 期）中进一步明确指出：“道德资本是指道德投入生产并增进社会财富的能力，是能带来利润和效益的道德理念及其行为。”这表明，狭义理解是他一以贯之的思想。另一个路向借用别的研究者的意见，做广义的理解，从分析一般资本概念入手推论出“道德资本”的普遍形式，认为“所谓道德资本，从内涵上，它是指投入经济运行过程，以传统习俗、内心信念、社会舆论为主要手段，能够有助于带来剩余价值或创造新价值，从而实现经济物品保值、增值的一切伦理价值符号；从外延上，它既包括一切有明文规定的各种道德行为规范体系

① 王小锡：“论道德资本”，载《江苏社会科学》2000 年第 3 期。

和制度条例，又包括一切无明文规定的价值观念、道德精神、民风民俗等。从表现形态来看，道德资本在微观个体层面，体现为一种人力资本；在中观企业层面，体现为一种无形资产；在宏观社会层面，体现为一种社会资本”。[①]广义的理解，虽然没有一以贯之，但也坚持到最后[②]，说明王教授试图将“道德资本”由经济活动的个别形态推向社会生活的普遍形式。广义理解和界说方式扩充了“道德资本”的内涵，但同时也使“道德资本”的内涵在“外延”中变得模糊起来。不过，王教授似乎注意到了这一点，如他在《三论道德资本》（载《江苏社会科学》2002 年第 6 期）和《四论道德资本》（载《江苏社会科学》2004 年第 6 期）两篇专论中，就紧扣“道德资本与有形资本”的比较关系和“广义资本观”阐述“道德资本”的特性。概念内涵的统一性是概念的生命，也是确立科学研究命题和学科建设的第一要义。

然而，“道德资本”究竟是什么的问题似乎依然存在，也还需要进一步探讨。在一般伦理学的视阈里，“道德资本”属于道德价值范畴，是一种道德价值，也是道德价值的一种“经济形式”，因此，关于“道德资本的价值”的命题是不合语言逻辑的。道德价值历来可以分为事实形式和可能形式两种基本类型，因此道德资本也可以分为事实与可能两种基本类型。这是由道德价值实现及其发展进步的规律决定的。所谓道德的事实价值，在社会指的是实际存在的合乎

① 王小锡：“再论道德资本”，载《江苏社会科学》2002 年第 1 期。

② 参见王小锡：《道德资本论》，北京：人民出版社，2005 年版，第 6 页。

“实践理性”的伦理关系，在个人指的是合乎“实践理性”的道德品质，前者即人们常说的“风尚”(包括人际关系即所谓“人气”)，后者即人们常说的“德行”(德性)，两者是相辅相成的关系。在生产经营活动中，道德之所以能够推动经济发展和获得最大效益，简要地说来就在于它是由“同心同德”的伦理关系和“爱岗敬业”的个人品质整合起来的“无形资产”和精神资源。科学的道德理论、道德规范、道德教育、道德活动，都是有道德价值的，但都是道德价值的可能形式，它们的价值旨归并不在于其自身，而在于为建设“同心同德”的伦理关系和培养“爱岗敬业”的个人品质提供“质料”。不作如是观，道德理论、道德规范、道德教育、道德活动等就可能流于形式，成为假说和说教，不仅难能产生“道德资本”之“力”，相反甚至还会产生对“有形资本”的破坏力。

如此看来，所谓道德资本，简言之就是生产经营活动中实际存在的合乎社会道德理性的职业风尚和执业品质。

三、“道德资本”研究的学科定位

如果对“道德资本”可以做如上所述的界说，那么关于“道德资本”的学科定位问题也就迎刃而解了。“道德资本”既不是一般伦理学范畴，也不是一般经济学范畴，不应归于一般经济学或伦理学的范畴体系。作为一个特定范畴，“道德资本”应归于应用经济学和应用伦理学的范畴体系，再具体一些，应归于企业经济学和企业伦理学的范畴体系。

要确立这样的学科定位，重要的是要厘清学科定位的认知路向。我以为，这样的认知路向应当从如下几个方面来理解和把握。

其一，赋予“道德资本”以特定的内涵和边界及普遍适用的价值形式，防止将其做绝对化和神圣化的理解。这应是为“道德资本”研究进行学科定位的首要问题。西班牙的西松在其《领导者的道德资本》中将“道德资本”界定为“卓越优秀的品格”和“适合人类的各种美德”，这种界说方法就将“道德资本”神圣化了，显然是欠妥的。[①] 优秀和成功的企业领导，就他们个人而言不一定非得或已经具备“卓越优秀的品格”，在他们的身上也不一定非得聚集或已经聚集“适合人类的各种美德”，才算掌握了“道德资本”。西松正确指出，诚信是一种重要的“道德资本”，同时又将其与“卓越优秀的品格”和“适合人类的各种美德”相提并论，这就又不合适了。在我看来，诚信是一切道德的基础，在某种意义上可称其为“底线伦理”，即如古人所说的“诚者万善之本，伪者万恶之基”；“道德资本”作为合乎“实践理性”的伦理关系和道德品质，是任何一个生产经营企业最重要也是最基本的“无形资产”。这样说，并不是要否认企业家们应当具备高于一般人的“卓越优秀的品格”，在他们的身上需要聚集“适合人类的各种美德”，因而才能拥有“雄厚”的“道德资本”，也不是要否认“道德资本”研究追问这样的“道德资本”的必要性和意义，而是要主张在学科方法上不要把“道德资本”绝

① 转引自王小锡：“六论道德资本”，载《道德与文明》2006 年第 5 期。

对化、神圣化。就是说，在界说“道德资本”问题上，我们同样需要运用“广泛性与先进性相统一”的结构方法。

其二，改变固有的学科理念，创设新的学科，对于“道德资本”研究的学科定位也是十分重要的。在科学研究中，一个学科的某个概念会由于与其他学科某种尚未经过抽象的对象领域存在内在的“相似性”而具有“普适性”的特点，资本就属于这样的概念。由此看，从一般资本概念来考察和抽象道德资本的概念，不失为一种可取的方法。但是，概念的内涵总是稳定的、滞后的，学科人维护或排斥固有概念的学科地位总是带有某种“思维定式”的倾向，这是“道德资本”概念的提出及其研究迟迟不能获得应有进展的一个重要原因——经济学人不愿把固有的“资本”让给伦理学，伦理学人不愿让“道德资本”取代固有的道德价值概念，结果自然就会出现两个方面的学人都不愿关心“道德资本”的情况。“道德资本”研究不应固守一般经济学和伦理学的方法。一般伦理学应参与“道德资本”研究，但它对于“道德资本”研究来说，只具有方法论的意义。如同哲学关涉文学、心理学、物理学、化学等学科一样，所持的是方法论态度，而不是要把文学、心理学、物理学、化学等学科的范畴收进自己的范畴体系。同样之理，一般经济学对于“道德资本”来说也只具有方法论意义。如此看来，伦理学和经济学都不应把“道德资本”作为自己的特定范畴。在我国，目前企业经济学和企业伦理学都没有建立起相对独立的学科形态，“道德资本”研究的发展无疑会推动企业经济学和企业伦理学的建设与发展（这也可以视作

“道德资本”研究的另一种意义)，而这两个“边缘学科”的创建又在根本上为“道德资本”找到了自己的学科位置。

其三，坚持揭示和阐释“道德资本”的实践性特质。这也是为“道德资本”研究进行学科定位的重要方法。企业经济学和企业伦理学，本质上都是实践性很强的学科。严格说来，“道德资本”是一个反映经济活动和道德水准的实践范畴，它的性状及生成和变化的规律主要不在研究者的思辨之中，而是在企业生气勃勃的活动之中，用“经院哲学”式的研究方式其实是很难真实、真正把握它的面貌的。“道德资本”研究的学科定位及其拓展，依赖对它的“实践性状”的不断认识和把握。因此，要开展实证研究。这也应是创建企业经济学和企业伦理学新学科的逻辑起点和基本方法。因为，无论是从企业经济学还是从企业伦理学的角度看，“道德资本”都不应是学科的“元概念”，而是学科“元概念”演绎出来的一般概念；换言之，“道德资本”不可作为研究“道德资本”范畴体系的逻辑起点，即使是创建企业伦理学也不应当作如是观。“道德资本”研究本质上属于实证研究，属于经验科学的范畴，它的重心应当是研究“道德资本”的转化过程和规律、转化的经验与教训。因此，在“道德资本”研究中，一切轻视“经验科学”的看法都是不正确的。为了拓展“道德资本”研究，我们应当在认知路向上自觉克服“书生意气”，改变惯于做“书斋文章”的思维定式，走出书斋，走进企业，把开展关于“道德资本”的调查研究与实验研究结合起来。

综上所述，王小锡教授的“道德资本”研究时代感很强，是一种开拓性、创新性研究，具有十分明显的理论意义和实践意义，应当在科学地界说“道德资本”的内涵并对其进行学科定位的基础上，拓展这一重要的研究课题。

道德是精神生产力[①]

——对一种批“泛生产力论”的反批判

郭建新　张　霄[②]

“道德是精神生产力”[③]这一论断的提出绝非偶然，却也并非如一些人所认为之必然，即作为时代的产物，其无非是现代性的道德危机凸显了道德的上镜率，或是在当今经济显学时代，学科话语

① 原载《江苏社会科学》2005 年第 1 期。

② 郭建新，南京审计学院教授，人文社科系主任；张霄，哲学博士，中国人民大学哲学院伦理学教研室主任，副教授。

③ “道德是精神生产力”这一论断是王小锡教授经济伦理思想的核心内容。该判断凸显了在现代性的经济社会中，“经济”和“伦理”关系的实质性耦合。从伦理的两大本质即人的完善和人际关系的和谐出发，该论断集中阐发了作为投入生产领域内的科学化形态的道德在生产力中的价值内涵和实际意义，指出作为生产力中的要素构成，道德协调着生产力内部要素间关系，决定着劳动者的价值取向和劳动态度，并作为人的核心素质成为生产力发展的动力源。“道德生产力”的提出旨在彰显生产力自身的价值要求和理性发展，在现实中，道德进而构成了一种资本，即“道德资本”，实际体现和作用在社会经济生活的多重维度中。相关内容请参见王小锡：“经济伦理学论纲”，载《江苏社会科学》1994 年第 1 期；王小锡：“再谈‘道德是动力生产力’”，载《江苏社会科学》1998 年第 3 期；王小锡：“道德与精神生产力”，载《江苏社会科学》2001 年第 2 期；王小锡：“论道德资本”，载《江苏社会科学》2000 年第 3 期；王小锡、杨文兵：“再论道德资本”，载《江苏社会科学》2002 年第 1 期；王小锡、朱辉宇：“三论道德资本”，载《江苏社会科学》2002 年第 6 期；王小锡：《经济的德性》，北京：人民出版社，2002 年版。

联姻的“马太效应”。显然，判断的提出自然有利于对问题本身的探究。然而理论界对此判断的孰是孰非还尘埃未定，一股“泛化”（generalization）风潮又拂尘再起。有不少学者认为，此判断有“泛生产力论”之嫌，在理论逻辑或是现实实践中都存在着负面影响。照此看来，这一判断至今尚未在理论和实际中穷尽其自身存在的价值。因此，作为该论断的支持者，出于伦理道义的立场，理应履行这样的理论责任，即在新的时代形势中诠释该判断的本真含义，以正视听。

如果说“道德是精神生产力”这一论断隶属于“泛生产力论”范畴，那么，首先就必然要对“泛生产力”这一提法有着明确的界定。在此基础之上，才可能进一步回答“道德是精神生产力”这一论断是否在“泛生产力论”的序列之中。由此，在思维嬗变的路径中，弄清什么是所谓“泛化”，以及生产力的本质含义和它们之间的关系是关键。首先，我们来概而论及“泛化”的问题。

“泛化”是现代认知科学体系内提出的一个有关学习理论的概念。作为一种有效的归纳学习方式，它被用来扩展某一假设的语义信息，以便其能够包含更多的正例，应用于更多的情况。[①] 由此看来，作为一种语义信息的扩展方法，它在价值立场上是中性的，旨在满足于归纳逻辑的思维要求。从思维的逻辑方式来看，它试图从个别事物中发现并揭示事物的一般性规则。从思维所要达到的目的

① 参见史忠植：《高级人工智能》，北京：科学出版社，1998 年版。

来看，它试图从不断包含的正例中完善和发展事物自身，创立新的规则，发现新的理论。这样看来，如果把“泛化”方式运用于对生产力概念的认知，其本身内蕴着生产力发展的内在要求，思维的“泛化”反而会有利于理论的创新。然而，“泛生产力论”的批判者们显然不具有这样的价值立场，他们显然是在持某种否定性的理论态度来对待“泛生产力”这一范畴的。因此，针对生产力的“泛化”问题就存在着这样两种问题：其一，“泛化”方式是否可以与对生产力概念的认知相结合；其二，如果可以结合，“泛化”方式只能在多大的程度上来使用。面对第一个问题，如前所述，如果把“泛化”在对生产力概念的认知中的应用仅仅看作某种否定性的负面事物，那未免有把“孩子和洗澡水一起泼掉”的危险；而如果以目前有些学者对“泛生产力”的描述（即“把什么都看作生产力”就是“泛生产力”）来看，明显缺乏严谨的理性态度，并且从一般常识性意义上来理解“泛”或“泛化”也易于走向“自然主义的谬误”。而面对第二个问题，如果一定要把“泛化”用于对“泛生产力”范畴的解读，那么按照现在流行的观点和现有学科语言，“泛生产力”中的“泛化”概念只能被理解为“过度泛化”（overgeneralization）。要想科学地对待一个判断，在推理论证的过程中，正确的学科定位和精确的术语表达是应有的论证前提。这就需要那些批“泛生产力论”的学者对所谓“泛生产力”这一提法提供科学的概念界定，把握其内涵，厘清其外延。因此，我们认为把“泛化”用在对“泛生产力”的概念描述中是不严谨的。其实，许多对所谓“泛生产力”的批判，本身都预设自身对生产力问题固有的理解维度，是对生产力概念的“特化”（specialization）[①]性理解。因此，在厘清了“泛化”“过度泛化”“特化”三者之间的关系之后，我们理应遵循现象学的方法——回到生产力本身。只有通过对生产力概念本质意义上的把握，才能在根本上理解“道德是精神生产力”这一命题，以及该命题是否属于所谓“泛生产力论”。

一、现代性伦理视域中生产力概念的范式转换

生产力的概念表述是试图对生产力本质的规律性把握。社会生产力是辩证发展着的，作为生产力的概念伴随着现实生产力的发展，也是在不断自我更新的。正如列宁所说：“概念并不是不流动的，而是永恒流动的……否则它就不能反映活生生的生活。”[②]当然，概念的发展并不是盲目地和无条件地，它不但要遵循思维逻辑的发展规律，关键还在于它从现实生活本身出发对变化着的某一事物在本真意义上的镜像性反映。生产力概念的发展同样遵循着这一原则。从生产力这一术语的提出，一直到如今在生产力经济学中对生产力概念的把握，人们对生产力概念的认知在不断丰富和相对完善，而这种发展的过程是在具体的现实的社会历史的变迁中逐步展开的。有学者认为，马克思对生产力概念的本质把握是对古典经济学家们以“财

① “特化”是“泛化”的相反操作，用于限制概念描述的应用范围。相关内容参见史忠植：《高级人工智能》，北京：科学出版社，1998年版。

② 《列宁全集》第38卷，北京：人民出版社，1979年版，第277页。

富”为核心解读生产力概念的超越，是在唯物史观的高度使生产力概念从经济学语境向哲学语境的范式转换，并强调生产力概念应在现代协同论的语境中进行解读。[①] 我们认为，生产力概念现代语境的范式转换实质是向伦理学范式的转换；这不但是现代哲学从认识论向价值论转变的趋势要求，也是伦理学本身作为一种具有文化价值的人学所反映出的时代精神的需要。并且，这种范式转换使得生产力本身内蕴着伦理内涵。

一方面，从生产力范畴的本身来看，生产力并不是一个纯粹的经济学概念。在马克思看来，作为一种历史的既得力量，它是全部人类社会历史存在的基础，是人类社会发展的决定性力量。古典经济学派无法看到这一点，因为他们总是在以资本主义的生产方式作为先在背景的基础上看待生产力，因而只能是把生产力看作经济行为的某种技术性手段。马克思从唯物史观的高度出发，在其政治经济学体系的框架内构建了科学的生产力理论，完成了生产力范畴从经济学语境向历史哲学语境的范式转换。现代生产力经济学也把生产力看作一个社会经济范畴，并实现了从传统的“生产力因素论”向“生产力系统论”的理论过渡。由此看来，生产力范畴理应包括更丰富的知识内容。

生产力并不单纯地体现着某种物质力量的简单复合，而是物质性因素和精神性因素有机统一的系统性实体，科学技术就是作为某

① 参见焦坤：“论生产力概念嬗变的不同语境”，载《求是学刊》2003 年第 6 期。

种精神性因素体现在生产力范畴中的。早在马克思所在的年代，科学技术的应用在资本主义大机器工业时代中的地位就已经日益凸显。马克思洞悉到这种在前工业时代所不曾具有且在大机器工业时代相对独立并发挥显著作用的因素。他辩证地分析了劳动力领域内的分工，揭示了脑力劳动和体力劳动的分离，强调了作为脑力劳动产品的科学技术在生产力中的关键性作用。① 他在《资本论》中指出："一个生产部门，例如铁、煤、机器的生产或建筑业等的劳动生产力的发展，这种发展部分地又可以和精神生产领域内的进步，特别是和自然科学及其应用方面的进步联系在一起……"② 当今，科学技术在现代社会生产领域内越发起着决定性作用，结合理论的发展和时代背景，邓小平提出了"科学技术是第一生产力"的论断，并明确指出科学理应包含社会科学，且还专门强调"马克思主义是科学"。

有学者始终认为，生产力只能是一种物质力量，是作为劳动者的人使用劳动资料作用于劳动对象的一种物质力量。③ 精神性因素的作用再大也必须通过这些物质性的要素发挥作用，其本身并不具备生产力三要素的物质性特征，因而不能作为生产力的要素存在。④ 其实这样的说法是对生产力范畴的偏狭性理解，是经济学语境中传统

---

① 参见马仲良、韩长霞："马克思论精神生产力与物质生产力"，载《哲学研究》1998 年第 8 期。

② 《马克思恩格斯全集》第 25 卷，北京：人民出版社，1960 年版，第 97 页。

③ 参见武高寿："评'泛生产力'"，载《生产力研究》1997 年第 2 期。

④ 参见李怀："泛生产力论和经济理论与实践中的思维缺陷"，载《生产力研究》1996 年第 2 期。

生产力观的延续。生产力当然是以一定的物质力量得以体现的，但生产力不仅仅体现为一种物质力量，因为物质力量并不是自发的，没有精神力量的激发，“没有人的作为‘主观生产力’及其观念导向，生产力将是‘死的生产力’，不能成为‘劳动的社会生产力’”。[①]而这种精神力量或主观生产力是生产力得以运行的内在力量，它并不游离于物质力量而独存，且外化为物质力量才有意义。因此，科学的生产力范畴理应包括其自身内在实有的物质力量和精神力量。在这个意义上，“一切生产力即物质生产力和精神生产力”[②]这一表述才能被理解，也正是在这个意义上“道德是精神生产力”这一判断才能得以成立。

另一方面，现代性社会经济生活的失范现象，使部分经济学语境中的知识的合法性受到质疑。阿马蒂亚·森在《伦理学与经济学》一书中指出：“随着现代经济学与伦理学之间隔阂的不断加深，现代经济学已经出现了严重的贫困化现象。”“经济学研究与伦理学和政治哲学的分离，使它失去了用武之地。”[③]虽然经济学的贫困并不注定将使其接受伦理的历史审判，但伦理或道德科学的两大本质指向即人的完善和人际和谐始终是经济发展的圭臬，因为人们始终都必须面对这样一个苏格拉底式的问题，即“人应该怎样地活着”。并且这一终极性的追问并不游离于事物之外，而是作为或构成事物本身所

① 王小锡：“再谈‘道德是动力生产力’”，载《江苏社会科学》1998 年第 3 期。

② 《马克思恩格斯全集》第 46 卷（上），北京：人民出版社，1960 年版，第 173 页。

③ ［印度］阿马蒂亚·森：《伦理学与经济学》，王宇、王文玉译，北京：商务印书馆，2000 年版，第 10—13 页。

内含的价值性要求。经济语境中的生产力范畴尚是如此，更何况马克思主义的生产力范畴呢？

从生产力中作为核心要素的实践着的劳动者来看，首先，“生产力中的劳动者是一个群体，所有劳动行为都是人的群体行为。生产力水平及其生产力的发展离不开劳动者之间关系的协调和协作”。[①]此种关系并不是生产力之外的生产关系，而是作为生产力内部要素的劳动者内部的结合性关系，这种客观性的关系存在是以一定的伦理道德关系作为基础展开的。其次，面对这种展开性的关系，为什么说它是一种伦理道德关系呢？因为无论劳动者自身是否自觉地意识到，他们之间都是以一定的价值性目的要求相互联系的，它作为劳动者群体的价值取向宰制着劳动者的劳动态度使其投入生产；从这个意义上说，人的素质，尤其是道德素质是生产力发展的决定性因素。再次，从劳动者和物的关系来看，物只是劳动者的一种对象性存在，它只有纳入劳动主体的对象性视野才有意义，才能发挥作用。事实上，“生产力内部人与物的结合方式就是一定意义上的人与人关系的生存和协调方式”。[②]因此，在生产力中，物是作为物背后的关系性存在，人和物的关系只是人和人之间关系的外显。如果仔细领悟马克思在《资本论》中向我们昭示的有关商品这个物质范畴背后的真实内容，或许会对这一问题的理解有所启发。

从生产力的社会性意义来看，传统的生产力被理解为人类的一

① 王小锡：《经济的德性》，北京：人民出版社，2002年版，第137页。

② 同上书，第136页。

种征服和改造自然的能力。对生产力范畴的这一理解容易造成人和自然的对立姿态，这必然使生产力这一具有人类进步意义的范畴成为人类中心主义堂而皇之的有力佐证。当代全球的生态问题和经济自身盲目发展的问题越来越受到人们的重视，消解人和自然的主客二分，迈向“非人类中心主义”并走可持续发展的道路已成为人们的普遍共识。有学者指出：“必须在当代生态学语境中重新理解并确定生产力的本质，即把它理解为人在生产活动中与自然界和谐相处的一种能力。”[①] 不难看出,这一伦理式的语境要求给人们提供了一个新的思考生产力范畴的伦理范式，它已经成为生产力本身发展的内在要求，体现着自身的伦理内涵。

其实，马克思主义的生产力理论以及一般的生产力理论本身有着丰富的内容和深刻的内涵，然而由于本文的问题域和篇幅所限，我们不可能也没必要无一疏漏。文章中所论及的有关生产力的内容无疑是在生产力范畴自身当中和道德因素有关的部分内容，我们的目的也是为了论述和阐释“道德是精神生产力”。

二、道德生产力范畴认知的逻辑图式

上文已经提及了在伦理语境中对生产力概念的把握，它构成了对道德生产力理论认知的知识结构和一定的范式图景。这种认知的

① 俞吾金教授从科学技术的双重功能出发，强调确立历史唯物主义的当代叙述方式，并认为历史唯物主义的当代叙述方式必须对生产力、现代科学技术的本质和历史作用做出客观、辩证、合理的叙述。相关内容参见俞吾金：“从科学技术的双重功能看历史唯物主义叙述方式的改变”，载《中国社会科学》2004 年第 1 期。

过程是思维展开的有效形式，它在逻辑的延伸中逐步展开，形成了对该范畴认知的逻辑图式。这里的逻辑不光指在思维过程中的形式逻辑，更重要的是一种哲学意义上的辩证逻辑。

大多数驳斥“道德是精神生产力”这一论断的学者，遵循着这样一种思维路径，即由物质生产方式决定的经济基础是社会发展的决定性存在，经济基础决定上层建筑或意识形态，而道德属于上层建筑的意识形态内容，因此道德是被内含在物质生产方式中的内核，是由生产力所决定的（见下图）。道德作为一种精神性因素对生产力的发展有促进和推动作用，但道德的这种作用并不能作为道德属于生产力范畴的合法性根据。有学者就认为，把道德说成是生产力颠倒了物质和意识的关系，动摇了历史唯物主义的基石和唯物辩证法的内容。[①]

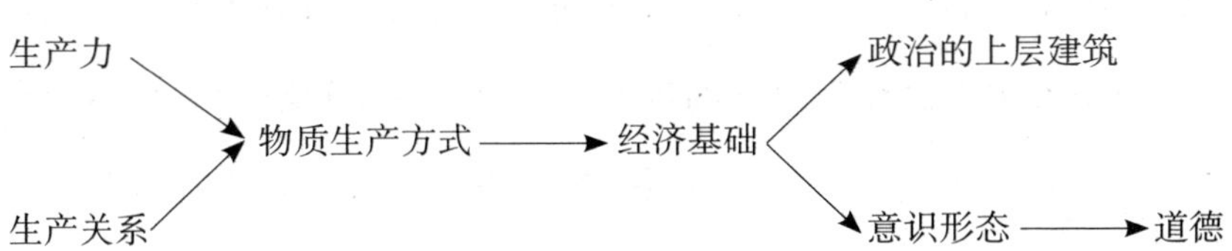

不难看出，这一线型的思维模式是大多数学者批判“道德是精神生产力”这一论断的思维方式。我们认为这是有悖于马克思主义哲学的辩证的、历史的逻辑思维方式的。形式逻辑和辩证的哲学逻辑是认识同一事物的不同方面。它们两者同时存在于对事物本身把

① 参见武高寿：“评‘泛生产力’”，载《生产力研究》1997年第2期。

握的思维图式中。在认识事物的过程中，两者可以并行不悖，然而辩证的哲学逻辑在对事物本质的把握上比形式逻辑更有发言权，因为形式逻辑和辩证逻辑之间的关系本身也是辩证着的。批所谓“泛生产力”的部分论者们过分强调了形式逻辑而忽视了辩证逻辑。科学的思维方式应是辩证逻辑中形式逻辑具体展开的有效形式。

首先，从上图的线性思维方式来看，虽然它在逻辑的推理形式中是自恰的，然而它忽视了在现实社会中，生产力与道德相结合的时空关系和实际序列。它能够说明两者之间的相互关系，但这种说明是狭隘的。社会在时空结构中并不是以生产力为发生源逐一衍生的线性序列，而是一种共生共存的综合性关系序列。这就是说，只要是有一定关系存在的地方，作为构成关系的内容两极（至少是两极），事物既在关系外，又在关系中，关系构成了事物的部分，事物也构成关系的部分（见下图）。由此可见，生产力和道德显然存在着某种交叠性关系。作为科学的进入生产领域内的道德就是它们的交叠内容，并且这些内容是两者共有并构成两者一部分的实质。至于怎样构成，上文已提及，这里不赘述，因为它并不关涉思维的逻辑形式。

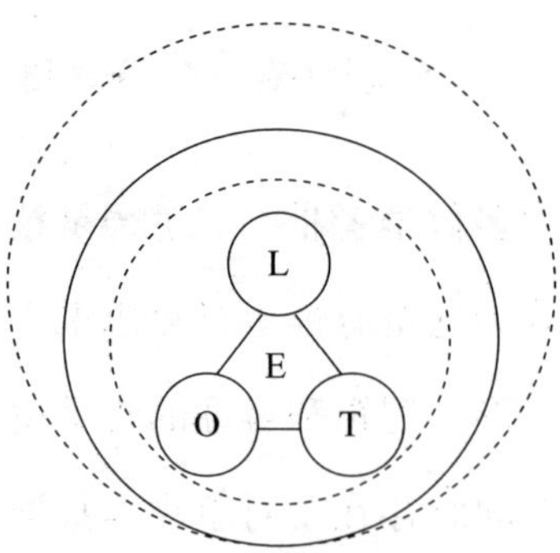

注：L：劳动者（laborer）
O：劳动对象（labor object）
T：劳动工具（labor tool）

图中的E（ethics）表示生产力三要素间的伦理关系，其居于中心也反映着在生产力中的道德的核心作用，并体现着生产力自身的伦理内涵。图中虚实相间的圆圈反映着生产力是一个开放性的系统。

其次，按照上文的推断，似乎会产生这样的疑问：既然两者共生共存，那么道德是否会丧失其独立性呢？有学者就认为，如果我们把科学技术等归入生产力范畴，就无法解释其作为独特要素在社会各方面的渗透与导向作用。[①] 我们认为围绕着每一个事物域，在事物域中，受事物的本质所宰制的各要素构成，并不意味着它们在该事物域外的独立性被剥夺。例如作为生产力中的核心要素的劳动者，无疑是由人组成的，人在生产力范畴中受生产力本质规律的制约，然而人在生产力范畴之外有其独立性的体现。道德（作为科学的道德）同样如此。因此，说把科学技术等纳入生产力范畴会使其丧失独立性，在逻辑上显然是说不通的。其实，科学技术、道德等在生产力范畴内也是有它的独立性的，它的独立性体现于它作为实体所具有的独特的主观能动性。

再次，逻辑演绎至此，有学者认为，如果科学技术、道德等归入生产力，那么照此推论，一切社会因素都可以被归入生产力范畴，因为社会结构的任何因素都直接和间接地与生产力发生关系。[②] 这一观点也是批判所谓“泛生产力论”的要旨所在。我们的观点是，就形式而言，把一切归入生产力范畴是对生产力概念的“过度泛化”，这显然是不科学的，然而，以此作为论据来驳斥科学技术、道德等

① 参见李怀：“泛生产力论和经济理论与实践中的思维缺陷”，载《生产力研究》1996年第2期。

② 参见李怀：“泛生产力论和经济理论与实践中的思维缺陷”，载《生产力研究》1996年第2期。

因素不应包含在生产力范畴中，显然缺乏在逻辑上的解释力度。要解决这一问题，无疑牵涉到一个生产力“因素资格”的问题，也就是某种因素是否有资格成为生产力要素的问题。法国哲学家、科学家冈奎莱姆认为：“某种概念的历史……是这个概念的多种多样的构成和有效范围的历史。”[①]随着社会历史的变化和发展，概念的自身也在不断更新代谢。生产力要素的资格无疑会随着社会的变迁在其有效范围内变动其内容。道德作为精神生产力的要素资格体现在生产力要素中，即时代和社会要求的集中体现。其原因上文已论及。

最后，“科学技术是第一生产力”这一论断目前在学界已经达成普遍共识，然而对于科学的理解维度却各不相同。不少学者只承认自然科学是该论断中的表义而拒斥社会科学的合法性地位。由于文题所限，在此不予论及。然而，需要指出的是，我们认为，社会科学是构成生产力的一部分，并且这也是“道德生产力”这一范畴的一个理论来源。

就道德和生产力的关系来看，许多学者承认道德和生产力有着密切的联系，对生产力的发展起着推动的作用，但是这并不能为道德作为生产力的要素存在提供理论依据。我们认为，这种辩驳的方式在逻辑上是存在着问题的。且不论道德成为生产力要素的内容性知识，单就形式而言，虽然对生产力的发展起推动作用的不一定是生产力要素，构成了生产力的要素却一定对生产力的发展起推动作

① 转引自［法］米歇尔·福柯：《知识考古学》，谢强、马月译，北京：三联书店，2003年版，第3页。

用。也就是说，是否推动生产力发展这一标准并不能成为是否构成生产力要素“因素资格”的标准。有些因素起着推动作用但不构成要素，而有些因素既起着推动作用也构成要素，道德就是这样一个例子。

综上所述，辩证地把握生产力范畴，合理的推理论证是正确认识生产力范畴的理论前提。对生产力范畴的理解应该跳出偏狭的物质本体论，走出单调的线性思维方式。透过物背后所实际包含着的且客观存在着的精神性因素。唯物只是体现在它的归根到底的意义上才有发言权，而这并不代表事物单纯的物质性。尤其是面对生产力这一“活体”范畴，则更应该深入地分析，而不应走这样的道路，即马克思在《关于费尔巴哈的提纲》中所言：“对对象、现实、感性，只是从客体的或者直观的形式去理解，而不是把它们当作人的感性活动，当作实践去理解，不是从主体方面去理解。”①

三、面向现实的道德生产力

“道德是精神生产力”这一论断并不能仅仅从理论上穷尽其自身的价值，更重要的是，它必须面对现实生活本身的实践性检验。这是该论断作为合理性存在的现实性依据，同时这也是面对诸多对该论断提出现实性质疑以及推论其在现实生活中的负面影响所做出的应有辩驳。

① 《马克思恩格斯全集》第 3 卷，北京：人民出版社，1960 年版，第 3 页。

作为精神生产力的道德必须外化才有意义，在具体的现实的社会生产领域内，其实质是转化为社会劳动生产力。伦理的两大本质问题即人的完善和人际关系的和谐直接为我们研究经济领域内的道德问题提供了方法论指导，“它在客观上必须把握人类经济活动的立体结构，并在此基础上把握人类经济伦理观念及其基本样式；同时在微观上需要认识人的经济活动的出发点和基本目的以及行为特质，弄清楚人的经济伦理情感和伦理观念的形成过程及其规律”。[①] 我们称之为主体及价值关系分析法，它为我们在具体分析面向现实的社会生产力时提供了道德的价值视野，让我们能够在生产力的内涵中，发现作为主体存在的价值取向和劳动态度；发现生产力内部的各种关系，如劳动者群体的伦理关系、人与物的实质伦理关系、生产力要素间的伦理关系等。这些方法论成了道德作为精神生产力面向现实的实质性指导，并凸显着现实性意义。

首先，道德作为精神生产力为社会生产力提供了合理性的价值内涵，为社会主义市场经济建设提供了精神动力和理性精神。完整意义上的市场经济是“理性经济”，市场经济的完善离不开道德手段。一方面，道德作为一种精神生产力实现着价值主体的自我完善，形成着劳动者的道德素质。人的素质，尤其是道德素质是生产力发展的决定性因素，它制约着人们以何种目的性要求配置资源，进入生产。在这个意义上，道德构成了生产力运行的动力源，是动力生

① 王小锡：“经济伦理学的学科依据”，载《华东师范大学学报》2001 年第 2 期。

产力。另一方面，道德的共享性价值资源为社会主义市场经济秩序的构建提供了理性精神的有效支持，促使社会主义市场经济体制不断地完善且良性运行。[1]

有学者认为，人的科学素质是人的核心素质而非道德素质，因此，道德素质在生产力发展中不起决定性因素作用，不具备动力生产力的资格。[2]其实，当我们在生产力中看待人的道德素质和科学素质时，都是以人的存在为前提的，人的合理性价值存在是人作为完整意义上的人存在的先在性条件。因此，当我们用人这一范畴来透视生产力概念时，这本身就是以一定的伦理语境为基础和前提的。在这个意义上，我们把道德素质看作人的最基本最核心的素质，从而构成生产力的动力源。当然，我们这里所说的作为精神生产力的道德是进入生产领域并体现为科学形态的道德。

其次，“道德是精神生产力”这一论断，并非属于所谓“泛生产力论”，也并不构成批所谓“泛生产力”者们所推测的种种负面结果。有学者认为，把道德等纳入生产力而造成所谓生产力“泛化”必然会导致所谓“泛经济化”“泛市场化”。[3]其理由是，“泛化”自然会把市场机制推广到社会的各个领域。其实在现实中，市场机制不用推广，自身也会随着资本的蔓延进入社会的各个领域，过分的市场化和经济化是市场经济自身的盲目性所致。从这个意义上来讲，

① 参见王小锡：《经济的德性》，北京：人民出版社，2002 年版，第 56—64 页。

② 参见周荣华：“论道德在生产力发展中的作用——与王小锡同志商榷”，载《南京理工大学学报》（哲社版）1997 年第 4 期。

③ 参见武高寿：“评‘泛生产力’”，载《生产力研究》1997 年第 2 期。

道德更应该发挥它在市场机制和经济生活中的作用而和市场经济相结合，并且道德也理应作为一种可以培育的资本即“道德资本”作用于社会经济生活。

还有学者认为把科学技术、道德等看作“生产力”是出于对发展科学技术或是道德重视的急切心情所致，并认为这样会导致“中心工作”的紊乱和“重点工作”的无序。[①]实际中的紊乱和无序是否为所谓“泛生产力”所致，这牵涉到许多现实问题，我们认为这样的推测是粗糙的。并不是因为要重视才强调，而是由于含有而彰显。至于急切的心情，如果它不构成一种动力的话，那么或许我们今天甚至还不知道何为所谓生产力。

再次，批判所谓“泛生产力论”的学者们，局限于偏狭的生产力观，拘泥于物质本体论的哲学范式，从而未能把握生产力范畴的丰富内涵和全面内容。而在批判的同时，对“泛化”概念的非精确性把握以及对所谓“泛生产力论”的贬义立场反而流露出其拒斥、非议的情绪化倾向和思维逻辑上的有限伸展。由于生产力的物质本体论割裂了生产力范畴中原有的各种关系，对生产力物质性的偏执易使市场经济的发展缺乏健康和活力。在现实的经济活动中，经济规则往往都是以“自利最大化”为前提的，过分强调经济规则而忽视道德规范和伦理精神在经济生活中的实际效用，无疑是不明智的。我国在近几年的经济发展中，已经意识到这一问题，提出不能完全

① 参见李怀：“泛生产力论和经济理论与实践中的思维缺陷”，载《生产力研究》1996 年第 2 期。

以 GDP 的增长来衡量一个社会的进步，并提倡绿色 GDP 的概念。我们看到，无论在国内还是国际上，更多的经济问题和道德问题融贯在一起，使得人们越发地关注经济伦理问题。经济伦理正在构建自己的学科体系，试图对这一系列问题提供科学的合理的解答。

最后，正如任何一个命题都会被提出与其相反的命题一样，“道德是精神生产力”这一论断的提出也必然会招致质疑。我们欢迎各种积极对话式的讨论，因为，作为一个范畴，如果它具有科学内涵，那么其本身就应该在不断地证伪中证实自身的生命力。并且，理论的价值不但来源于实践，同时也构成了价值的实践部分。

附录 2：记者采访

探寻“道德”和“生活”的支点[①]

——访经济伦理学家王小锡

郑晋鸣[②]

王小锡，南京师范大学公共管理学院院长、伦理学研究所所长。他，崇尚与追求“道德”，赋予“道德”以社会和谐的内涵；他，坚信“道德”永远不会落后于时代，探寻着“道德”与生活的支点。

记　者：1994 年您发表了一篇学术论文《经济伦理学论纲》和一部学术专著《中国经济伦理学》，这使您成为我国经济伦理学研究的开拓者之一。请问是什么样的“灵感”触动您找到了这个全新的研究领域？

王小锡：当计划经济体制向市场经济体制转轨时，我发现人们的道德观已经发生了巨大变化，诸如经商热、淘金热等市场体制发展初期的狂潮席卷着人们的道德理念。“道德与市场经济不相融”的

① 原载《光明日报》2007 年 1 月 6 日。

② 郑晋鸣，《光明日报》高级记者、教授。

观点在当时的文化与社会意识领域一度甚嚣尘上，道德滑坡……这样的境地下，我甚至对我的专业选择都产生了茫然：究竟道德和经济发展能不能有机地结合在一起，道德能否在经济生活领域发挥它不可或缺的作用？这样的疑问和困顿，一时冲击着我一直秉持的价值观。为了寻觅答案，我试图叩开中国经济伦理学构建和研究的大门。

记　者：如果说您的“灵感”来自疑问和困顿，那接下来您又是怎样把经济学和伦理学巧妙地结合起来的？

王小锡：在我的研究中，核心观点是“道德是资本”“道德是生产力”。因为“道德”作为理性无形资产，在投入生产过程中以其特有的功能促使生产力水平提高；在加强管理伦理意识和管理道德手段中增强企业活力；在提高产品质量的同时降低产品成本；在培养和树立企业信誉的基础上提高产品的市场占有率。换句话说，作为一种精神资本和精神生产力，道德通过激发人的进取精神、促进人际间的和谐协作等影响劳动者的具体功用，使作为“主观生产力”的人以更积极的姿态、更饱满的精神状态投入物质生产实践，从而使作为机器的“死的生产力”真正成为“劳动的社会生产力”，使有形资产最大限度地发挥作用、产生效益，这不仅驳斥了“道德与市场经济不相融”的观点，也从这一角度打通了“伦理学”与“经济学”的通衢。

记　者：从您的谈话中知道，您很重视道德伦理研究和社会现实功能的结合。您新近提出“和谐社会是道德化的社会”是不是对道德的社会性功能的又一阐释？

王小锡：可以这么说。我一直认为学术的生命力在于创新，人文社会科学的研究只有关注现实，解决实际问题，才能体现研究成果的学术价值和实践意义。党的十六大提出的“构建社会主义和谐社会”这一科学理念无疑就在中华民族的优良道德传统与现代社会发展中找到了一个绝佳的契合点。和谐社会是道德化的社会，道德伦理贯穿于整个中华文明史的精神脉络，它不仅能够为市场经济的发展提供“生产力”，更应该成为推动社会发展进程、构建和谐社会的巨大动力。

记　者：您是说“道德”在“和谐社会”的构建中起着不可替代的作用，能给我们具体谈谈吗？

王小锡：在对中华民族传统道德精髓和和谐社会理念的深入研究、分析和比较之后，我为“和谐社会”这一概念中的诸多和谐要素找到了道德观念的对应点。因为和谐社会既是一种社会发展的理想目标，也是一种社会发展的价值取向，更是渗透着道德精神的具有生机和活力的社会。物质文明展示道德精神，物质创造需要道德精神；民主法治的依据是社会主义道德；利益分配的合理性基于体现社会公正的道德价值；人际交往方式及其交往效果是道德实体的存在样式，是衡量社会和谐与否的直接表现形式；精神文化生活水平是和谐社会的重要内容和标志，而精神文化的核心依然是道德精神。

记　者：从最早的《中国经济伦理学》引起学界的诸多争议，

到“和谐社会的道德化”提法得到共鸣，您好像在拥有越来越多的拥趸，您怎么看待这个现象？

王小锡：能引起学界乃至社会对伦理学学科越来越多的关注，本身就是件好事。争鸣也好，鼓励也好，都在激励着我继续在这条艰辛求索的学术之路上走下去，让自己的研究成果勇于接受实践的检验，接受同人们诚挚而善意的商榷。

企业需要培育道德资本[①]

——访中国伦理学会副秘书长、南京师范大学公管院院长王小锡

郑晋鸣

记者日前走访了中国伦理学会副秘书长，江苏省伦理学会执行会长，南京师范大学公共管理学院院长、博士生导师王小锡教授。谈到三鹿奶粉事件，谈到国际金融危机，王小锡教授认为，问题的根本在于企业缺乏道德资本。

记　者：王教授，有专家认为三鹿奶粉事件的根本原因是企业缺乏道德责任。您多年来研究经济伦理学，提出并论证了道德资本理论，首先请您谈谈什么是道德资本？

王小锡：作为经济学范畴的资本概念在其初期并非指资本一般，而是资本特殊。20 世纪 60 年代，内含着精神因素的人力资本概念的提出使资本发展成为可以带来价值增值的所有资源的代名词。也就是说，资本包括物质资本、货币资本、人力资本、知识资本、社

① 原载《光明日报》2009 年 2 月 20 日。

会资本等。作为资本精神形态的“道德资本”，是指投入经济运行过程，能创造价值、获得利润的一切道德价值理念及其行为举措。简单地说，就是维系和保障经济活动、促进经济增长和企业利润增加的一切道德因素。当然，要说明的是，这里的道德是指科学意义上的道德。

记　者：您说的道德资本很有新意，那么，道德资本在企业的运行和发展过程中究竟有什么作用？

王小锡：道德资本在企业发展中的作用主要有三：首先是提高企业的经营境界，增强企业活力。企业生产是人为的生产，具备崇高道德精神就会对自己的用户负责任。同时，道德能使企业形成一种不断进取的精神和人际间和谐协作的自觉性，并由此促使有形资产最大限度地发挥作用和产生效益，促进劳动生产率提高。反之，则会阻碍企业的发展。

其次是促进企业打造人性化的道德产品。所谓产品人性化是指作为生产结果的生产产品能最大限度地满足人的本质需求。只要企业注重生产“道德产品”，就会不断扩大市场占有率，也就不会有三鹿毒奶粉那样的事件发生。

最后是企业的精神财富和无形资产。实物资本和无形资本只有相得益彰，才能发挥最大效益，因而无形资本的投入显得格外重要。实物资本在生产过程中发挥多大效益，获得多少利润，往往取决于劳动者的价值取向和对自身和社会的负责精神。可见，道德资本比实物资本意义更大，其关键不在于本身的“存量资本”，而在于它所带来的“增量资本”。道德资本在使实物资本成为资本的同时能最大限度地激活实物资本，成为获取利润的基础。在此意义上，道德既是企业发展的无形资本，也是一种生产力。

记　者：既然道德资本对企业的运行和发展如此重要，那么在您看来，目前我国企业界对道德资本的运用状况如何？

王小锡：就目前来看，我国企业界在道德资本的运用方面还很贫弱，情况大致有这样三种：第一是少部分企业已经把道德当作重要的资本，并且道德资本已通过健全的企业文化渗透到企业的管理、生产、销售等各个环节中去。第二是不少企业已经开始意识到道德是重要的价值资源或无形资产，但并未真正弄清它们究竟在何种意义上是重要的，还没有把这种价值资源或无形资产当作投资品来经营。第三是忽视甚至漠视道德资本，不认为道德是一种无形资产。习惯于把市场看作弱肉强食、成王败寇的一些企业，本着“赚钱才是硬道理”的思路基本不顾及道德资本的作用。这样的经营理念，使得许多企业在激烈竞争中败下阵来。

记　者：如果企业有意识地想培育道德资本，在培育过程中首先需要注意的问题是哪些？

王小锡：说道德是资本，也就是说要把道德看作一种投资品。既然是投资品，就需要精心培育。企业要想培育道德资本，首先需要搞清楚这样一个表面上看似“悖论”的问题：许多人一提到道德，马上就会联想到牺牲、奉献等价值取向，联想到道德应该追求和向往的崇高目标；那么，把本应是追求崇高目标的道德当作服务于企业赢利目的的手段，这不是自相矛盾吗？这个问题很关键，因为它折射出了企业在经营管理过程中都会遇到的一种价值冲突，即“利润”和“责任”之间的冲突。我以为，企业追求崇高目标，讲奉献，必要时讲牺牲，这是应该的，社会主义条件下的企业尤其需要树立这样的经营境界。然而，这与企业的经营目的并不矛盾。企业不应“唯利是图”，而应当讲究道德。换句话说，企业是以道德的理念及其方式去谋利。这是企业的生命力之所在，也是我提出并论证道德资本范畴的初衷。

其次，道德资本的主体觉悟形态不是一蹴而就的。其一，它有一个由道德认识不断深化，经过道德意志的培养，逐步强化道德信念的过程。其二，道德资本形成是一项系统工作，企业应该完善管理制度和生产运作机制，创造良好的道德和文化氛围等，从而加强道德教育力度，以各种有效措施，促进全体员工道德觉悟和企业道德水准的提高。其三，在社会主义市场经济条件下，多种经济成分并存，有可能形成各种不同的价值取向；同时，西方不同的道德观念也在不断地影响着人们的社会生活，这就给道德资本形成增加了复杂性。这就需要我们在道德资本的形成过程中，不断提高道德觉悟，分清良莠、遏恶扬善，真正使科学道德成为经济发展的助推力。

最后，道德资本不是独立形态的资本，作为精神资本它必须依附于物质资本，作为无形资本必须依附于有形资本。它需要将人们的道德理念及其觉悟渗透于生产销售的全过程，以其独特的价值功能发挥作用。正是这种无形性，使道德资本无所不在。

记　者：最后，我想问的是，在培育道德资本方面，需要做出哪些方面的努力呢？

王小锡：首先，道德资本的培育需要一个不断优化和完善的“道德环境”，具体地说，就是要有道德化的市场环境、法制环境、政策环境、行业环境、文化环境、国际环境等。其次，从企业自身来说，要明确自己的道德责任，要讲道德，讲企业良心，也就是说要做一个“道德企业”。为此，企业要善于学习并不断创新，把不断完善的公司治理结构与不断发展的企业文化紧密结合起来。企业要加强对员工的道德教育。尤其是企业家们，更应该躬身力行温总理的劝诫，企业家身上要流淌着道德的血液。最后，特别要注意的是，政府要有具备道德资本理念的战略管理思想，要有长远的眼光，管理好企业的干部和企业的经济和经营行为。

在善恶间把握经济学的价值[①]

驽　马[②]

囿于传统的对资本的否定理解，人们往往谈资本而色变，更不要说把道德与资本勾连起来了。基于此，王小锡教授提出的道德资本概念，受到了学界、商界的广泛关注和赞成，同时也引起了一些争鸣和质疑。本报第 1319、1326 期第 6 版曾编发系列质疑文章，对此王小锡教授做出了回应。现予编发，以供学界同人深入讨论。

利用资本意义上的道德来扼制经济恶行

记　者：虽然道德资本的提出和践行具有深厚的理论基础，但是这一概念的提出也受到一些学者的质疑。因为在实际行为中，道德往往成为攫取利润的手段，为了利润而利用道德的做法比比皆是。您认为，在经济活动中应如何厘清道德行为与经济行为的关系？

王小锡：对于这一问题，需要阐明几点：

---

① 原载《社会科学报》2012 年 11 月 29 日。

② 驽马，《社会科学报》特约记者。本名姜晶花，博士，北京科技大学副教授。

首先，经济与道德是不能脱离的，这其实是理论常识。在经济社会中，道德是与其相伴而生的，尽管道德作为社会意识有其相对的独立性，存在道德的善和恶、进步与落后的问题，但这丝毫不能影响经济社会中道德存在和发挥作用的事实。忽视了这一点，连经济是什么也解释不清楚，甚至会陷入困境。正如诺贝尔经济学奖获得者阿马蒂亚·森所言，“经济学与伦理学的分离已经导致了福利经济学的贫困化，也大大削弱了描述经济学和预测经济学的基础”，“随着现代经济学与伦理学之间隔阂的不断加深，现代经济学已经出现了严重的贫困化现象”。这种基于现实层面的学科考虑从一方面说明了道德与经济之间的密切关系，而这在实践中也被越来越多的人所关注。当下的中国，所要做的就是创造良好的善德条件，使道德在资本逐利过程中发挥更为合理的疏导作用。

进一步说，经济和道德的关系最集中的体现是在道德资本这一概念中，道德和资本相互内化，这不是奢谈，是对道德资本的现代诠释。对于道德资本，有“将道德解读为一种资本”“将道德资本化”“将道德与资本等同”几种误解。我所提的“道德资本”是基于道德在经济发展和获得利润过程中有其独特的不可替代作用的层面。离开了道德视域，经济不可能被正确、全面地认识和把握，经济学也会走向形而上学。现实中，人们往往从物和数的角度理解资本，其实资本有其独特性，可以做道德性解读，资本本身内含着人文因素，在一定社会条件下也内含着政治因素。资本的所有与投资问题离不开人和人际关系的考量，在经济运行过程中，人们的价值取向和劳动态度即人们的道德觉悟，直接影响产品质量和销售服务承诺的兑现程度等，从而直接影响产品的市场占有率，影响资金的流转速度和利润获得的多与少。我认为，道德资本存在的理由是充分的，这是基于道德是资本形成过程中的不可缺少的精神因素，也是获得更多利润的重要精神性条件。

其次，现实生活中那种被利用的道德不是我们追求的经济道德行为。其实，被利用的所谓道德已经不是我们所理解的趋善意义上的道德。这也正是我们倡导道德资本的本意，即市场经济要良性发展，就必须重视道德资本的存在，利用资本意义上的道德来扼制经济恶行。所谓社会中“为了利润利用道德的做法比比皆是”的现象，也是“道德资本”所要摒弃的。

当然，对于经济中存在的种种现实道德问题，在社会主义市场经济的初级阶段都是可以理解的。我认为，为了纠正在发展过程中的负面问题，要积极发挥“道德资本”在社会主义现代化建设中的作用，积极地看待道德在现代市场经济中的作用，这才是对社会负责任的一种态度。

为经济发展带来更大空间

记　者：现实世界中，道德的提升与经济利益的获取并不一直是齐头并进的。经济活动的历史表明，许多巨大经济利益的获取，往往是在违背道德的情况下取得的。从历史看，许多大国的原始经济积累就说明了这一点。您如何看待这种经济发展的悖论？

王小锡：从历史的角度看，确实存在着资本在逐利过程中的不道德现象，或者道德的提升与经济利益的获取并不一直是齐头并进的现象，这不是悖论。前者是一定历史条件下出现的短视行为，后者是在私有制条件下暂时的现象。但这现象并不能否认资本本身具有道德性。经济发展的历史告诉我们，恶德所带来的经济发展是没有可持续性的。只有资本与道德的发展达到相互支撑的程度，经济的发展才有更大的空间。

在这里需要厘清一个问题，就是如何看待资本。在我看来，这可以从资本本性的两个角度理解。一是马克思经典资本理论中资本特殊（在资本主义条件下的资本）的一种理解，即资本是带来被剥削的剩余价值的价值，它从头到尾都滴着肮脏的血，这是剥削的代名词。二是资本一般（在成熟的社会主义公有制条件下的资本）的理解，即资本是投入生产过程能带来利润的物质和精神资产。这样，道德资本一定是资本一般中的精神资本，它不可能是资本特殊中的因素，因为马克思所论及的资本有其历史的特殊性，是腐朽没落道德的代名词。因此，我认为的道德资本是融入不了被马克思批判的资本概念的，它可以融入资本一般的概念，与资本一般不仅不存在冲突，而且能够扩大资本存量。

正是因为资本的本性给大众留下了马克思所描述的肮脏印象，其形象才会如此面目可憎。然而，在 21 世纪全球化和现代化发展的语境下，经济发展不同于几个世纪前的资本原始积累下的强盗逻辑，而是需要寻找可持续发展之道。道德资本作为资本一般中的精神资源，在当下，应该挖掘其积极的作用。也就是说，道德资本的引入可以为经济发展带来更大的空间。

另外，充当资本形态的道德在为价值增值过程服务的同时也对资本本身做出了内在的道德约束。凡是合道德的资本或资本道德必然是在一定程度上限制资本的负面效应，从而增强资本社会效益的有效资源和价值物。这是道德资本所特有的一种社会价值性质，是他类资本所不具备的。而这些作用所实现的途径是通过道德教育提升精神境界，推动社会道德的进步。

道德资本存在两重性

记　者： 道德资本的提出，初衷是希望在一种理想的理性环境下发挥道德的作用。但是，我们知道，道德的约束是一种上位要求，而法律才是经济活动中的底线刚性束缚。您如何看待二者在经济活动中的作用？

王小锡： 道德资本对于市场经济的良性发展是有推动作用的，而这一提法对于当下是有思想和实践上的积极作用的。但是学术的认识和现实的认识有可能存在差距，这是可以理解的。依靠道德资本的观念去调节经济活动中的种种负面行为，在学理上是一种愿景，但重要的是有进入实践层面的可能，这是现实的，也是在现实中实践的，作用的大小需要时间的证明。

当然，任何社会道德和法律的约束对经济活动来说都是同样重要的。在经济活动中需要柔性的道德约束，而对于触及底线的则需要法律的刚性约束，两者不可或缺。在经济活动中，资本是以实体存在的，但它与人相关联，有人的因素，本身就带有两者的约束。道德是一种资本，并不是要从道德上去美化资本，使道德沦为资本增值的伪善工具。这背离了道德和法律在资本中的功能。道德资本存在两重性：它一方面充当资本的营利要素或手段，另一方面也是对资本的"内在批判"。前者是强调在正当意义上获取更多的利润，后者是指资本在追逐利润的同时，也在客观上塑造着人本身，而这些被提升了的人类物质方面和精神方面反过来又会内在地成为约束资本负面效应的力量，也即对资本的"内在批判"。不论是哪个方面的理解，道德和法律的约束都是必要的、正向的。

因此，对道德和法律作用的认识基于不同的层面：前者可以在资本的层面做一正向的理解，即理解道德资本的积极作用；后者则可以在底线的保证上做出刚性约束。

真正的经济是内含道德的经济

记　者：在成为经济人之前，个体的道德资本如果能够得到增强，在经济活动中，道德资本的作用才有可能彰显。也就是说，道德的培养和形成不仅仅是在经济活动中进行的，而且更多是社会生活的需要。您如何看待这一观点？

王小锡：在成为经济人之前，个体的道德资本如果能够得到增强，那么在经济活动中，道德资本的作用就会得到彰显；而在交易开始后，再考虑人的道德资本的位置也是需要的，只是解决问题的方法不一样。重要的是，贯穿始终的道德教育在道德培养和形成中是不能忽视的。

这种认识的前提基于思想层面的解析。在道德资本发挥作用的过程中，必须理解真正的经济是内含道德的经济。不可否认，经济是人的经济，是社会利益关系发生、发展的特殊存在方式，也是人和人际关系或人际利益关系的本质反映。就如马克思所认为的，“真正的经济——节约——是劳动时间的节约（生产费用的最低限度——和降到最低限度）。而这种节约就等于发展生产力。可见，绝不是禁欲，而是发展生产力，发展生产的能力，因而既是发展消费的能力，又是发展消费的资料。消费的能力是消费的条件，因而是消费的首要手段，而这种能力是一种个人才能的发展，生产力的发展”。这里的“真正的经济”是不断训练人、发展人的经济，是不断处理和生产人与人之间相互关系的经济。也可以说，经济是关注人和人的发展、关注道德、与道德共生存的经济。作为理解经济的基础或切入点的产权、经济活动的核心或前提的生产劳动、经济持续运行的分配与交换行为和最佳经济状态的“帕累托佳境”等，均与道德有着不可分离的密切关系。所以，经济概念不是纯物质或物质活动概念，它与道德有着必然的联系。

了解了这样的前提，无论在之前还是之后都会认识到强调道德的重要性。因此，在现实生活中，应强化对道德的全面认识和懂得道德教育的重要性，并践行之。

面向全球的“道德资本”研究[①]

——访南京师范大学教授、博士生导师王小锡

驽　马

“道德资本”研究近年来越来越受到社会和学界关注，其提出者王小锡教授多年来始终致力于道德资本观的研究，发表了系列学术成果，在国内产生了重要的学术影响。近日，作为道德资本观研究的现阶段总结性的研究成果《道德资本研究》（英文版）（*On Moral Capital*）由德国施普林格出版社（Springer）面向全球出版发行，再次受到学界的关注。针对其中的最新成果及其意义，本报做此专访。

记　者：《道德资本研究》（英文版）在德国施普林格出版社出版发行，请您谈谈“道德资本”研究的历程及其意义。

王小锡：《道德资本研究》的海外出版对于我意义非常大，作为一名学者，学术成果能够走出国门是莫大的欣喜。国内学术界，尤其是在伦理学领域，对于“道德资本”概念是不陌生的，这是我在

① 原载《社会科学报》2015 年 8 月 6 日。

二十多年前首先提出，并一直坚持系统研究和论证的。而“道德资本”是经济伦理学的主要核心。

从20世纪90年代初我就开始涉足经济伦理领域，可以说，当时经济伦理学还只是处于初创阶段。基于传统的认知与逻辑，从一开始就有人质疑经济和伦理、经济和道德之间是否存在着关系，经济伦理和经济伦理学能否成立等一系列的问题，也促使我开始考虑经济伦理学何以成立？事实上，在我看来，解决问题的关键在于弄清楚伦理和道德的经济价值问题，即伦理和道德能帮助企业获得更多效益和利润。在此基础上，我开始致力于经济伦理学的主要核心问题研究，即“道德资本”研究。通过多年的文本研究和长期调研，逐步形成了“道德资本”研究体系。近年来，我先后与美国著名哲学家吉伯德、著名经济伦理学家恩德勒以及德国著名经济伦理学家科斯洛夫斯基等进行了多次国际学术对话，每次对话都丰富了我关于“道德资本”的研究。可以说《道德资本研究》（英文版）是我二十多年来研究道德资本理论成果的阶段性总结。同时也是江苏省设立的首批省级社科外译项目成果。

《道德资本研究》（英文版）可以说是在国际上展示了我的具有原创价值的道德资本观，希望与国内外学者引发共鸣，并为经济建设及企业发展提供重要的指导或启迪作用。

记　者：《道德资本研究》（英文版）书中主要的学术观点是什么？

王小锡：主要分析和阐明“道德也是资本”这一观点。我从五个方面进行阐述：第一，道德是人性化产品设计的灵魂。经济发展速度或企业经营效益往往取决于企业的产品设计和产品质量。产品设计和产品质量决定了产品的市场占有率和销售速度，进而影响企业利润的实现及增长。进一步而言，企业的产品设计和产品质量通常受制于科学技术、社会文化和道德三个因素，其中道德决定产品的人性化程度和价值指向等，这是产品质量的灵魂。第二，道德是缩短单位产品社会必要劳动时间的重要因素。单位产品社会必要劳动时间的缩短，往往很大程度上依赖于产品制造过程中的道德渗入，也就是说，今后的产品市场占有率，很大程度上取决于产品在多大程度上符合人性或人的生活质量提高的需求。第三，道德是市场信誉之源。企业在产品的制造、销售和服务过程中讲信誉，必然会不断扩大市场占有率。道德责任意识是企业的精神支柱，道德承诺和道德举动是企业获取市场信誉并获得更多利润和效益不可或缺的重要因素。第四，道德是激活有形资本并提高资本增值能力的重要条件。资本的本质特征在于运动，资本只有不停地运动，才能实现价值增值，否则就不能称其为“资本”。在资本运动的过程中，道德能够通过激活人力资本和有形资本促使价值增值。第五，道德也是生产力。作为人的品质或品性的道德，在人进入生产过程并发挥作用时，也就直接转化成生产力。没有人的“主观生产力”的参与，“死的生产力”不可能成为社会劳动生产力。而缺失基本的道德素质，人作为生产力第一要素在进入生产过程中就将处在被动状态，在发挥劳动资料和劳动对象的能量时，往往也是没有动力，没有目标的。

“死的生产力”不能最大限度或最好状态地被激活。因此，道德也是生产力，是企业获取更多效益和利润的精神生产力。

记　者：我们关注到，在您提出“道德资本”概念后的一段时期内，国内学界争议不断，请您说说主要有哪些不同观点？您是如何看待的？

王小锡：“道德资本”提出后遭到了学术界的一些质疑，这是正常的争鸣，我相信争鸣能够促进学术的深入。主要有以下方面的质疑：如有人认为，在马克思那里，资本的本质不是物，而是生产关系，资本的每一个毛孔都是肮脏的；在马克思的意义上，道德与资本的联姻不可想象。如果把社会主义道德或趋善意义上的道德与马克思意义上的资本联姻，的确不可想象。但现在的问题是，道德资本概念并不是简单地把道德与资本联姻，更何况，这里所说的道德资本概念中的资本并非马克思使用和论述的特殊资本概念，而是资本一般视阈下的范畴。社会道德能够以其特有的引导、规范、制约和协调功能作用于生产过程，促进经济价值增值。因此，从资本一般概念出发，道德作为影响价值形成与增值的精神因素而具有资本属性。换言之，道德资本是体现生产要素资本的概念，是广义资本观下的资本概念。它不同于马克思政治经济学中作为反映或批判资本主义社会制度和经济关系的分析工具的资本概念。还有人认为，“道德资本”概念的提出会使道德陷入工具化的危险境地。这里必须澄清一个观念，即道德的作用与道德的工具化不是一回事。况且，“道德工具化”是一个伪命题。因为，一是如果把道德仅仅作为赚钱的工具，这时候的道德不是我所指的趋善意义上的道德，而是趋恶意义上的道德，甚或是伪道德，是缺德。如果因缺德而赚钱，那是特殊社会背景下的暂时的畸形经济现象。二是如果把道德作为市场上的交易条件或手段，这说明道德或良心可以用来交换或买卖，那这样的所谓道德或良心还是我们所理解的道德吗？稍有点常识的人应该不会这样去考虑问题。因此，道德的工具理性作用与道德的工具化是不能等同的。还有一些质疑在我的系列回应论文中呈现。

记　者：结合您近二十年的“道德资本”研究，针对您的理论观点和学界相关质疑，您有哪些需要特别说明的？

王小锡：这确实有。从学术角度，我想强调三点：一是道德和道德资本并不是同一的，也就是说，并不是凡道德就是资本，发挥经济功能并产生效益的道德才有资本意义，这也是道德发挥资本作用的逻辑边界。二是说道德是一种资本，并不是要从道德上去美化资本，而是强调道德可以而且应该为获得更多利润和效益发挥其独特的作用。三是说道德是资本，并不会使得所谓资本的本性膨胀，反倒是道德可以内在地引导、规范或约束资本的理性投入和正确走向。

记　者：《道德资本研究》（英文版）是您阶段性的成果，那么，请问您在以后的“道德资本”的学术研究中有何进一步的计划？

王小锡：我正在主持国家社科重大招标课题《中国经济伦理思想通史研究》的研究工作，这是“道德资本”研究的进一步延伸，它能够为“道德资本”提供充分的思想史资源。同时，我将和我的经济伦理研究团队开展广泛的社会调查，在前期初步架构企业道德资产评估指标体系的基础上，继续展开对我国经济伦理和道德资本的应用性研究，希望能为我国经济发展及企业建设提供服务。

经济新常态需要“道德资本”①

——访中国伦理学会副会长，南京师范大学教授、博士生导师王小锡

郑晋鸣

道德资本是经济发展和企业经营不可忽视的精神资本。在努力打造经济新常态的今天，我们更应该关注其文化、精神尤其是道德要素，并努力培育道德资本，以实现经济新常态的完美样态。那么，我们该怎么做？

中国伦理学会副会长、博士生导师王小锡教授多年来研究道德资本理论，并形成了独特的理论体系，其所著《道德资本研究》（英文版）一书作为江苏省社科规划办经专家评审立项的首批外译著作已由德国施普林格出版社面向全球出版发行，产生了广泛的影响。近日，记者就有关问题采访了王小锡教授，他提出了一些值得关注和深思的观点。

记　者：请问您在何时、何背景下提出道德资本概念并开始系

① 原载《光明日报》2016 年 1 月 28 日。

统研究和建构道德资本理论的？

王小锡：20 世纪 90 年代初，随着我国的经济体制改革的不断深入，经济发展速度也在不断加快，然而，社会道德水平滞后于经济的发展，尤其是一度出现的“全民经商”现象，在“一切向钱看”的社会潮流和趋势下，社会道德被忽视，形成了物质文明与精神文明不对称的情况。

我在提出并以系列成果论证道德资本观以后，引起了学界较为广泛的关注。我力图通过研究成果说明，道德是经济发展和企业经营的重要资产，道德资本是经济发展和企业经营不可忽视的精神资本，唯有不断加强道德资本培育，企业才能在激烈的竞争中掌握主动，赢得更多利润和效益。因此，经济发展和企业经营不能忽视道德资本及其独特的作用，离开了道德视角，经济不可能被正确地了解和把握。

记　者：道德何以成为资本？如何理解经济发展与道德的密切关系？

王小锡：事实上，企业能不能赚更多的钱，首先决定于产品质量，而产品质量不只是材质和科技文化含量等，更重要的是在管理、设计、生产、销售产品过程中所渗透进去的人的要求因素和对用户的责任心，即道德内涵。可以说，产品的道德含量决定了产品的市场占有率。同时，企业能不能赚更多的钱，除了企业注重生产、经营的每一个环节的信誉外，尤其要重视产品销售服务承诺的兑现度。说实话，任何产品在使用后都会需要修理，假如售后服务不到位，那再好的产品市场份额、销售速度以及利润都会受到影响。所以说，企业的道德境界和道德素质直接影响利润的多寡。因此，道德也是资本。在努力打造经济新常态的今天，我们更应该关注其文化、精神尤其是道德要素，并努力培育道德资本，以实现经济新常态的完美样态。

道德不仅能够以自身的价值理性为资本服务，也可以在资本内部以自身的价值理性约束资本本身，以避免资本本性的非理性膨胀和资本逻辑的无度扩张。因此，资本需要讲道德。

记　者：听说您研究和设计了企业道德评估指标，请您介绍一下。

王小锡：我在带领我的研究团队在较为广泛的社会调查研究基础上，初步设计了企业道德资本评估指标，其主要目的是在理论研究的基础上，让道德资本能够在实际操作中被应用。

我认为，企业资本是指进入生产过程并可以带来利润或收益的货币、实物、债权、企业文化和企业精神等生产性资源。而在作为企业文化和企业精神的无形资本中，体现为企业及其员工道德觉悟和德行、道德性制度等的生产性道德资源即为道德资本。

作为企业无形资本的道德资本，尽管不可以量化，但可以依据企业道德行为及其道德现象进行评估。企业道德资本评估指标可以从以下四方面确认：一是企业道德理念，即企业对企业道德在思想观念上的认识和把握程度；二是企业道德制度，即企业道德转化为企业关心和爱护包括利益相关者在内的所有有关人的制度、清洁生产制度等；三是企业主体道德觉悟，即企业领导、员工及企业外合作者体现为忠诚、关爱、诚信的道德觉悟等；四是企业生产经营的道德诉求，即企业在生产经营过程中面向用户的道德责任和道德目的。

根据以上对道德资本的确认原则，结合我国企业实际道德建设状况，可以把道德资本分解为各级各类应用和操作性指标。其一级指标包括：一是企业道德理念与道德原则，体现为企业在生产、经营、管理等过程中应有的道德境界和道德要求，以及道德境界和道德要求渗透其企业生产、经营、管理等过程的具体的道德指导、道德管理观念；二是道德性制度，体现为企业人性关怀、和谐共治的规则；三是道德环境，体现为企业员工在工作、生活中的被尊重、被关注的家庭式和谐人际关系环境和道德文化浓厚的外化道德环境；四是道德忠诚，体现为企业员工对企业的向心度和奉献精神；五是产品道德含量，体现为企业产品在设计和生产过程中对用户的生产、生活、心理、生理等人性和道德需求的认识程度和贯彻程度；六是道德性销售，即企业产品在销售过程中对用户的责任承诺的兑现主动性和兑现程度；七是社会道德责任，即企业对包括国家、社会、同行、员工、顾客等在内的利益相关者所应该履行的义务；八是道德领导与领导道德，即企业领导者自身的道德素质以及对员工及其家属的生、老、病、死的人性化的管理等。

在这八项企业道德资本评估的一级指标中，道德理念和道德原则是贯通其他七项指标的核心内容，由于有道德理念和道德原则的贯通，因此，各项一级指标之间也均存在着或多或少的联系。尤其要指出的是，企业道德资本是综合性理念，它不以某项突出指标为依据来评估道德资本。事实上，一个企业的道德资本雄厚，必定是意味着企业道德在各方面都建设得比较有成效，而且在企业生产、经营和职工生活等方面取得了比较明显的成效。

记　者：当下，企业应如何培育道德资本？

王小锡：企业培育道德资本，要在社会主义核心价值观引导下，至少应该有以下举措：一是要树立适应时代要求的企业家道德精神，并以此影响企业的理性决策；二是要加强企业道德建设，积累企业道德资产；三是要将企业道德精神贯彻、渗透到企业管理、生产、销售等各个环节；四是要加强企业职工道德培训，整体提升企业道德水平；五是企业应该定期或不定期地进行道德资产评估，以便不断提升企业道德建设水平。

附录3：学术对话

经济伦理的当代理念与实践[①]

——王小锡教授与科斯洛夫斯基教授学术对话录

王露璐[②]

2009年12月，德国著名经济伦理学家彼得·科斯洛夫斯基教授应邀在南京师范大学公共管理学院开展讲学活动。讲学期间，公共管理学院院长王小锡教授与科斯洛夫斯基教授进行了一场别开生面的学术对话。

彼得·科斯洛夫斯基1952年生于德国哥廷根，现任荷兰阿姆斯特丹自由大学教授。他在伦理经济原理以及市场经济伦理等方面有较深的研究，出版、发表了大量关于哲学、宗教、经济学、伦理学和经济伦理学等方面的著作和论文。其中，《资本主义的伦理学》（中国社会科学出版社，1996年版）、《伦理经济学原理》（中国社会科学出版社，1997年版）、《后现代文化：技术发展的社会文化后

① 原载《伦理学研究》2010年第2期。

② 王露璐，南京师范大学公共管理学院教授，法学博士，博士生导师。

果》（中央编译出版社，2006 年版）等著作已翻译成中文在我国出版。尤其是《伦理经济学原理》一书，为我国经济伦理研究提供了重要的理论和方法资源，已成为我国学者从事经济伦理研究时引用最为频繁的著作之一，对我国经济伦理学学科发展也产生了很大的影响。

王小锡教授在我国较早开展了对经济伦理学的研究，现任南京师范大学公共管理学院院长，兼任中国伦理学会副会长、教育部人文社会科学百所重点研究基地中国人民大学伦理学与道德建设研究中心经济伦理学研究所所长。王小锡教授早在 1994 年就率先发表了研究经济伦理学体系的学术著作《中国经济伦理学》和学术论文《经济伦理学论纲》，他开创性地提出并以系列学术研究成果系统论证了“道德资本”“道德生产力”“经济德性”等范畴，阐发了颇具特色的学术理念。目前，王小锡教授主编的《中国经济伦理学年鉴》（南京师范大学出版社出版，现已出版五卷）是全面系统展示中国经济伦理学研究现状和成果的重要平台。

王小锡教授（以下简称“王”）与科斯洛夫斯基教授（以下简称“科”）的此次对话，可谓中外经济伦理学的一次高层次的“亲密接触”。两位教授就金融危机中的伦理问题、企业道德及其作用、企业自由和企业责任、道德资产及其评估体系等问题展开了充分的沟通和交流，并对中外经济伦理研究的共同性、差异性以及双方未来的合作进行了极富意义的探讨。

一、经济伦理视阈中的金融危机

科斯洛夫斯基教授近期刚刚完成了一部关于金融危机及其后果的新著，王小锡教授也曾就这一问题发表过《金融海啸中的中国伦理责任》一文。双方的对话首先由这一共同关注的现实热点问题展开。

科：金融危机的核心问题在于过度消费。一方面，这一问题体现在国家层面上的透支性支出，如美国在伊拉克战争和阿富汗战争上的大量付出、德国为统一付出的巨大代价等。另一方面，也体现在日常生活领域中过度的超前消费、贷款消费等。

王：过度消费也是消费主义的一种体现，是消费主义的变种。金融危机的重要原因是银行监管机制和监管制度不到位，说到底是人们的责任意识不到位。

科：完全正确。银行作为贷方应当承担起监管的责任，但事实上目前银行对于借方的监管很不到位。其中一定的原因在于，这种监管毕竟并非一件愉快之事。

王：金融高层监管不到位实际上是一种明知故犯，表明管理人缺乏责任意识。所以温家宝总理说：金融危机的根源是缺乏道德责任。就美国而言，金融从业人员尤其是高级管理人员过分求利而不顾应尽的监管责任，丧失了对自己的金融产品、行业和客户应有的责任意识，导致金融监管远远跟不上金融创新的步伐。美国经济学家约瑟夫·斯蒂格利茨曾指出，全球性金融危机与金融业高管的巨额奖金有一定关联，因为奖金“刺激了高风险行为”，即便他们失去了饭碗，他们仍能带着一大笔钱走人。在巨大的利益诱惑面前，责任意识早已被抛至九霄云外，荡然无存。

科：金融危机更重要的原因是制度缺陷。目前西方国家的金融政策是造成全球性金融危机的制度性根源。例如，房屋贷款抵押过低，尤其是美国，贷款是“只看信用不看能力”，也就是说，几乎完全基于借款人的信用记录而不是其目前收入所代表的还款能力。这种金融政策存在很大的问题。由于门槛过低，利率接近于零，借方感觉似乎可以无限制地支取。在这种“不借白不借”甚至“不借是傻瓜”的政策所带来的心理诱导下，人们竞相贷款而失去了应有的消费理性。

王：美国这种“只看信用不看能力”的贷款制度所引发的问题，恰恰验证了“信用不等于信誉”这一论断。信用更多体现为经济制度，信誉却反映出经济主体的道德觉悟。仅有信用制度是不够的，还要通过道德的教育提高经济主体的信誉意识。

科：道德确实是很重要，但要看到，道德无法解决制度、结构上的问题。比如，贷款利息低、门槛低，你不去利用就成了傻子，在这种情况下让人以道德去拒绝对自己有利之事是不可能的。也就是说，如果制度本身有问题，道德的作用是非常有限的。正如列宁所说，制度性的问题迫使一个人无法遵守道德，列宁对资本主义制度的批判正是因为这一制度使人无法走向道德。而且，银行家以低门槛、低利率把钱贷出，不断推出新型的金融产品，他并不认为自己在道德上有什么问题或者过错，甚至认为自己是在做有益于消费者之事。

王：这恰恰说明，要解决带来金融危机的制度问题，必须从根源上解决制度的道德性问题。制度的合理性来自对道德的正确认识和把握，如果仅仅是为制度而制度，制度很容易沦为经济主体为自身利益服务的工具，只有建立在道德之应然基础上的制度才是真正合理和有效的。

二、企业道德在企业经营中的地位和作用

王：彼得，我注意到您曾经说过这样一句话，“对道德性的低估是一种唯科学主义的错误结论”。我非常赞同您的这一观点。从宏观上说，一个企业不解决为谁生产、为谁服务这个理念问题，将会直接影响到企业的发展。原因在于，企业生产产品必定要考虑到市场需要，越符合人性需求的产品市场占有率越高，忽视这个问题，企业无法在激烈的市场竞争中立足。再如，一个好的产品如果售后服务不到位，同样会影响到企业的市场形象。但是，在今天市场经济的发展中，很多企业恰恰陷入了“唯科学主义”的误区，把企业视为纯粹的经济体，把企业行为看作纯粹的经济行为，把道德完全排除在企业和企业行为之外，这显然是一种错误。您能否再谈谈唯科学主义这一问题。

科：我说所的“唯科学主义”是针对西方学术界和市场经济实践中一种非常流行的观点，即认为无论出于何种动机，市场本身有一种物理的力量迫使行为不端者出于自身利益而做出有利于他人的

行动。例如，企业为了赚钱必须卖出自己的产品，因而必须考虑并满足顾客的需求，否则，产品无人购买自然会导致企业破产。我认为，这种把市场完全理解为物理的、机械的客观规律的观点是错误的，我把这种观点称为“唯科学主义”。事实上，市场是非常复杂的，它并非一种物理的或者纯粹机械的东西，市场活动也绝不等同于你一锤子砸到手后产生疼痛感这样的机械反应。市场经济中必然还有一些非物理的东西在发挥作用，必然包含着很多精神活动，不能把精神的、道德的力量排除在市场之外。尽管人们在市场上受到自我利益的驱动，但是道德的因素不能因此而被忽略。

王：我理解得没有错，我的观点和你一样。就目前我国的企业情况来看，唯科学主义的情况比较严重。

科：柏拉图的《理想国》中有一个故事，讲述牧羊人盖吉氏（又译古各斯）偶然得到一枚可以让自己隐形的金戒指。于是，盖吉氏利用这枚戒指的神奇力量引诱王后、谋杀国王、夺取王位。这个寓言是个很好的思想试验，它说明人们更容易被自己的利益而不是道德所打动。也就是说，当一个人认定自己做了不道德的事不会被抓住，他就会去做不道德的事。商人也是如此，从其本性来说，商人总是将道德视为一种约束或负担，因而不愿意受道德的约束。

王：所谓“商人不讲道德才能赚钱”是建立在“人性恶”理论假设基础上的错误命题。事实上，在现代市场经济条件下，真正面向长远利益和未来发展的商人必须讲道德。原因在于，最终你的产品必须销售出去，必须满足他人需要，得到社会的认可；这就意味着，你必须诚信地为顾客提供优质的产品和服务。不讲道德的欺诈是一种冒险的短期行为，我国的三鹿奶粉事件就是一个典型的例证。从长远来说，企业必须讲道德才能真正实现持久的发展。

科：我同意。但是，我认为仅仅从长远利益来论证道德符合商人或企业的利益是不够的。对于一个商人而言，面对所谓“长远”，他可能首先会问“生命有限，我活得到吗？”而现实中每天都在出现的破产、倒闭，也容易使企业因为长远利益的不确定性而趋向于“有钱先赚了再说”。因此，我想不从长远角度而是从参与交易的每一方的利益来为企业应当讲道德提供另一个论证。也就是说，参与市场交易的每一方讲道德对各方都是有利的，这一论证可以支持企业为什么要讲道德；并且，从当前市场经济的现实运行和经济主体的道德境界来说，这一论证在理论和现实中的说服力在一定程度上优于从长远道德角度进行的论证。

三、新自由主义与企业责任问题

王：彼得，你曾经说过，“把自由理解为完全不受市场的干涉，这最终导致一种纯粹的权力伦理学”，我想请你进一步谈谈这一问题。

科：自由有很多形式，人们对自由也会有不同的理解。如果你的自由没有对他人造成伤害，那当然是没有问题的。对于企业而言也是如此。比如，企业只是想经营得更好，想降低成本增加收益，这不仅对企业自身是有益的，对全社会也有好处，这当然应当是一种不受干涉的自由。但问题在于，企业存在于市场之中，必然存在着与利益相关者产生冲突的可能性，由此，企业也不可能处于完全无约束的自由状态。20 世纪 50 年代的新自由主义概念不同于今天的新自由主义概念，当时的新自由主义主张的是“自由资本主义 + 社会福利制度”，他们对 19 世纪的自由主义进行了批评，认为在国家干预下建立社会福利保障系统的资本主义自由市场经济是最好的。不过，现在这种自由主义似乎已经被忘却了。

王：我赞同彼得的观点。在不伤害他人的前提下，商人可以自由地决定自己的生产经营活动，包括生产什么、生产多少、怎样生产等，这是没有问题的。但是，一旦这种自由可能伤害到他人，就必须要用道德进行约束，甚至要把道德上升为法律来进行约束。也就是说，自由要受到一定的限制，这种限制来自你必须承担的责任。因此，自由与责任密切相连，无法分开。所谓“企业不伤害他人而自由地从事生产经营活动”，其中的“不伤害他人”就已经构成了一种约束，既是一种理念约束，也是一种行动约束。从这一意义上说，对于企业而言，所谓自由的生产经营活动仍然是有约束的；这种约束是自我约束与外在约束的结合，约束的理念和手段应该是来自对“应该”的正确认识和把握。

科：新自由主义是一个比较复杂的问题。我认为，建立完善的社会保障体系确实是政府应当完成的任务，但我不同意那种将再分配视为政府任务的观点。有一种观点认为，以公平为目的的再分配优于不公平的再分配。但这个问题实际上很复杂。比如在 19 世纪就有人认为，一个利润太大的企业会很快离开市场，一方面是因为风险与利润成正比，另一方面，更重要的是，由于赚钱太快，企业主就容易不进行再生产和投资，而是趋于过度消费，这对整个社会是不利的。我觉得，新自由主义的前途和资本主义的前途取决于诸如此类的很多问题，也是非常复杂的。

王：新自由主义反对政府干预经济的主张，实际上缺乏基本的道德性。尽管政府干预并非永远正确，国内、国外都有过政府干预错误的例证，但一般而言，政府总是代表大多数人的利益，因此，政府形成的干预社会经济运行的制度、法律基本上来自一种与时代要求相一致的正确的道德理念，是解决市场经济局限性的必要手段。

四、道德资本与企业道德资产的评估

科：道德对经济发展是有作用的，道德会影响企业生产，在这个意义上，企业的生产经营活动除了劳动成本、固定资产成本、流动资金成本等产生作用以外，道德显然也发挥着作用。对于这一问题，西方学术界以社会资本或文化资本来阐释，您提出的“道德资本”范畴具有十分重要的理论意义和现实价值。但我认为，这里有一个问题，道德资本不能完全用有用性来穷尽，也就是说，道德有资本不能穷尽的含义。

王：对。我补充一点，社会资本和文化资本的外延应该比道德资本更大，强调道德资本能够更好地显现道德的意义或价值，同时也更加凸显了伦理学的学科价值。我赞同您所说的，强调道德有用不等于说所有的道德都能成为资本。正因为如此，我提出道德资本有以下四种形态：第一，道德制度。制度本身是为了人并服务人的，应该具有某种价值合理性，因而，理性的制度本身不可能游离于道德之“应该”之外，它应该是道德化（道德性）的制度，即道德制度。如果一项道德制度能通过规范或制约人的行为，促进经济社会利益的增加，那么这项制度就具有道德资本意义。第二，理性关系。理性关系形态是道德资本的主体性维度的基本形态。作为道德指向的人与人之间、人与社会之间的理性关系的型塑，将直接决定着企业经济活动的成败与效益，这就是作为理性关系形态的道德资本。第三，主体觉悟。主体觉悟形态的道德资本着眼于主体崇高的价值取向和积极的人生态度。第四，物化道德。道德资本的实物性载体是道德产品，这是道德资本最终实现价值的依托。也就是说，产品应当具有道德性，符合人性化要求。概括起来说，并非所有的道德都能成为资本，道德一定要进入生产过程并体现为效益才能成为资本。比如家庭关系中，孝是一种道德，但它不进入生产过程，因而也就不能成为道德资本。

科：这四种形态概括得非常好。

王：我认为，经济伦理研究要更好地发挥经世致用的功能，必须使其更好地进入到企业的生产经营活动中去。目前，我正在试图结合承担的国家社会科学基金重点项目“商业伦理与企业核心竞争力研究”，通过全方位、立体的镜像调研反映中国企业道德问题的现状；在此基础上，争取用 2—3 年的时间设计出一套具有实践操作性的企业道德资产评估体系。彼得，我想听听您对企业道德资产评估的看法。

科：如果能够以一定的方式对企业道德资产进行评估和测度，当然是非常有意义的。这样一来，企业道德会更多地受到企业主或企业家的重视。对这个问题我没有进行过太深入的思考，但是，刚才我听您谈到道德资本的四种形态，我认为企业资产的评估完全可以以此作为理论基点，也就是从道德制度、理性关系、主体觉悟和物化道德四个方面细化出具体的可测度指标。例如，理性关系应该是在某种程度上可以测试的，公司内部员工的相互关系、公司与利益相关者的关系等，都可以在评估体系中得到体现。再如，物化道德也是可以在一定程度上测度的。企业是否能够满足客户需要的理念贯穿于产品的原料、外形、包装等诸多方面，也可以通过设计一定的评估指标来进行测度。

王：这个问题对我的课题研究来说是个难点，感谢您的建议。希望在初步拟定评估体系后，能够再有机会与您就这一问题继续展开探讨。

此外，王小锡教授与科斯洛夫斯基教授还交流了目前中外经济伦理学研究的热点问题及中国经济学的未来发展前景，并就双方今后的学术交流与合作达成了初步意向。此次学术对话，创建了中外经济伦理学学科间高层交流与合作的独特的平台，既使我们了解到国际经济伦理学的前沿信息，也将我国经济伦理学的独创性研究成果推向了世界，充分彰显了中国经济伦理学蓬勃发展的良好态势。

经济伦理与企业发展[①]

——王小锡教授与恩德勒教授学术对话录

王露璐

2010年5月24—26日，美国圣母大学教授、著名经济伦理学家乔治·恩德勒教授应邀在南京师范大学公共管理学院开展讲学活动。讲学期间，恩德勒教授以“财富创造与中国经济伦理的发展”为主题做了两场学术报告，并与公共管理学院院长王小锡教授进行了一次主题为“经济伦理与企业发展”的学术对话。

乔治·恩德勒教授1943年出生于瑞士，1967年、1973年和1976年分别获慕尼黑大学哲学系、里昂神学院和弗里堡大学经济学系硕士学位，1982年和1986年分别获弗里堡大学经济学博士学位和圣盖伦大学经济伦理学博士学位，现任美国圣母大学门多萨商学院教授。恩德勒教授是欧洲经济伦理学网络的创始人之一，国际企业、经济学和伦理学学会前会长（2000—2004），在国际经济伦理学界享有盛

① 原载《道德与文明》2010年第5期。

誉。自 1994 年起，恩德勒教授开始在中国参加经济伦理教学和研究活动，并在中欧国际工商管理学院讲授 MBA 和 EMBA 的“经济伦理学”课程。恩德勒教授已出版 18 本著作，发表论文 100 多篇，其中中文版专著《面向行动的经济伦理学》及合著（编）的《经济伦理学大辞典》、《国际商务伦理学》和《发展中国经济伦理》等，在我国经济伦理学界产生了较大影响。

王小锡教授在我国较早开展了经济伦理学研究，现任南京师范大学公共管理学院院长，兼任中国伦理学会副会长、教育部人文社会科学百所重点研究基地中国人民大学伦理学与道德建设研究中心经济伦理学研究所所长。目前，由王小锡教授主编的《中国经济伦理学年鉴》（南京师范大学出版社出版，已出版七卷）已成为全面系统展示中国经济伦理学研究现状和成果的重要平台。

此次王小锡教授（以下简称“王”）与恩德勒教授（以下简称“恩”）的学术对话主要涉及“经济伦理学的学科概念和实践意义”、“中美经济伦理理论与实践的现状”、“道德资本及其对企业运行的意义”和“全球化背景下中国经济伦理学面临的挑战与应对”等议题。双方在上述问题上进行了充分的交流与沟通，增进了彼此的相互了解，并在很多问题上达成共识。现将对话主要学术观点整理如下。

一、经济伦理学的哲学分析与实践面向

如何理解“经济伦理学”这一学科名称的含义？两位中外经济伦理学界著名学者的话题由此开始，并在此基础对经济伦理学的哲

学分析和实践面向这两个基本层面及其相互关系进行了探讨。

恩：在美国，尽管对经济伦理学的定义并不完全相同，但通常而言，学者们认为它是一个总括性的概念，包括微观、中观和宏观三个层次。经济伦理学并不等同于企业伦理学。我也持这样的观点，如同我在自己的书中所指出的，经济伦理学在三个层次上去改进决策和行动的伦理质量。美国一些著名的经济伦理学家，也通常从比较宽泛的意义上理解经济伦理学。例如，理查德 · T. 德 · 乔治认为，作为一个领域，经济伦理学涵盖了商业、私有财产以及不同经济系统的伦理基础。

一般来说，经济伦理学和商业伦理学是可以相通的。在美国有三个与此相关的概念：经济伦理、企业社会责任、经济活动与社会的关系。过去两年，美国出版的《牛津经济伦理手册》（布伦科特，2010）、《牛津企业社会责任手册》（克瑞恩，2008）和《经济伦理学与社会的百科全书》（科尔伯，2008）这三本书都谈及这三个概念。布伦科特把对道德问题的哲学分析和关于企业内外部问题的案例研究结合起来，将哲学分析与系统的、组织的和个人的道德问题联系在一起，是一部从企业角度出发关注“实践”的书，涉及企业中大量的各类关系，体现了对待企业伦理学问题的典型的美国方式。《牛津企业社会责任手册》主要是考虑企业对社会的互动关系，更多是利用哲学以外的如心理学、社会学、经济学等学科的方法进行分析。尽管责任这一术语对企业社会责任来说是基础性的，该书却很少去界定或解释它的三个重要组成部分：主体（谁有责任）、内容（要负什么责任）、权威（对谁负责）。《经济伦理学与社会的百科全书》有五卷，是迄今为止“经济伦理学”和“企业与社会”这两个领域中最大的百科全书。它对概念的界定是清晰的、内在一致的，该书认为经济伦理学旨在详细指出那些企业必须在经营过程中依道德行事的原则，主要是依据西方哲学的传统；而企业与社会这个领域考察的是企业实体和社会之间全部的相互关系，主要依赖社会科学的工具。由此，我们不难看出，经济伦理学、企业社会责任以及企业与社会这些领域需要在概念上更加清晰，更具有内在一致性，应该更多地尝试“两条腿走路”的方式，也就是哲学分析和社会科学的视角与方法相结合。

王：我赞同你的观点，经济伦理学有两个基本层面，它既是一种哲学的分析活动，又必须是面向实践的。现在很多人有一种错觉，仿佛经济伦理或企业伦理单纯是对实践问题的描述而没有哲学思考，这是一种误解。近来我在两本书中批评了这种观点。我认为，经济伦理学是面向实践的，但它同时是一种哲学的分析活动。原因在于，经济伦理学的研究必然要涉及经济的本质和经济活动的本质，要弄清“经济人”的本质、“道德人”的本质等，而这些显然都是一种哲学分析。此外，经济与伦理的关系、企业与社会的关系都是辩证的问题，只有用哲学的视角才能清晰地予以把握。经济伦理学的哲学分析与实践意义并不矛盾。您在中国已被翻译出版的《面向行动的经济伦理学》一书，书名就强调了经济伦理的实践内涵。我觉得，这本书正是将经济伦理的哲学分析和实践应用这两方面结合起来的，尤其是以下四个方面的论述非常突出：指出经济伦理学必须面向实践才有生命力；论述创造财富不仅仅在于物质财富也包括精神财富；辩证分析企业自由与企业责任的关系；强调经理人的道德作用。

恩： 我觉得经济伦理的理论最终一定要能够应用于实践。正如英国著名经济学家约翰·梅纳德·凯恩斯（John Maynard Keynes）所说，真正好的理论一定是应用性的，一定对实践有实用价值。

王： 确实如此。可以说，我在20世纪80年代末开始从事经济伦理研究，也正是源于“实践”二字。具体而言，主要有三个原因：第一，我一直认为，伦理学要发挥自身的学科价值必须能够对经济社会的发展产生作用。从我国当时经济社会发展的实际状况看，改革开放后我们开始突出强调以经济建设为中心，我也就自然想到了伦理学应当面对的一个问题：伦理学如何更好地推动经济发展？第二，以经济建设为中心的指导思想和实践行动，一方面极大地解放了生产力并带来经济的飞速发展，另一方面也导致了人们对经济中心地位的片面理解，并因此引发了种种道德失范现象。这些现象和问题要求我们从伦理学的角度进行反思。第三，我本人对经济学有着浓厚的兴趣，马克思的《资本论》是我长期研读的著作。这些主客观因素，促使我想到从经济与伦理的学科交叉角度，把经济伦理作为自己学术研究的主攻方向。

恩： 您的这番话让我回想起我个人的经济伦理学学术历程。1970年，我作为学生到印度，当时我是学神学的，在那里我听到这样一种论断：要真正了解社会必须了解社会的经济活动。所以，我开始转向经济学。我在博士期间研究的是收入分配问题，博士论文是关于瑞士的贫穷问题。通常人们认为，瑞士这个国家是不存在贫穷问题的，我正是要提醒人们，贫穷问题在瑞士同样存在。在这之后，我越来越认识到，经济与伦理有着十分密切的关系。我在瑞士从事经济伦理研究时到美国访问，注意到美国的企业合作关系问题，这成为我后来到美国就职的重要原因。

二、中美经济伦理学的研究现状与面临问题

王小锡教授与恩德勒教授交流了当前中美经济伦理学研究的现状和关注的热点，以及在理论体系与实践应用方面取得的共识和面临的问题。

恩：关于美国经济伦理学的研究状况，我想首先要了解两个问题：一是在现实中发生了什么？二是在学术界学者们做了些什么？从 1992 年我到美国，至今已有 18 年。20 世纪 90 年代出现了经济活动的全球化趋势，众多的美国公司都在力求对外发展。全球化产生了这样一个问题：伦理标准究竟是相对的还是普遍的？这个问题至今没有结论。从经济伦理在企业中的应用这个层面来看，应该说取得了很大的进展。美国联邦政府曾经给法官一个指导性原则：如果公司比较注重伦理问题，注意企业内部和外部关系的协调，那么在其造成对社会的伤害（如造成污染）时，可以减轻对其判罚。显然，这一原则正是意在鼓励企业更加重视伦理道德。在美国，很多大公司通常是由企业的副总裁专门负责企业伦理问题。1991 年，美国还

成立了一个“企业遵从伦理协会”（Society of Corporate Compliance and Ethics，简称 SCCE），横跨各州，参加者有数千人，大多是企业的副总裁。应当说，这是美国经济伦理发展中很重要的一步。但是，自 20 世纪 90 年代以来，美国也发生了很多丑闻，其中影响最大的是 2001 年的“安然事件”。这也说明，经济伦理学在实践中仍然没有得到真正的重视，在企业实践中，不道德的行为还是比较严重的。也正是由于“安然事件”等丑闻的发生，2002 年美国国会通过了一项法律，明确禁止一些非伦理行为（如欺诈等）。在这项新法律中，伦理被作为一个突出的因素加以强调。

王：对于这次席卷全球的金融危机，美国经济伦理学界是否进行了分析和探讨？

恩：在美国，无论是在学术界还是现实实践中，曾经有一种说法非常流行，即只要每个人把自己的事情做好，这个社会就会很好。但是，这场严重的金融危机迫使人们对这一观点进行反思。2008 年 10 月 23 日，前联邦储备局主席格林斯潘在国会听证会上被问及对金融危机的看法时承认自己“犯了一个错误，我假定企业（尤其是银行和其他一些企业）的自利可以最好地保障企业的股东及他们在企业中的权益”。他认为，在这场危机中“那些看上去像非常坚固的建筑一样的东西，实际上也就是市场竞争和自由市场的重要支柱，的确是垮了”，这令他感到震惊并改变了他“四十多年来一直相信会非常好地发挥作用”的思想体系。要知道，从 20 世纪 60 年代开始，格林斯潘就非常信奉个体主义哲学，尤其非常推崇安·兰德（Ayn

Rand）的《自私的美德》（*The Virtue of Selfishness*）一书，他声称阅读该书后确立了自己的人生道路。但是，这场危机却使其思想发生了改变。因此，我们必须远离这套个体主义哲学，更加关注公共利益、公共福祉和公共服务。事实上，美国现任总统奥巴马就试图在政策上更多地向公共利益倾斜，但他也遇到了相当大的阻力。

从当前美国经济伦理学研究来说，虽然没有形成统一的理论体系，但已经形成了一些基本共识：第一，个体哲学是不成功的；第二，相对主义和怀疑主义是不可接受的；第三，仅仅注意眼前利益是十分危险的，这也正是金融危机给我们的深刻教训。尽管美国经济伦理学的学科体系没有普遍的、共同的框架，但其理论大体基于四个方面：一是功利主义原则；二是权利，主要指人权；三是公平正义；四是美德伦理学。一般来说，美国经济伦理学教材都是强调这四个原则，并探讨这些原则的实践应用。

王：注重实践应用确实是美国经济伦理学教材的特色，也是美国整个经济伦理学研究的一个特色，这是你们的一大优势。在这点上，中国经济伦理学研究中理论与实践的脱节现象还比较严重。

应该说，中国经济伦理学是20世纪80年代末90年代初才真正引起关注的。20多年来，主要研究了以下问题：第一，经济的伦理内涵。这个问题必须首先研究，在我国带有启蒙性质。曾有少数学者提出，经济与道德是没有必然联系的两种社会现象，经济学应当是“道德无涉”的。但是，我国经济伦理学研究中的主流观点认为，经济一定是人的经济和人际关系的经济，因此，经济一定内含伦理道德因素。第二，伦理的经济价值。伦理道德的经济作用如何体现？或者更通俗地说，伦理道德是否可以及何以能够帮助企业赚钱？对这一问题的认识是随着中国经济伦理学学科的不断完善而逐步清晰的，学界提出了一些新的学术范畴或学术理念，从而为伦理道德之经济价值问题提供了创新的研究视角和学术话语。我这几年专门研究“道德资本”问题，已经撰写、发表了七篇系列文章，同时还阐述了“道德生产力”问题，这些在学界也引起了广泛的探讨。第三，关于企业伦理问题。具体而言，企业公民、企业责任、企业行为规则、企业诚信等问题，也是近年来比较受关注的问题。尽管20多年来中国经济伦理学快速发展，但总体而言还很不成熟。并且，尽管我们的理论研究尚不成熟，但一些理论观点已经很难被社会认同和接受。从现实来说，现在很多的企业还只是想着投入、产出、赚钱、效益这些问题，既没有认识到经济本身的伦理内涵，也不懂得把伦理道德作为工具理性去帮助企业获得更多的利益。这些问题的存在，也要求中国经济伦理学更好地面向实践、面向问题，更好地承担起自身的学术使命。

从经济伦理的实践规范来说，我国目前还没有形成成熟的、统一的规范体系。但是，有一点是值得关注的，就是近年来我们越来越关注国际经济行为的道德准则，尤其是一些全球性的认证标准，如ISO9000和SA8000。伴随着中国企业与国外企业之间交流与合作的增强，这些全球性的标准已在相当程度上成为中国企业走向国际市场的“准入”性标准和跨国公司选择中国合作伙伴的“准联”性标准。应当说，与美国相比，我国经济伦理在面向实践方面还有不小的差距，中国企业大多没有专门官员负责企业伦理问题，目前也没有像美国那样有影响的企业伦理行为协会。严格来说，中国经济伦理学的理论研究具有一定的超前性，而在应用这一层面上则相对滞后。但我相信，通过学者和社会各界的共同努力，经济伦理学理论一定能够在中国引起更加广泛的社会关注并在实践中得到认同和接受。

恩：我赞同您的观点。不过，这里我们需要关注这样一个问题：一个伦理上负责任的公司是否一定意味着商业上的成功？比如，一个公司对顾客负责，对员工公平，这样的企业是否就一定能够获得更多的利润？在美国，这一直是一个争论不休的问题。

王：这也正是我国经济伦理学现在特别关注的一个问题。从客观上看，由于实践中经济伦理规范体系并不成熟，可能出现这样的问题，即不讲道德反而能赚钱。我曾分析和归纳了我国企业道德状况的三种类型：一是道德自觉型，即能够自觉地将道德作为一种工具理性应用于生产经营活动，渗透于产品设计，帮助提高产品质量，加速销售速度。我国的海尔集团就是这种类型中的代表。但是，这样的企业可谓凤毛麟角。二是道德理念模糊型，时而觉得讲道德对企业有积极作用，时而又觉得道德无助于企业发展。正是因为理念上处于一种不确定和不清晰的状态，这样的企业自然也就缺乏一以贯之的道德行为。现实中这种类型占绝大多数。三是道德堕落型，为了赚钱不择手段，不惜以损害消费者或社会的利益为代价。“三鹿奶粉”就是这样的个案代表，美国当年的“安然事件”同样根源于企业诚信与责任的缺失。当然，这三种类型只是一个初步的分析。近来，我和我的研究团队正在拟写计划，准备做一次全方位的企业道德调查，力求通过调查客观反映中国企业道德的基本状况。

三、道德资本及其对企业运行的意义

“道德资本”是王小锡教授在经济伦理学研究中长期关注并加以系统阐释的独创性概念。在对话中，双方饶有兴趣地探讨了对“道德资本”这一概念的理解及道德资本对企业运行的现实意义。

恩：据我所知，德国也有学者在使用这个概念。我没有就此做过专门的研究，按照我的理解，道德资本是不是一种企业的品德。

王：可以这样理解。西班牙学者西松在《领导者的道德资本》一书中，就是把道德资本当作个人的品质、企业的品质。但他没有做进一步的展开论述。在我看来，道德资本可以更具体地分为道德制度、理性关系、主体觉悟和道德产品四种主要形态。这四种形态在道德资本的运行过程中分别扮演着不同的角色，承担着不同的功能，同时又相互渗透，相互影响。例如，一个企业如果能够建立公正、人道、诚信的企业管理制度，在企业内部和外部实现和谐的关系，员工和企业领导具备良好的道德素质和社会责任感，这样的企业一定能够设计和生产出符合市场需求的人性化产品，也必然能够获得更高的市场占有率和更多的利润。正是从这个意义上说，道德可以帮助企业获得更多利益。

恩： 西方学者强调的企业道德资本，往往指的是企业的信誉。

王： 这是道德资本中的一个部分。如同我刚才所说，道德资本还包括其他的内容。例如，一个水杯，生产和设计中必须有人性化的道德理念。比如说，它的直径要适宜人的要求，太大了手无法握住，太小了又不实用。这种“为人”的理念在它的材质、外形等诸多方面都要加以显现。也就是说，设计的依据是人的需求，违背人的需求产品就没有市场，企业的利润自然也就无从谈起。所以，任何一个产品的设计、生产和销售都要符合人的需要，这就是一种道德理念。而企业的这种道德理念，对于企业而言就是一种道德资本。

恩： 每个企业都是一个道德的行动主体，一个道德的行动主体是有它的品质或者说资本的。资本在英文中有两层含义，一种是有价证券和资产，另一种主要指现金流，也就是说，资本可分为存量资本和流量资本。我认为道德资本更类似于你拥有的股票，是一种存量资本，企业只有保有存量资本才能维持正常运行。也就是说，企业的道德品质可以成为一种资产，道德资本如同一种企业所拥有的、以后能赚钱的有价证券，它和企业经济活动的关系就如同生产活动中资产和流动性的关系一样。

王： 我认为，企业道德资产和道德资本是有区别的。企业所有的资产，无论是固定资产、流动资产或是物质资产、精神资产，如果不进入生产过程，就仅仅是企业的资产，只有进入生产过程，才有可能发生增值而真正成为企业的资本。也就是说，资产是可能的资本，资本是进入生产过程产生效益的资产。同样，如果企业道德不进入生产过程，它也仅仅是与一种道德资产，只有当它进入生产过程，它才真正能够成为一种道德资本。

四、全球化背景中中国经济伦理学面临的挑战及其应对

恩德勒教授曾经指出："在中国，经济伦理是一个巨大的挑战，这一挑战的广度和深度不容低估。"两位教授由此出发，探讨了当前中国经济伦理学发展面临的问题和经济全球化背景中的普遍性道德准则。

恩：我把经济伦理分成宏观、中观和微观三个层次。首先，从中观即企业这一层面来说，中国面临着很大的挑战。过去中国很多企业都是家族企业，香港也是如此，并且有很多成功的例子。家族企业当然有自身的一些优势，比如，由于家庭成员间更容易产生信任，家族企业比较容易处理员工之间的关系。但是，改革开放后，中国企业发生了很大变化。伴随着企业规模的不断扩大，企业需要面对和处理的关系愈加复杂，原有的家族企业模式受到很大的挑战。如何把各方面的理念、动机、目标结合起来，这是一个很大的挑战。在这点上，我认为日本的一些企业提供了很好的思路和做法。例如，日本著名的松下公司就非常重视企业文化和企业伦理。其次，中国是从计划经济向市场经济转型，这是两种不同经济系统之间的转换，存在着很多不确定性。这就如同你建一个从南京到上海的高铁，必然牵扯到与之相关的整个系统都要发生相应的变化。在这个转型的过程中有三个不同群体：公司、政府、公民社会，其相互关系也会

发生相应的转变。最后，如何定义中国在经济全球化中的地位？这也是一个问题。全球化的问题不是哪一个国家的问题。在全球化的进程中整个人类越来越变成一个整体，经济活动的全球化迫使你考虑自己在其中的地位和作用。事实上，这不仅仅是中国面临的问题，而且是全球每个国家必须面对的问题。

王：您说的这些问题确实值得我们在发展中国经济伦理学的过程中加以重视。经济伦理的基本理念在不同的国度存在着很多的一致性，经济全球化更会促使各国企业寻求一些普遍化的道德准则。因此，较之其他应用伦理学的分支，经济伦理的理念和规范更具有共同性。

恩：2000 年联合国秘书长安南曾经领导达成了一个包括十项原则的“全球契约”，订立了企业应当遵守的一项条约。当然，这项条约的遵守是自愿的，是一种道德性的条约。全球契约是为承诺依据在人权、劳工、环境和反腐败方面普遍接受的十项原则进行运作的各企业提供的一个框架。作为已有一百多个国家数千家企业参加的世界上最大的全球企业公民行动倡议，全球契约的首要关切就是展示和建立企业及市场的社会正当性。一个公司签约加入全球契约就意味着赞同其信念，即植根于普世原则的企业实践有利于使全球市场更加稳定、更加公平和更具包容性，并有助于建设繁荣昌盛的社会。

自 2009 年起，南京师范大学经济伦理学研究团队开始尝试打造“经济伦理中外高层对话”这一独特的平台，以此加强中外经济伦理学学科间的高层交流与合作。此次王小锡教授与恩德勒教授的学术对话，是继王小锡教授与德国著名经济伦理学家彼得·科斯洛夫斯基教授开展首次对话之后，实现“经济伦理中外高层对话”系列化、常规化的又一次成功尝试。双方还就“中国伦理学会经济伦理学专业委员会”（筹）与国外经济伦理学专业协会间的学术互访和合作进行了磋商并达成了初步意向。

伦理学的实践意蕴与道德资本[①]

——王小锡教授与艾伦·吉伯德教授学术对话录

张　露[②]

2012 年 5 月，美国密西根大学哲学系布兰特杰出大学讲座教授艾伦·吉伯德，应邀在南京师范大学公共管理学院开展讲学活动。这是吉伯德教授应国内大学邀请的首次中国之行。讲学期间，吉伯德教授分别以“规范性直觉能否成为规范性知识的来源？”（Could normative insight be source of normative knowledge？）、“作为规范概念的意义”（Meaning as a Normative Concept）、“协调我们的目标”（Reconciling our Aims）为题开展了三场学术讲座，并与中国伦理学会副会长、南京师范大学公共管理学院院长王小锡教授进行了一场学术对话。

此次王小锡教授（以下简称“王”）与吉伯德教授（以下简称“吉”）对话的内容主要涉及规范表达主义的研究对象与理论依据、

① 原载《伦理学研究》2012 年第 4 期。

② 张露，江苏开放大学副教授，哲学博士。

元伦理学与应用伦理学的对接、道德资本与道德作用的发挥机制等议题。对话的主要学术观点如下。

一、规范表达主义的研究对象与理论依据

吉伯德教授所提出的规范表达主义在当今英美元伦理学理论中独树一帜，代表了非认知主义的最新理论形态。规范性直觉作为其理论体系存在的依据，在其研究中占有重要的地位。而王小锡教授也曾经就规范所体现的社会生活中客观存在的“应该”发表过文章，两位学者的对话由此问题展开。

王：吉伯德教授研究并提出了元伦理学的规范表达主义，我对此很感兴趣，请您简要介绍一下。

吉：规范表达主义是一种伦理学原理，它不是研究具体的一个个道德判断，而是以整个伦理学为研究对象，研究道德判断本身的性质。伦理学是关于什么样的行为是合理的，或者说什么样的行为是可以得到辩护的理论，同时也是关于情感的，即哪些情感是合理的或是能得到辩护的。比如，某些行为对他人造成伤害，人们便会对这类行为产生仇恨的感觉，像这样一些情感、感受也存在是否合理的问题。

王：您的规范表达主义与情感表达主义的联系和区别是什么？

吉：两者有联系也有不同之处。情感表达主义在说一个行为正确或错误时，只是将情感表达出来，并没有做出任何道德判断。而规范表达主义在说一个行为正确或错误时，其结论的做出是有某种

依据的。当我们进行道德判断时，实际上是处于这样一种心理状态中，即预先接受了一套规范体系，然后根据这套规范体系进行判断。因此，当主体做出具体道德判断时，就不纯粹是一种情感的表达。而究竟哪些情感的反应是有正当理由的，在很大程度上则取决于主体是否处于这样一个规范体系的心理状态中。而人们之间的社会活动，就是要发展一个关于交往的规范体系。从这个意义上讲，您所从事的经济伦理研究，也就是要发展一个经济领域内的伦理学规范体系。

王：诚如您所言，社会生活中有许多行为规范。而人们需要自觉地"按理性生存"，就是要遵照这些规范生活。那么，这个规范体系建立的依据是什么？也就是说，我们所认为的社会生活中客观存在的"应该"究竟是什么？只有充分理解这个"应该"，才能使得您所说的"规范"有据可依，否则我们如何判断这个"规范"本身正确与否。

吉：规范体系的建立依赖于一个人的道德直觉，比方说我们看到某个人伤害别人，或是做出作弊之类的行为，直觉上就会认为是不正确的。但问题是有时直觉并非连贯的，在逻辑上会发生冲突，不同的人对同一事物的直觉也有可能存在差异。此时需要做的有两件事：一个是设法使人们之间互相冲突的直觉变得一致，另一个是通过交往以达成道德共识。

王：您说得有道理，但在更为深入的层面上，我认为主体行为选择的标准有两个：一是看是否有利于道德主体自身的存在和发展；二是看是否有利于实现双方利益的共赢，或多方利益的多赢。简单地讲，即两利相遇取其重。比如对堕胎这一行为的看法，在美国存在颇多争议，而在中国堕胎在一定条件下是被允许的。对于个人而言，可能生养多个更好，但对社会来说，却无法在人口急剧膨胀中得到发展。这就是当个人利益与社会利益相遇时，后者显得更为重要。所以，对诸如此类情况的道德判断，遵循两利相遇取其重的原则，得出的结论也是堕胎在一定条件下是被允许的。

吉：我同意您的看法。但有个问题，我们还必须追问理由本身的合理性。比如您刚才所举的例子，并非在任何情况下堕胎都是正确的选择，但我们之所以认为某种行为是合理或不合理的，最终还是要通过直觉来判断。社会有不同的利益诉求，各个利益主体因此有着自身理由的正当性。我的导师约翰·罗尔斯教授曾提出过“反思平衡”的观点，就是从无可置疑的理论出发，来进行道德判断。比如我们认为种族屠杀就是不道德的，正是基于这样一个理论做出的结论。诺贝尔经济学奖获得者哈萨尼也曾经提出过一个“理想社会的契约理论”，对人们的要求本身进行量化衡量，以决定什么样的社会政策是合理的。

王：有道理。虽然规范的形成有其客观的“应该”依据，但它受人们的社会、经济、文化背景的影响。在不同的国度、不同的地域、不同的民族、不同的时代背景下，“应该”也有其特殊性。比如刚才所举的堕胎的例子即是如此，对这个问题处理时所注重的“应该”之价值取向，不同的民族文化、不同的国度会有不同的看法。

吉：我非常赞同您的观点。关于这个例子，美国与中国的情况的确有所不同，因为美国并不存在社会长远发展的问题，故而会更多地关注胎儿是否留下这样的问题。

二、元伦理学与应用伦理学的对接

王：接下来我想和您探讨一下关于中美伦理学研究方法的问题。近三十年来，我国伦理学研究在三个方面发展较快：一是以马克思主义伦理学为基础的伦理学理论体系的构建；二是历史研究，包括中国伦理思想史、西方伦理思想史以及马克思主义伦理思想史的研究，我目前就正在主持国家社科基金重大招标项目“中国经济伦理思想通史”的研究工作；三是应用伦理学研究。但长久以来，新的学科理论体系仍未得到迅速发展，一个主要的原因就在于研究方法的停滞，即“形而上”与“形而下”未能有效结合，元伦理学、分析伦理学、道德哲学与应用伦理学未能有效结合。我注意到美国当前的伦理学教材，包括狄乔治教授的《经济伦理学》和恩德勒教授的《面向实践的经济伦理学》，都比较注重理论与实践的结合。我认为中国伦理学的发展，必须要关注“形而上”与“形而下”的结合。您的规范表达主义理论独树一帜，是否也需要与实践相结合？如果需要，又是如何结合的？美国学界目前的关于这个问题的认识如何？

吉：您提到的这个问题非常好。对于伦理学家而言，的确需要思考如何用伦理学的理论来解决现实问题。其实西方的元伦理学研究与现实生活的联系是相当密切的。我的老师罗尔斯教授提出“无知之幕”，就是要站在一个公正而非自我的立场来考量现实问题，判断社会应该采取怎样的政策，比如社会收入如何分配就是其中一个重要的论题。西方的“自由放任资本主义”，提倡“适者生存”的观点，却导致了很多人的贫困，因而这一理论受到了诸多伦理学家的谴责。中国在理论和现实结合的诸多方面都做得很出色，但我个人觉得应该更加关注农村收入的提高。

王：有道理。正因为存在这样的情况，我国非常重视，并提出了“三农”问题，即农业、农村、农民，目的就是要解决农民增收、农业增长、农村稳定的问题。而且在每年的中央一号文件中，都特别强调这个问题。

吉：我很赞同这么做。

王：近年来我国伦理学研究重点关注这样四个方面的问题：一是伦理学学科重大基础理论的研究；二是当代价值观问题研究；三是道德规范体系的构建；四是应用伦理问题研究，尤其是如何应对当前社会的现实道德问题。那么，目前美国伦理学界研究关注的重点是什么?

吉：中国的伦理学界做得非常好。但美国目前伦理学研究的现状是不太令人满意的，对表面的、肤浅的、具体化问题的较多关注，使得理论研究缺乏一种整体的视角。我认为美国的伦理学界应该确立一个社会共同的价值目标，从社会整体的角度来考虑国家的发展问题。

王：美国元伦理学研究十分深入，对应用研究也十分重视，例如您所提出的诸多观点就极富深刻意味。尽管有些学者的专著很关注应用性，但理论与实践仍未能十分有效地结合，比如某些教材仅热衷于讨论具体的道德问题，却忽略了对问题的学理透视。当然，这是中美两国伦理学研究要面对的共同问题。

吉：我很赞同您的观点。在美国，元伦理学与应用伦理学的对接的确存在问题。我曾经考虑过采用“自由交换”的理念来解决这一问题，但并未使之在很高的层面上得到应用。需要补充的是，在美国，有权势的人或者利益集团会运用财富的力量来影响政府的决策，使之有利于自身而非整个社会大众，这也使得理论对实践指导的作用被削弱。

三、道德资本与道德作用的发挥机制

王：我想和您探讨一下道德在经济中作用的发挥问题。我认为道德主要以四种形态在社会经济生活中发挥作用，即主体自觉、理性关系、道德制度以及物化道德。具体地说，主体自觉，即主体道德境界的提升，有利于激发劳动的积极性和创造性。理性关系，即道德觉悟的提高和人际关系的和谐，能够减少人际“摩擦消耗”，提高生产效率和资源的利用率，并最终产生“一加一大于二”的经济效益。道德制度，或者说制度性道德，是从道德之“应该”，也就是您提出的有凭据的、科学的道德所形成的理性道德制度，来规约人的行为，并增加社会经济利益。物化道德，即任何物体在设计的过程中都必须要考虑到人和人际关系协调的需求，因而是内含道德的，而且越是在设计过程中考虑人和人际关系协调的需求，道德就越能通过物体的形式发挥作用。通常人们觉得道德是一个抽象的概念，但我认为，道德是如何形成的，也是非常值得关注的问题。您对此有何看法?

吉：我很同意您的观点。一个人应当有很强的内心道德力量，但仅凭此是不够的，还必须要有很好的制度，以使得内心的道德力量外化。当然，要做到这点非常困难，在制度的设计过程中会遭遇种种阻碍，比如前面我们谈到的既得利益集团，就会因为自身利益的考量在制度设计的过程中进行抵制。当然，这也从另一方面凸显了道德思考的重要性以及道德对现实的指导意义。

王：我曾经提出“道德资本”这个概念，它是指道德投入生产并增进社会财富的能力，是能带来利润和效益的道德理念及其行为。也就是说，在经济领域，道德也是一种资本，能够帮助赚钱，也需要去帮助赚钱。唯有如此，才能说明经济领域中道德存在的重要性，否则经济领域就不需要道德了。请谈谈您的看法。

吉：您说得很对。一些经济学家有个说法，认为企业家应该尽可能地赚更多的钱，而不用顾及他人，这在某种意义上也许是正确的。但仍然需要进行更为深入的思考，究竟怎样的企业行为才是正当的?经济伦理的作用，就是使得企业家能够按照我们所希望的合理的方式去经营。

王：针对“道德资本”的观点，有些不同的意见，比如认为道德只是精神层面上的东西，何谈能够赚钱。这就带来一个问题。如果道德的目的就是为了提升精神境界，那精神境界的依据又是什么？我认为，这个依据一定是精神目的与物质目的的统一。也就是说，在经济社会的发展过程中，道德与利益还是有一定关联的，道德也需要获利，当然，这里的利也包括精神利益。在经济运行的过程中，道德资本发挥着重要的作用，一方面它影响和决定着经济活动主体的价值取向、劳动态度和行为方式；另一方面它协调着经济运行过程中各个利益主体的关系，使之始终处于理性的生存关系中，并由此增进社会财富。

吉：的确如此。我的同事弗兰肯纳曾经提出过这样一个观点：道德应该适应于人，而非人去适应道德。《圣经》里有过同样的表述。可见，道德绝不仅仅是精神层面的东西。

王：最后，请吉伯德教授对中国伦理学的学科建设、理论研究提出一些建议和希望。

吉：如同我对美国伦理学研究的建议一样，道德的指导就是要想办法设计一个合作互惠的体系，这是一个核心问题。比如美国的医疗保险，从道德上讲每个人都有权享受，但又存在诸如合理成本这样一些关乎经济学的问题，因此需要有一个合作互惠的体系存在。恐怕中国也存在同样的问题。

王：您提出的建议非常好，值得我们思考。希望今后能够多来往多交流，因为伦理学有很多的世界性的共同语言，需要在交流融合中不断发展。

吉：您说得非常好！我们今天的交流有许多共同之处。中国有着强烈的伦理学传统，这也是西方应该学习的。

附录 4：专家短评

孙伯鍨（南京大学教授、博士生导师）：

我与王小锡同志过去一直未曾谋面，但却很早便知道他是专治伦理学的。许久以来，我不断地从朋友的口中得知他是目前国内年轻学者中研究马克思主义伦理学颇有成就的一位，同时，也有幸读到过他的一些文章和著作。因而，对于他我是素怀敬意的。……在正当从事社会主义现代化的中国，人们必须从我国的现状和实际出发，在经济和伦理之间的内在关联上做一番彻底的探讨。在这一方面，王小锡同志的这部新作，真可以说是捷足先登，它的出版一定会受到广大理论界同行的欢迎。

——摘自王小锡："《中国经济伦理学》序"，载《道德与文明》1996 年第 5 期

陆晓禾（上海社会科学院经济伦理学研究中心主任、研究员）：

在西方经济伦理学的影响进来之前，中国经济伦理学研究者已

试图将经济与伦理关系的研究朝学科方向发展。如1994年王小锡的《经济伦理学论纲》一文可说是这方面的最早努力。这种学科努力在全面改革的强劲推动和外来经济伦理学的影响下，迅速地发展起来了。

——摘自陆晓禾：《走出"丛林"——当代经济伦理学漫话》，武汉：湖北教育出版社，1999年版

陈泽环（上海师范大学教授、博士生导师）：

自80年代中期以来，在关于"经济建设和道德生活"关系问题的持续讨论中，一部分理论界人士开始有意识地从各学科的视角出发建构我国的当代经济伦理学。诸如……王小锡的《中国经济伦理学》（伦理学）和其他学者大量相关论著的发表，可视作我国当代经济伦理学兴起的标志。

——摘自陈泽环：《功利·奉献·生态·文化：经济伦理引论》，上海：上海社会科学院出版社，1999年版

唐凯麟（中国伦理学会副会长，《伦理学研究》主编，湖南师范大学教授、博士生导师）、王泽应（湖南师范大学伦理学研究所所长、教授、博士生导师）：

应用伦理学方面，王小锡的《中国经济伦理学》等著作，多具有创新补白的意义。

——摘自唐凯麟、王泽应："20世纪中国伦理学研究及其历史启示"，载《江苏社会科学》2000年第4期

欧阳润平（湖南大学教授、博士生导师）：

根据网上查询近三年国内各出版社的目录统计，由国内学者撰写出版的有关专著二十余种，其中王小锡教授的《经济伦理与企业发展》是一部受到广泛关注的著作。

——摘自欧阳润平：《义利共生论：中国企业伦理研究》，长沙：湖南教育出版社，2000 年版

章海山（中山大学教授、博士生导师）：

20 世纪 90 年代以来，我国还出版了一些有影响的经济伦理方面的著作，如王小锡著的《中国经济伦理学》《现代经济伦理学》……这些论著对经济伦理做了有益的探索，推动了经济伦理的进程。

——摘自章海山：《经济伦理论——马克思主义经济伦理思想研究》，广州：中山大学出版社，2001 年版

周中之、高惠珠（上海师范大学教授、博士生导师）：

1993 年王小锡在《经济伦理学论纲》中明确提出了“经济伦理学”的概念，并勾画了这门学科的研究对象、研究方法和研究框架。他认为：“经济伦理学研究人们在社会经济活动中协调各种利益关系的善恶取向及其应该不应该的经济行为规定”，“应该从实践–精神的视角上把握经济运行过程与伦理道德的关联，以及经济伦理的内涵、作用、规则等”，经济伦理学研究“劳动伦理、企业管理伦理、经营

伦理、分配伦理、消费伦理”。尽管当时王小锡的研究还不够充分，但他的观点具有开拓性的意义。

——摘自周中之、高惠珠：《经济伦理学》，上海：华东师范大学出版社，2002年版

王泽应（湖南师范大学伦理学研究所所长、教授、博士生导师）：

王小锡1994年出版的《中国经济伦理学》从历史与现实、理论与实践诸方面探讨经济伦理问题，初步建立了一个经济伦理学的研究框架。1998年他在自己主编的《经济伦理与企业发展》中对之做了进一步的发展，该书分经济伦理、企业伦理、企业管理伦理三编，较好地论述了宏观、中观和微观方面的经济伦理问题。

王小锡的《中国经济伦理学：历史与现实的理论初探》不仅对中国历史上德性主义、功利主义、理想主义、三民主义和新民主主义的经济伦理思想做了较为全面的介绍和科学的评析，而且关注中国社会现实生活中的经济伦理问题，对企业伦理及其应用做了重点阐述。该书是我国经济伦理学研究进程中一本重要的学术著作，标志着中国经济伦理学学科的正式形成。

——摘自王泽应：《道莫盛于趋时：新中国伦理学研究50年的回溯与前瞻》，北京：光明日报出版社，2003年版

罗国杰（中国伦理学会名誉会长，中国人民大学教授、博士生导师）：

小锡同志多年来潜心研究伦理学尤其是经济伦理学理论问题，发表了系列具有创新意义的研究成果。他作为兼职于中国人民大学教育部人文社会科学百所重点研究基地伦理学与道德建设研究中心的经济伦理学研究所所长，以自己的特色研究，为中心增添了学术亮色。

——摘自王小锡：《道德资本与经济伦理》，北京：人民出版社，2009 年版，“序一”

唐凯麟（中国伦理学会副会长，《伦理学研究》主编，湖南师范大学教授、博士生导师）：

回首三十年中国经济伦理学的发展历程，小锡教授可以说是其中敢为人先的拓荒者。从他的研究成果可以看出，他研究涉猎广泛，视野开阔，方法多样。特别值得一提的是，他发表了研究经济伦理学体系的我国第一本学术著作《中国经济伦理学》和第一篇学术论文《经济伦理学论纲》，创造性地提出并论证了“道德生产力”“道德资本”等范畴，在学界产生了较为广泛的影响，形成了小锡教授的学术特色。可以说，单就这些学术特色而言，他给中国经济伦理学乃至伦理学的发展添上了值得重视的一笔。

——摘自王小锡：《道德资本与经济伦理》，北京：人民出版社，2009 年版，“序二”

万俊人（中国伦理学会会长，清华大学人文学院院长、教育部长江学者特聘教授、博士生导师）：

经济伦理学是当代最为突显和重要的应用伦理学研究领域。王小锡教授躬身其中，耕耘有年，成果斐然。尤其是他提出并努力证成的“道德资本”“道德生产力”等关键性经济伦理学概念，在国内外学界影响甚大。其近著《经济伦理学》一书正是小锡教授基于上述新概念，对经济伦理学展开的具有新视野、运用新方法、检验新理念的阶段性理论总结。作者从理论与实践相结合的学理路径，深入探讨了经济与道德的复杂关系、互动机理、辩证关联等重要课题，借此建构了他自己圆融自恰的经济伦理学理论体系。这是继《道德资本与经济伦理》一书之后，他所推出的又一部具有学术代表性的经济伦理学力作。

——摘自王小锡：《经济伦理学：经济与道德关系之哲学分析》，北京：人民出版社，2015年版，封四短评

乔洪武（武汉大学经济与管理学院教授、博士生导师）：

本书是王小锡教授研究经济伦理学的又一部力作。在本书中，作者以阐释经济德性的内涵和功能为研究起点，从宏观层面高屋建瓴地对经济与道德之关系进行了哲学分析，辩证地论述了经济的道德与道德的经济之间的内生关联和互动机理。在此基础上，又从微观视角深入研究企业道德和企业责任等重大道德实践问题，并提出了促进企业道德发展的策略和建议。本书的特色是运用历史传统、

实证调研以及周密而严谨的理论论证，展示了经济与道德共舞的旋律。可以相信，作者提出的道德资本和道德生产力理论，将在中国经济伦理学领域留下浓墨重彩之笔。

——摘自王小锡：《经济伦理学：经济与道德关系之哲学分析》，北京：人民出版社，2015 年版，封四短评

李建华（中国伦理学会常务副会长，教育部长江学者特聘教授，浙江师范大学特聘教授、博士生导师）：

中国经济伦理学的发展经历了从单一模仿日本经验，到借鉴欧美多国特别是德国成果，再到形成中国特色经济伦理学的过程。在这一过程中，中国的伦理学家们逐渐形成了自己的经济伦理学理论，王小锡教授的道德资本理论就是其中的杰出代表。王小锡教授是我国最早研究经济伦理的学者之一，在他的带领下，从组建中国伦理学会经济伦理专业委员会、出版《中国经济伦理年鉴》、完成国家重大招标项目《中国经济思想通史》，到原创性“道德资本”理论的提出等一系列工作，为中国经济伦理学的发展做出了许多重要工作。作为同道学人，我为小锡教授感到自豪与骄傲。

——摘自李建华：“道德不是企业的装饰品”，2017 年 4 月 15 日“道德资本与企业经营”国际学术研讨会开幕式致辞（2017 年 4 月 30 日“李建华道德观察”微信公众号）

[王小锡在《道德资本论》中] 提出并论证了道德资本概念，体

现了独到的理论创制。……[该书]所秉持的基本理念和研究进路值得推崇……通过对现实问题的学术思考和理论提升，形成中国伦理学自身的学术话语和概念范式，进而构建较为完善的理论体系和学科体系，以此指导实践。……[该书]还初步建立了企业道德资本的实践和评估指标，并融入一些企业道德资本的评估案例，提出了加强企业道德资本培育与管理的实践路径。

——摘自李建华："打开道德资本的逻辑之门"，载《中国社会科学报》2017年6月15日

孙春晨（中国伦理学会常务副会长，中国社会科学院哲学研究所研究员，中国社会科学院大学哲学院教授、博士生导师）

在中国经济社会发展转型时期，马克思主义经济伦理思想成为研究的重点，出版了多部相关的研究专著，发表了数十篇研究论文。其中，王小锡关于"道德资本"研究的系列论著，讨论了道德作为影响价值形成与增值的精神因素所具有的资本属性，突破了马克思政治经济学中作为反映或批判资本主义社会制度和经济关系的分析工具的"资本"概念的原有意涵，将道德视为一种有价值的生产性资源，并以此来分析道德在经济价值增值过程中的特殊功能和作用，这是马克思主义经济伦理思想的前沿性研究成果。

——摘自孙春晨："新中国70年马克思主义伦理思想研究"，载《道德与文明》2019年第4期

常延廷（黑龙江省社会科学联合会编审）：

《道德资本论》的国际传播，不仅具有中华文化‘走出去’的一般意义，也在学科建树、丰富学术样态、确定学术方位和引领实践应用方面，实现了历史性的突破与跨越。……《道德资本研究》《道德资本论》这两部学术专著之所以能接踵走向国际，一个根本原因，是王小锡以道德资本为核心、为中枢的中国经济伦理学学术研究方位居于世界学科发展的前沿位置。……“道德资本”学说的创立，……就国际社会经济伦理学的学术研究与建构，发出了中国声音，提出了中国方案。

——摘自常延廷：“从《道德资本论》的国际传播看中国学术‘走出去’”［国家社科基金项目“中华文化国际传播的规律及路径研究”（17BKS094）的中期研究成果］，载《求是学刊》2021年第2期

参考文献

《马克思恩格斯文集》（一至十卷），人民出版社，2009 年版

《列宁专题文集》（全五卷），人民出版社，2009 年

《毛泽东文集》（一至八卷），人民出版社，1993 年版

《习近平谈治国理政》（一至四卷），外文出版社，2014（2018）、2017、2020、2022 年版

《习近平著作选读》（一至二卷），人民出版社，2023 年版

高国希：《道德哲学》，复旦大学出版社，2005 年版

高朴：《道德营销论》，江苏人民出版社，2005 年版

郭建新等：《财经信用伦理研究》，人民出版社，2009 年版

顾肃：《自由主义基本理论》，中央编译出版社，2005 年版

罗国杰主编：《中国伦理思想史》（上、下卷），中国人民大学出版社，2008 年版

罗能生：《产权的伦理维度》，人民出版社，2004 年版

刘可风等：《企业伦理学》，武汉理工大学出版社，2011 年版

陆晓禾：《走出“丛林”——当代经济伦理学漫话》，湖北教育出版社，1999 年版

李向民：《精神经济》，新华出版社，1999 年版

李志祥：《批判的经济伦理学：从马克思到弗洛姆》，人民出版社，2012 年版

厉以宁：《超越市场与超越政府——论道德力量在经济中的作用（修订版）》，经济科学出版社，2010 年版

倪愫襄：《制度伦理研究》，人民出版社，2008 年版

欧阳润平：《义利共生论：中国企业伦理研究》，湖南教育出版社，2000 年版

乔洪武：《正谊谋利：近代西方经济伦理思想研究》，商务印书馆，2000 年版

孙春晨：《市场经济伦理研究》，江苏人民出版社，2005 年版

宋希仁：《马克思恩格斯道德哲学研究》，中国社会科学出版社，2012 年版

宋希仁主编：《西方伦理思想史（第二版）》，中国人民大学出版社，2010 年版

唐凯麟、陈科华：《中国古代经济伦理思想史》，人民出版社，2004 年版

万俊人：《道德之维——现代经济伦理导论》，广东人民出版社，

2011 年版

韦森：《经济学与伦理学》，上海人民出版社，2002 年版

王露璐、汪洁：《经济伦理学》，人民出版社，2014 年版

王小锡：《道德资本研究》，译林出版社，2014 年版

王小锡：《道德资本论（第二版）》，译林出版社，2021 年版

王小锡：《经济伦理学：经济与道德关系之哲学分析》，人民出版社，2015 年版

王小锡：《王小锡伦理学文集》（全三卷），中国社会科学出版社，2022 年版

徐大建：《企业伦理学》，北京大学出版社，2009 年版

夏伟东：《道德本质论》，中国人民大学出版社，1991 年版

余达淮：《资本伦理学》，中国社会科学出版社，2020 年版

杨国荣：《伦理与存在——道德哲学研究》，上海人民出版社，2002 年版

晏辉：《市场经济的伦理基础》，山西教育出版社，1999 年版

周辅成编：《西方伦理学名著选辑》（上、下卷），商务印书馆，1987 年版

周祖城：《管理与伦理》，清华大学出版社，2000 年版

周中之、高惠珠：《经济伦理学》，华东师范大学出版社，2002 年版

章海山：《经济伦理论——马克思主义经济伦理思想研究》，中山大学出版社，2001 年版

赵靖主编：《中国经济思想通史续集：中国近代经济思想史》，

北京大学出版社，2004 年版

朱金瑞：《当代中国企业伦理模式研究》，安徽大学出版社，2011 年版

朱贻庭主编：《中国传统伦理思想史》，华东师范大学出版社，2009 年版

张志丹：《道德经营论》，人民出版社，2013 年版

[德] 马克斯·韦伯：《新教伦理和资本主义精神》，于晓、陈维纲译，三联书店，1987 年版

[德] 马克斯·韦伯：《经济与社会》（上、下卷），林荣远译，商务印书馆，1997、1998 年版

[德] 彼得·科斯洛夫斯基：《伦理经济学原理》，孙瑜译，中国社会科学出版社，1997 年版

[德] 彼得·科斯洛夫斯基：《资本主义的伦理学》，王彤译，中国社会科学出版社，1996 年版

[德] 黑格尔：《法哲学原理》，范扬、张企泰译，商务印书馆，1961 年版

[德] 康德：《实践理性批判》，邓晓芒译，商务印书馆，1999 年版

[法] 弗雷德里克·巴斯夏：《和谐经济论》，王家宝等译，中国社会科学出版社，1995 年版

[古希腊] 亚里士多德：《尼各马可伦理学》，廖申白译，商务印书馆，2003 年版

[荷] 伯纳德·曼德维尔：《蜜蜂的寓言》，肖聿译，中国社会科学出版社，2002 年版

[荷] 丹尼尔·安德里森、勒内·蒂森：《没有重量的财富——无形资产的评估与运营》，王成、宋炳颖、沈妙颖译，江苏人民出版社，2002 年版

[美] 安德鲁·吉耶尔：《企业的道德》，张霄译，中国人民大学出版社，2023 年版

[美] 道格拉斯·C. 诺斯：《制度、制度变迁与经济绩效》，刘守英译，三联书店，1994 年版

[美] 道格拉斯·C. 诺思：《经济史上的结构和变革》，厉以平译，商务印书馆，1992 年版

[美] 道格拉斯·C. 诺思：《经济史中的结构与变迁》，陈郁等译，三联书店，1991 年版

[美] 戴维·J. 弗里切：《商业伦理学》，杨斌译，机械工业出版社，1999 年版

[美] 弗朗西斯·福山：《信任：社会美德与繁荣的创造》，彭志华译，远方出版社，1998 年版

[美] 乔治·恩德勒：《面向行动的经济伦理学》，高国希、吴新文等译，上海社会科学院出版社，2002 年版

[美] 罗尔斯：《正义论》，何怀宏等译，中国社会科学出版社，2009 年版

[美] 麦金太尔：《追寻美德：道德理论研究》，宋继杰译，译林

出版社，2003 年版

[美] 理查德 · T. 德 · 乔治：《经济伦理学》，李布译，北京大学出版社，2002 年版

[美] 林恩 · 夏普 · 佩因：《公司道德：高绩效企业的基石》，杨涤等译，机械工业出版社，2004 年版

[美] 西奥多 · W. 舒尔茨：《论人力资本投资》，吴珠华等译，北京经济学院出版社，1990 年版

[苏] 托尔斯蒂赫等：《精神生产：精神活动问题的社会哲学观》，安起民译，北京师范大学出版社，1988 年版

[西班牙] 阿莱霍 · 何塞 · G. 西松：《领导者的道德资本——为什么美德如此重要》，于文轩、丁敏译，中央编译出版社，2005 年版

[印度] 阿马蒂亚 · 森：《伦理学与经济学》，王宇、王文玉译，商务印书馆，2000 年版

[英] 库比特：《太阳伦理学》，王志成译，浙江大学出版社，2009 年版

[英] 穆勒：《功利主义》，徐大建译，商务印书馆，2019 年版

[英] 亚当 · 斯密：《道德情操论》，蒋自强等译，商务印书馆，1997 年版

[英] 亚当 · 斯密：《国民财富的性质和原因的研究》，郭大力、王亚南译，商务印书馆，1974 年版

[英] 亚当 · 斯密：《国富论》，郭大力、王亚南译，上海：三联书店，2009 年版

索　引

E

F

G

H

J

K

L

T

W

X

Y

Z

第一版后记

二十多年来，我围绕道德资本和经济伦理学术研究方向，发表了一百多万字的研究成果，此次编撰完成的《道德资本论》一书，旨在以伦理经济学视角，提炼我的学术观点的精华及其核心理念；以严密的逻辑理路和完整的理论体系，展示我的道德资本观；以切实的有针对性的关于企业道德建设举措的探讨，为企业积累道德资本提供可操作的参照；以清新简洁的语言和相关案例分析，为学界同人和广大读者提供理论和应用相结合的读本。

《道德资本论》一书所涉及的内容是我多年来关于道德资本问题研究成果的总结、提炼和发展，其中有我的研究团队成员参与调查研究、学术研讨、合作攻关等的辛劳与成果；学界同人的研究成果为我提供了很有价值的参考资料，一些同人的认同与质疑的专题评论文章，也为我的道德资本观研究的深入和完善提供了具有启发性的学术理路，书中有他们的学术影响；一些企业家的有针对性、接地气的建议增强了本书的理论意义和实践价值；等等。在此，我由衷地感谢所有对本书观点形成和撰写出版有过影响和帮助的同人和朋友。

我由衷地感谢江苏省哲学社会科学规划领导小组经专家评审批准我的研究成果《道德资本研究》作为外译（英文）著作立项翻译出版。在《道德资本研究》英文版出版并在全球发行后，产生了一定的国际影响，以至于随后该书的日文版、塞尔维亚文版也相继出版。这不仅加强了我的道德资本观的国际交流，而且进一步增强了我的学术信心和编撰本书的动力。

在我的学术生涯中，有许多学者尤其是一些学术前辈，他们一直或关注或研究我的学术观点，对我的学术观点，有赞赏、鼓励的，也有批评、切磋的，我由衷地感谢他们，因为，他们的关注和研究是我的学术不断深入的难得的机遇和条件。尤其使我感到荣幸的是，在这些学术前辈和同人中，有的专门发表研究我学术观点的文章，有的在各种著述中专门对我的观点发表评论，给我的学术颇添活力。本书“附录”中收录了数篇研究我的学术观点的代表性文章和一些代表性短评，以飨读者，意在从另一侧面反映我的关于道德资本和经济伦理的学术观点及其意义。

我由衷地感谢相关媒体对我道德资本研究的关注和报道。诸如光明日报驻江苏记者站站长郑晋鸣教授，以敏锐的眼光先后三次分别以题为《探寻“道德”和“生活”的支点》《企业需要培育道德资本》《经济新常态需要“道德资本”》的采访稿于《光明日报》2007

年1月6日、2009年2月20日和2016年1月28日发表；《中国社会科学报·哲学版》在发表我的个人专栏文章时，于2013年11月4日专门发表了我的《“道德资本”何以可能》一文；《中国社会科学报》于2015年1月14日发表了记者吴楠、王广禄撰写的采访综述稿《道德是一种资本吗？》；《社会科学报》特约记者驽马撰写的采访稿《在善恶间把握经济学的价值》《面向全球的“道德资本”研究》分别于2012年11月29日、2015年8月6日在该报发表；等等。媒体的关注和报道，客观上引起了学界和社会对我的道德资本观的关注，在一定意义上也会启迪人们以新的视角深入思考道德建设问题。

我由衷地感谢先后参与我著作中的道德资本实践与评估指标研讨的数十位企业家和相关专家，是他们的智慧进一步完善了我的道德资本实践与评估指标体系。

本书编撰过程中，我参阅了学界同人的学术研究成果，在此向撰写被参考和引用的学术作品的同人们表示由衷感谢。

张霄博士、张志丹博士、陶涛博士、张露博士、姜晶花博士、张曦博士、范渊凯博士和在读博士郭方天、张晓磊、白雪菲、刘昂等，在本书形成过程中做了许多学术辅助工作，我要特地向他们致以由衷谢意。

在本书编撰过程中，我的妻子郭建新教授提出了颇具建设性的学术意见，为本书的成功问世做出了不可多得的贡献，对此，我心存感激、由衷致意。

道德资本理论既是经济伦理学基本理念，也是伦理经济学的核心原理，它所涉及的理论和实践问题纷繁复杂，且研究意义非凡。因此，道德资本理论和实践问题我还要继续研究下去，期盼学界和企业界同人继续对道德资本观的研究和完善给予关注和帮助。

王小锡

2016 年 5 月 10 日

于南京秦淮河畔龙凤花园隽凤园

第三版后记

《道德资本论（第三版）》从文字表达到学术观点阐释、从叙述理路到逻辑结构、从学理透视到实践筹划、从学术信息归纳到观点佐证等都在力图创制更完美的学术著作。要说明的是，书中关于企业道德资本评估案例的展示，是为了全面系统地说明道德资本的实践要素及其应用表征，同时，充分展示道德资本理论的实践依据。书中附录之“学界评论”“记者采访”“学术对话”“专家短评”等，其目的是从不同角度叙述或说明我的道德资本观及其学术影响。

本书的出版，倾注了诸多同人和朋友的智慧和心血。在此我要感谢长期以来对我的道德资本理论和实践研究关注与关心的学界同人们，是他们的认同和支持、质疑和批评，促使我不断思考和深入研究，并推进道德资本理论和实践图式的不断完善。难以忘怀并感激之至的是在我一生专注道德资本理论和实践的研究过程中，原中国伦理学会会长，教育部哲学教学指导委员会委员，教育部“长江学者”特聘教授，清华大学人文学院院长、文科资深教授万俊人和中华外国经济学说研究会副会长，教育部经济学类本科教学指导委员会委员，南京师范大学校长、教授华桂宏等诸多学者始终给予了一贯的支持和鼓励。感谢中国伦理学会秘书长王海滨先生、河南财经政法大学副校长朱金瑞教授、上海财经大学夏明月教授、溧阳市原广电局副局长兼作家协会主席陈芳梅女士等为我的社会调查和学术交流的顺利开展所提供的诸多帮助。感谢我的弟子李志祥教授、张霄教授、张志丹教授、陶涛教授、陈金香教授、尹娟教授、朱其锋副教授、江勇博士、张晓磊博士、王颖博士等为我这次修订工作的顺利进行所分别展开的学术观点交流。感谢妻子郭建新教授和儿子郭方天副教授对我修订《道德资本论》的支持和学术建议。感谢博硕士研究生倪艳、陆雯、沈洁、易书凡、潘逸、盛丹丹等参与了诸如相关资料查阅、注释核对等学术辅助工作。感谢译林出版社的领导和编辑为本书顺利出版所付出的辛劳。感谢南京师范大学马克思主义学院对本书修订出版的鼎力支持！

王小锡

2024 年 2 月 16 日